Anneliese Braun, Arbeitsproduktivität und Effektivität

AKADEMIE DER WISSENSCHAFTEN DER DDR

Schriften des Zentralinstitutes für Wirtschaftswissenschaften

Nr. 15

Anneliese Braun

ARBEITSPRODUKTIVITÄT UND EFFEKTIVITÄT

Zur volkswirtschaftlichen Effektivität der Substitution lebendiger Arbeit durch Fonds

AKADEMIE-VERLAG · BERLIN 1976

Erschienen im Akademie-Verlag, 108 Berlin, Leipziger Str. 3–4

Lizenz-Nr. 202 · 100/298/76
Gesamtherstellung: VEB Druckerei „Thomas Müntzer“, 582 Bad Langensalza
Bestellnummer: 753 000 9 (2158/15) · LSV 0325
Printed in GDR
EVP: 19,–

Inhaltsverzeichnis

Vorbemerkung

Mit der vom VIII. Parteitag der SED gestellten Hauptaufgabe ist die langfristige Orientierung auf die allseitige Intensivierung des sozialistischen Reproduktionsprozesses untrennbar verbunden. Es geht darum, durch hohe Leistungen in der sozialistischen Produktion und ein stabiles Wirtschaftswachstum ständig die materiellen Voraussetzungen zu vergrößern, damit das materielle und kulturelle Lebensniveau der Menschen kontinuierlich verbessert und die materiell-technische Basis ständig modernisiert und ausgebaut werden kann.

„Der Parteitag betont, daß die für die Lösung der Hauptaufgaben des Fünfjahrplans erforderliche weitere Stärkung der materiell-technischen Basis des Sozialismus einen bedeutenden Anstieg der Arbeitsproduktivität und die Steigerung der Effektivität der gesellschaftlichen Arbeit verlangt."[1]

Die insgesamt erfüllten und auf verschiedenen Gebieten übererfüllten Ziele der Direktive zum Fünfjahrplan 1971—1975 weisen auf Fortschritte bei der allseitigen Intensivierung hin, die sich bereits in einer spürbaren Verbesserung der Lebensbedingungen auszahlten. Wenn in der Vorbereitung des IX. Parteitages der SED betont wurde, daß bei planmäßiger Entwicklung der wirtschaftlichen Leistungskraft die Frage der Intensivierung und der Erhöhung der Effektivität in der Volkswirtschaft mit völlig neuer Schärfe steht, dann stellt das Bewältigen dieser anspruchsvollen Aufgabe wesentlich höhere Anforderungen an die Messung und Planung der Effektivitätsentwicklung und an das Erschließen von weiteren Effektivitätsreserven. Insbesondere gilt das für die Aus-

[1] Entschließung des VIII. Parteitages der SED zum Bericht des Zentralkomitees in: Dokumente des VIII. Parteitages der SED, Berlin 1971, S. 21.

schöpfung aller Möglichkeiten des wissenschaftlich-technischen Fortschritts.

„Die vom VIII. Parteitag eingeleitete Politik, welche von dem engen Wechselverhältnis zwischen wirtschaftlichen und sozialen Fortschritten gekennzeichnet ist, hat unser Land vorangebracht. Ihre künftige erfolgreiche Verwirklichung erfordert nun die Erschließung noch größerer ökonomischer Reserven — im Maßstab der ganzen Volkswirtschaft wie in jedem ihrer Bereiche, Zweige und Betriebe.

Ein Blick voraus auf den Zeitraum 1976 bis 1980 bestätigt, daß es notwendig ist, den Intensivierungsprozeß in unserer Ökonomie entscheidend zu vertiefen und damit eine spürbar höhere Effektivität der Arbeit zu sichern."[2]

Eine Wende in der Effektivitätssteigerung zu erreichen, setzt voraus, die Konsequenzen für die planmäßige Gestaltung des Reproduktionsprozesses sorgfältig zu durchdenken, die sich daraus ergeben, daß die Effektivitätssteigerung qualitativ und quantitativ zum entscheidenden Faktor für die Dynamik der intensiv erweiterten Reproduktion wird. Damit ist gleichzeitig ein Umdenken in der Leitung und Planung der Effektivität der gesellschaftlichen Produktion verbunden, das zu einer aktiveren Funktion der Effektivitätsrechnung und -planung bei der Entscheidungsvorbereitung führen muß.

Dieses Umdenken erfordert eine stärkere Objektivierung der Effektivitätsrechnung. Insbesondere geht es darum, hinreichende Beurteilungskriterien für die Effektivitätsentwicklung aus volkswirtschaftlicher Sicht zu finden, die es gestatten, den bereits erreichten Stand bei der allseitigen Intensivierung des Reproduktionsprozesses einzuschätzen und zugleich damit den unmittelbaren Beitrag der Effektivitätssteigerung für die Realisierung des Zieles der sozialistischen Gesellschaft aufzuzeigen.

Es wird deshalb davon ausgegangen, daß der Effektivitätsbegriff im Sozialismus nur aussagefähig ist, wenn er unmittelbar aus dem ökonomischen Grundgesetz des Sozialismus abgeleitet wird. Das hat Konsequenzen für die Effektivitätsrechnung, die jedoch in der vorliegenden Arbeit nur so weit berücksichtigt werden können, wie sie die ökonomische Effektivität der Substitution lebendiger Arbeit durch Fonds betreffen.[3]

Voraussetzungen dafür sind auf einer ganzen Reihe von Gebieten zu

[2] 13. Tagung des ZK der SED. Aus dem Bericht des Politbüros an das ZK der SED. Berichterstatter: Genosse Erich Honecker, Berlin 1974, S. 25.

[3] Die umfassende Ableitung von Konsequenzen für die Effektivitätsplanung müßte Gegenstand einer von vornherein breiter angelegten Arbeit sein.

schaffen. Sie betreffen sowohl die Bereinigung bzw. Vergleichbarmachung von Aufwands- und Ergebnisgrößen im Interesse einer ausreichend hohen Aussagesicherheit als auch die eindeutige Bestimmung des Aussagebereichs von Teilkriterien der Effektivität, ihrer gesetzmäßigen Zusammenhänge und dementsprechend möglichen Kombinationen, ihrer Einflußfaktoren und Proportionalitätsforderungen. Wird berücksichtigt, daß die Effektivitätsrechnung im Sozialismus eine Wertrechnung sein muß, die bedarfsgerechte Gebrauchswertstrukturen als Restriktion jeder Effektivitätswirksamkeit bedingt, dann wird die Aussagekraft und Funktionsfähigkeit der Effektivitätsrechnung entscheidend davon beeinflußt, wie es gelingt, die Preise an die gesellschaftlich notwendige Arbeit pro Produkt anzunähern. Zugleich zeigten Untersuchungen zur Einführung der Effektivitätsplanung für den Fünfjahrplanzeitraum von 1976—1980, daß die volkswirtschaftliche Effektivitätsrechnung nicht erst einsetzen kann, wenn die genannten Voraussetzungen vollständig geschaffen worden sind, sondern bei Nutzung aller bereits vorhandenen Möglichkeiten schon gegenwärtig wesentliche Hinweise zur Auswahl effektiver Lösungswege notwendig und möglich sind, die außerdem schrittweise zur weiteren Vervollkommnung der Effektivitätsrechnung beitragen.

Die vorliegende Arbeit will versuchen, auf einem Teilgebiet der Effektivitätsrechnung, der Effektivität der Substitution lebendiger Arbeit durch Fonds, Hinweise für eine komplexere und damit objektivierte Effektivitätsbeurteilung zu erarbeiten. Bei der Erschließung von Intensivierungsreserven ist die effektive Substitution lebendiger Arbeit durch Fonds langfristig von zunehmender wirtschaftspolitischer Bedeutung. Sie beeinflußt wesentlich mit die proportionale Entwicklung zwischen dem Arbeitskräftebedarf aus der Inbetriebnahme von Investitionsvorhaben und den (insbesondere durch Freisetzung) verfügbaren Arbeitskräften, die volkswirtschaftlich effektive Nutzung vorhandener Produktionsfonds und Arbeitskräfte. Bei gegebener Steigerung der Produktivität der lebendigen Arbeit kann der Beitrag zur besseren gesellschaftlichen Bedürfnisbefriedigung desto größer sein, je höher die Ökonomie an vergegenständlichter Arbeit ist. Mit Hilfe der Effektivität der Substitution lebendiger Arbeit durch Fonds läßt sich bei grundsätzlicher Anerkennung der primären, übergreifenden Funktion der Produktivität der lebendigen Arbeit der Beitrag solcher Teilkennziffern der Effektivität, wie der Produktionsfondsquote und des Investitionskoeffizienten, zur volkswirtschaftlichen Effektivitätssteigerung zusammenfassend beurteilen. Ausgehend von gesetzmäßigen Zusammenhängen des Substitutionsprozesses, werden die betreffenden Teilkennziffern der Effektivität vergleichbar gemacht. Diese Zusammenhänge waren zugleich der Ausgangspunkt, um Konsequenzen für die Entwicklung einiger volkswirtschaftlicher Grundproportionen, wie beispielsweise zwischen der Produktion und dem Aufkommen von Produktions- und Konsumtionsmitteln, der Entwicklung des produktiven und nichtproduktiven Bereichs, sowie für die Dynamik des volkswirtschaftlichen Reproduktionsprozesses abzuleiten. Hierbei erwies sich die Effektivität der Substitution lebendiger Arbeit durch Fonds als eines der zentralen Probleme, die Fortschritte im Intensivierungsprozeß und seinen Auswirkungen auf volkswirtschaftliche Grundproportionen bedingen. Es wurde versucht, die genannten Zusammenhänge sowohl durch die Einordnung der Substitution lebendiger Arbeit durch Fonds in die marxistisch-leninistische Theorie der intensiv erweiterten Reproduktion als auch die Auswertung vorliegender Vorschläge und Erfahrungen zur Effektivitätsrechnung sowie eigene Untersuchungen zu begründen. Dabei zwangen die inneren Zusammenhänge der Thematik zum Versuch einer weitgehend komplexen Darstellung, ohne daß der Anspruch erhoben wird und werden kann, eine komplexe Effektivitätsrechnung zu entwickeln. Bei aller Komplexität beschränken sich die Darlegungen immer auf ein Teilgebiet, die Effektivität der Substitution lebendiger Arbeit durch Fonds. Infolgedessen tragen verschiedene Thesen, wie beispielsweise zur organischen Zusammensetzung der Produktionselemente, zur Bewertungsproblematik noch überwiegend Diskussionscharakter und müssen durch weitere Untersuchungen überprüft und präzisiert werden. Das gilt ebenfalls für erste Konsequenzen der Vervollkommnung der Effektivitätsplanung, wie für das Kurzschema eines Systems von Effektivitätskennziffern.

1. Die Substitution lebendiger Arbeit durch Fonds in der marxistisch-leninistischen Reproduktionstheorie

1.1. *Ökonomie der Zeit und sozialistische Zielrealisierung*

1.1.1. Das Ziel der sozialistischen Produktion als Ausgangspunkt für die Effektivitätsbestimmung

Im Interesse der ständig besseren Erschließung der Triebkräfte des Sozialismus besteht eine der wichtigsten Aufgaben der Wirtschaftspolitik in der *Objektivierung des Verhältnisses, in dem die gesellschaftlichen Ressourcen für die unmittelbare Verbesserung der Arbeits- und Lebensbedingungen der Werktätigen und für die Entwicklung der materiell-technischen Produktionsbasis verwendet werden.* Mit dem Übergang zur vorwiegend intensiv erweiterten Reproduktion kann diese Aufgabe nur in enger Verbindung zur Effektivitätssteigerung und zu ihren Voraussetzungen gelöst werden. Die Effektivitätssteigerung ist von zunehmender Bedeutung für die Dynamik des sozialistischen Reproduktionsprozesses.

Seit dem VIII. Parteitag der SED wird deshalb verstärkt auf eine höhere Effektivität durch vertiefte Intensivierung des Reproduktionsprozesses orientiert.[1]

Der Effektivitätsbegriff besagt in seiner allgemeinen Form zunächst nur, mit welchen Aufwendungen ein bestimmtes Ergebnis erzielt wurde bzw. welches Ergebnis mit gegebenen Aufwendungen erreicht worden ist.[2] In diesem Sinne drückt sich im Effektivitätsbegriff nicht unmittelbar die jeweilige sozialökonomische Bestimmtheit von Aufwand und Ergebnis aus. Er ist eine allgemeine Kategorie des Reproduktionsprozesses, die in jeder gesellschaftlichen Formation ihre spezifischen Züge annimmt. Um tiefer in die Aufgaben der weiteren Effektivitätssteigerung durch allseitige Intensivierung einzudringen, ist es notwendig, von

[1] Vgl. Bericht des Zentralkomitees an den VIII. Parteitag der SED, Berichterstatter: Genosse Erich Honecker, Berlin 1971, S. 43, 45.

[2] Vgl. W. W. Nowoshilow, Die Messung von Aufwand und Ergebnis, Berlin 1970, S. 16, 18.

eindeutigen methodologischen Grundlagen auszugehen, die der Spezifik des Effektivitätsbegriffs im Sozialismus Rechnung tragen.

Wie Marx am Beispiel der Profitrate aufzeigte, wurzelt der Effektivitätsbegriff direkt in der Ziel-Mittel-Relation des jeweiligen ökonomischen Grundgesetzes. Dabei muß jedoch berücksichtigt werden, daß sich in der Profitrate die Effektivität des Systems vom Standpunkt des Kapitalismus äußert. Aus den Anforderungen des ökonomischen Grundgesetzes des Sozialismus ergibt sich vor allem die Notwendigkeit, die Dialektik zwischen dem Ziel der sozialistischen Produktion — „. . . der Erreichung des umfassenden Wohlstandes aller Mitglieder der Gesellschaft und der freien allseitigen Entfaltung der Persönlichkeit jedes einzelnen . . ."[3] — und dem Mittel — der „kontinuierlichen Entwicklung der gesellschaftlichen Produktion" — im Effektivitätsbegriff umzusetzen.[4]

Die Klassiker des Marxismus-Leninismus haben in ihren Voraussagen über die zukünftige sozialistisch-kommunistische Gesellschaft als Ziel der Produktion immer die volle Entfaltung der menschlichen Fähigkeiten und damit die Erhöhung des Freiheitsgrades des Menschen in der Natur und der Gesellschaft betont.[5] Die sozialistische Gesellschaft wurde als Gesellschaft aufgefaßt, „worin die freie Entwicklung eines jeden die Bedingung für die freie Entwicklung aller ist."[6]

Marx stellte fest, daß das Ziel der sozialistischen Gesellschaft auch einen *neuen sozialökonomischen Inhalt des Reichtums* hervorruft.

„Denn der wirkliche Reichtum ist die entwickelte Produktivkraft aller Individuen."[7]

[3] Lehrbuch Politische Ökonomie Sozialismus, (Autorenkollektiv u. Ltg. v. N. A. Zagolow), Berlin 1972, S. 143.

[4] Diese Auffassung herrschte auch in der sowjetischen Diskussion zur Effektivität vor. Vgl. T. Chatschaturow, Die Effektivität der gesellschaftlichen Produktion, in: Sowjetwissenschaft/Gesellschaftswissenschaftliche Beiträge, 11/1975, S. 1134. Vgl. A. Sergeev, Sozialökonomische Effektivität der gesellschaftlichen Produktion, in: Voprosy ėkonomiki, 3/1975, S. 86.

[5] Vgl. Friedrich Engels, Grundsätze des Kommunismus, in: Karl Marx, Friedrich Engels, Werke (im folgenden MEW), Bd. 4, Berlin 1959, S. 377; Karl Marx, Theorien über den Mehrwert, Zweiter Teil, in: MEW, Bd. 26.2, Berlin 1967, S. 111; Friedrich Engels, Die Entwicklung des Sozialismus von der Utopie zur Wissenschaft, in: MEW, Bd. 19, Berlin 1962, S. 22; ders., Herrn Eugen Dührings Umwälzung der Wissenschaft (Anti-Dühring), in MEW, Bd. 20, Berlin 1962, S. 107.

[6] Vgl. Friedrich Engels, Grundsätze des Kommunismus, in: MEW, Bd. 4, Berlin 1959, S. 482.

[7] Karl Marx, Grundrisse der Kritik der Politischen Ökonomie, Berlin 1953, S. 596; vgl. ebenda, S. 505, 593.

„In fact aber, wenn die bornierte bürgerliche Form abgestreift wird, was ist der Reichtum anders, als die im universellen Austausch erzeugte Universalität der Bedürfnisse, Fähigkeiten, Genüsse, Produktivkräfte etc. der Individuen? Die volle Entwicklung der menschlichen Herrschaft über die Naturkräfte, die der sog. Natur sowohl wie seiner eigenen Natur."[8]

„Man sieht, wie an die Stelle des nationalökonomischen *Reichtums* und *Elendes* der *reiche* Mensch und das reiche menschliche Bedürfnis tritt."[9]

Lenin zeigte im Entwurf eines Programms der Sozialdemokratischen Partei die Wege zur Errichtung des Sozialismus auf und nannte als Ziel für die Gesellschaft die „Sicherung der höchsten Wohlfahrt und der freien allseitigen Entwicklung aller ihrer Mitglieder."[10]

Durch die Wechselbeziehungen von Ziel und Mittel wird der Inhalt der produktiven Arbeit im Sozialismus bestimmt.

Die mit den wachsenden materiellen Voraussetzungen mögliche und erforderliche *verbesserte Entfaltung der menschlichen Persönlichkeit durchdringt als letztendliches Ziel die gesamte Wirtschaftstätigkeit.*

Indem von der Verbesserung der sozialistischen Zielrealisierung als umfassendem Effektivitätskriterium ausgegangen wird[11], gelingt es, auf herangereifte neue Fragen der Entwicklung der Produktivkräfte und Produktionsverhältnisse zumindest qualitativ eine Antwort zu geben, für die das „traditionelle" Messen an der Produktionseffektivität nicht mehr ausreichte. Dazu gehören insbesondere solche Fragen wie die Herstellung der Übereinstimmung der Struktur der Produktion mit den sich verändernden Bedürfnisstrukturen unter dem wachsenden Einfluß der Anforderungen der allseitigen Persönlichkeitsentwicklung der Werktätigen, die richtige Einordnung der Arbeitsbedingungen, der

[8] Ebenda, S. 387.

[9] Karl Marx, Privateigentum und Kommunismus, in: MEW, Ergänzungsband, Erster Teil, Berlin 1968, S. 544.

[10] W. I. Lenin, Entwurf des Programms der Sozialdemokratischen Partei Rußlands, in: Werke, Bd. 6, Berlin 1956, S. 13.

[11] Deshalb wird an die Ökonomie immer stärker die Forderung gestellt, *neue* Kriterien der Bewertung der Effektivität auszuarbeiten, die sich nicht auf das Nationaleinkommen und die dafür erforderlichen Aufwendungen beschränken, sondern den Einfluß der ökonomischen Entwicklung auf die Umwelt, die Struktur der sozialen Beziehungen, das Niveau und die Lebensweise der Menschen berücksichtigen. Vgl. z. B. Bericht über Fragen der ökonomischen Theorie (Beratung über die Erfüllung des ZK-Beschlusses zur Arbeit der ökonomischen Wissenschaft), in: Ėkonomičeskaja gazeta, 2/1974, Seite 13/14.

Umwelt[12] und ihrer Erhaltung, des Verhältnisses von Arbeits- und arbeitsfreier Zeit, der Entwicklung des nichtmateriellen Bereichs nach Volumen, Struktur und Effektivität u. a. in solche Proportionalitätsbedingungen, die eine kontinuierliche Entfaltung der Triebkräfte des Sozialismus sichern.[13]

Gegenwärtig ist es bereits zur *Bedingung* für die weitere Entwicklung der Produktivkräfte geworden, daß sich diese auf die Interessen des werktätigen Volkes ausrichten. Das Wechselverhältnis von wirtschaftlichem und sozialem Fortschritt fördert die Tatkraft und Initiative der Werktätigen. Daraus ergeben sich Konsequenzen für den Inhalt der produktiven Arbeit im Sozialismus.

1.1.2. Konsequenzen für die produktive Arbeit im Sozialismus

Produktive Arbeit im Sozialismus ist nicht einfach Arbeit, die einen materiellen Gebrauchswert schafft, der zum Beispiel in der Planerfüllung der Warenproduktion zum Ausdruck kommt. Auch das zusätzliche Kriterium der bedarfsgerechten Produktion reicht noch nicht als Kriterium aus. Die Bedarfsdeckung beziehungsweise besser die Produktion für den Bedarf ist letzten Endes ein Grundzug der *Waren*produktion. Bei der produktiven Arbeit im Sozialismus geht es nicht um die Dekkung irgendeinen Bedarfs, sondern um eine auf die *Lebensinteressen der Werktätigen im umfassenden Sinne ausgerichtete Bedarfsdeckung.* Materiell produktive Arbeit, die beispielsweise dazu dient, kurzfristige Interessen zu Lasten langfristiger zu befriedigen (Beispiel des Vorgriffs auf zukünftiges Nationaleinkommenswachstum), oder die mit sich verschlechternden Arbeits- und Qualifikationsbedingungen für die Arbeiter verbunden ist beziehungsweise über Konsumgewohnheiten realisiert wird, die der sozialistischen Persönlichkeitsentwicklung entgegenstehen (zum Beispiel Prestigekonsum, Verschwendung, so Nahrungs-, Alkohol-

[12] Lopatina schätzt z. B. ein, daß in der UdSSR erst in den letzten 10 Jahren damit begonnen wurde, eindeutig die Notwendigkeit aufzuzeigen, daß die natürlichen Mittel nicht nur als Bedingungen der *Wirtschaftstätigkeit*, sondern als eine der *Lebensbedingungen* beurteilt werden müssen. Vgl. E. B. Lopatina, O. R. Mazarevskij, Ocenka prirodnych uslovij žizni naselenija, Moskva 1972, S. 13.

[13] Dieses Prinzip führt zu einer wesentlichen Bereicherung der Effektivitätstheorie und ihrer qualitativen Schlußfolgerungen für die Praxis, wie seine Anwendung in: Ernst Domin u. a., Produktivität — Effektivität — Kontinuität. Erfordernisse der Intensivierung der sozialistischen Reproduktion, Berlin 1976, zeigt.

und Nikotinmißbrauch u. a.), ist streng genommen für die sozialistische Zielrealisierung *unproduktive* Arbeit.

Das heißt produktive Arbeit im sozialistischen Sinne ist die materiell-produktive Arbeit, die bessere Voraussetzungen für die kontinuierliche Entwicklung des materiellen und geistigen Lebensniveaus der Werktätigen schafft. Da zwischen Produkt und Produzent kein antagonistischer Widerspruch mehr besteht, gehören sozialistische Arbeitsbedingungen und Beziehungen zur produktiven Arbeit. Steigerung der Warenproduktion, die aus kurzsichtigem betriebsegoistischem Gewinndenken heraus die Eintönigkeit und Einseitigkeit der Arbeit erhöht, würde für die davon betroffenen Arbeiter über die Verschlechterung der Arbeitsbedingungen die Triebkräfte der weiteren sozialistischen Entwicklung beeinträchtigen. Trotz gegebenenfalls hoher Gewinnsteigerung wäre diese Arbeit mit unproduktiven Zügen verbunden.

Zugleich muß betont werden, daß die sozialökonomische Bestimmtheit nicht bedeutet, daß im Sozialismus-Kommunismus die reproduktionstheoretische Abgrenzung zwischen produktiver und nichtproduktiver Arbeit verschwindet und alle gesellschaftlich nützliche Arbeit zur produktiven wird.[14] Auch im Sozialismus-Kommunismus müssen allgemeine Reproduktionsproportionen der intensiv erweiterten Reproduktion eingehalten werden. Sie erhalten ihre spezifische Bestimmtheit durch die Anforderungen der sozialistischen Zielrealisierung.

Für die produktive Arbeit ergeben sich hieraus folgende Kriterien. Im sozialistisch-kommunistischen Sinne produktiv ist die materiell-produktive Arbeit, die

— *das Ziel verfolgt, struktur- und bedarfsgerecht die materiellen Voraussetzungen für die allseitige Entwicklung der Persönlichkeit des Werktätigen und der Gesellschaft zu verbessern.* Auf diese Weise drücken sogar allmählich in immer stärker ausgeprägter Form die Ziele der sozialistischen Lebensweise bestimmten Produkten selbst den Stempel auf (zum Beispiel Wohnkomplexe).

— ein notwendiges Produkt im sozialistischen Sinne, das heißt über das individuell angeeignete Produkt ein Produkt für die Gesellschaft erzeugt. Die sozialistischen Eigentumsverhältnisse bewirken, daß das Mehrprodukt (Surplusproduce) „selbst als notwendiges erscheint".[15] Das notwendige Produkt ist jedoch das *Mittel*, aber noch nicht das Ziel der gesellschaftlichen Produktion selbst. Daraus ergibt sich, *daß die*

[14] Vgl. z. B. W. Kowyshenko, Wert der Dienstleistungen — Realität oder Fiktion?, in: Sowjetwissenschaft, Gesellschaftswissenschaftliche Beiträge, 1/1969, S. 65.

[15] Karl Marx, Grundrisse der Kritik der Politischen Ökonomie, Berlin 1953, S. 506.

Dialektik zwischen notwendigem Produkt in der materiellen Produktion und „wirklichem Reichtum" an Zeit außerhalb der materiellen Produktion den Inhalt der produktiven Arbeit wesentlich bestimmt.

Die allseitige Entwicklung der Fähigkeiten der Werktätigen verlangt sowohl, daß ständig mehr und qualitativ verbesserte materielle Gebrauchswerte in einer dem Bedarf entsprechenden Struktur bereitgestellt werden, als auch, daß genügend Zeit außerhalb der materiellen Produktion (zum Beispiel für den nichtproduktiven Bereich und für die arbeitsfreie Zeit der Werktätigen) zur Verfügung steht. *Die außerhalb der materiellen Produktion verfügbare Zeit wird zu einem wesentlichen Zielkriterium des Sozialismus.* Je weniger Zeit anteilig für die schnell wachsende materielle Produktion verausgabt werden muß, desto größer sind die Möglichkeiten für die Entwicklung und Ausnutzung der Fähigkeiten der Werktätigen. In diesem Sinne wurde bereits von Marx betont, daß in der sozialistisch-kommunistischen Gesellschaftsordnung der wirkliche Reichtum in der „freien Zeit" bestehen wird.

„Die freie Entwicklung der Individualitäten, und daher nicht das Reduzieren der notwendigen Arbeitszeit um Surplusarbeit zu setzen, sondern überhaupt die Reduktion der notwendigen Arbeit der Gesellschaft zu einem Minimum, der dann die künstlerische, wissenschaftliche etc. Ausbildung der Individuen durch die für sie alle freigewordene Zeit und geschaffnen Mittel entspricht."[16]

Jedoch können die materiellen Bedingungen für die sozialistische Zielrealisierung nicht auf die Zunahme der „freien" Zeit außerhalb der materiellen Produktion reduziert werden. „Freie" Zeit und Zeitaufwand in der materiellen Produktion, Produktion und Konsumtion stehen sich bei der Verwirklichung des Ziels der sozialistisch-kommunistischen Gesellschaft nicht mehr antagonistisch gegenüber. Noch vorhandene gegensätzliche Interessen werden in Abhängigkeit von Fortschritten in der Ökonomie der Zeit angenähert. Zwischen notwendiger Arbeit in der materiellen Produktion und überschüssiger Arbeit für die nichtproduktive Sphäre bestehen Beziehungen der *gegenseitigen Bedingtheit.* Die Vergrößerung der überschüssigen Zeit setzt die volle Entfaltung der notwendigen Arbeit voraus.

Zugleich erfordert aber die Verringerung des Aufwands für das notwendige Produkt die immer bessere Entfaltung der Fähigkeiten und Triebkräfte der sozialistischen Werktätigen und damit die Vermehrung der überschüssigen Zeit. Das heißt, es gibt keinen antagonistischen Gegensatz in dem Sinne, daß je niedriger das notwendige Produkt,

[16] Ebenda, S. 593.

desto höher die überschüssige Zeit sein kann und umgekehrt. Produktive Arbeit ist folglich die materiell-produktive Arbeit, die materielle Voraussetzungen für überschüssige Zeit schafft.

— *mit einer Effektivitätssteigerung in der Produktion verbunden ist und die materiellen Voraussetzungen für die sozialistische Zielrealisierung erhöht.* Materiell-produktive Arbeit, die zwar die Masse der materiellen Gebrauchswerte erhöht, jedoch auf der anderen Seite zugleich mit solch hohen Aufwendungen erkauft wurde, daß kein Überschuß verbleibt, trägt nicht dazu bei, daß sich die materiellen Voraussetzungen für die sozialistische Zielrealisierung verbessern. Das gleiche gilt für Erzeugnisse mit unzureichenden Gebrauchseigenschaften beziehungsweise mit fehlender Nachfrage.

— *unter solchen Arbeitsbedingungen und Beziehungen zwischen den Produzenten erfolgt, die insgesamt die allseitige Ausbildung und Nutzung der Fähigkeiten des Arbeiters sichern,* seine Beziehungen zum sozialistischen Eigentum festigen und die Arbeitsbedingungen stetig in Abhängigkeit von den technisch-ökonomischen Möglichkeiten verbessern. Hieraus ergibt sich die objektiv notwendige Einheit von sozialistischer Rationalisierung und Verbesserung der Arbeitsbedingungen. Es geht zum Beispiel darum, daß die Konstrukteure unter diesem Aspekt die Produktionsbedingungen neu durchdenken, *ohne* dabei Ökonomie und Arbeitsbedingungen einander gegenüberzustellen. Sozialistische Arbeitsbedingungen und -beziehungen sind weitsichtige Grundvoraussetzung dafür, daß die zweifellos vorhandenen Reserven der Effektivitätssteigerung noch besser erschlossen werden können.

Aus den Beziehungen zwischen notwendiger Arbeit und überschüssiger Zeit ergeben sich einige neue Akzente in der Stellung bestimmter allgemeiner Reproduktionskategorien im Sozialismus.

Das betrifft zum Beispiel die Beurteilung des Wachstums des Nationaleinkommens. Wenn bereits ein hohes Niveau des Nationaleinkommens pro Kopf der Bevölkerung erreicht wurde und im Maße, wie sich die Züge der kommunistischen Arbeit im Schoße des Sozialismus allmählich erweitern, wird nicht mehr allein das Wachstum der Masse des Nationaleinkommens entscheidend, sondern vor allem seine qualitative Seite. Ein maximaler Beitrag der Entwicklung des Nationaleinkommens zur allseitigen Persönlichkeitsentwicklung der Werktätigen stellt Anforderungen an die *Einheit* von quantitativem Wachstum, Qualität, Struktur und Zeiteinsparung. Eine alleinige Maximierung des Wachstums des Nationaleinkommens wäre also nicht von vornherein auch mit einer Verbesserung der materiellen Voraussetzungen für die Zielrealisierung verbunden. Das wäre nur dann der Fall, wenn zugleich die übrigen Anforderungen mit eingehalten würden.

Von der Einheit dieser Anforderungen geht zugleich eine starke Wirkung auf die Rationalität aus. Ein mittleres, aber sehr effektives Wachstum kann einen höheren Beitrag zur Zielrealisierung leisten als ein relativ höheres Wachstum, das durch Überforderung der vorhandenen Ressourcen mit einer niedrigeren Effektivitätssteigerung verbunden ist. Von der Zielrealisierung aus begründet sich folglich die zunehmende Intensivierung.

Nur über die Einheit von Intensivierung und Wachstum läßt sich ein kontinuierliches, relativ hohes Wachstumstempo des Nationaleinkommens sichern. Bei Beibehaltung verhältnismäßig hoher extensiver Wachstumsquellen wären gegenwärtig, da die wissenschaftlich-technische Revolution auf der Tagesordnung steht, absolute Grenzen des Wachstums vorhanden. Diese deuten sich beispielsweise in zeitweiligen Disproportionen zwischen den verfügbaren Ressourcen beim jeweils erreichten Effektivitätsniveau und dem zur Bedarfsdeckung erforderlichen Wachstumstempo, in gewissen zeitweiligen Diskontinuitäten des Wachstumsverlaufs an. Solche scheinbaren Grenzen des Wachstums resultieren insbesondere aus Widersprüchen zwischen den Anforderungen der Produktionsverhältnisse beim Übergang zum entwickelten Sozialismus und den demgegenüber noch zurückgebliebenen Produktivkräften. Sie werden in dem Maße überwunden, wie planmäßig Fortschritte in der wissenschaftlich-technischen Revolution und beim Übergang zur allseitigen Intensivierung des Reproduktionsprozesses erreicht werden. Beispiele dafür bieten in den 60er Jahren vor allem solche sozialistischen Staaten wie die UdSSR, ČSSR, DDR.

Für die Wirtschaftspolitik ist Wachstumspolitik unter den Bedingungen der allseitigen Intensivierung durch ein Umdenken gegenüber Wachstumsbedingungen verbunden, die extensive Quellen noch vorwiegend oder in Größenordnungen nutzten.[17]

1.1.3. Neue Merkmale in den Wechselbeziehungen von produktiver und nichtproduktiver Arbeit

Wesentliche neue Akzente bilden sich in den *Wechselbeziehungen* von produktiver und nichtproduktiver Arbeit heraus. Sie zeigen sich nicht nur am zunehmenden Gewicht der „indirekt“ produktiven Arbeit,

[17] Vgl. dazu Abschnitt 1.3. der vorliegenden Arbeit.

sondern vor allem daran, *daß die „indirekte" produktive Arbeit als Arbeit, die in die Menschen selbst und ihre gesellschaftlichen Verhältnisse eingeht, im zunehmenden Maße das Ziel für die produktive Arbeit im engeren Sinne angibt.*

Da auch im Sozialismus nur das verbraucht werden kann, was produziert wurde und für die Ausschöpfung von Effektivitätsreserven die Einhaltung optimaler Proportionen zwischen den verschiedenen Wachstumsfaktoren von zunehmender Bedeutung ist, geht es nicht um die Aufhebung der Unterschiede zwischen produktiver und nichtproduktiver Arbeit, sondern um die Planung und Einhaltung solcher Proportionen zwischen beiden, die maximal zu einer besseren Zielrealisierung beitragen.

Die Proportionen zwischen der Entwicklung von produktiver und nichtproduktiver Arbeit werden hauptsächlich durch die Wechselbeziehungen zwischen Effektivitätssteigerung und sozialistischer Zielrealisierung bestimmt. Hierbei muß berücksichtigt werden, daß der Effektivitätszuwachs nicht direkt zur Verbesserung der sozialistischen Zielrealisierung beiträgt, sondern in verschiedenen Formen *vermittelt* wird. Als *Mittel* der Zielrealisierung treten insbesondere folgende 4 Formen auf:

— die Veränderung der Arbeitsbedingungen sowie des Charakters der Arbeit unter dem Einfluß vor allem der Weiterentwicklung der technischen Basis der Produktion sowie der Organisation und Leitung (unter anderem auf Grundlage der Akkumulation);

— die Produktion von Konsumtionsmitteln sowohl für die individuelle Konsumtion als auch für die gesellschaftlich organisierten Bereiche der kulturellen und sozialen Betreuung der Bevölkerung;

— die Entwicklung der Beschäftigten im nichtproduktiven Bereich;

— die Entwicklung der arbeitsfreien Zeit.

Zwischen ihnen bestehen enge und sich verstärkende Wechselbeziehungen.

Die Verwendung der eingesparten Zeit für den Zuwachs des Nationaleinkommens genießt hierbei gegenwärtig den Vorrang. Zugleich schließen sich die Verwendungsformen der eingesparten Zeit nicht vollkommen gegenseitig aus.[18] Die Ausnutzung der Gebrauchseigenschaften vieler Produkte (zum Beispiel Informationsmittel) erfordert mehr *arbeitsfreie Zeit.* In gleicher Richtung wirken die Arbeitsbedingungen, die eine höhere Disponibilität des Arbeiters auf Basis ständiger Qualifi-

[18] Vgl. Gerhard Schilling, Bedürfnisse und Bedarf als Ausgangspunkt der Planung – eine grundlegende Frage der Erhöhung des wissenschaftlichen Niveaus der Planung, in: Wirtschaftswissenschaft, 2/1973, S. 161..

kation erfordern; Bewegungsarmut und zunehmende nervliche Belastung verlangen einen Ausgleich. Andererseits muß die Produktion durch höhere Qualität, bessere Gebrauchseigenschaften, Sicherung des Reparatur- und Ersatzbedarfs der Konsumgüter dazu beitragen, daß die arbeitsfreie Zeit von den Werktätigen besser genutzt werden kann. Das ist zur Zeit eines der Hauptprobleme.

In welchem Maße sich die materiellen Bedingungen für die gesellschaftliche Bedürfnisbefriedigung verbessern, hängt entscheidend von der Ökonomie der Zeit in allen Reproduktionssphären ab, das heißt sowohl in der Produktion als auch im Bereich der unproduktiven Konsumtion. Die Ökonomie der Zeit im produktiven Bereich besitzt jedoch eine primäre Stellung. Sie bestimmt nicht nur, wie vorhandene materielle Gebrauchswerte und verfügbare Freizeit besser genutzt werden können, sondern bildet die Quelle für *neue* materielle Gebrauchswerte und *mehr* Freizeit.

In diesem Sinne ist die Ökonomie der Zeit ein gewisser *zusammenfassender Ausdruck* für die Vergrößerung der materiellen Bedingungen für die gesellschaftliche Bedürfnisbefriedigung. Im Bestreben, die materiellen Voraussetzungen der sozialistischen Zielrealisierung in einer einzigen umfassenden Kennziffer zu vereinen, gibt es Vorschläge, ein „*modifiziertes*" Nationaleinkommen zu bilden, das zumindest die lebensstandardwirksamen Leistungen des nichtproduktiven Bereichs mit enthalten soll. Solche Vorschläge wurden zum Beispiel von Vajnštejn, Kvaša, Tolkačov, Gromov, Komarov[19] vorgelegt, wobei sich der Kreis der einzubeziehenden Leistungen teilweise unterscheidet.

[19] A. L. Vajnštejn fordert ein „modifiziertes Nationaleinkommen", d. h. die Erweiterung des gegenwärtig in der sowjetischen Statistik üblichen Nationaleinkommensbegriffs durch

— materielle Dienstleistungen für die Bevölkerung und solche, die unmittelbar auf die Produktion wirken oder mit ihr verbunden sind, wie z. B. Transport und Nachrichtenwesen für die Bevölkerung, persönliche materielle Dienstleistungen wie z. B. Bad, Wäscherei, Wohnungs- und kommunale Wirtschaft, geologische Arbeiten, selbständige Konstruktions- und Projektierungsorganisationen;

— unproduktive Zweige, deren Produkte keine materielle Form haben, wie z. B. Gesundheitswesen, Kunst, Wissenschaft, Literatur usw. Produkt des Gesundheitswesens sei z. B. die Anzahl der Jahre der Arbeitsfähigkeit des Menschen, Produkt des Bildungswesens sei die kulturelle Bildung der Bevölkerung, Berufsausbildung, Entwicklung der Fähigkeiten und Anlagen.

In das „modifizierte Nationaleinkommen" nach A. L. Vajnštejn sollen lediglich die Teile des unproduktiven Bereichs, die die Ausgaben für die Armee, Justizorgane, Verwaltungsorgane u. ä. umfassen, nicht einbezogen werden. Vgl. Kriterium der optimalen

Eine letzten Endes ähnliche erweiterte Konzeption der produktiven Arbeit wird von Strumilin vertreten. Dem Nationaleinkommen werden sowohl die unmittelbar als auch die mittelbar (insbesondere durch den Beitrag zur Reproduktion der Arbeitskraft) an der Schaffung des Gesamtprodukts beteiligten Arbeitskräfte gegenübergestellt. Unter diesem Aspekt wird die Arbeit aller Werktätigen als mehr oder weniger produktiv; als unproduktiv werden aber nur Bummler, Nichtstuer und ähnliche angesehen.[20] Der Auffassung Bagrijs[21], daß aus Strumilins Konzeption der Erweiterung des Kreises der produktiv Beschäftigten mit Konsequenz auch die Konzeption der Erweiterung des Nationaleinkommens folgt, muß zugestimmt werden.

Die erweiterten Konzeptionen des Nationaleinkommens verfolgen das erklärte Ziel, die Leistungen der sozialistischen Volkswirtschaft realer zu erfassen, als das mit Hilfe des Nationaleinkommens möglich sei. Dagegen muß jedoch grundsätzlich eingewendet werden, daß mit einer fiktiven Erweiterung des Nationaleinkommens die Probleme nicht gelöst werden, die mit einer den gesellschaftlichen Bedürfnissen entsprechenden *Proportionierung* der Arbeitszeit für die Produktion des Nationaleinkommens, die Beschäftigung im nichtproduktiven Bereich und die Verkürzung der Jahresarbeitszeit verbunden sind. Im Gegenteil, diese Proportionen werden nicht sichtbar.

Die spezifische gesellschaftliche Bestimmtheit der produktiven Arbeit im Sozialismus schließt ein, daß die Ergebnisse der materiell-produktiven Arbeit stets ihre Basis bilden. Wenn auch hinsichtlich des Beitrags zur gesellschaftlichen Bedürfnisbefriedigung die Arbeit *gemeinsame* Züge trägt, so unterscheidet sie sich doch reproduktionstheoretisch, sobald das *Mittel* des ökonomischen Grundgesetzes einbezogen wird. Letzten Endes wird der Wirkungsbereich der produktiven Arbeit im Sozialis-

Entwicklung der sozialistischen Volkswirtschaft, in: Voprosy ėkonomiki, 5/1970, S. 120.

Vgl. Ja. B. Kvaša, Arbeitsproduktivität und Fondsquote in der Volkswirtschaft, in: Faktoren und Kriterien der intensiv erweiterten Reproduktion im Sozialismus, hg. von K. Bichtler und H. Maier, Berlin 1972, S. 321, (Deutsche Akademie der Wissenschaften zu Berlin — Schriften des Zentralinstituts für Wirtschaftswissenschaften Nr. 1).

Vgl. A. Tolkatschow, Theoretische Grundlagen und Methoden zur Bestimmung der Effektivität der Produktion im Plan, in: Autorenkollektiv, Effektivität in der sozialistischen Volkswirtschaft, Berlin 1975, S. 27.

20 Vgl. S. G. Strumilin, Vom Oktober zum Kommunismus, in: Voprosy ėkonomiki, 9/1968, S. 16/17.

21 P. I. Bagrij, Dynamik und Struktur der gesellschaftlichen Produktion im Sozialismus, Berlin 1974, S. 29/30.

mus durch die Ergebnisse der materiell-produktiven Arbeit bestimmt. Den Beziehungen zwischen Ziel und Mittel des ökonomischen Grundgesetzes des Sozialismus entspricht es deshalb, wenn die materiell-produktive Arbeit der sozialistischen Zielrealisierung untergeordnet wird, ohne daß unter dem Mittelaspekt des Grundgesetzes die reproduktionstheoretischen Unterschiede von produktiver und nichtproduktiver Arbeit verwischt werden.

Das Nationaleinkommen entsteht allein durch produktive Arbeit. Die produktive Arbeit wurde von Marx als zielgerichtete menschliche Tätigkeit, die einen materiellen Gebrauchswert hervorbringt und deren gesellschaftliche Form durch die jeweils herrschenden Produktionsverhältnisse bestimmt wird, definiert.[22]

Die Entwicklung der nichtproduktiven Arbeit ist eine Funktion der Leistungsfähigkeit der produktiven Arbeit.[23] Zugleich wirkt sie als „indirekte produktive" Arbeit auf deren Produktivität zurück.

Zwischen produktiver Arbeit und nichtproduktiver Arbeit bestehende Gemeinsamkeiten, wie zum Beispiel die Zweckbestimmtheit der Tätigkeit, das Vorliegen eines Arbeitsergebnisses, das Zusammenfallen von Produktion und Konsumtion (bei materiellen und persönlichen Diensten) sind dem reproduktionstheoretischen Kriterium der Herstellung materieller Gebrauchswerte untergeordnet.[24] Die Wechselbeziehungen zwischen produktivem und nichtproduktivem Bereich werden gegenwärtig durch eine Reihe neuer Tendenzen gekennzeichnet.

Dazu gehören vor allem:

[22] Vgl. Karl Marx, Theorien über den Mehrwert, Erster Teil, in: MEW, Bd. 26.1, Berlin 1965, S. 130ff.; ders., Das Kapital, Erster Band, in: MEW, Bd. 23, Berlin 1962, S. 196, 521; ders., Das Kapital, Zweiter Band, in: MEW, Bd. 24, Berlin 1963, S. 133ff. Von dieser Auffassung ging auch Lenin bei den statistischen Analysen zur Entwicklung des Kapitalismus in Rußland aus. Vgl. W. I. Lenin, Die Entwicklung des Kapitalismus in Rußland, Werke, Bd. 3, Berlin 1956, S. 515.

[23] Diese Auffassung wird u. a. von P. Moskvin (Einige Fragen der Statistik der Dienstleistungen, in: Vestnik statistiki, 6/1969), V. Gurev (Über Struktur und Grenzen der Dienstleistungssphäre, in: Vestnik statistiki, 7/1969), A. I. Tarasjuk (Die Realisierungstheorie von Karl Marx und die nichtproduktive Sphäre, in: Vestnik Moskovskogo Universiteta, 4/1974, S. 29) und M. V. Solodkov (Der Begriff der nichtproduktiven Sphäre. Bestimmungskriterien ihrer Grenzen, in: Vestnik Moskovskogo Universiteta, 5/1973, S. 24) unterstützt.

[24] Die statistische Abrechnung kann die Gliederung in produktive und nichtproduktive Arbeit nur annähernd erfassen. Verschiedentlich führt auch ein und dieselbe Person im Arbeitsprozeß sowohl produktive als auch unproduktive Funktionen aus, wie z. B. ein Leiter, Planungsinstanzen usw.

— Die fortschreitende Entwicklung der gesellschaftlichen Arbeitsteilung führt im wachsenden Maße zur Verselbständigung von materiellen Nebenmomenten ihrem Wesen nach nichtproduktiver Arbeiten. Dadurch entstehen solche selbständigen Elemente des produktiven Bereichs, wie zum Beispiel die industrielle Herstellung von Filmkopien, der Druck von Manuskripten, die Herstellung von Bühnenausstattungen und andere.

— Die zunehmende Bedeutung der produktionsvorbereitenden Funktionen führt zur Zunahme ihres Gewichts am produktiven Gesamtarbeiter. Die Funktion der Produktionsvorbereitung als geistige Vorwegnahme des herzustellenden materiellen Gebrauchswertes gehörte immer zum produktiven Gesamtarbeiter. Neu ist die große Ausweitung dieses Bereichs, die damit verbunden ist, daß sich arbeitsteilig produktive Arbeiten der Produktionsvorbereitung verselbständigen und daß dieser Bereich immer mehr über Umfang und Effektivität der Produktion entscheidet. Die materiellen Dienstleistungen, die unmittelbare Beziehungen zur Reproduktion des gesellschaftlichen Gesamtprodukts haben, wie die Forschungseinrichtungen beziehungsweise Konstruktionsabteilungen, müssen deshalb auch in die Abrechnung und Planung des produktiven Bereichs einbezogen werden.[25]

— Die zunehmende Bedeutung der Initiative der Werktätigen für die Steigerung der Produktivität ist damit verbunden, daß sich in der Tendenz Umfang und Intensität der Rückwirkung des nichtproduktiven Bereichs auf die Produktion zu verstärken beginnen. Das gilt zum Beispiel für die Wechselbeziehungen zwischen Grundlagen- und angewandter Wissenschaft[26], für den Einfluß des Bildungswesens und sozialpolitischer Maßnahmen auf die Produktivitätsentwicklung und anderes mehr.

[25] Vgl. auch B. Plyševskij, Zur Berechnung des Nationaleinkommens, in: Voprosy ėkonomiki, 10/1970, S. 79.

[26] Verschiedentlich wird die zunehmende Entwicklung der Wissenschaft zur unmittelbaren Produktivkraft als Begründung dafür angesehen, die „Produktion von Wissen" allgemein zur produktiven Arbeit zu zählen. So bringt z. B. Achiezer zum Ausdruck, daß ein Verzicht auf die Anerkennung der „Produktion von Wissen" zu der paradoxen Schlußfolgerung führe, daß die Gesellschaft mit zunehmendem Tempo danach strebt, sich der produktiven Arbeit zu entledigen. Logischer sei jedoch anzunehmen, daß der Inhalt der produktiven Arbeit nicht unveränderlich bleibt (vgl. A. S. Achiezer, Wissenschaftlich-technische Revolution und Leitung der Entwicklung der Gesellschaft, in: Voprosy filosofii, 8/1968). Dagegen muß eingewendet werden, daß Veränderungen im Inhalt der produktiven Arbeit sich jedoch stets im Rahmen der grundlegenden reproduktionstheoretischen Kriterien für die Unterscheidung von produktiver und unproduktiver Arbeit bewegen.

Aus den neuen Entwicklungstendenzen im Reproduktionsprozeß wurde wiederholt die Forderung abgeleitet, die gesamten gesellschaftlichen Arbeitsaufwendungen für die Bildung und Wissenschaft in die Effektivitätsrechnung und damit in die produktive Arbeit einzubeziehen.[27]

Damit werden jedoch die reproduktionstheoretischen Beziehungen zwischen Produktion und Konsumtion verwischt.

Zwischen Ökonomie der Zeit und Entwicklung des nichtproduktiven Bereichs bestehen Wechselwirkungen, die sich nicht durch einfache Hinzufügung der Leistungen der nichtproduktiven Arbeit zum Nationaleinkommen erfassen lassen.

Es muß immer berücksichtigt werden, daß die nichtproduktive Arbeit ihren Beitrag zur Verbesserung der gesellschaftlichen Bedürfnisbefriedigung nur auf der Grundlage einer gewachsenen Leistungsfähigkeit der materiell-produktiven Arbeit beisteuern kann. Wird von der marxistischen Definition der produktiven Arbeit ausgegangen, gibt es keine Ursache dafür, unter sozialistisch-kommunistischen Bedingungen die Unterschiede zwischen produktiver und nichtproduktiver Arbeit aufzugeben und die gesellschaftliche Gesamtarbeit mit der produktiven Gesamtarbeit zu identifizieren. Der Auffassung vom „modifizierten

[27] Ja. B. Kvaša, Arbeitsproduktivität und Fondsquote in der Volkswirtschaft, in: Faktoren und Kriterien der intensiv erweiterten Reproduktion im Sozialismus, hg. von K. Bichtler und H. Maier, Berlin 1972, S. 321, (Deutsche Akademie der Wissenschaften zu Berlin — Schriften des Zentralinstituts für Wirtschaftswissenschaften Nr. 1). Vajnštejn, Tolkačov u. a. schlagen vor, in den produktiven Bereich nicht nur die Beschäftigten in wissenschaftlichen Institutionen, die mit der Produktion verbunden sind, einzubeziehen, sondern auch die in der speziellen Berufsausbildung und ökonomischen Ausbildung der Werktätigen Beschäftigten sowie die Beschäftigten für die Leitung, Planung und ökonomische Information außerhalb der Betriebe. W. Kowyshenko (Wert der Dienstleistungen — Realität oder Fiktion?, in: Sowjetwissenschaft, Gesellschaftswissenschaftliche Beiträge, 1/1969, S. 65ff.) fordert, alle notwendigen konsumtiven Dienstleistungen zur produktiven Arbeit zu rechnen, da diese im Sozialismus von den Produzenten, d. h. den Werktätigen selbst verbraucht werden. Das betreffe insbesondere die Arbeit im Bildungs- und Gesundheitswesen, in Wissenschaft und Kunst, im kommunalen Dienstleistungsbereich, in der Leitung der Volkswirtschaft, in der Rechnungsführung und Verteilung des Gesamtprodukts. Diese Auffassung geht primär darauf zurück, daß die gesellschaftliche Bestimmtheit der produktiven Arbeit im Kapitalismus, Mehrwert zu produzieren, auch nichtmaterielle Dienste ergreift (z. B. Bildung, Kunst). Daraus schließt er, daß diese Bereiche auch reproduktionstheoretisch produktiv sein müßten. Zur Auseinandersetzung vgl. A. Korjagin, Dienstleistungsbereich und produktive Arbeit, in: Sowjetwissenschaft, Gesellschaftswissenschaftliche Beiträge, 1/1969, S. 78ff.

Nationaleinkommen" als Optimalitätskriterium kann deshalb nicht zugestimmt werden.

Mit der zunehmenden Ausrichtung des Wachstums auf die verbesserte Befriedigung der Bedürfnisse der Werktätigen *müssen die zukünftigen Entwicklungsforderungen des nichtproduktiven Bereichs im stärkeren Maße Ausgangspunkt wirtschaftspolitischer Zielstellungen sein.* Das gilt speziell auch für die Bereiche zur kulturellen und sozialen Betreuung der Bevölkerung. Damit gewinnt zugleich die Proportion zwischen der Entwicklung des produzierenden und nichtproduzierenden Bereichs und ihrer Hauptstrukturen an Bedeutung für die Planung.

Zusammenfassend zeigte sich, daß die Unterscheidung zwischen produktiver und nichtproduktiver Arbeit auch im Sozialismus ihre Berechtigung behält. Anhand der aufgezeigten spezifischen sozialökonomischen Bestimmtheit der produktiven Arbeit und ihrer damit verbundenen neuen Züge wurde deutlich, daß sich im Sozialismus die produktive Arbeit nicht auf allgemeine materiell-produktive Arbeit reduziert. Deshalb besteht das Hauptproblem bei der weiteren Untersuchung der produktiven Arbeit im Sozialismus nicht vordergründig in der Überprüfung der Grenzen der materiell-produktiven Arbeit (obwohl insbesondere unter dem Einfluß der wissenschaftlich-technischen Revolution gewisse Präzisierungen und Ergänzungen der materiell-produktiven Sphäre notwendig sind), sondern in der *Herausarbeitung der Konsequenzen aus der sozialistischen Zielrealisierung.* Die Beibehaltung der Unterscheidung zwischen produktiver und nichtproduktiver Arbeit im Sozialismus ergibt sich nicht zuletzt auch aus der *Objektivierung* der sozialistischen Zielrealisierung. Sie ist unmittelbarer Ausgangspunkt, um die ökonomische Effektivität der sozialistischen Produktion als objektive Voraussetzung zur Verbesserung der gesellschaftlichen Bedürfnisbefriedigung einordnen zu können. Eine Vermischung von Effektivität im produktiven und nichtproduktiven Bereich beispielsweise würde die Gefahr in sich bergen, die allseitige Entwicklung der Persönlichkeit der Werktätigen von ihren materiellen Grundlagen zu lösen. Das könnte sowohl zu subjektivistischen Überforderungen der materiellen Voraussetzungen im produktiven Bereich führen (in Verbindung mit zeitweilig überproportionierten Entwicklungen der Konsumtion, die langfristig die kontinuierliche Bedarfsdeckung der Gesellschaft in Frage stellen würden) als auch zur Negation der Unterschiede zwischen Technik, Produktion, Mensch, insbesondere zur faktischen Identifizierung von Technik und Produktionsverhältnissen. Solche subjektivistischen Auslegungen der Beziehungen zwischen Ziel und Mittel des ökonomischen Grundgesetzes des

Sozialismus spielen beim Versuch der Diskriminierung des realen Sozialismus nach wie vor eine Rolle.

Marcuse beispielsweise ignoriert, daß allseitige Persönlichkeitsentwicklung der Werktätigen und damit Ausdehnung des Freiheitsbereichs[28] in der gesellschaftlichen Entwicklung an Entwicklungsniveau und -möglichkeiten der sozialistischen Produktion gebunden sind.

Er sieht Freiheit im Sozialismus außerhalb und unabhängig von der Produktion.[29] Davon leitet er Forderungen eines allgemein abstrakten „menschlichen Sozialismus" ohne Berücksichtigung der erreichten konkreten Entwicklungsbedingungen der Produktion ab.

Eine weitere Variante reformistischer Vorstellungen vertritt beispielsweise *R. Jungk* hinsichtlich der „Vermenschlichung" der Technik und Tätigkeit des Arbeiters bereits im Kapitalismus, der Umweltfreundlichkeit im Kampf gegen die alte Technik.[30]

Jungk geht zunächst von der negativen Wirkung der kapitalistisch angewandten Technik auf den Menschen aus. Hierbei kommt er zur an sich richtigen Feststellung, daß die an Profit ausgerichtete Technik zwar raschen Gewinn bringt, aber infolge ihrer schädlichen Nebenwirkungen zugleich mit übergroßen „sozialen Kosten" und langfristigen Verlusten verbunden ist. Aus der Beobachtung, daß die Ingenieure schon längst in der Lage seien, menschen- und umweltfreundlichere Apparaturen zu konstruieren, kommt Jungk dann zur objektiv *reaktionär-utopischen These von der „sanften Technik"* als Voraussetzung für die menschenwürdige Gestaltung der Arbeits- und Umweltbedingungen durch die neue, menschenfreundliche Technik, die zugleich die Abschaffung der Ausbeutung der Menschen einschließe. Konzentriert zeigt sich diese Auffassung im Urteil Jungks über Maschinen, die auf Grund biologischer Entwürfe gebaut werden:

„Diese Bemerkungen faszinierten mich. Denn hier schien endlich eine erste Antwort auf die Frage gegeben zu sein, wie Technik so verwandelt werden könnte, daß die bis zur Feindschaft gehende Entfremdung zwischen Mensch und Maschine überwunden wird."[31]

28 Vgl. Friedrich Engels, Herrn Eugen Dührings Umwälzung der Wissenschaft (Anti-Dühring), in: MEW, Bd. 20, Berlin 1962, S. 106.

29 Vgl. R. Steigerwald, Herbert Marcuses „Dritter Weg", Berlin 1969, S. 206/207. Diese Unterstellung nimmt beim Versuch der Diskriminierung des realen Sozialismus durch den sogenannten demokratischen Sozialismus einen zentralen Platz ein.

30 Vgl. R. Jungk, Der Jahrtausendmensch (Bericht aus den Werkstätten der neuen Gesellschaft), Gütersloh 1973, S. 35ff., 56ff., 70, 72ff.

31 Vgl. ebenda, S. 80.

Jungk bestätigt faktisch, daß das von Marx entdeckte Gesetz der kapitalistischen Akkumulation auch für die nicht Arbeitslosen seine volle Gültigkeit behalten und neue Züge angenommen hat, indem er beispielsweise einschätzt:[32]

„So entwickelt sich weltweit eine neue Spielart der „Habenichtse", die zwar annehmbar verdienen, über Sparkonten verfügen, Neubauwohnungen voller „Verbrauchsgüter" besitzen — und doch verarmt sind. Denn weder das Sparkonto noch die Pension noch das Wochenende und die jährliche Gesellschaftsreise ändern etwas daran, daß ihnen ihre Möglichkeit, Eigenes zu schaffen, persönlichen Einfluß auszuüben, etwas in die Welt zu setzen, das von ihnen und ihrer eigenen besonderen Persönlichkeit zeugen könnte, genommen wurde. Sie leben nicht, sie werden gelebt."

Da Jungk die Ursachen für die moralische Degradation der Lohnarbeiter jedoch primär in der Technik und nicht in den Produktionsverhältnissen sieht, kommt er zu solchen reaktionären Schlußfolgerungen, wie der Wegorientierung der Entwicklungsländer von der Großindustrie hin zur Kleinindustrie und zum Handwerk („Klein ist schön!"), zur Empfehlung des „Nullwachstums", arbeitsintensiver, dezentralisierter, handwerklicher, überwiegend dörflicher Beziehungen, geringer Spezialisierung und anderer Aspekte der sogenannten sanften technischen Gesellschaft im Verhältnis zur gegenwärtig vorherrschenden sogenannten harten technischen Gesellschaft. Das heißt, er will eine Umpolung der Werturteile und Ziele der kapitalistischen Gesellschaft auf die Entfaltung von menschen- und umweltfördernden Haltungen. Da er dies aber im Rahmen der bestehenden kapitalistischen Ordnung allein durch Veränderung der Technik erreichen möchte, ist das unreal und weckt reformistische Illusionen, im Rahmen des Kapitalismus die anstehenden gesellschaftlichen Probleme lösen zu können.

Jungk setzt auf Grund gewisser Gemeinsamkeiten der Produktivkräfte und ihrer Entwicklung, wie sie zur Zeit noch für sozialistische und kapitalistische Staaten zutreffen, den Sozialismus und Kapitalismus als auf „Produktionssteigerung" gerichtete Ordnungen sozialökonomisch gleich. Die Übernahme der „alten Technik" sei Schuld daran, daß bisher ein „humaner Sozialismus" noch nicht zustande gekommen sei. Richtig ist, daß der Sozialismus keineswegs die Grenzen überspringen kann, die durch den erreichten Entwicklungsstand der Produktivkräfte gezogen sind. Deshalb bringt gegenwärtig verschiedentlich alte Technik auch noch gewisse Belastungen für die Werktätigen. Diese Belastun-

[32] Ebenda, S. 168/169.

gen werden in dem Maße gemildert, wie sich die Leistungsfähigkeit der produktiven Arbeit erhöht.

Hauptweg dafür ist die Schaffung der materiell-technischen Basis des Kommunismus. In diesem Prozeß geht es auch darum, bei technischen Neuentwicklungen von vornherein stärker die Belange der Persönlichkeitsentwicklung zu berücksichtigen. Da jedoch bereits heute Anwendungskriterium der Technik nicht mehr die „bezahlte“, sondern die „wirkliche“ Kost ist, wird es möglich, selbst bei gleicher Technik die Arbeitsbedingungen zu erleichtern oder einen Ausgleich in arbeitsfreier Zeit zu gewähren. Um negativen Folgen der Technik so weit wie möglich entgegenzuwirken, müssen solche Seiten der Produktionsverhältnisse, wie Teilnahme an der Planung, am sozialistischen Wettbewerb und am Neuererwesen zielstrebig weiterentwickelt werden.

1.1.4. Zum Effektivitätsbegriff im Sozialismus

Zusammenfassend zeigt der gegenwärtige Erkenntnisstand, daß die Effektivität im Sozialismus zumindest unter zwei Aspekten betrachtet werden muß,

— dem Grad der sozialistischen Zielrealisierung im Verhältnis zu den Aufwendungen für die Produktions- und Leistungsentwicklung. Hierbei handelt es sich um die umfassende spezifische Effektivität des Sozialismus, die verschiedentlich auch als soziale beziehungsweise gesellschaftliche Effektivität oder Effektivität im weiteren Sinne bezeichnet wird;

— der Einsparung gesellschaftlicher Arbeit im Verhältnis zu den dazu erforderlichen Aufwendungen im gesellschaftlichen Reproduktionsprozeß (Produktivität der gesellschaftlichen Arbeit). Die Ökonomie an Zeit (nach Marx) gibt Auskunft darüber, in welchem Maße die materiellen Voraussetzungen für die Verbesserung des Grades der sozialistischen Zielrealisierung erweitert werden. Sie ist das Hauptkriterium für Fortschritte im *Mittel*bereich des ökonomischen Grundgesetzes des Sozialismus.

Hierbei muß ausdrücklich betont werden, daß beide Aspekte der Effektivität im Sozialismus eine dialektische Einheit bilden. Je besser der Zusammenhang zwischen Ziel und Weg beachtet wird, desto wirksamer wird die Initiative der Werktätigen zur Einsparung gesellschaftlicher Arbeit.[33] Ohne höhere Ökonomie an Zeit kann es keine grund-

[33] Bericht zur Direktive des VIII. Parteitages der SED zum Fünfjahrplan für die Entwicklung der Volkswirtschaft der DDR in den Jahren 1971 bis 1975. Berichterstatter: Genosse Willi Stoph, Berlin 1971, S. 22.

legende Verbesserung der sozialistischen Zielrealisierung geben.[34] Zugleich wird die Ökonomie an Zeit nur dann gesellschaftlich anerkannt, wenn sie tatsächlich die gesellschaftliche Bedürfnisbefriedigung verbessern hilft und nicht etwa auf Strukturen gerichtet ist, die in der Prioritätenskala der gesellschaftlichen Bedürfnisse nicht oder untergeordnet enthalten sind. Trotz dieser objektiven Einheit sprechen sowohl der gegenwärtig erreichte — gegenüber der höheren Phase des Kommunismus noch relativ unreife — Entwicklungsstand der Produktivkräfte und Produktionsverhältnisse als auch der gegenwärtige Erkenntnisstand für eine Effektivitätsbetrachtung unter den genannten beiden Aspekten als Arbeitsgrundlage.

Diese Auffassung wird durch das Lehrbuch Politische Ökonomie der Parteihochschule der UdSSR bestätigt. Dort heißt es:

„Das ökonomische Grundgesetz des Sozialismus hat qualitative und quantitative Merkmale. Was die qualitative Seite betrifft, so ist sie in Verbindung mit der Charakteristik des Wesens und des Zieles der sozialistischen Produktion sowie der Mittel zur Erreichung dieses Zieles ausreichend erklärt. Die quantitative Seite des ökonomischen Grundgesetzes des Sozialismus erfordert die Bestimmung der quantitativen Parameter seiner Wirkung, vor allem des Ausmaßes der Bedürfnisse aller Mitglieder der Gesellschaft, die in diesem oder jenem Maße befriedigt werden müssen."[35]

Auch Atlas[36] unterscheidet, von der sozialistischen Effektivität als einer einheitlichen Kategorie ausgehend, zwischen der ökonomischen Effektivität im Sozialismus und dem weiteren Begriff der sozialen Effektivität.

Die praktischen Erfahrungen und Probleme bei der Verbesserung der Arbeits- und Lebensbedingungen der Werktätigen bestätigen, daß es zur wirtschaftspolitischen Bewältigung des Wechselverhältnisses von Ziel und Mittel des ökonomischen Grundgesetzes des Sozialismus nicht genügt, die sozialistische Effektivität der Produktion oder „ökonomische" Effektivität zu fassen.

[34] Vilenskij betont z. B. ausdrücklich, daß die Grundlage der sozialen Effektivität des wissenschaftlich-technischen Fortschritts die ökonomische Effektivität ist. Je ökonomischer die neue Technik, desto stärker und tiefer kann ihr sozialer Effekt sein. Vgl. M. Vilenskij, Über die Kriterien der Bewertung der ökonomischen Effektivität der neuen Technik, in: Voprosy ėkonomiki, 10/1974, S. 117.

[35] Politische Ökonomie, Bd. 3, Der Sozialismus — die erste Phase der kommunistischen Produktionsweise, Berlin 1973, S. 208.

[36] Vgl. S. Atlas, Effektivität der Produktion — Kategorie der politischen Ökonomie und Anforderungen der Wirtschaftspolitik, in: Planovoe chozjajstvo, 6/1974, S. 73ff.

„Da das Ziel der sozialistischen Gesellschaft in der Sicherung des umfassenden Wohlstandes und der allseitigen Entwicklung der Mitglieder der Gesellschaft besteht, *darf auch das Effektivitätsmaß des Wirtschaftens im gesellschaftlichen Maßstab nicht nur auf das Verhältnis der produzierten Erzeugnismasse zu der für ihre Produktion aufgewandten Menge lebendiger und vergegenständlichter Arbeit reduziert werden.*"[37]

Obwohl bereits einige allgemeine theoretische Ansätze zur Quantifizierung der erreichten Stufe der Befriedigung der gesellschaftlichen Bedürfnisse entwickelt worden sind,[38] muß das Problem der Quantifizierung nach wie vor als ungelöst betrachtet werden. Koslov beispielsweise schlägt eine zusammenfassende Messung in Wertform vor. Hierbei sollen die Güter, die Bedürfnisse befriedigen (wobei sich deren Entwicklung direkt aus der Entwicklung der materiellen Produktion ableiten läßt), mit den Gütern verglichen werden, die zur Befriedigung bestimmter Bedürfnisse notwendig sind. Solch ein Koeffizient des Grades der Bedarfsdeckung kann für einzelne Naturalgüter oder überschaubare Gruppen von ihnen nützliche Aussagen über den Grad der Bedarfsdeckung geben. Es ist aber fraglich, ob diese Messung in Wertform vom Ansatz her auch geeignet ist, als Kriterium für die Verwirklichung des ökonomischen Grundgesetzes des Sozialismus zu dienen. Es bleiben nämlich eine Reihe wichtiger Fragen offen. Beispielsweise wird der Aufwand gesellschaftlicher Arbeit nicht unmittelbar berücksichtigt, der für die Herstellung der Güter erforderlich war und der bei gleicher Gütermenge durchaus unterschiedlich sein kann. Es lassen sich auch nicht alle Bedürfnisse zur allseitigen Persönlichkeitsentwicklung in der Form von Gütern und wertmäßig ausdrücken. Das betrifft zum Beispiel das Verhältnis von Arbeitszeit und arbeitsfreier Zeit sowie die Entwicklung der Arbeitsbedingungen.

Bor betrachtet als grundlegendes Effektivitätskriterium der sozia-

37 Lehrbuch Politische Ökonomie Sozialismus (Autorenkoll. u. Ltg. v. N. A. Zagolow), Berlin 1972, S. 213.

38 Vgl. zum Beispiel G. Kozlov, Über das ökonomische Grundgesetz unter den Bedingungen des entwickelten Sozialismus, in: Voprosy ėkonomiki, 5/1973; D. V. Kinev, Veränderungen im Inhalt der Effektivität unter der Einwirkung des wissenschaftlich-technischen Fortschritts, Sofia, Beitrag zur Konferenz über Probleme des wissenschaftlich-technischen Fortschritts und der Effektivität der gesellschaftlichen Produktion vom 23. bis 28. 9. 1974 an der Akademie der Wissenschaften der DDR in Berlin; Heinz-Dieter Haustein, Messung der volkswirtschaftlichen Intensivierung — Zur Methodologie, Berlin 1975 (Forschungsberichte des Zentralinstituts für Wirtschaftswissenschaften der Akademie der Wissenschaften der DDR, Nr. 17).

listischen Produktion die planmäßige Erhöhung des Grades der Befriedigung der sich ununterbrochen erhöhenden Bedürfnisse. Zur Charakterisierung der absoluten Effektivität schlägt er Pro-Kopf-Normen des Nationalreichtums, des Nationaleinkommens (oder Endprodukts), des Lebensniveaus, der Konsumtion materieller Güter vor.[39] Diese Kennziffern bringen zweifellos wichtige Grundlagen der gesellschaftlichen Bedürfnisbefriedigung zum Ausdruck. Die Effektivitätsmessung erfordert aber auch die Berücksichtigung der Aufwendungen.

Kinev faßt ebenfalls den Grad der Befriedigung der Bedürfnisse der Bevölkerung als grundlegende Kennziffer auf. Dazu zählt er die Dynamik der Produktion für den nichtproduktiven Verbrauch und die Freizeit. Dagegen ist einzuwenden, daß die gesellschaftlichen Bedürfnisse auf den Konsumtionsbereich beschränkt werden. Jedoch tragen auch die Produktionsbedingungen wesentlich zur Persönlichkeitsentwicklung bei (und zwar um so mehr, je stärker sich allmählich Elemente der kommunistischen Arbeit herausbilden) und die Akkumulation bleibt im Sozialismus „progressive Kraft" der Gesellschaft.

Um einschätzen zu können, welchen Beitrag eine bestimmte Konsumtionsentwicklung zur Verbesserung der Bedürfnisbefriedigung leistet, wird verschiedentlich versucht, den Nutzen des Gebrauchswertes von Konsumgütern zu quantifizieren. Darauf beruht auch die „Zielfunktion des Wohlstands." Hierunter wird das objektiv gegebene Niveau des Wohlstandes der Gesellschaft und ihrer einzelnen Mitglieder verstanden, das letzten Endes durch die Vielzahl der Lebensbedingungen, das heißt die Konsumgüter, sozialen, kommunalen und sonstigen Dienste, natürlich-klimatischen und Wohnbedingungen, die Freizeit und ihre Nutzung, den Charakter der Arbeit, die Möglichkeiten zur Auswahl und zum Wechseln der Arbeitsstelle, die persönliche Freizeit und andere Bedingungen des gesellschaftlich-politischen Lebens[40], gekennzeichnet wird.

Tatsächlich gibt jedoch diese Fragestellung keine Auskunft über den Nutzen eines Gebrauchswertes für die Zielrealisierung. Ein Gebrauchswert kann zum Beispiel im Grad der Bevorzugung steigen, nicht weil er eine höhere Summe nützlicher Eigenschaften aufweist, sondern weil der Bedarf an anderen Produkten bereits gesättigt ist.

39 Vgl. M. S. Bor, Ėffektivnost' obščestvennogo proizvodstva i problemy optimalnogo planirovanija, Moskva 1972, S. 20.

40 Vgl. A. G. Granberg, Die Zielfunktion des Wohlstands und die Optimalitätskriterien in angewandten volkswirtschaftlichen Modellen, in: Problemy narodnochozjajstvennogo optima, Novosibirsk 1966, S. 58, 105; K. K. Waltuch, Entwicklungsproportionen und Befriedigung der Bedürfnisse, Berlin 1972, S. 97.

Die „Zielfunktion des gesellschaftlichen Wohlstandes“ wird von einer Reihe Ökonomen als das einheitliche Optimalitätskriterium für die zentralen Planungs- und Leitungsorgane der sozialistischen Wirtschaft angesehen.[41]

Granberg charakterisiert den optimalen Plan durch die Maximierung der „Zielfunktion des Wohlstandes“ bei Begrenzung der Arbeitsressourcen. Gegen eine solche Verabsolutierung der Zielfunktion des Wohlstandes ergeben sich jedoch Einwände:

— Sie faßt nur die über Konsumgüter vermittelten Ziele. Die ebenfalls zur sozialistischen Zielrealisierung gehörenden produktiven Konsumtionsbedürfnisse werden nicht berücksichtigt.

— Mit Hilfe von Präferenzskalen können *Richtungen* der Veränderung in der Nachfrage festgestellt werden, nicht aber der *Umfang* der Veränderung selbst.

— Das Verhältnis von „konsumtiver Bevorzugung“ und „Nutzen“, kann insbesondere durch die fehlerhafte Interpretation des „Grades der konsumtiven Bevorzugung“ als einheitlicher Zielfunktion im optimalen Plan, der sich im Zusammenhang damit ergebenden „objektiv bedingten Bewertungen“ und ihrer Ausnutzung zur Bestimmung der „Optimalpreise“ zu subjektivistischen Auslegungen des Nutzensbegriffs führen.

Wenn zum Beispiel Fedorenko[42] als einheitliches Optimalitätskriterium der sozialistischen Wirtschaft die maximale gesellschaftliche Nützlichkeit der Gesamtheit der Gebrauchsgüter faßt und daraus folgert, daß die verschiedenen Gebrauchswerte vom Standpunkt ihrer

[41] Vgl. zum Beispiel Fedorenko, Kantorovič, Granberg, Smirnov. Valtuch arbeitet in Auseinandersetzung mit subjektivistischen und vulgärmaterialistischen Ansichten objektive Kriterien der marxistisch-leninistischen politischen Ökonomie für die Bewertung der Nützlichkeit des Gebrauchswertes heraus. Kriterium sei der Wohlstand und die freie allseitige Entwicklung aller Gesellschaftsmitglieder. Auf dieser Basis entwickelt Valtuch Vorstellungen zur Zielfunktion des Wohlstandes, die faktisch eine erweiterte Zielfunktion der Konsumtion ist. Hierbei kommt er zu wichtigen Teilaussagen. Keineswegs kann man jedoch damit einverstanden sein, daß Valtuch die „Zielfunktion des Wohlstandes“ mit dem Ziel der sozialistischen Gesellschaft identifiziert. Wird berücksichtigt, daß die Veränderungen im Charakter der Arbeit wesentlich mit zur sozialistischen Zielrealisierung beitragen, dann müssen sowohl die Produktion von Konsumgütern als auch von Produktionsmitteln hinsichtlich ihrer Nützlichkeit für die Zielrealisierung beurteilt werden. Vgl. K. K. Valtuch, Udovletvorenie potrebnostej obščestva i modelirovanie narodnogo chozjajstva, Novosibirsk 1973, S. 62, 72, 77, 104.

[42] Vgl. N. Fedorenko, Sozialökonomische Ziele und Planung, in: Kommunist, 5/1972.

gesellschaftlichen Nützlichkeit miteinander verglichen werden müssen, so kann diese einheitliche volkswirtschaftliche Bewertung durch die „Zielfunktion des Wohlstandes“ nicht gelöst werden.

Die an die konsumtive Bevorzugung von Gebrauchswerten gebundene subjektive Nutzenskonzeption wird deshalb im wachsenden Maße auch von Vertretern der ökonomisch-mathematischen Modellierung abgelehnt.[43]

Insgesamt werden dabei rationale Fragestellungen mit illusionären Vorstellungen mathematischer Lösungen verknüpft. Rational ist insbesondere die Begründung gesellschaftlicher Präferenzen für in den Plan aufzunehmende Bedarfsforderungen.

Für die Planungspraxis sind hier alle die Schritte von Bedeutung, die dazu beitragen, den Bedarf stärker zum Ausgangspunkt der Planung zu machen. Hauptprobleme für die Planung bilden dabei insbesondere:

— Verstärkung der Bedürfnisprognose und der Marktforschung;

— Umsetzung der Erkenntnisse der Bedürfnisprognosen in gesellschaftlich anerkannten Bedarf unter Nutzung solcher Instrumente wie zum Beispiel des Zielbaumes;

— Untersuchungen über die Ökonomie der Zeit in der Konsumtionssphäre;

— stärkere Konsequenzen der Bedarfsorientierung für die Stimulierung der Betriebe (zum Beispiel Vertragserfüllung als Restriktion für die Fondsbildung, engere Zusammenarbeit zwischen Industrie und Handel mit Konsequenzen für die materielle Verantwortlichkeit).

Bei der Fragestellung nach den Konsumtionseffekten geht es nicht um die Quantifizierung des Gebrauchswertes, sondern seiner *Wirkungen*.

Nemčinov zum Beispiel, der schon vor Jahren auf die Notwendigkeit der Berücksichtigung des Gebrauchswertes in der Planung hinwies[44], geht davon aus, daß seinen Wirkungen in der Konsumtionssphäre andere spezifische Gesetze zugrunde liegen als in der Produktionssphäre

43 Vgl. zum Beispiel A. L. Vajnštejn, Kriterium der optimalen Entwicklung der sozialistischen Volkswirtschaft, in: Voprosy ėkonomiki, 5/1970, S. 120. Es ist sehr wichtig zu betonen, daß die Anwendung volkswirtschaftlicher Optimierungsrechnungen im Sozialismus nicht an die Anerkennung eines subjektiven Nutzensbegriffes gebunden ist. Bürgerliche Ökonomie wie z. B. Tinbergen, v. Neumann, Vosgerau behaupten, daß eine „Maximierung der Konsumtion“ (wobei formal die Konsumtion als Zielfunktion erscheint, de facto aber eine maximale Kapitalverwertung zugrunde liegt) nur unter Anwendung der Nutzensfunktion möglich sei. Der „Nutzen“ wird dabei subjektivistisch interpretiert.

44 Vgl. W. S. Nemtschinow, Der Gebrauchswert und seine Bewertung, in: Sowjetwissenschaft, Gesellschaftswissenschaftliche Beiträge, 8/1964, S. 806.

(natürlich im Rahmen der Einheitlichkeit des gesamten Reproduktionsprozesses).

Während im Produktionsbereich mit Hilfe des gesellschaftlichen Arbeitsaufwandes eine Quantifizierung ohne weiteres möglich ist, ist die Quantifizierung der Wirkungen des Gebrauchswertes im Konsumtionsbereich noch ungelöst.[45]

Von vornherein bestehen Grenzen für die wertmäßige Erfassung der nichtproduktiven Konsumtionseffekte, weil diese nicht direkt von den Aufwendungen abhängig sind, die zur Produktion der Gebrauchswerte erforderlich waren.

Eine direkte Abhängigkeit zwischen der Nützlichkeit der Gebrauchswerte und den zu ihrer Produktion erforderlichen Arbeitsaufwendungen wurde bereits von Proudhon konstruiert. Marx setzte sich mit der utopischen Auffassung Proudhons auseinander, den Kapitalismus über die Austauschverhältnisse zu reorganisieren, ohne die Eigentumsverhältnisse zu verändern. Aus der Zusammensetzung der Ware aus Gebrauchswert und Tauschwert folgt, daß die zur Herstellung einer Ware notwendige Arbeitszeit nicht deren Nützlichkeit anzeigen kann. Sie beeinflußt lediglich in bestimmtem Maße die Nachfrage nach den Gebrauchswerten. Proudhon verwechselte Gebrauchswert mit Nachfrage. Marx wies nach, daß „die zur Produktion eines Gegenstandes notwendige Arbeitszeit nicht der Ausdruck seines Nützlichkeitsgrades ist".

„Behaupten wollen, daß, weil die wenigst teuren Dinge mehr im Gebrauch sind, sie deshalb von größerem Nutzen sein müssen, heißt behaupten, daß der infolge der geringen Produktionskosten desselben so verbreitete Gebrauch des Branntweins der zwingendste Beweis seiner Nützlichkeit ist, heißt, dem Proletarier vorreden, daß die Kartoffel ihm heilsamer ist als das Fleisch; heißt, den gegenwärtigen Stand der Dinge akzeptieren, heißt endlich, mit Herrn Proudhon eine Gesellschaft verherrlichen, ohne sie zu verstehen.

In einer künftigen Gesellschaft, wo der Klassengegensatz verschwunden ist, wo es keine Klassen mehr gibt, würde der Gebrauch nicht mehr von dem *Minimum* der Produktionszeit abhängen, sondern die Produktionszeit, die man den verschiedenen Gegenständen widmet, würde bestimmt werden durch ihre gesellschaftliche Nützlichkeit."[46]

[45] Es wird aber von einer Reihe von Ökonomen die Meinung vertreten, daß eine Quantifizierung der Wirkungen des Gebrauchswertes prinzipiell möglich ist. Vgl. R. T. Matjuškin, Methodologische Aspekte der Erforschung des gesellschaftlichen Gebrauchswertes, in: Vestnik Moskovskogo Universiteta, 3/1968, S. 45.

[46] Vgl. Karl Marx, Das Elend der Philosophie, in: MEW, Bd. 4, Berlin 1959, S. 93.

Hiervon ausgehend, muß an die wertmäßige Effektivitätsrechnung für die materielle Produktion stets die Frage angeschlossen werden: Was bringt sie für die gesellschaftliche Bedürfnisbefriedigung? Für die Beantwortung dieser Frage gibt Marx den Hinweis, daß der wirkliche Reichtum in einer sozialistisch-kommunistischen Gesellschaft in der „freien Zeit“ besteht. Das hat Konsequenzen für die Effektivitätsrechnung im nichtproduktiven Bereich. Diese Effektivitätsrechnung muß zweifellos darauf orientieren, eine Leistung mit möglichst geringem Aufwand zu erzielen. Sie kann aber zugleich kein einfacher Abklatsch der Effektivitätsrechnung der materiellen Produktion sein, weil ihre Ergebnisform unmittelbar in der Bedürfnisbefriedigung der Menschen erscheint. Um den Effekt der verschiedenen nichtproduktiven Leistungen *vergleichbar* zu machen, ist es offensichtlich erforderlich, ihre Auswirkungen auf die Schaffung disponibler Zeit für den Werktätigen nachzuweisen. In diesem Bereich der Effektivitätsrechnung muß zweifellos die Rechnung nach *Zeiteinheiten* verstärkt werden. Dadurch können Voraussetzungen entstehen, um das Verhältnis von ökonomischer Effektivitätssteigerung der materiellen Produktion und Bedürfnisbefriedigung besser für die Planung faßbar zu machen. Wir brauchen beispielsweise objektivierte Aussagen darüber, bis zu welcher Grenze es die allseitige Intensivierung noch fördert, wenn bei Kürzungen, zum Beispiel der Baukapazitäten, die unmittelbare Produktionsaufnahme zu Lasten oftmals nicht mehr vertretbarer Risiken durch Zurückstellen der Arbeits- und Umweltbedingungen gesichert wird, wobei möglicherweise bei komplexer volkswirtschaftlicher Betrachtung die Effektivitätssteigerung aus der Produktion kompensiert wird. Wegen der zur Zeit noch ungelösten Probleme bei der Messung des Grades der sozialistischen Zielrealisierung und der dazu erforderlich gewesenen Aufwendungen erkennen eine Reihe von Ökonomen zwar die übergeordnete Stellung der sozialistischen Effektivität im weiteren Sinne an, beschränken sich jedoch praktisch auf die Messungsprobleme der ökonomischen Effektivität der Produktion.[47]

Die Produktivität der gesellschaftlichen Arbeit nimmt insofern eine primäre Stellung ein, als von ihr im wachsenden Maße abhängt, ob und wie schnell sich die materiellen Voraussetzungen für die sozialistische Zielrealisierung verbessern. Dazu kommt, daß wesentliche Fragen ihrer Messung und Planung, insbesondere des Systems von Effektivitätskennziffern, der Einflußfaktoren, der Schaffung einer Normativbasis

[47] Vgl. zum Beispiel A. Tolkatschow, Theoretische Grundlagen und Methoden der Bestimmung der Produktionseffektivität im Plan, in: Autorenkollektiv, Effektivität in der sozialistischen Volkswirtschaft, Berlin 1975, S. 27.

zur Begründung für die Erschließung von Reserven, der Stimulierung der Effektivitätssteigerung und andere noch wirksamer für die Planungspraxis gelöst werden müssen. Zugleich jedoch wird das Wechselverhältnis zwischen der ökonomischen Effektivität und der sozialistischen Zielrealisierung enger. *Die Bedingungen der sozialistischen Zielrealisierung müssen folglich zum Ausgangspunkt jeder volkswirtschaftlichen Effektivitätsplanung werden, unabhängig davon, ob sie bereits voll quantifiziert werden können.*

Zusammenfassend muß nochmals betont werden, *daß zwischen dem einheitlichen Kriterium der volkswirtschaftlichen Effektivität und seiner Quantifizierung mit Hilfe von Effektivitätskennziffern unterschieden werden muß.* Das volkswirtschaftliche Effektivitätskriterium leitet sich unmittelbar aus dem ökonomischen Grundgesetz des Sozialismus ab. Es vergleicht die Zunahme des Grades der sozialistischen Zielrealisierung mit dem Wachstum der dafür erforderlichen materiellen Voraussetzungen und den entsprechenden gesellschaftlichen Aufwendungen. Im volkswirtschaftlichen Effektivitätskriterium konzentrieren sich sowohl die Fragen nach dem ökonomischen Wachstum, insbesondere dem intensiven Wachstum, seiner materiellen Absicherung durch die allseitige Intensivierung, nach dem Verhältnis zwischen dem Wachstum und anderen materiellen Voraussetzungen für die Verbesserung der Zielrealisierung (wie zum Beispiel Verkürzung der Jahresarbeitszeit) als auch die Fragen nach der Sicherung einer kontinuierlichen Entwicklung, die Gegenwarts- und Zukunftsinteressen richtig miteinander verbindet.

Die ökonomische Effektivität der materiellen Produktion zeigt sich — kurz zusammengefaßt — darin, daß für die bedarfsgerechte Struktur der Produktion (nicht bedarfsgerechte Produktion geht von vornherein nicht in die Ermittlung der ökonomischen Effektivität ein) und für den kontinuierlichen Zuwachs des Nationaleinkommens sowohl die laufenden Aufwendungen gesellschaftlicher Arbeit als auch die Ressourcen rationeller verausgabt werden. Neben dieser wertmäßig erfaßbaren Effektivitätssteigerung besteht ein Teil der volkswirtschaftlichen Effektivitätssteigerung auch darin, daß durch Erzeugnisse mit verbesserten Gebrauchseigenschaften ein höherer Konsumtionseffekt erreicht wird.

Die wertmäßige Effektivitätssteigerung der materiellen Produktion kann für den Konsumtionszuwachs im weiteren Sinne, die Erhöhung der produktiven Akkumulation zur Beschleunigung des Wachstumstempos des Nationaleinkommens, zur Sicherung eines wirtschaftspolitisch notwendigen schnelleren Wachstums des produzierten gegenüber dem verwendeten Nationaleinkommen und für die absolute Freisetzung von Arbeitszeitfonds aus der materiellen Produktion verwendet werden.

Die Arbeit soll sich im Folgenden auf Probleme der ökonomischen Effektivität der Substitution lebendiger Arbeit durch Fonds im engeren Sinne konzentrieren. Bei einem gegebenen Wachstum des Nationaleinkommens bestimmt die Effektivität der Substitution wesentlich, wie sich die materiellen Bedingungen für die gesellschaftliche Bedürfnisbefriedigung verbessern.

Gegenüber dem bisher entwickelten Effektivitätsbegriff im Sozialismus bedeutet das eine Einschränkung. Jedoch war die umfassendere Effektivitätsauffassung unumgänglich, um Aussagekraft und Grenzen der folgenden Untersuchungen, die ein notwendiger Schritt zur Vervollkommnung der Effektivitätsmessung sind, zu bestimmen.

1.2. *Die Bedeutung der Substitution für die Ökonomie der Zeit*

1.2.1. Zur Einordnung der Substitution lebendiger Arbeit durch Fonds in die marxistisch-leninistische Reproduktionstheorie

Die Einsparung gesellschaftlicher Arbeit erfolgt durch die bessere Ausnutzung bereits vorhandener Produktionselemente und die weitere Erhöhung des wissenschaftlich-technischen Niveaus. Dabei besteht die Aufgabe, die verfügbaren Produktionselemente effektiver miteinander zu kombinieren, sowohl bei der rationelleren Nutzung bereits im Produktionsprozeß gebundener Ressourcen als auch bei der geplanten Erweiterung der Produktion. Bei der effektiven Kombination der Produktionselemente sind insbesondere die zeitliche, sachliche, territoriale, gebrauchswert- und wertmäßige Seite zu berücksichtigen. Hierbei spielen Substitutionsprozesse innerhalb und zwischen den Produktionselementen eine wichtige Rolle.

Grundsätzlich sind zwischen den Hauptelementen des Reproduktionsprozesses, den Arbeitskräften, Arbeitsmitteln und Arbeitsgegenständen eine Vielzahl von Substitutionsmöglichkeiten — soweit technisch realisierbar und ökonomisch effektiv — denkbar. Eine Substitution kann sowohl innerhalb der genannten Produktionselemente als auch zwischen allen von ihnen erfolgen. Beispielsweise können angelernte Arbeitskräfte durch höher qualifizierte, erfahrenere oder höher spezialisierte Arbeitskräfte abgelöst werden. In diesem Falle wäre aber die Arbeitskräftesubstitution in der Regel auch mit einer höheren Produktionstechnik und damit zugleich Substitution lebendiger Arbeit durch Fonds verbunden.

In anderen Fällen wiederum können Arbeitskräfte oder auch Grundfonds durch Einsatz von Material eingespart werden, das einen höheren Vorfertigungsgrad und bessere Verarbeitungseigenschaften besitzt (zum Beispiel Halberzeugnisse der zweiten Verarbeitungsstufe, Herbizide, verschiedene Plastwerkstoffe). Material und Energie kann aber nicht nur durch rationellere Rohstoffe, Materialien und Energiearten ersetzt werden (wie zum Beispiel Ablösung von Kupferleitern durch Glasfaserkabel), sondern auch durch den Einsatz von Grundfonds mit materialeinsparenden Technologien (zum Beispiel Umformtechnik) oder durch höher qualifizierte Arbeitskräfte. Es muß auch auf die Substitutionseffekte über die Lizenznahme und -vergabe hingewiesen werden. Unter den verschiedenen Formen der Substitution nimmt die Substitution lebendiger Arbeit durch Fonds einen zentralen Platz ein. Sie beeinflußt zum Beispiel die Substitution verschiedener Material- und Rohstoffarten (ermöglicht oder fördert sie), wobei enge Wechselbeziehungen bestehen. Aus methodischen Gründen können nicht alle Substitutionsformen gleichermaßen behandelt werden. *Da sich alle Aufwandsarten letzten Endes auf lebendige Arbeit und Fonds zurückführen lassen und auf diese Weise volkswirtschaftliche Grundproportionen entscheidend beeinflussen*, konzentriert sich die vorliegende Arbeit auf volkswirtschaftliche Probleme der Substitution lebendiger Arbeit durch Fonds.

In allen genannten Fällen setzt die Substitution jedoch Veränderungen an den Produktionselementen voraus[48] und ist mit Veränderungen in der technischen und wertmäßigen Zusammensetzung der Produktionselemente verbunden. Kriterium dafür, ob die Vielzahl der technisch möglichen Substitutionsmöglichkeiten tatsächlich realisiert wird, ist ihr Einfluß auf die Effektivitätsentwicklung.

Die reproduktionstheoretische Fassung der Substitutionsbeziehungen zwischen lebendiger Arbeit und Fonds ist eine wichtige Bedingung, um die Auswirkungen der Effektivitätsentwicklung auf das Wachstum und die Grundproportionen berücksichtigen zu können.

Mit der Verstärkung der sozialistischen intensiv erweiterten Reproduktion wird die Notwendigkeit bekräftigt, die Substitutionsprozesse zwischen lebendiger Arbeit und Fonds in die sozialistische Reproduktionstheorie widerspruchsfrei einzuordnen.

Um diese Substitutionsprozesse für die Untersuchung von Anforderungen der gesellschaftlichen Bedürfnisse und des zu ihrer Deckung erforderlichen

48 Vgl. O. Lange, Politische Ökonomie, Bd. II, Berlin 1969, S. 79/80.

Wachstums an die Ressourcen zu nutzen, muß von der gebrauchswert- und wertmäßigen Seite der Substitution ausgegangen werden.

— Die gebrauchswertmäßige Seite der Substitution kommt im Ersatz einer bestimmten Menge lebendiger Arbeit mit einem bestimmten Qualifikationsniveau und bestimmter -struktur durch Fonds dadurch zum Ausdruck, daß die Arbeitskraft mit mehr und qualitativ höher entwickelten Produktionsmitteln ausgestattet wird. In gleicher Zeit können bei höheren Anforderungen an den produktiven Gesamtarbeiter mehr materielle Gebrauchswerte gefertigt werden, beziehungsweise es wird Arbeit zur Herstellung von bestimmten materiellen Gebrauchswerten eingespart, weil neuartige materielle Gebrauchswerte entwickelt wurden, die Funktionen anderer Gebrauchswerte mit übernehmen beziehungsweise völlig neue Funktionen erfüllen. Die gebrauchswertmäßige Seite der Substitution lebendiger Arbeit durch Fonds ist Ausgangspunkt für die Prognose der Arbeitsproduktivitätssteigerung sowie des Nationaleinkommenswachstums in seinem physischen Volumen.

— Die wertmäßige Seite der Substitution erscheint vor allem in der steigenden organischen Zusammensetzung, der im allgemeinen steigenden Erzeugung von Neuwert pro Arbeitszeiteinheit (insbesondere auf Grund des wachsenden Kompliziertheitsgrades der Arbeit), in der Wertsenkung pro Gebrauchswerteinheit sowie in der Veränderung der Wertzusammensetzung des Produkts.

Zwischen beiden Seiten der Substitution bestehen enge Wechselbeziehungen. Zum Beispiel bestimmt die gebrauchswertmäßige Seite wesentlich Umfang und Struktur der Wertänderungen, während die wertmäßige Seite, beispielsweise über die Verwendungsproportionen des Nationaleinkommens und die Nutzeffektsanforderungen auf Umfang und Tempo der gebrauchswertmäßigen Substitution entscheidend zurückwirkt. Deshalb müssen sie in ihrem Einfluß auf Rate und Effektivität der Akkumulation als Einheit betrachtet werden.

Die Substitution charakterisiert im Grunde genommen Entwicklungsprozesse der Produktivkräfte. Sie kann deshalb nur beurteilt werden, wenn die Anforderungen und Auswirkungen der spezifisch sozialistischen Produktionsverhältnisse berücksichtigt werden. Es gibt keine Untersuchung der Substitution an sich. Die Substitutionsproblematik wird im Sozialismus vor allem durch folgende Prozesse bestimmt beziehungsweise kommt in ihnen zum Ausdruck:

a) Die Substitution hat dem ökonomischen Grundgesetz des Sozialismus zu dienen. Das bedeutet, daß sie dann verwirklicht wird, wenn mit dem Ziel besserer gesellschaftlicher Bedürfnisbefriedigung gesellschaftliche Arbeit höchstmöglich eingespart wird.[49] Das spezifisch sozialistische Ziel für die Substitution bestimmt auch Entwicklungstempo, Ausmaß und Effektivität der Substitution.

b) Das Ausmaß der Substitution lebendiger Arbeit durch Fonds zeigt sich in der Entwicklung der organischen Zusammensetzung. Je mehr materielle Voraussetzungen für die allseitige Entwicklung der Werktätigen durch einen hohen intensiven Nationaleinkommenszuwachs geschaffen werden, je mehr diese aktiv auf die Produktivitätssteigerung zurückwirkt, desto mehr setzen sich Tendenzen durch, die der Steigerung der organischen Zusammensetzung entgegenwirken. Dadurch verringert sich tendenziell ihr Steigerungsgrad, ohne daß sich jedoch ein Sinken der organischen Zusammensetzung generell durchsetzen kann.

c) Die Substitution lebendiger Arbeit durch Fonds und insbesondere die Material- und Rohstoffsubstitution schlagen sich wertmäßig im Verhältnis von vergegenständlichter zu lebendiger Arbeit pro Produkt nieder, das heißt insgesamt im Verhältnis von Ersatzfonds und Nationaleinkommen. Dieses wird wesentlich durch die Steigerung der organischen Zusammensetzung beeinflußt, ohne jedoch ihr vollständig zu folgen. Es wird darüber hinaus durch die Effektivitätsentwicklung, vor allem die Entwicklung der Fondsintensität sowie die Steigerung der Arbeitsproduktivität im Verhältnis zur Entwicklung des Materialverbrauchs pro Arbeitskraft bestimmt. Über das Verhältnis von Ersatzfonds und Nationaleinkommen sowie die Entwicklung der produktiven Akkumulationsrate wirkt sich die Steigerung der organischen Zusammensetzung auf die vorrangige Produktion von Produktionsmitteln aus.

d) Die Substitution lebendiger Arbeit durch Fonds und ihre Effektivität beeinflussen wesentlich die Höhe der produktiven Akkumulationsrate sowie die Rate der Konsumtion im weiteren Sinne. Die Steigerung der organischen Zusammensetzung wirkt in Richtung einer wachsenden Akkumulationsrate, während die Erhöhung der Effektivität dem entgegenwirkt. Durch die mit dem technischen Fortschritt verbundene Steigerung der technischen Zusammensetzung der Produktion wird die relativ akkumulationssenkende Wirkung der Effektivitätssteigerung immer wieder aufgehoben.

Sowohl in der volkswirtschaftlichen Rationalisierungskonzeption als auch in den Rationalisierungskonzeptionen der Bereiche, Zweige und Kombinate nehmen Substitutionsprozesse einen wichtigen Platz ein. Dabei kann unter Substitution lebendiger Arbeit durch Produktionsmittel keineswegs nur die erstmalige Substitution relativ einfacher Arbeit,

49 Vgl. S. 59 der vorliegenden Arbeit.

das heißt die Mechanisierung verstanden werden. Jede wissenschaftlich-technische Veränderung, die den Anteil der lebendigen Arbeit absolut oder relativ zurückdrängt, ist ihrem Charakter nach eine Substitution lebendiger Arbeit durch Fonds, auch wenn die Arbeitskraft bereits an Maschinen beschäftigt war. Mit steigender technischer Zusammensetzung verändert sich der Substitutionsprozeß lebendiger Arbeit immer stärker in der Richtung, daß bereits mechanisierte, höher qualifizierte Arbeit weiter aus dem unmittelbaren Produktionsprozeß verdrängt werden muß. Das stellt höhere Anforderungen an die notwendigen Vorleistungen für die Substitution, insbesondere durch die Wissenschaft und die Bildung. Aus den dargelegten Zusammenhängen ergibt sich zugleich, daß sich das Ausmaß der Substitution zwischen Arbeitskräften und Produktionsmitteln, ihre Effektivität und ihr Einfluß auf die Entwicklung volkswirtschaftlicher Grundproportionen nur komplex einschätzen lassen. Dabei ist zu berücksichtigen, daß die Hauptkriterien, mit denen das Ausmaß der Substitution lebendiger Arbeit und Produktionsmittel erfaßt wird, sich durchaus nicht mit gleichem Tempo und zum Teil auch nicht gleichgerichtet entwickeln.

1.2.2. Maßstäbe für den Umfang der Substitution lebendiger Arbeit durch Fonds

Kriterien für das Ausmaß der Substitution lebendiger Arbeit durch Produktionsmittel sind:

— die technische Zusammensetzung der Produktionselemente, gemessen an den Produktionsfonds in vergleichbaren Preisen pro Beschäftigten;

— die organische Zusammensetzung der Produktionselemente, die sich im Sozialismus im Verhältnis von Produktionsfonds und für die Konsumtion im weiteren Sinne produzierten Teil des Nationaleinkommens (unter Berücksichtigung der Umschlagsgeschwindigkeit) ausdrückt[50];

— das Verhältnis von laufend verbrauchter vergegenständlichter Arbeit (Ersatzfonds) und durch die lebendige Arbeit neu geschaffenem Wert (Nettoprodukt).

[50] Die Konsumtion im weiteren Sinne setzt sich aus der individuellen und gesellschaftlichen Konsumtion sowie der Akkumulation für den nichtproduktiven Bereich zusammen. Darunter sind die lebensstandardwirksamen Bestandteile besonders hervorzuheben.

Jeder dieser Maßstäbe ist — für sich allein genommen — weder ein ausreichender Maßstab des Ausmaßes der Substitution noch eine Grundlage für die Ermittlung der Effektivität der Substitution.

Die technische Zusammensetzung der Produktionselemente drückt gewissermaßen die materielle Seite des Substitutionsprozesses lebendiger Arbeit durch Fonds aus. Sie berücksichtigt aber weder die Qualität der Arbeitskräfte und der Fonds noch die Entwicklung des Wertes der Substitutionsaufwendungen. Ein Steigen der technischen Zusammensetzung der Produktionselemente weist in relativ grober Form darauf hin, daß eine Substitution lebendiger Arbeit durch Fonds stattfand.

Um das wirkliche Ausmaß der Substitution zu bestimmen und Ausgangspunkte für die Ermittlung ihrer Effektivität zu erhalten, muß die technische Zusammensetzung wertmäßig, das heißt in der organischen Zusammensetzung der Produktionselemente ausgedrückt werden.

Die Notwendigkeit und Möglichkeit, im Sozialismus die organische Zusammensetzung auszunutzen, resultiert aus der Existenz der Warenproduktion.

Wird eine Arbeitskraft neu in den materiellen Produktionsprozeß einbezogen, dann muß die sozialistische Gesellschaft einmalig vorschießen: Produktionsfonds in Höhe der Produktionsfondsausstattung, deren Wert im Verlauf der Nutzungsdauer der Fonds allmählich zurückfließt, sowie Konsumgüter für die Reproduktion der Arbeitskraft, deren Wert von der Arbeitskraft selbst produziert wird. Soweit die Konsumgüter langlebig sind, nähern sie sich in der Umschlagsform den Produktionsmitteln an, ohne daß aber ihr Wert übertragen wird. Die Produktionsfonds brauchen zum großen Teil (in der Regel mehr als $^3/_4$) nicht ständig neu reproduziert zu werden. Nur ein relativ kleiner Teil (Umlauffonds) wird laufend reproduziert. Dagegen müssen die Reproduktionsbedingungen der Arbeitskraft überwiegend (zu 60 bis 70 Prozent) laufend neu reproduziert werden.

In der organischen Zusammensetzung der Produktionselemente widerspiegeln sich sowohl die Wert- beziehungsweise Preisentwicklung der Produktionsfonds als auch die Erhöhung der Qualität und die Veränderung der Reproduktionskosten der Arbeitskräfte.[51] Da über den Lohn hinaus die Aufwendungen für die gesellschaftliche Konsumtion,

[51] Das bedeutet nicht, die organische Zusammensetzung des Kapitals einfach auf den Sozialismus zu übertragen. Es geht, wie Pavlov herausarbeitet, um das Verhältnis des Wertes der Produktionsmittel zum Wert der Lebensmittel im weiteren Sinne. Vgl. P. Pavlov, Organische Zusammensetzung der sozialistischen Produktion, in: Voprosy ėkonomiki, 1/1975, S. 109.

darunter für die soziale und kulturelle Betreuung der Bevölkerung sowie die Investitionen in den nichtproduzierenden Bereich berücksichtigt sind, können die gesamten Reproduktionsaufwendungen der Arbeitskraft der Effektivitätsrechnung zugrunde liegen. Weil die produktive Akkumulation unmittelbar Bestandteil der Reproduktion der Produktionsfonds ist, kann sie nicht mit in die Reproduktionskosten der Arbeitskraft einbezogen werden. Hier würden sich außerdem – unter Berücksichtigung der Kontinuität des Reproduktionsprozesses – Doppelzählungen ergeben.

Gegen die Messung der organischen Zusammensetzung mit Hilfe der Reproduktionsaufwendungen der Produktionsmittel und Arbeitskräfte wird oft eingewendet, daß es nicht gerechtfertigt sei, Bestandsgrößen (Produktionsfonds) und Stromgrößen (Konsumtion) zu summieren. Dieses Argument ist jedoch nicht stichhaltig.

— Der Vorschuß für die Reproduktionskosten der Arbeitskräfte wurde aus einer Stromgröße abgeleitet. Da die Reproduktionskosten der Arbeitskraft grundsätzlich unter Berücksichtigung der Umschlagsgeschwindigkeit einbezogen werden müssen, wäre es richtiger, eventuell vom Reproduktionsfonds für die Arbeitskraft zu sprechen.

— Die Tatsache des überwiegend kurzfristigen Umschlags hat der Reproduktionsfonds für die Arbeitskräfte mit den Umlauffonds gemein. Hier bestehen jedoch keinerlei Bedenken, diesen als Bestandsgröße zu klassifizieren.

— Es bestehen enge Zusammenhänge zwischen der Entwicklung der Bestands- und Stromgrößen. Bestandsgrößen werden in Stromgrößen verwandelt (wie die laufenden Aufwendungen vergegenständlichter Arbeit zeigen) und umgekehrt.

— Die Notwendigkeit der Bildung eines Reproduktionsfonds für die Arbeitskraft resultiert daraus, daß die Reproduktionskosten über die Wertform gemessen und realisiert werden, weshalb auch ihr Umschlag im Kreislauf der Fonds berücksichtigt werden muß.

Aus der organischen Zusammensetzung der Produktionselemente im Sozialismus lassen sich wichtige Ausgangspunkte für die Effektivitätsermittlung der Substitution lebendiger Arbeit durch Fonds ableiten, soweit diese auf Wertgrößen aufbaut.[52] Zugleich gibt die Entwicklung der organischen Zusammensetzung Anhaltspunkte für die planmäßige Sicherung von Grundproportionen der erweiterten Reproduktion. Das betrifft insbesondere den Zusammenhang zwischen der Entwicklung der organischen Zusammensetzung der Produktionselemente und der Ent-

[52] Vgl. Kapitel 3 der vorliegenden Arbeit.

wicklung und Struktur der Aufwendungen für die erweiterte Reproduktion aus dem Nationaleinkommen. Letztere umfassen die produktive Akkumulation[53] sowie den Zuwachs der Konsumtion im weiteren Sinne. Die Aufwendungen (und ihre Struktur) für die erweiterte Reproduktion entwickeln sich grundsätzlich auf der Basis der organischen Zusammensetzung der Produktionselemente, modifiziert durch die Effektivitätssteigerung. Dieser Zusammenhang zeigt sich vor allem im Verhältnis von organischer Zusammensetzung und Fondsquote:

— Bei gleichbleibender Fondsquote stimmen die Aufwendungen für die erweiterte Reproduktion in Volumen und Struktur mit den Werten überein, die sich aus dem Verhältnis von Produktionsfonds und Konsumtion im weiteren Sinne der Ausgangsperiode ergeben (jeweils bezogen auf eine Arbeitskraft).

— Bei sinkender Fondsquote sind die Aufwendungen für die erweiterte Reproduktion höher als die Werte, die sich aus dem Ausgangsverhältnis von Produktionsfonds und Konsumtion im weiteren Sinne ergeben würden. Außerdem verändert sich die Struktur der Aufwendungen für die erweiterte Reproduktion zugunsten der Fonds.

— Bei steigender Fondsquote sind die Aufwendungen für die erweiterte Reproduktion niedriger als die Werte, die sich aus dem Ausgangsverhältnis von Produktionsfonds und Konsumtion im weiteren Sinne ergeben würden. Die Struktur der Aufwendungen für die erweiterte Reproduktion verändert sich — wenn ein etwa gleichbleibendes Wachstumstempo des Nationaleinkommens vorausgesetzt wird — zugunsten des Zuwachses der Konsumtion im weiteren Sinne.

Die Entwicklung der Aufwendungen für die erweiterte Reproduktion und ihrer Struktur bildet zugleich eine wichtige materielle Grundlage für die Veränderungen im Entwicklungsverhältnis der Abteilungen I und II der gesellschaftlichen Produktion.

Zusammenfassend muß betont werden, daß die Kategorie der organischen Zusammensetzung der Produktionselemente im Sozialismus sich logisch aus der sozialistischen Warenproduktion ergibt. Sie begründet in Verbindung mit der Effektivitätsentwicklung mit die Veränderung wichtiger volkswirtschaftlicher Grundproportionen.[54]

[53] Bei Bezug auf das gesellschaftliche Endprodukt die produktiven Bruttoinvestitionen.

[54] Zu Konsequenzen aus der Entwicklung der organischen Zusammensetzung für die vertiefte Intensivierung vgl. H. Koziolek, H. Stürz, Volkswirtschaftliche Gesichtspunkte der Rationalisierung, in: Autorenkollektiv, Intensivierung durch Rationalisierung — Erfahrungen und Probleme der Leitung in sozialistischen Betrieben und Kombinaten, Berlin 1974, S. 75.

Zugleich muß jedoch berücksichtigt werden, daß die Stellung der organischen Zusammensetzung im Sozialismus eingeschränkt ist. Hier zeigt sich die Dialektik, daß mit der vollen Entfaltung der Wertkategorien diese nicht mehr im Zentrum der Zusammenhänge stehen, die grundsätzlich die Wirkungsweise und -effektivität des sozialistischen Systems bestimmen. Die organische Zusammensetzung kann einen immer wachsenden Teil von Substitutionseffekten *nicht* berücksichtigen. Das betrifft aber gerade solche Bestandteile der Freisetzung, die von Marx letztlich als der wirkliche Reichtum der Gesellschaft an freier Zeit bezeichnet worden sind. Dazu gehören insbesondere die absolute Freisetzung von Arbeitszeit aus der materiellen Produktion und die Verbesserung der Arbeitsbedingungen der Werktätigen generell, soweit sie mit Hilfe von Wertkategorien nicht erfaßt werden kann (wie Persönlichkeitsentwicklung, Verantwortungsbewußtsein, kameradschaftliche Zusammenarbeit und gegenseitige Hilfe).

Daraus folgt, daß neben der organischen Zusammensetzung weitere Maßstäbe der Substitution lebendiger Arbeit durch vergegenständlichte angewendet werden müssen. Das betrifft vor allem solche Arbeitszeitkennziffern, wie die Stundenproduktivität, die Einsparung von Arbeitszeit durch Maßnahmen der sozialistischen Rationalisierung, die Entwicklung der arbeitsfreien Zeit, die Entwicklung der Jahresarbeitszeit und andere.

Zugleich geht es nicht einfach um arbeitszeitbezogene Aussagen, sondern um solche Zeitgrößen, die die tatsächliche Zeitökonomie und ihren Beitrag zur sozialistischen Zielrealisierung besser ausdrücken als Wertgrößen. Es kann beim gegenwärtig erreichten Entwicklungsstand der Produktivkräfte und sozialistischen Produktionsverhältnisse noch nicht um eine generelle Ablösung der Wertrechnung durch die Arbeitszeitrechnung gehen, wohl aber um eine sich allmählich ausbreitende Zeitrechnung als Ergänzung der Wertrechnung.

Das Verhältnis zwischen dem laufenden Aufwand vergegenständlichter und lebendiger Arbeit pro Produkt drückt die Wirkung des Substitutionsprozesses lebendiger Arbeit durch Fonds auf die Wertzusammensetzung des Produkts aus. Die Wertzusammensetzung des Produkts unterscheidet sich von der organischen Zusammensetzung der Produktionselemente in dem Maße, wie sich Fondsintensität und Umschlagsgeschwindigkeit der Fonds verändern.[55] In der Entwicklung des laufen-

[55] Deshalb kann man nicht mit den Autoren einverstanden sein, die, wie z. B. Sakiew, die Wertzusammensetzung des Produkts mit der organischen Zusammensetzung gleichsetzen. Eine solche Vereinfachung wurde von Marx mit dem methodischen Ziel vor-

den Aufwandes pro Produkt[56] drückt sich ein wesentlicher Teil der Effektivität der Substitution lebendiger Arbeit durch Fonds mit aus. Bei absoluter Abnahme der verbrauchten vergegenständlichten Arbeit pro Produkt wächst diese in der Regel gegenüber dem Anteil des Neuwerts relativ an. Jedoch kann unter dem Einfluß moderner wissenschaftlich-technischer Entwicklungsrichtungen, wie progressiver Materialsubstitutionen und Technologien bei zugleich stark wachsenden Anforderungen an die Arbeitskraft der Anteil der verbrauchten vergegenständlichten Arbeit gleichbleiben oder sinken.[57] Auch die Entwicklung des laufenden Verbrauchs vergegenständlichter Arbeit pro Produkt kann nicht als alleiniger Maßstab des Nutzeffekts der Substitution lebendiger Arbeit durch Fonds dienen, weil er Umfang und Dauer des Fondsvorschusses nicht berücksichtigt.

Mit dem Übergang zur allseitigen Intensivierung wuchs in der DDR die *Bedeutung der Substitution lebendiger Arbeit durch Fonds und ihrer Effektivität für die Dynamik des Reproduktionsprozesses* (vergleiche Abbildungen 1—3). Die bisherige Entwicklung war durch eine zunehmende Substitution im produktiven Bereich gekennzeichnet. Die Grundfondsausstattung pro Beschäftigten im produktiven Bereich[58] stieg von 1956 bis 1960 um 3,4 Prozent im Jahresdurchschnitt, von 1961 bis 1974 um 5,7 Prozent im Jahresdurchschnitt. In der Industrie betrugen die Steigerungsraten von 1966—1973 4,4 Prozent im Jahresdurchschnitt; in der Bauwirtschaft 6,7 Prozent; in der Land- und Forstwirtschaft 8,3 Prozent. Zugleich damit nahm seit etwa 1960 die Zahl der Beschäftigten im produktiven Bereich und darunter der Produktionsarbeiter in der Industrie über einen längeren Zeitraum absolut ab, der Schichtkoeffizient der Produktionsarbeiter in der Industrie

genommen, den Einfluß der Wertzusammensetzung des Produkts auf die Verwendungsproportionen eingehender zu untersuchen. Hierbei hat er aus methodischen Gründen vom Fondsumschlag abstrahiert und ausdrücklich darauf hingewiesen. Bei Beibehaltung dieser Vereinfachung könnte insbesondere bei zunehmender Fondsausstattung der Arbeitskräfte der Komplexität des Substitutionsprozesses und seiner Wirkungen auf die Effektivität nicht Rechnung getragen werden. Vgl. M. S. Sakijew, Organische Zusammensetzung der Fonds und Fondsintensität, in: Sowjetwissenschaft, Gesellschaftswissenschaftliche Beiträge, 6/1970, S. 607.

56 Soweit vorausgesetzt wird, daß Verzerrungen in der Aussage, z. B. durch Doppelzählungen und Veränderungen der gesellschaftlichen Arbeitsteilung, eliminiert werden. Deshalb ist es wichtig, sie durch Naturalkennziffern wie z. B. die Roh- und Werkstoffintensität zu ergänzen.

57 Vgl. Ernst Domin u. a., Produktivität — Effektivität — Kontinuität, Berlin 1976.

58 Berechnet nach: Statistisches Taschenbuch der DDR 1975, Berlin 1975, S. 29, 30.

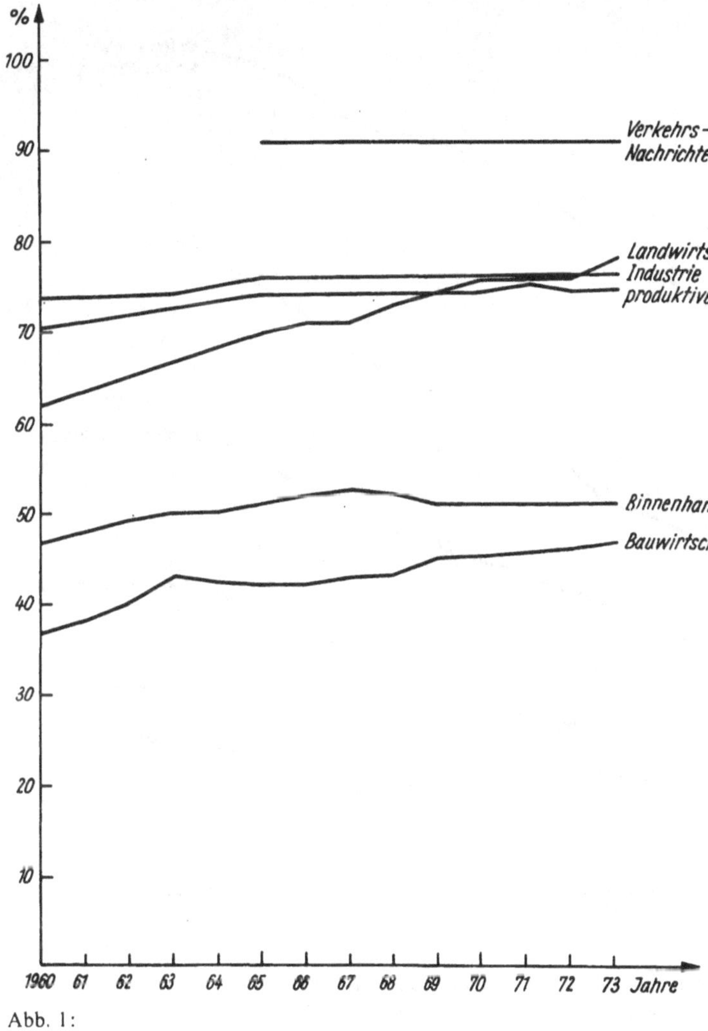

Abb. 1:
Entwicklung der organischen Zusammensetzung nach Wirtschaftsbereichen (näherungsweise gefaßt als Anteil der Grundfondsausstattung an der Summe der Aufwendungen für die in Grundfonds vergegenständlichte und für die lebendige Arbeit) von 1960—1973
Quelle: Berechnet nach: Statistisches Jahrbuch der DDR 1974, Berlin 1974, sowie Statistisches Jahrbuch der DDR 1969, 1970, 1971, 1972 — jeweils S. 41; Statistisches Jahrbuch der DDR 1968, S. 42; Statistisches Taschenbuch der DDR 1975, Berlin 1975, S. 24, 25, 27, 30; H.-D. Haustein, Messung der volkswirtschaftlichen Intensivierung — Zur Methodologie —, Berlin 1975 (Forschungsberichte des Zentralinstituts für Wirtschaftswissenschaften der AdW der DDR, Nr. 17).

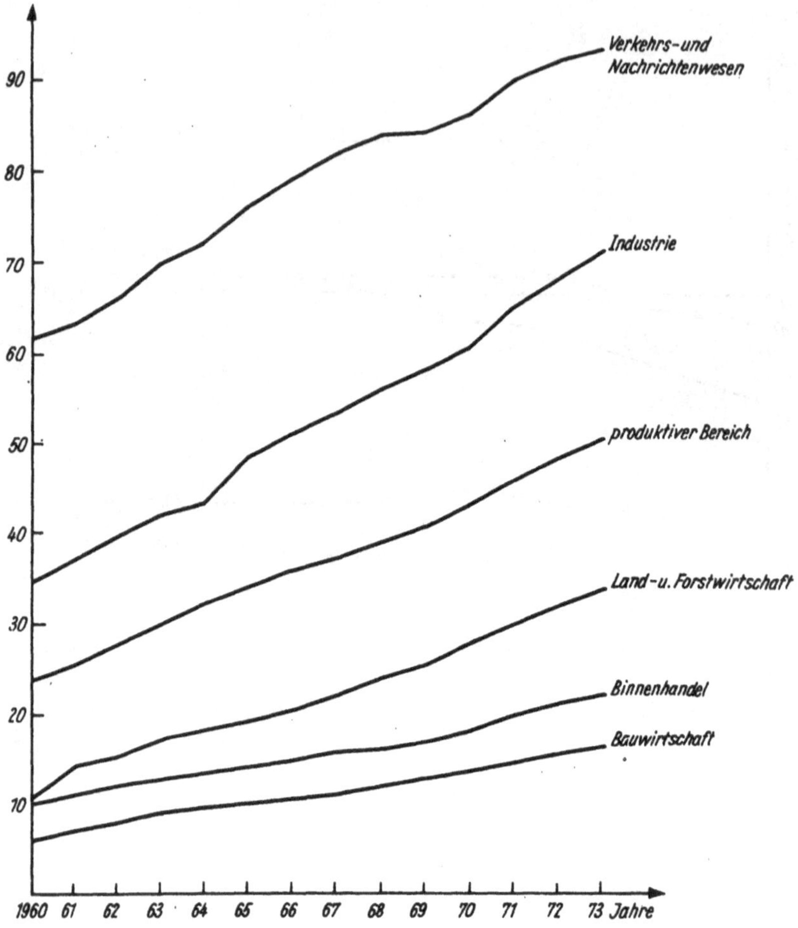

Abb. 2:
Entwicklung der Grundfondsausstattung nach Wirtschaftsbereichen von 1960—1973
Quelle: Statistisches Jahrbuch der DDR 1974, Berlin 1974, S. 48.

stagnierte bis etwa 1972 annähernd, um im Ergebnis des Kampfes für eine höhere Fondsökonomie in den letzten Jahren wieder zu steigen. Bei einer Steigerungsrate der Arbeitsproduktivität (Nettoproduktivität) von jahresdurchschnittlich 5,25 Prozent im Zeitraum von 1966 bis 1974 war diese Entwicklung mit einem schnellen Wachstum des Fondsaufwandes für die Freisetzung von Arbeitskräften verbunden. Seit Anfang der 60er Jahre stieg die organische Zusammensetzung langsamer als

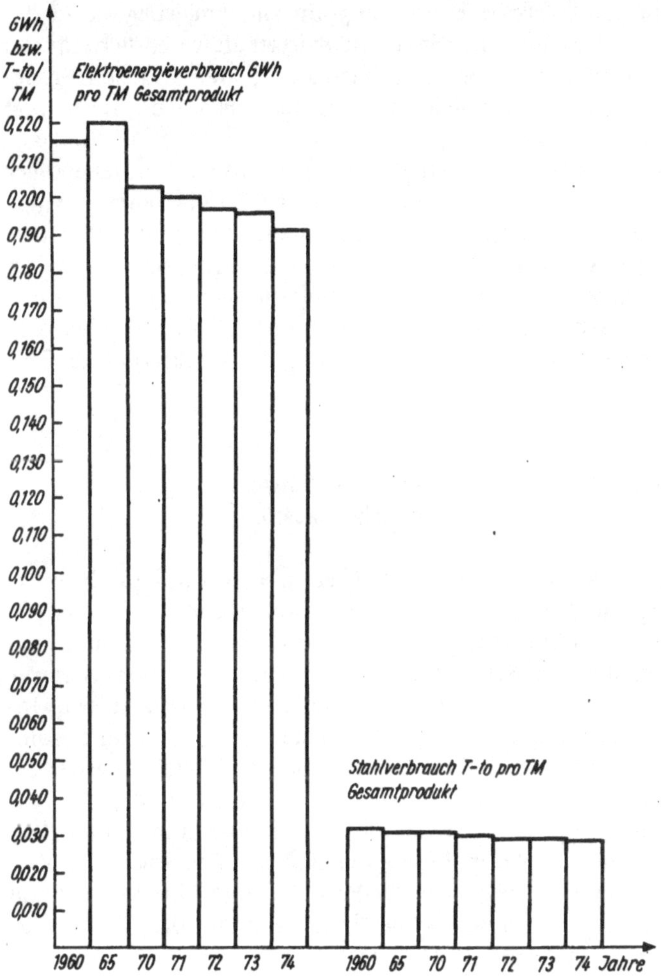

Abb. 3:
Entwicklung des Verbrauchs von Elektroenergie und Stahl pro Einheit Gesamtprodukt 1960—1974 in der DDR

Quelle: Berechnet nach: Statistisches Jahrbuch der DDR 1974, Berlin 1974, S. 17, 139, 142; sowie Statistisches Jahrbuch der DDR 1968, Berlin 1968, S. 205 und Statistisches Taschenbuch der DDR 1975, Berlin 1975, S. 13, 131, 134.

die technische Zusammensetzung. Während sie im produktiven Bereich gesamt und in der Industrie relativ langsam zunahm, stieg sie in der Land- und Forstwirtschaft sowie in der Bauwirtschaft wesentlich stärker. Im Verkehrs- und Nachrichtenwesen blieb sie annähernd gleich. Insgesamt veränderte sich die Gewichtung zwischen lebendiger Arbeit und Fonds zugunsten der Fonds.

Die volkswirtschaftliche Effektivität der Substitution von lebendiger Arbeit durch Fonds wurde von 1960 bis etwa 1972/73 im starken Maße durch das Verhältnis von relativer Arbeitszeiteinsparung und absoluter Freisetzung von Arbeitskräften in einzelnen Zweigen beeinflußt. Im Vergleich zum Arbeitskräftebedarf durch Investitionen war die absolute Freisetzung von Arbeitskräften nicht hoch genug. Hieraus ergeben sich Forderungen nach stärkerer Berücksichtigung der Effektivität als Entscheidungskriterium.

1.2.3. Die Stellung der Effektivität bei Entscheidungen über die Freisetzung von Arbeitskräften

Die relative Einsparung von Arbeitskräften kann sowohl zur Produktionssteigerung im eigenen Bereich (Verwendung der Produktivitätssteigerung zur Produktionssteigerung am gegebenen Arbeitsplatz und relative Freisetzung von Arbeitskräften innerhalb des eigenen Bereichs für die verbesserte Schichtauslastung vorhandener Kapazitäten oder Inbetriebnahme hochproduktiver neuer Kapazitäten) als auch zur absoluten Freisetzung von Arbeitskräften für andere Bereiche verwendet werden. Dabei zeigten die Erfahrungen der letzten Jahre, daß die Planung und Beurteilung der Freisetzung von Arbeitskräften unter dem Gesichtspunkt der komplexen Effektivitätsentwicklung sowie die Verstärkung des materiellen Interesses der Betriebe an der Freisetzung von Arbeitskräften mit von wesentlicher Bedeutung für die planmäßige Proportionierung des Arbeitskräftebedarfs durch Investitionen und seiner Deckung sind. Es geht hierbei um wesentliche Fortschritte bei der Einsparung von Arbeitsplätzen sowohl durch ein höheres technisches Niveau der Investitionen als auch durch konsequente innerbetriebliche Rationalisierung.[59] Bei der Deckung des Arbeitskräftebedarfs aus Investitionen standen bisher unter den Deckungsquellen die Bereitstellung aus dem eigenen Bereich (relative Freisetzung) und aus der Berufs-

[59] Vgl. 13. Tagung des ZK der SED. Aus dem Bericht des Politbüros an das ZK der SED. Berichterstatter: Genosse Erich Honecker, Berlin 1974, S. 36, 38.

ausbildung an vorderster Stelle. Die absolute Freisetzung spielte eine untergeordnete Rolle. Zugleich verschärfte sich jedoch seit Ende der 60er Jahre die Schere zwischen Arbeitskräftebedarf durch Investitionen und seiner Deckung. Zwischen dieser Verschärfung und der Effektivität der Freisetzung von Arbeitskräften bestehen dabei unmittelbare Zusammenhänge, ohne daß die Schere auf Effektivitätsprobleme der Freisetzung reduziert werden kann. Diese Zusammenhänge kommen vor allem in folgenden Entwicklungstendenzen zum Ausdruck:

— Mit den durchgeführten Investitionen wurde noch zu wenig das Ziel verfolgt, Arbeitsplätze einzusparen und dadurch Arbeitskräfte freizusetzen. Das gilt vor allem für die großen Investitionsvorhaben, zum Teil aber auch noch für Rationalisierungsinvestitionen. Hieraus ergibt sich die Notwendigkeit, gezielte Freisetzungsmaßnahmen komplex, beginnend mit dem Plan Wissenschaft und Technik, über Rationalisierungskonzeptionen bis zum Investitionsplan und der Deckungsquellenbilanz der Arbeitskräfte stärker zu berücksichtigen.

— Von großer Bedeutung war weiterhin, daß der akute Arbeitskräftemangel punktuell das Bestreben förderte, Arbeitskräfte unter allen Umständen freizusetzen, auch wenn dafür unvertretbar hohe Aufwendungen in Kauf genommen werden mußten. Objektiv bewirkte das mit eine Verschärfung der Schere zwischen benötigten und verfügbaren Arbeitskräften, weil dadurch die materiellen Mittel für weitere Freisetzungen eingeschränkt wurden. Ausdruck dafür ist die Umkehrung der Relation zwischen Arbeitskräftedeckung aus dem eigenen Bereich und Anforderungen an andere Bereiche zugunsten letzterer im Zeitraum von 1968 bis 1973.

— Zugleich war die Nichtbesetzung von Arbeitsplätzen mit entgangenem Produktionszuwachs und zeitweilig auch mit einer Abnahme der Grundfondsquote verbunden. Dabei muß berücksichtigt werden, daß dieses Sinken durch die absolute Freisetzung von Arbeitskräften aus der materiellen Produktion begünstigt wurde. Unter solchen Bedingungen müssen in stärkerem Maße planmäßig und bewußt organisatorische, arbeitsökonomische und ähnliche fondssparende Faktoren zur Produktionssteigerung nutzbar gemacht werden, die dem Sinken der Grundfondsquote entgegenwirken.

Insgesamt spielte die Effektivität als Kriterium für die Investitionsvorbereitung eine abgeleitete Rolle. Sie stand in der Regel erst an 3. oder 4. Stelle in der Präferenzskala nach dem Primat solcher Kriterien, wie der Schließung von Bedarfslücken, dem Vorhandensein von Arbeitskräfteressourcen nach Territorien, der nach Territorien und Gewerken differenzierten Baubilanz. Infolge ungelöster Probleme der Ressourcenbilanzierung gewannen vielfach auch subjektive Faktoren an Einfluß.

Bei der Realisierung von Investitionsvorhaben überstiegen in einer Reihe von Fällen die im Plan enthaltenen Anforderungen die tatsächlichen Möglichkeiten. Infolgedessen regulierten zum Teil de facto die jeweils knappsten Ressourcen, wie, wo und wofür investiert wurde. Bei nicht ausreichend vorhandenen Ressourcen zum Beispiel an Arbeitskräften an bestimmten Orten wurden noch teilweise zersplitterte Kapazitäten an anderen Orten im Interesse der Bedarfsdeckung aufgebaut, die objektiv mit Effektivitätsminderungen verbunden waren. Es geht hierbei nicht darum, Effektivität und Ressourcen sowie Bedarf einander gegenüberzustellen, sondern im Gegenteil, sie als *Einheit* zu planen und auch als solche durchzusetzen. Wenn an einer Stelle Uneffektivitäten in Kauf genommen werden müssen, muß zugleich geplant und gesichert sein, an welcher anderen Stelle durch zusätzliche Effektivitätssteigerung der Mehraufwand ausgeglichen wird.

Mit dem Hinweis auf zur Zeit noch schwer zu lösende Probleme der Proportionierung kann nicht auf die gegenwärtige effektivste Ausnutzung aller Ressourcen verzichtet werden. Es geht im Gegenteil darum, die Ausschöpfung von Reserven in der Effektivitätssteigerung stärker als aktives Mittel für die Milderung und Beseitigung noch bestehender Engpässe auszunutzen.

Jede Entscheidung, die zu Lasten der volkswirtschaftlichen Effektivität geht, würde bestehende Probleme verschärfen (beispielsweise das Verhältnis zwischen durch Investitionen neu geschaffenen Arbeitsplätzen und bereitstehenden Arbeitskräften), ohne sie wirklich lösen zu können.

Hieraus folgt, daß die stärkere Anwendung von Effektivitätskriterien bei der Vorbereitung von Investitionsvorhaben mit zu den Voraussetzungen einer langfristig besseren Proportionierung von Arbeitskräftebedarf und seinen Deckungsquellen gehört.[60]

In Verbindung damit geht es weiterhin um einen volkswirtschaftlich begründeten Standpunkt zum Verhältnis von relativer und absoluter Freisetzung von Arbeitskräften. Ausgehend von den bisherigen Erfahrungen, wird in der Regel der Standpunkt vertreten, daß auch zukünftig die Umverteilung von Arbeitskräften zwischen den Betrieben für die Deckung des Arbeitskräftebedarfs der Investitionsvorhaben von untergeordneter Bedeutung sein wird. Ohne die bei einer solchen Umsetzung auftretenden vielfältigen ideologischen, qualifikationsmäßigen, infra-

60 Vgl. ebenda, S. 39.

strukturellen, altersbedingten, persönlichen und ähnlichen Probleme zu unterschätzen, muß doch die Frage gestellt werden, ob eine solche Orientierung *langfristig*, zum Beispiel bis 1990, aus volkswirtschaftlicher Sicht aufrechterhalten werden kann.

Wenn das Kernproblem der vertieften Intensivierung darin besteht, mit Hilfe von Wissenschaft und Technik hohe Steigerungsraten der Arbeitsproduktivität zu erreichen, die Arbeitsproduktivität schließlich schneller als die Warenproduktion zu erhöhen, müssen sich Konsequenzen für die absolute Frei- und Umsetzung von Arbeitskräften ergeben.

Für eine zukünftig größere Bedeutung der absoluten Freisetzung von Arbeitskräften spricht auch die Notwendigkeit, weitere planmäßige Strukturveränderungen durchzuführen, ohne daß dabei andere Bereiche (wie die Kommunalwirtschaft) weit zurückbleiben. Das schließt aber zugleich die Notwendigkeit ein, auch in der Berufsausbildung den Proportionalitätsanforderungen der Bereiche mehr Rechnung zu tragen, was in bestimmten Territorien die für neue Investitionsvorhaben disponible Berufsausbildung einschränkt. Auch die besonders in den Ballungsgebieten herangereiften Aufgaben der territorialen Entflechtung und Rationalisierung, der Konzentration und Gebietsspezialisierung der Zweige werden ohne eine langfristig geplante und allseitig durchdachte Umsetzung von Arbeitskräften nicht lösbar sein.

Zugleich muß jedoch betont werden, daß die absolute Freisetzung von Arbeitskräften stets nur in Verbindung (und als Teil) mit der relativen Freisetzung und den Proportionalitätsbedingungen der Volkswirtschaft beurteilt werden kann.

1.2.4. Einige Probleme der materiellen Interessiertheit an der Freisetzung von Arbeitskräften

In der Vergangenheit waren die Betriebe an der absoluten Freisetzung von Arbeitskräften objektiv wenig interessiert. Sie waren im Gegenteil bestrebt, ihre Arbeitskräfte um jeden Preis festzuhalten, auch wenn sie dafür Füllproduktionen aufnehmen mußten. Solche Haltungen waren dadurch begründet, daß die Betriebe mit den Gesamtaufwendungen für die Freisetzung belastet wurden. Als Ergebnis wurde aber nur die Warenproduktion anerkannt, während die absolute Freisetzung von Arbeitskräften nicht honoriert wurde.[61]

[61] Für solche Zweige wie z. B. die Textil- und Leichtindustrie verzerrte dieser Umstand den tatsächlich erreichten Intensivierungsgrad wesentlich.

Um ein tatsächliches Bild von den Freisetzungsmöglichkeiten lebendiger Arbeit zu bekommen, müßte die absolute Freisetzung voll mit in die Effektivitätsbeurteilung und Leistungsstimulierung der Betriebe einbezogen werden. In Richtung der relativen Freisetzung wirkten als gewisse Stimuli

— die Notwendigkeit, den geplanten Zuwachs der Warenproduktion arbeitskräfteseitig abzusichern, weil in den Ballungsgebieten in der Regel keine zusätzlichen Arbeitskräfte bereitgestellt werden konnten;

— zum Teil die Einhaltung eines durchschnittlichen Verhältnisses zwischen der Steigerung der Arbeitsproduktivität und des Durchschnittslohns (pro Jahr und dadurch von vornherein in der Wirkung eingeschränkt).

Die Interessiertheit an der Lohneinsparung ist wegen des in der Regel relativ geringen Anteils an den Selbstkosten schwach und wird durch andere Faktoren überkompensiert. Der Betrieb wird nach wie vor nicht mit den vollen Aufwendungen für die Reproduktion der Arbeitskraft (wie dem Aufwand für die Bildung, soziale, kulturelle und gesundheitliche Betreuung und andere) in der wirtschaftlichen Rechnungsführung konfrontiert. Dem von vornherein sehr begrenzten ökonomischen Interesse an der Arbeitskräftefreisetzung wirkt weiterhin entgegen, daß für die Sicherung des Produktionszuwachses zum Teil andere Faktoren wie zum Beispiel Kooperationsleistungen, Sortimente der Produktion, die materielle Bilanziertheit der Ressourcen, Außenwirtschaftsfragen ein stärkeres Gewicht haben und oft stärker beeinflußt werden können als die Freisetzung von Arbeitskräften im eigenen Bereich.

Grundsätzlich muß deshalb auch betont werden, daß die notwendige stärkere Orientierung auf die relative und in gezielten Fällen auch absolute Freisetzung keineswegs auf das Problem der materiellen Interessiertheit reduziert werden kann. Jedoch erfordern Veränderungen in der Gesamtsituation auf diesem Gebiet auch Konsequenzen in der materiellen Interessiertheit.

In der Industrie der DDR wurden positive Erfahrungen mit der ökonomischen Interessiertheit der Freisetzung von Arbeitskräften insbesondere durch die Anwendung der Stschokino-Methode gesammelt.[62]

Das *Stschokino-Experiment* wurde bisher in mehr als 20 ausgewählten Betrieben durchgeführt, insbesondere in der chemischen Industrie, Metallurgie, Kaliindustrie, Elektrotechnik und Lebensmittelindustrie.

[62] Vgl. Hohe Kennziffern durch Stschokino-Methode, in: Presse der Sowjetunion, 24/1973, S. 25ff.; Chemiewerker von Stschokino erschließen neue Reserven, in: Presse der Sowjetunion, 32/1973, S. 25ff.

Hauptziel war es, Arbeitskräftereserven zu erschließen, um damit die Inbetriebnahme neuer Anlagen im eigenen Bereich zu sichern. Das heißt, im Vordergrund stand folglich die relative Freisetzung von Arbeitskräften. 1973 wurden allein in 10 beteiligten Betrieben 1645 Arbeitskräfte eingespart.

Dabei hat es sich bewährt, mindestens 50 Prozent der durch die Einsparung von Arbeitskräften freiwerdenden Lohnmittel für die Stimulierung der Kollektive zu verwenden, die die Arbeitskräfte einsparten.[63]

Das Experiment hat gezeigt, daß diese Art der Stimulierung vor allem in solchen Betrieben gute Ergebnisse brachte, in denen die WAO wesentlich zur Arbeitszeiteinsparung beitrug oder Investitionen zur Rationalisierung eingeordnet waren. Zugleich wurde deutlich, daß die weitere Vervollkommnung der Anwendungsbedingungen der Stschokino-Methode vor allem eine stärkere Orientierung der Arbeitskräftefreisetzung aus volkswirtschaftlicher Sicht verlangt. Dazu gehören beispielsweise folgende Fragen.

— Die Vorgabe mehrjähriger Plankennziffern (5 Jahre) für die Arbeitskräfte und den Lohnfonds.

— Da unter volkswirtschaftlichen Gesichtspunkten der Effekt der Einsparung und damit die volkswirtschaftlich verfügbaren Stimulierungsmittel neben der Einsparung lebendiger Arbeit vom zusätzlichen Fondsaufwand abhängen, müßten die zusätzlichen Fondsaufwendungen mit als Kriterium für die Höhe der Stimulierung herangezogen werden.

— Um im Rahmen der Planaufgaben die effektivsten Freisetzungsmöglichkeiten zu realisieren, sollte mit der volkswirtschaftlichen Rationalisierungskonzeption eine Orientierung für die Schwerpunkte der Einsparung von Arbeitskräften unter dem Aspekt der volkswirtschaftlichen Effektivitätssteigerung gegeben werden.

Insgesamt zeigte sich, daß die Stschokino-Methode geeignet ist, punktuell die Freisetzung von Arbeitskräften erfolgreich zu stimulieren. Zugleich wurde aber auch sichtbar, daß die gezielte Erschließung von Reserven mit Hilfe der Stschokino-Methode die generelle Einbeziehung der Arbeitszeiteinsparung in das Gesamtsystem der Stimulierung nicht ersetzen kann.

Es geht bei ihrer weiteren Anwendung nicht um eine generelle Ausweitung auf alle Betriebe, sondern um die sorgfältige Auswahl der Betriebe, in denen wesentliche Arbeitskräftereserven bestehen und auch die Voraussetzungen zu ihrer Erschließung planmäßig geschaffen werden können. Dabei muß die Anwendung der Stschokino-Methode unmittel-

[63] I. J., Die Stschokino-Methode, in: Statistische Praxis, 8/1974, S. 373.

bar mit der Vervollkommnung der Arbeitsökonomie, insbesondere der WAO verbunden werden. Wesentlich ist weiterhin — wie das auch die sowjetischen Erfahrungen zeigen — ihre ständige Weiterentwicklung, wozu insbesondere die Vervollkommnung der zentralen staatlichen Orientierungen und die Berücksichtigung des Fondsaufwandes (einschließlich seiner materiellen Sicherung) gehören.

Als ungelöst verbleibt also nach wie vor *die Aufgabe der notwendigen Verstärkung der durchgängigen materiellen Interessiertheit aller Betriebe und ihrer Kollektive an der relativen und auch absoluten Freisetzung von Arbeitskräften.* Voraussetzung für ihre Lösung — das zeigen auch die Experimente mit der Arbeitskräfteabgabe[64] — ist die zusammenfassende Messung der Effektivität der Freisetzung und ihre Einbeziehung in die Leistungsbeurteilung und Stimulierung der Wirtschaftseinheiten.

Die Erschließung von Effektivitätsreserven in neuen Dimensionen verlangt jedoch bereits gegenwärtig eine generelle Verstärkung des ökonomischen Interesses an der volkswirtschaftlich effektiven Einsparung von Arbeitskräften. Erste Schritte dazu können getan werden, indem die Arbeitsproduktivität unter Beachtung ihrer Konsequenzen für die komplexe Effektivitätssteigerung mit stärkerem Gewicht der materiellen Interessiertheit der Betriebskollektive zugrunde gelegt wird. Das bedeutet vor allem, daß[65]

— an die Einhaltung der geplanten Produktivitätssteigerung auf Basis der Eigenleistung direkte Konsequenzen für die Bildung des Prämienfonds gebunden werden;

— der Fondsaufwand für die Steigerung der Arbeitsproduktivität bei der komplexen Effektivitätsbeurteilung mit als Bewertungsmaßstab für die Leistung des Betriebes erscheint (unter anderem wäre das denkbar durch die Verbindlichkeit, zweigdifferenzierte Grenzwerte für den Freisetzungsaufwand[66] einzuhalten. Bei Nichteinhaltung müßten die Prä-

64 Wie die Experimente zur Stimulierung der Freisetzung von Arbeitskräften in der UdSSR, ČSSR und UVR mit Hilfe einer Arbeitskräfteabgabe bisher zeigten, setzt eine Orientierung auf die volkswirtschaftlich effektive Freisetzung voraus, daß lebendige Arbeit und Fonds bei der Messung der Effektivität der Freisetzung begründet gewichtet werden. Vgl. L. Danilov, A. Kochova, Über die Stimulierung der Freisetzung von Arbeitern in Betrieben, in: Planovoe chozjajstvo, 3/1975, S. 43.

65 Die genannten Maßnahmen bilden faktisch miteinander verbundene Glieder einer Kette zur komplexen Effektivitätsbeurteilung, die von der Arbeitsproduktivität ausgeht. Es sind also nicht isolierte Maßnahmen, die zufällig ausgewählt wurden.

66 Vgl. Abschnitt 3.1.2. der vorliegenden Arbeit.

mienzuführungen entsprechend den dadurch verringerten Konsumtionsquellen gekürzt werden);

— die Prämienzuführungen außerdem an die Einhaltung zweigdifferenzierter bestätigter Entwicklungsrelationen von Arbeitsproduktivität (auf Basis Eigenleistung) und Durchschnittslohn gebunden werden.

1.3. *Effektivität der Substitution lebendiger Arbeit durch Fonds und Wachstumsdynamik des Nationaleinkommens*

1.3.1. Effektivität des Wachstums und Zielrealisierung

Die Effektivität der Substitution lebendiger Arbeit durch Fonds bestimmt entscheidend, in welchem Maße sich die materiellen Voraussetzungen für die Verbesserung der gesellschaftlichen Bedürfnisbefriedigung erhöhen. *Sie wird immer wichtiger für die Wachstumsdynamik des Nationaleinkommens, je mehr der Beitrag der Produktivitätssteigerung gegenüber der Zunahme des Arbeitszeitfonds steigt.*

Die Wachstumsbedingungen in den RGW-Ländern (vgl. Tabellen 1 und 2), insbesondere in der DDR, ČSSR und UdSSR werden dadurch charakterisiert, daß in der langfristigen Tendenz ein zunehmender Anteil

Tabelle 1

JD-Tempo der Steigerung der Arbeitsproduktivität in der Industrie von RGW-Ländern 1961—1975 (in Prozent)[67]

	VRB	DDR	ČSSR	VRP	SRR	UdSSR	UVR
1961—1965	6,8	5,6	3,5	5,1	7,7	5,25	4,9
1966—1970	7,2	5,7	5,2	5,1	7,3	5,70	3,8
1971—1975 (Plan)	8,0	6,2	5,4—5,7	5,6	6,7—7,2	6,35—7,00	6,05

[67] Berechnet nach: K. Mikulski, Die Wirtschaft der RGW-Länder, Faktoren des Wachstums und Probleme der Effektivität, in: Mirovaja ėkonomika, 10/1971, S. 13; G. Gerowitsch, B. Michailow, Über die Effektivität der gesellschaftlichen Produktion in den europäischen RGW-Ländern, in: Sowjetwissenschaft, Gesellschaftswissenschaftliche Beiträge, 3/1974, S. 241; Gesetz über den Fünfjahrplan für die Entwicklung der Volkswirtschaft der DDR 1971 bis 1975, in: „Neues Deutschland" v. 21. 12. 1971, S. 5; P. Solov, N. G. Gafarova-Kasanskaja, Über die Bewertung der Arbeitsproduktivität als Wachstumsfaktor der Produktion, in: Ėkonomika i matematičeskie metody, 6/1972, S. 937ff.

Tabelle 2

Anteil der Industrieproduktion, der durch Steigerung der Arbeitsproduktivität gesichert wird (in Prozent)

	VRB	DDR	ČSSR	VRP	SRR	UdSSR	UVR
1961–1965	68	100	76	55	64	52,4	64[1]
1966–1970	65	97	79	60	69	65,1	70[1]
1971–1975 (Plan)	70	85	90	.	72–77	70,5	.

[1] Bezogen auf die Zeiträume 1958 bis 1967 und 1967 bis 1971. Nach S. Roman, Über die Dynamik der Arbeitsproduktivität in der Volkswirtschaft Ungarns, in: Voprosy ėkonomiki, 6/1973, S. 85.

des Zuwachses der Industrieproduktion auf die Steigerung der Arbeitsproduktivität entfällt. Zugleich war damit im Zeitraum seit 1960 insgesamt ein Ansteigen bzw. zumindest Gleichbleiben der Steigerungsraten der Arbeitsproduktivität verbunden.

In den meisten RGW-Ländern wird der Anteil der Produktivitätssteigerung am Nationaleinkommenszuwachs ebenfalls zunehmen. Er ist in der Regel höher als der Anteil am Zuwachs der Industrieproduktion. In den RGW-Ländern (außer VR Polen) beträgt der Anteil des Nationaleinkommenszuwachses infolge Produktivitätssteigerung etwa 80–95 Prozent, in der UdSSR 80–85 Prozent.

Tabelle 3

JD-Wachstumstempi des produzierten Nationaleinkommens und der Arbeiter und Angestellten im produktiven Bereich in RGW-Ländern von 1961–1973[68] (in Prozent)

Länder	1961–1965		1966–1970		1971–1973	
	Nationaleinkommen	Arbeiter- u. Angestellte	Nationaleinkommen	Arbeiter- u. Angestellte	Nationaleinkommen	Arbeiter- u. Angestellte
VRB	6,55	4,0	8,60	4,0	7,4	5,4
ČSSR	2,10	2,0	6,75	1,6	5,1	1,4
DDR	3,50	-0,1	5,40	0,7	5,4	1,2
VRP	6,00	3,1	5,90	3,0	9,7	3,5
SRR	9,40	5,4	7,70	3,3	11,0	4,3
UdSSR	6,65	3,7	7,70	2,7	6,0	2,2
UVR	4,10	2,0	6,75	2,5	6,2	1,3

68 Berechnet nach: Statističeskij ežegodnik stran-členov Soveta ekonomičeskoj vzaimopomošči 1974, Moskva 1974, S. 45, 401, 403, 404, 405.

Während in der DDR, ČSSR und Ungarischen Volksrepublik das Wachstum des Nationaleinkommens von 1961—1973 von einer relativ niedrigen Zunahme der Beschäftigten im produktiven Bereich begleitet war, hatte die Beschäftigtenzunahme in der VR Polen, in der SR Rumänien und in der VR Bulgarien noch einen verhältnismäßig größeren Einfluß auf das Wachstum (vgl. Tabelle 3). In der VR Polen wurden von 1961—1965 58 Prozent, von 1966—1970 72,2 Prozent und 1971 bis 1972 59,3 Prozent des Zuwachses des Nationaleinkommens durch Steigerung der Arbeitsproduktivität erreicht. Von 1966—1970 waren es in der SR Rumänien 98,1 Prozent und 1971/72 57,2 Prozent; in der VR Bulgarien 95,6 Prozent und 56,9 Prozent.[69]

Hierbei muß berücksichtigt werden, daß insbesondere in der SR Rumänien und der VR Bulgarien zeitweilig ein beträchtlicher Teil der Produktivitätssteigerung auf Struktureffekten beruhte. In der VR Bulgarien erhöhte sich zum Beispiel der Anteil der Beschäftigten in der Industrie von 10 Prozent 1950 auf rund 35 Prozent 1970, während sich der Anteil der in der Land- und Forstwirtschaft Beschäftigten von rund 84 Prozent 1950 auf 41 Prozent 1970 verringerte. Folgende Anteile der Produktivitätssteigerung im materiellen Bereich gingen auf Struktureffekte zurück: 1951—1955 rund 36 Prozent, 1956—1960 51 Prozent (!), 1961—1965 rund 32 Prozent und 1966—1970 rund 26 Prozent.[70] Struktureffekte beeinflußten die volkswirtschaftliche Steigerung der Arbeitsproduktivität auch in der Ungarischen Volksrepublik, in der VR Polen und in der ČSSR. Jedoch nimmt der Einfluß der Struktureffekte im Trend ab.

Der zunehmende Anteil der Produktivitätssteigerung am Zuwachs des Nationaleinkommens ist mit relativ hohen Steigerungsraten der Arbeitsproduktivität verbunden, die sich offensichtlich einpendeln. So stieg die Arbeitsproduktivität (netto) von 1951—1972 in der VR Bulgarien jahresdurchschnittlich um 9,35 Prozent (von 1966—1972 um 7,2 Prozent), in der SR Rumänien um 8,45 Prozent (7,1 Prozent), in der UdSSR um 6,8 Prozent (5,6 Prozent), in der DDR um 6,7 Prozent (5,0 Prozent), in der ČSSR um 4,85 Prozent (5,0 Prozent), in der VR Polen um 4,85 Prozent (4,4 Prozent) und in der Ungarischen Volksrepublik um 4,65 Prozent (5,1 Prozent). Nach bisherigen Einschätzungen werden sich

69 Problemy vosproizvodstva v stranach SĖV, Moskau 1974, S. 101.

70 Berechnet nach: R. Janakieff, Richtung der Strukturveränderungen in der Volkswirtschaft und Effektivität der sozialistischen gesellschaftlichen Produktion, Sofia 1974, Beitrag zum Symposium der Akademieinstitute zu Effektivitätsfragen in Moskau, November 1974, S. 9/10. Trotz Verringerung des Anteils bestehen hier noch weitere Reserven.

diese Steigerungsraten zukünftig keineswegs verringern. Es wird damit gerechnet, daß in der polnischen Industrie bei einer jahresdurchschnittlichen Produktivitätssteigerung von 5,1 Prozent von 1961—1970 bis zum Jahre 2000 die durchschnittlichen Steigerungsraten der Produktivität pro Beschäftigten bei 5,0—6,1 Prozent liegen werden (pro Arbeitsstunde bei 6,3—7,4 Prozent). In der UdSSR soll die Arbeitsproduktivität in der Industrie bis 1985 um JD 6,5 Prozent steigen.[71]

In der DDR kam zwar 1971/72 die rückläufige Entwicklung der Bevölkerung im arbeitsfähigen Alter zum Stillstand. Die Bevölkerung im arbeitsfähigen Alter wird bis 1985/86 um fast 9 Prozent wachsen.[72] Dabei muß berücksichtigt werden, daß ein Nachholebedarf von Arbeitskräften insbesondere im nichtproduktiven Bereich und zur höheren Schichtausnutzung abgedeckt werden muß. Bis 1990 werden sich jedoch bereits die Folgen der seit 1964 abnehmenden Geburtenentwicklung auf die Zunahme der arbeitsfähigen Bevölkerung auswirken. Das bedeutet, daß *langfristig* auch von Seiten des gesellschaftlichen Arbeitsvermögens der Druck auf die Intensivierung bleibt.

Mit dem zunehmenden Einfluß der Produktivitätssteigerung auf das Wachstum des Nationaleinkommens entsteht die Frage, ob die hohen Wachstumstempi fortgesetzt werden können und müssen, die erreicht worden sind, als noch wesentlich höhere Teile des Zuwachses aus der Beschäftigtenzunahme resultierten. Die Beantwortung dieser Frage läuft darauf hinaus, die Möglichkeiten der zukünftigen Produktivitätssteigerung einzuschätzen und die Anforderungen zu bestimmen, die von der sozialistischen Zielrealisierung an das Wachstum gestellt werden.

Zunächst muß betont werden, daß jede Verbesserung in der gesellschaftlichen Bedürfnisbefriedigung letzten Endes zusätzliche Anforderungen an die Entwicklung der materiellen Produktion stellt. Dabei hängt unter den oben genannten Bedingungen in den RGW-Ländern der Beitrag eines gegebenen Nationaleinkommenswachstums zur besseren Zielrealisierung vor allem von der Effektivitätssteigerung ab. Das be-

[71] J. Gajda, Die Entwicklungsproportionen der polnischen Industrie bis zum Jahre 2000, in: Gospodarka planowa, 1/1973, S. 6. Für die UdSSR wurde die Notwendigkeit begründet, die Arbeitsproduktivität in den nächsten 15 Jahren schneller als bisher zu steigern. Vgl. V. Kostakov, Die Planbilanz der Arbeitskräfte vervollkommnen, in: Planovoe chozjajstvo, 3/1975, S. 34.

[72] Vgl. die Entwicklung des gesellschaftlichen Arbeitsvermögens bis 1990, in: Die Wirtschaft, 4/1974. In der UdSSR kamen in den letzten 10 bis 15 Jahren zwei Drittel des Beschäftigtenwachstums in der Volkswirtschaft aus der Haus- und privaten Nebenwirtschaft. Diese Reserve ist jetzt fast völlig ausgeschöpft.

deutet, daß primär nicht das Wachstum und damit die Wachstumsrate überhaupt, sondern die *Effektivität des Wachstums* entscheidend ist.

Je rascher das Nationaleinkommen wächst und je weniger gesellschaftliche Arbeit zu seiner Herstellung erforderlich war, desto größer sind die Möglichkeiten der gesellschaftlichen Zielrealisierung. Hierbei ergeben sich *wesentliche innere Zusammenhänge zwischen dem Wachstum des Nationaleinkommens und der intensiv erweiterten sozialistischen Reproduktion.*

Wachstum des Nationaleinkommens infolge Effektivitätssteigerung ist das durch Steigerung der Arbeitsproduktivität hervorgebrachte Wachstum, das die Arbeitsproduktivitätssteigerung bei einfacher Substitution lebendiger Arbeit durch Fonds übersteigt.[73] *Steigerung der Fondsausstattung pro Arbeitskraft und der Arbeitsproduktivität sind Ausgangsbedingungen des intensiven Wachstums. In welchem Maße sie zum intensiven Wachstum beitragen, wird durch ihr Verhältnis zur Entwicklung der Fondsquote und der unvollendeten Investitionen bestimmt.*

Die sozialistische Gesellschaft kann nicht den gesamten Nationaleinkommenszuwachs durch gestiegene Arbeitsproduktivität für die Erhöhung des Konsumtions- und Akkumulationsmaßstabes verwenden. Ein Teil der Produktivitätssteigerung muß die Zunahme der Fondsausstattung pro Arbeitskraft abdecken, die in den verschiedenen produktionsvorbereitenden Bereichen zeitlich gestaffelten Aufwand erforderte und Voraussetzungen zur Produktivitätssteigerung schuf.

Im theoretischen Grenzfall einfacher Substitution lebendiger Arbeit durch Fonds würden sich Einsparungen an lebendiger Arbeit und Mehraufwand an Fonds entsprechen. In diesem Falle müßte der gesamte durch Steigerung der Arbeitsproduktivität hervorgebrachte Zuwachs des Nationaleinkommens der steigenden Fondsausstattung dienen. Einfache Substitution bedeutet folglich — bisher immer auf das physische Volumen des Nationaleinkommens bezogen —, daß bei wachsendem Nationaleinkommen, welches auf Produktivitätssteigerung zurückgeht, sich die materiellen Voraussetzungen für die sozialistische Zielrealisierung nicht verbessern. Das heißt insbesondere, daß die Konsumtion pro produktiv Beschäftigten gleichbleibt und der zusätzliche Akkumulationsaufwand allein zum Ausgleich sinkender Akkumulationseffektivität diente, jedoch keine Beschleunigung des Wachstums hervorrief.

[73] Der Auffassung von Notkin und Maier, daß intensiver Nationaleinkommenszuwachs *nicht* mit dem Zuwachs infolge Arbeitsproduktivitätssteigerung identisch ist, wird zugestimmt. Vgl. Harry Maier, Probleme des intensiven ökonomischen Wachstums unter den Bedingungen der wissenschaftlich-technischen Revolution, in: Wirtschaftswissenschaft, 1/1970, S. 1.

Wird vereinfacht angenommen, daß der gesamte Zuwachs des Nationaleinkommens durch einfache Substitution bedingt ist, dann wäre nur ein gegenseitiger Austausch von Arbeitskräften und Fonds vor sich gegangen. Das bedeutet, daß der volkswirtschaftliche Nutzeffekt genau so gewesen wäre, wenn die Zahl der Arbeitskräfte zugenommen, aber mit gleichbleibender Produktivität produziert hätte.

Unter dem Gesichtspunkt, daß Wachstum des Nationaleinkommens durch Steigerung der Arbeitsproduktivität bei einfacher Substitution lebendiger Arbeit durch Fonds analoge Wirkungen wie ein Wachstum durch Zunahme der Beschäftigtenzahl beziehungsweise -stunden bei gleichbleibender Arbeitsproduktivität hat, ergibt sich eine Erweiterung des Begriffs des extensiven Zuwachses. Zuwachs des Nationaleinkommens durch einfache Substitution lebendiger Arbeit durch Fonds ist als *extensiver* Zuwachs einzuschätzen.

Extensives und intensives Wachstum des Nationaleinkommens schaffen unterschiedliche materielle Möglichkeiten der sozialistischen Zielrealisierung.

a) Bei einer theoretisch angenommenen rein extensiven Erweiterung des Nationaleinkommens durch Zunahme des produktiven Arbeitszeitfonds, die bei Annahme einer gleichbleibenden Wachstumsrate mit einer gleichbleibenden Akkumulationsrate verbunden wäre, erhöhte sich das notwendige gesellschaftliche Produkt. Extensive Erweiterung bedeutet Mehraufwand von Zeit für die Erweiterung der Produktion bei gleichbleibendem Aufwand pro Produkteneinheit. Eine Erweiterung des Grades der Zielrealisierung wäre nur im beschränkten Maße über die Steigerung des Nationaleinkommens *pro Kopf der Bevölkerung* möglich.[74] Nennenswerte Möglichkeiten zur extensiven Erweiterung bestehen in einer entwickelten sozialistischen Gesellschaft nur noch im Bevölkerungswachstum, das sich einpendelt und in steigendem Maße der Erweiterung des nichtproduktiven Bereichs dienen muß.[75]

[74] Bei Vorhandensein nicht genutzter Arbeitskräftereserven verbessert jede Erhöhung des Beschäftigungsgrades die gesellschaftliche Bedürfnisbefriedigung. Dabei geht es vor allem darum, eine solche Akkumulation zu erreichen, die ausreichende Beschäftigungsmöglichkeiten sichert.

[75] Gegenwärtig treten die sozialistischen Länder in Abhängigkeit von ihrer allseitigen Stärkung im wachsendem Maße in eine Phase ein, in der die Beschäftigungsreserven zunehmend geringer werden. Dazu kommt, daß sich das Wachstum der Bevölkerung, darunter der arbeitsfähigen Bevölkerung, zukünftig in den meisten RGW-Ländern verlangsamt. Während die Bevölkerung in der VR Bulgarien von 1951 bis 1970 um jahresdurchschnittlich 0,8% zunahm, wird sie von 1971 bis 1990 um jahresdurchschnittlich 0,55% wachsen. Für die Ungarische Volksrepublik lauten die entsprechen-

b) Wächst das Nationaleinkommen durch Steigerung der Arbeitsproduktivität und die zusätzlichen Fondsaufwendungen erreichen den Grenzwert einfacher Substitution, dann bleiben trotz absoluter Erhöhung des Nationaleinkommens die Möglichkeiten der Zielrealisierung gleich.

c) Bei einer Steigerung der Arbeitsproduktivität und gleichzeitiger verbesserter Fondsökonomie erhöht sich das Volumen des Nationaleinkommens bei vermindertem Aufwand gesellschaftlicher Arbeit. Das gleiche gilt auch noch dann, wenn das Sinken der Fondsquote den durch die einfache Substitution gegebenen Grenzwert nicht erreicht. Substitution ist in der langfristigen dauerhaften Tendenz Voraussetzung jeder Produktivitätssteigerung, ist folglich mit jedem Nationaleinkommenszuwachs verbunden, der durch Steigerung der Arbeitsproduktivität erreicht wird.

Bei gegebener Steigerung der Arbeitsproduktivität ist der Beitrag zur Zielrealisierung desto höher, je niedriger der Substitutionsanteil ist. Bei gleichem Einsatz von Arbeitskräften und gleicher Arbeitszeitentwicklung, jedoch unterschiedlichem Wachstumstempo des Nationaleinkommens und unterschiedlichem Fondsaufwand würde die Variante den höchsten Beitrag zur Zielrealisierung leisten, die die höchste Effektivitätssteigerung bringt. Das heißt, bei gleichem Wachstumstempo des Nationaleinkommens ist unter den genannten Faktoren die Variante mit dem höheren Anteil des intensiven Zuwachses günstiger für die gesellschaftliche Zielrealisierung; bei unterschiedlichem Wachstumstempo des Nationaleinkommens das höhere absolute Volumen des intensiven Zuwachses.

Je mehr das Wachstum des Nationaleinkommens von der Steigerung der Arbeitsproduktivität abhängig wird, desto größere Bedeutung gewinnt die rationelle Kombination und Nutzung aller Ressourcen, um bessere materielle Bedingungen für die Bedürfnisbefriedigung zu schaffen.

Wenn die Effektivitätssteigerung zu gering ist, um ein notwendiges Mindestwachstum der Konsumtion zu sichern, dann entsteht die Gefahr, daß durch relative Verminderung der produktiven Akkumulation zugunsten der Konsumtion das kontinuierliche Wachstum des Nationaleinkommens beeinträchtigt wird oder das wirtschaftspolitisch

den Angaben 0,5 % und 0,4 %, für die VR Polen 1,35 % und 0,7 %, für die SR Rumänien 1,1 % und 0,9 %, für die ČSSR 0,7 % und 0,5 %. Die arbeitsfähige Bevölkerung wird von 1971 bis 1990 in der VR Bulgarien um jahresdurchschnittlich 0,2 %, in der Ungarischen Volksrepublik um 0,15 %, in der VR Polen um 1,05 %, in der SR Rumänien um 0,8 % und die ČSSR um 0,45 % zunehmen. Nach: Problemy vosproizvodstva v stranach SĖV, Moskva 1974, S. 46, 50.

notwendige Wachstumsverhältnis von produziertem und verwendetem Nationaleinkommen nicht gesichert werden kann. Zugleich wäre jedoch unter solchen Bedingungen absolut mehr produktive Akkumulation für die Aufrechterhaltung des gleichen Wachstumstempos des Nationaleinkommens notwendig gewesen. In diesem Sinne ist indirekt eine hohe Effektivitätssteigerung Voraussetzung für eine ausreichend hohe und kontinuierliche Entwicklung der produktiven Akkumulation.

Die Entwicklung der produktiven Akkumulation kann folglich nicht isoliert beurteilt werden, sondern nur in Verbindung mit ihrem Einfluß auf das Wachstumstempo des Nationaleinkommens. Unter Berücksichtigung der Zeitverzögerung müßte deshalb als Forderung der vertieften Intensivierung durchgesetzt werden, daß mit steigender Rate der produktiven Akkumulation auch das Wachstumstempo des Nationaleinkommens zunimmt beziehungsweise bei annähernd gleichbleibendem Wachstumstempo sich die absolute Freisetzung von Arbeitszeitfonds aus der materiellen Produktion erhöht.

Mit einer hohen Effektivitätssteigerung verbundenes Wachstum kann nicht von vornherein mit niedrigen Wachstumstempi gleichgesetzt werden. Zur ständigen Hebung des Niveaus der Arbeits- und Lebensbedingungen der Werktätigen einschließlich des Schutzes der natürlichen Umwelt ist nicht nur ein qualitäts-, struktur- und bedarfsgerechtes Nationaleinkommen notwendig, sondern gleichzeitig sein kontinuierliches Wachstum. Je höher und effektiver das Wachstum des Nationaleinkommens ist, desto besser sind die materiell-technischen Voraussetzungen für die weitere Entfaltung der sozialistischen Triebkräfte. Zunächst ist eindeutig, daß bei sich verringernder Arbeitskräfteentwicklung im produktiven Bereich Grenzen des Wachstums (und der Konsumtion) entstehen würden, wenn die Entwicklung der Produktivität der gesellschaftlichen Arbeit gleich bleibt oder sogar sinken würde. Das bedeutet, daß bei annähernd gleichem Fondswachstum wie in Perioden mit relativ stärkerer Arbeitskräftezunahme ein *höheres technisches Niveau der Erzeugnisse und Fonds* notwendig ist, um einen etwa gleichen Effekt für die Verbesserung der sozialistischen Zielrealisierung zu erhalten. Durch höhere *Qualität* der Gebrauchswerte und ihre stärkere Bedarfsgerechtheit kann mit einem angenommenen gleichen Wachstum eine höhere Bedürfnisbefriedigung gesichert werden. Die Bedeutung der Produktivitätssteigerung wächst enorm.

Von bürgerlichen Ökonomen werden vielfach das Produktionswachstum und die Schaffung von menschenwürdigen Umweltbedingungen als Gegensätze angesehen. Myrdal beispielsweise sieht als Voraussetzung für eine „Ökonomie der verbesserten Umwelt" an, daß die „dürftige Konzeption des Bruttosozialprodukts" und die gängige Theorie der Preisbildung aufgegeben, zumindest radikal verändert werden. Er betont: „Die Schwächen treten bei der Erörterung von Langzeitproblemen besonders hervor ... Bei der Erschöpfung und Vergiftung der Umwelt spielt der *Verschleiß der Zukunft* in der Gegenwart eine ausschlaggebende Rolle. Er verkörpert sich in Zins- und Gewinnraten. Auf diese Weise wird der Zeithorizont sehr viel näher gerückt und enger gezogen, als unsere Gesellschaft zulassen dürfte, die in Entwicklungsdekaden und Jahrhunderten denken sollte."[76]

Myrdal hat völlig Recht, daß der erreichte Vergesellschaftungsgrad neue Erscheinungsformen des Grundwiderspruchs des Kapitalismus hervorruft. Er irrt aber, wenn er meint, im Rahmen des Kapitalismus sei die auf Kapitalverwertung gerichtete Wachstumskonzeption ernsthaft zu verändern. Zugleich kann aus den Grenzen der kapitalistischen Wachstumstheorie und ihrer Unfähigkeit, auf die modernen Entwicklungsprobleme der Produktivkräfte eine Antwort zu geben, nicht der Schluß gezogen werden, daß auch im Sozialismus das Wachstum der materiellen Produktion umweltfeindlich sein muß oder mit zunehmender Intensivierung an Bedeutung verliert. Stabiles Wachstum im Interesse der Werktätigen ist ohne hohe Rationalität nicht denkbar.

Das heißt, daß bei zunehmender Bedeutung der Produktivitätssteigerung für das Wachstum des Nationaleinkommens die materiellen Voraussetzungen für die sozialistische Zielrealisierung nur kontinuierlich erweitert werden können, wenn die Intensivierung konsequent und allseitig durchgesetzt wird. Damit sind zugleich höhere Maßstäbe für den Vergesellschaftungsgrad der Produktion im nationalen wie im internationalen Rahmen verbunden. Die Entwicklung des physischen Volumens der Effektivitätssteigerung ist von wesentlichem Einfluß auf die Dynamik des Nationaleinkommens.[77]

1.3.2. Prämissen zur Messung der Effektivität der Substitution lebendiger Arbeit durch Fonds

Die Effektivität der Substitution lebendiger Arbeit durch Fonds besteht nach Marx darin, daß die für die Substitution aufgewendete vergegenständlichte Arbeit mehr lebendige Arbeit ersetzt, als sie an Arbeit

[76] G. Myrdal, Ökonomie der verbesserten Umwelt-Strategie wider die Selbstmordgesellschaft, in: Die Zukunft des Wachstums, v. H. v. Nussbaum, Gütersloh 1973, S. 17, 20.

[77] Vgl. dazu Abschnitt 4.3. der vorliegenden Arbeit.

kostet. „Es ist klar, daß bloßes Deplacement der Arbeit stattfindet, also die Gesamtsumme der zur Produktion einer Ware erheischten Arbeit nicht vermindert oder die Produktivkraft der Arbeit nicht vermehrt wird, wenn die Produktion einer Maschine soviel Arbeit kostet, als ihre Anwendung erspart."[78]

Es geht folglich bei der Messung der Effektivität der Substitution lebendiger Arbeit durch Fonds primär darum, Fonds und lebendige Arbeit *vergleichbar* zu machen. Wenn der Gesamtprozeß der Substitution betrachtet wird, dann spielt hierbei der Aufwand an vergegenständlichter Arbeit sowohl in der Form des einmaligen Aufwandes an Reproduktionsaufwendungen für die Produktionsfonds als zugleich des laufenden Verbrauchs eine Rolle. Der produktive Gesamtarbeiter tritt als Verausgabung von konkreter Arbeitskraft — für die ein Reproduktionsfonds vorzuschießen ist — und zugleich als Schöpfer von Neuwert in Erscheinung.

Da die Effektivitätsmessung auf der Einheit von Arbeits- und Wertbildungsprozeß beruht, muß jede Ressource sowohl in der Form des Fondsvorschusses als auch der Wertproduktion beziehungsweise -übertragung berücksichtigt werden.

In der Vergleichbarmachung von lebendiger Arbeit und Fonds besteht, wie die bisher vorliegenden Erfahrungen zum Beispiel bei der Ausnutzung von Produktionsfunktionen, von reduzierten Fondsaufwendungen, von Kostenkennziffern, synthetischen Kennziffern der Fondseffektivität, Gesamtproduktivitätskennziffern, Kennziffern der Effektivität der Ressourcennutzung und anderen Vorschlägen von sogenannten verallgemeinernden Kennziffern zeigen, eines der Hauptprobleme für die Ermittlung der Effektivitätssteigerung.

Als theoretischer Ausgangspunkt für eine ökonomisch begründete Vergleichbarmachung von lebendiger Arbeit und Fonds können die Substitutionsbeziehungen ausgenutzt werden. Auf Grund von Hinweisen der Klassiker des Marxismus-Leninismus, der Auswertung einer Vielzahl von bisher vorgelegten Vorschlägen und praktischen Erfahrungen aus der Effektivitätsanalyse wird von folgenden Prämissen für das Vergleichbarmachen von lebendiger Arbeit und Fonds ausgegangen:[79]

[78] Karl Marx, Das Kapital, Erster Band in: MEW, Bd. 23, Berlin 1962, S. 412.

[79] Substitutionsprobleme spielen in der bürgerlichen Ökonomie insbesondere im Zusammenhang mit der Konstruktion von Produktionsfunktionen eine große Rolle. Dabei wird im allgemeinen die Substitution dem „sogenannten technischen Fortschritt" gegenübergestellt. Jedoch ist der Begriff des sogenannten technischen Fortschritts in der bürgerlichen Produktionstheorie völlig unzutreffend. Er bezeichnet im Grunde ge-

a) Fonds und lebendige Arbeit müssen aus ihren Wechselbeziehungen im Arbeits- und Wertbildungsprozeß heraus ökonomisch begründet vergleichbar gemacht werden.

b) Es muß eine Verbindung zwischen Entwicklung von Arbeitsproduktivität und Fondsintensität und ihrer Auswirkungen auf die Verwendungsproportionen des Nationaleinkommens hergestellt werden, die der *abgeleiteten* Stellung der letzteren für die Effektivitätsberechnung entspricht.

c) Die Effektivitätsrechnung kann weder auf der Entwicklung der Bestands- noch der Zuwachsgrößen allein aufbauen, sondern muß beide miteinander verknüpfen.

d) Die Kombination der Effektivitätskriterien muß die verschiedenen Einzelkriterien auf Grund ihrer ökonomischen Zusammenhänge einbeziehen. Das gilt auch für die verschiedenen Formen der Fondsreproduktion.

e) Die noch nicht reproduktionswirksamen unvollendeten Investitionen müssen in ökonomisch begründeter Weise berücksichtigt werden.

f) Die volkswirtschaftliche Effektivitätsrechnung muß sowohl die Entwicklung der laufenden als auch der einmaligen Aufwendungen einbeziehen. Eine entscheidende Voraussetzung dafür ist die Ableitung von Ressourcenbewertungen.

Die Substitution lebendiger Arbeit durch Fonds realisiert sich im Einzelfall stets im Verlauf einer bestimmten Zeitperiode mit typischen Zeitabschnitten. Für die Volkswirtschaft gesamt, für die großen Bereiche und Zweige ist jedoch in der Tendenz ein solches *Nach- und Nebeneinander von Investitionsverläufen* kennzeichnend, daß sich insgesamt im starken Maße die einzelnen Investitionsprozesse ausgleichen. Das ist eine außerordentlich wichtige Voraussetzung, um eine kontinuierliche Entwicklung der materiell-technischen Basis zu sichern. Hieraus ergibt sich die Berechtigung, bei Effektivitätsermittlungen der Substitution für große Bereiche sowie die Volkswirtschaft gesamt von einer im wesentlichen kontinuierlichen Entwicklung auszugehen und für die Bewertung auch Jahresabschnitte heranzuziehen. Welchen Einfluß der Investitionsverlauf in der Zeit in diesen aggregierten Bereichen auf die tatsächliche

nommen nicht den technischen Fortschritt (dessen Bestandteil ja auch die Substitution ist), sondern die dadurch ermöglichte Kapitalverwertung. Auch der Substitutionsbegriff wird in der bürgerlichen Ökonomie als Erscheinungsform der Kapitalverwertung verwendet. Dieser Substitutionsbegriff kann deshalb keine Grundlage für die Untersuchung der Substitution lebendiger Arbeit durch Fonds unter sozialistischen Bedingungen sein.

Kontinuität und Effektivitätsentwicklung hat, muß weiteren Untersuchungen vorbehalten bleiben.[80]

Wird das Jahr als ein Ausschnitt aus einem insgesamt kontinuierlichen Substitutionsprozeß gefaßt, dann ergibt sich die Frage, ob die Effektivität der Substitution eingeschätzt werden kann, ohne die Lebensdauer der Fonds zu berücksichtigen. Diese Frage muß für aggregierte Aussagen grundsätzlich bejaht werden, da die jährlichen Abschnitte des Substitutionsprozesses nur so weit entwickelt werden können, wie es die Kontinuität und Stabilität des Gesamtprozesses der Reproduktion zulassen. Es kommt deshalb darauf an, zu zeigen, welche Konsequenzen sich aus den Aufwendungen und Ergebnissen der Substitution für das Wachstum und die Verwendung des Nationaleinkommens ergeben. Im Endergebnis wird eine Verbindung zwischen Effektivitätsentwicklung, Dynamik des Nationaleinkommens und wichtigen volkswirtschaftlichen Grundproportionen hergestellt. Daraus lassen sich Grenzbedingungen für die Substitutionseffektivität ableiten, um die Stabilität des Reproduktionsprozesses und ein kontinuierliches Wachstum zu sichern. Hieraus ergeben sich ebenfalls gewisse Grenzbedingungen für die Beurteilung der Effektivität der Substitution für Einzelvorhaben unter Berücksichtigung der Lebensdauer. Dabei muß beachtet werden, daß mit der Effektivität der Substitution zwar ein wesentlicher Bestandteil eines noch zu schaffenden Kennziffernsystems der Effektivität erfaßt wird, aber eben nur ein Teil. *Das heißt, die Ermittlung der Effektivität der Substitution lebendiger Arbeit durch Fonds kann nicht mit der Ermittlung der volkswirtschaftlichen Gesamteffektivität gleichgesetzt werden.* Es ist verständlich, daß ein solch komplexes Problem schrittweise untersucht und gelöst werden muß. Es soll versucht werden, zunächst Anforderungen an die Ergebnisformen und Aufwendungen abzuleiten und wichtige Lösungsvorschläge auszuwerten. Davon ausgehend, soll die Effektivität der Substitution anhand der Auswirkungen auf das physische Volumen des Nationaleinkommens gemessen werden. Anschließend sollen Ansätze gezeigt werden, wie die Entwicklung der laufenden Aufwendungen ergänzend berücksichtigt werden kann.

[80] Im Gegensatz dazu muß die Ermittlung der Substitutionseffektivität von Einzelvorhaben von vornherein auf den gesamten tatsächlichen Investitionszyklus ausgerichtet sein. Die Begründung für die Effektivitätsermittlung verändert sich jedoch dadurch nicht.

2. Probleme der Messung der Effektivität des sozialistischen Reproduktionsprozesses

2.1. *Wichtige Ergebnisformen der ökonomischen Effektivität der gesellschaftlichen Produktion*

2.1.1. Die Zusammenhänge zwischen den wertmäßigen Ergebnisformen

Die Aussagekraft der Effektivitätsrechnung hängt wesentlich von der richtigen Auswahl der Ergebnisform ab. Zur Widerspiegelung der Effekte muß von der Einheit der Wert- und Naturalkennziffern ausgegangen werden. Da die bedarfsgerechte Produktion zu den elementaren Voraussetzungen gehört, bei deren Einhaltung verausgabte gesellschaftliche Arbeit als produktiv für die sozialistische Gesellschaft anerkannt wird, bildet die Erfüllung volkswirtschaftlich wichtiger Naturalkennziffern den allgemeinen Rahmen, an dessen Einhaltung die Ausnutzung von Wertkennziffern gebunden ist.[1]

So geben beispielsweise die Konsumgüter-, Material- und Ausrüstungsbilanzen und die Lieferungs- und Leistungsverträge Hinweise auf die Entwicklung des Grades der Bedarfsdeckung bei ausgewählten volkswirtschaftlich wichtigen Gebrauchswerten. Unter dieser Restriktion haben die wertmäßig ausgedrückten Ergebnisformen die Funktion, nicht nur die verschiedenen Naturalkennziffern vergleichbar zu machen, sondern in Verbindung mit den Aufwendungen die rationellste Verteilung und Verausgabung der Ressourcen für die Bedarfsanforderungen herauszufinden.

Bei der Analyse der wertmäßigen Ergebnisformen muß beantwortet werden, welche den Effekt auf volkswirtschaftlicher und betrieblicher Ebene am besten mißt und zugleich die Verbindung zur Bedarfsdeckung herstellt.

Dazu sollen zunächst alle wichtigen Ergebnisformen in ihren Zusammenhängen untersucht werden. Dabei wird von der wertmäßigen Zusammensetzung ausgegangen.

[1] Folgerichtig sind in der UdSSR neuerdings an die Einhaltung der Lieferverträge durch Produktionsmittel herstellende Betriebe materielle Stimuli gebunden. Vgl. ‚Pravda' v. 16. 4. 1974.

Schema von möglichen Ergebnisformen der Produktion in ihrer wertmäßigen Zusammensetzung

Grund-material	Hilfs-material	Ab-schrei-bungen	Lohn	im Betrieb verblei-bender Gewinn	abgeführtes Rein-einkommen

Bruttoproduktion (einschl. Eigenverbrauch = *Bruttoumsatz* oder *Gesamterzeugung*)*
± Bestandsveränderungen an unvollendeten Erzeugnissen und Leistungen
= *Warenproduktion*
± Bestandsveränderungen an Fertigerzeugnissen
= *realisierte Warenproduktion*

Reineinkommen

Eigenleistung

Nettoproduktion

gesellschaftliches Endprodukt

produktive Bruttoinvestitionen + Bestandsveränderungen	Konsumtion im weiteren Sinne
Ersatzinvestitionen + produktive Nettoinvestitionen + Bestandsveränderungen	nichtproduktive Konsumtion

Investitionen

Nettoendprodukt (Verflechtungsbilanz)

Bedürfniskomplexe

* Die Gesamterzeugung umfaßt die zur Warenproduktion gehörenden Erzeugnisse sowie solche, die im eigenen Betrieb weiterverarbeitet bzw. verwendet werden.

Das Schema zeigt zunächst, daß die verschiedenen Ergebnisgrößen voneinander ableitbar und ineinander überführbar sind. Sie lassen Ansatzpunkte sowohl zu ausgewählten Naturalkennziffern als auch zu volkswirtschaftlichen Grundproportionen und zur Analyse der Bedürfniskomplexe erkennen. Daraus ergibt sich zugleich, daß die einzelnen Ergebnisgrößen unterschiedliche Funktionen ausüben.

Schema der Beziehungen zwischen verschiedenen Ergebnisgrößen bei unterschiedlicher Wertzusammensetzung der Produktion

	GM	*HM*	*A*	*L*	*REK*	*BP*	inner-betriebl. Umsatz	*BU*	*EL*	*NP*	*B*
Betrieb A	35	15	5	15	15	85	20	105	50	30	100
Erz. 1	20	8	4	5	8	45	15	60	25	13	60
Erz. 2	10	5	0,6	6	4	25,6	5	30,6	15,6	10	25
Erz. 3	5	2	0,4	4	3	14,4	0	14,4	9,4	7	15
Betrieb B	25	5	4	25	26	85	0	85	60	51	150
Erz. 1	15	3	2	15	16	51	0	51	36	31	90
Erz. 2	8	1,5	1,5	8	8	27	0	27	19	16	45
Erz. 3	2	0,5	0,5	2	2	7	0	7	5	4	15

Wobei:
GM = Grundmaterial;
HM = Hilfsmaterial;
A = Abschreibungen;
REK = Reineinkommen;
BP = Bruttoproduktion;
BU = Bruttoumsatz;
EL = Eigenleistung;
NP = Nettoproduktion;
B = Beschäftigte;
AP/NP = Arbeitsproduktivität auf Basis Nettoproduktion;
L = Lohn.

Relationen zwischen den Ergebnisgrößen
(*BP* = 100)

	BU	*EL*	*NP*
Betrieb A	123,5	58,8	35,3
Erz. 1	133,3	55,6	28,9
Erz. 2	119,5	60,9	39,1
Erz. 3	100	65,3	48,6
Betrieb B	100	70,6	60,0
Erz. 1	100	70,6	60,8
Erz. 2	100	70,4	59,3
Erz. 3	100	71,4	57,1

	Arbeitsproduktivität auf Basis				Steigerung der *AP/NP*		Steigerung der *NP* auf
	BP	*BU*	*EL*	*NP*	absolut	%	
Betrieb A	0,85	1,05	0,50	0,30	0,32	6	32
Erz. 1	0,75	1,00	0,42	0,22	0,23	6,5	14
Erz. 2	1,02	1,22	0,62	0,40	0,418	4,5	10,5
Erz. 3	0,96	0,96	0,63	0,47	0,50	6,4	7,5
Betrieb B	0,57	0,57	0,40	0,34	0,36	6	54
Erz. 1	0,57	0,57	0,40	0,34	0,36	6	32
Erz. 2	0,60	0,60	0,42	0,36	0,37	4	17
Erz. 3	0,47	0,47	0,33	0,27	0,33	22	5

	Steigerung der anderen Ergebnisgrößen auf Grund der Steigerung der Nettoproduktion			Steigerungsraten der verschiedenen Ergebnisgrößen auf %			
	BP	*BU*	*EL*	*BP*	*BU*	*EL*	*NP*
Betrieb A	91	112	53	107,1	106,7	106,0	106,0
Erz. 1	48	65	27	106,7	108,3	108,0	106,5
Erz. 2	28	32	16	109,3	104,6	102,6	104,5
Erz. 3	15	15	10	104,2	104,2	106,4	106,4
Betrieb B	90	90	64	105,9	105,9	106,7	106,0
Erz. 1	53	53	37	103,9	103,9	102,8	106,0
Erz. 2	29	29	21	107,4	107,4	110,5	104,0
Erz. 3	8	8	6	114,3	114,3	120,0	122,0

Anhand dieses schematischen Beispiels lassen sich vor allem folgende Aussagen treffen:

— In Abhängigkeit von der jeweiligen Wertzusammensetzung der Produktion (fonds-, material- oder lohnintensive Erzeugnisse) sind die Relationen zwischen den verschiedenen Ergebnisgrößen sehr unterschiedlich.

— Die Relationen zwischen den verschiedenen Ergebnisgrößen stehen teilweise im Widerspruch zueinander.

— Bei einer bestimmten Steigerung der Nettoproduktivität schlägt sich das daraus folgende Entwicklungstempo der Nettoproduktion nicht in allen anderen Ergebnisgrößen in gleicher Stärke und zum Teil auch nicht in der gleichen Richtung nieder (zum Beispiel: Verhältnis der Bruttoproduktionssteigerung beim Erzeugnis 2 und 3 des Betriebes A sowie Erzeugnis 1 und 2 des Betriebes B).

Hierbei sind die Abweichungen bei den Steigerungsraten der Bruttoproduktion am größten. Es treten aber auch bestimmte Abweichungen bei den Steigerungsraten des Bruttoumsatzes und der Eigenleistung auf. Diese sind hauptsächlich durch besonders gravierende Unterschiede im Anteil einzelner Wertbestandteile (wie des Hilfsmaterials oder der Abschreibungen) bedingt.

Damit wird die Schlußfolgerung bestätigt, daß bei isolierter Anwendung einzelner Ergebnisgrößen Fehleinschätzungen möglich sind. Die Analyse der Unterschiede im Niveau und in der Entwicklung zwischen den verschiedenen Ergebnisgrößen gibt Hinweise auf Unterschiede in der Wertzusammensetzung der Produktion und dahinter stehende Unterschiede im wissenschaftlich-technischen und technologischen Niveau und damit auf Möglichkeiten zur Erschließung von Reserven. Es wurde deutlich, daß der Aussagebereich jeder Ergebnisgröße objektiv bestimmt werden muß.

Die verschiedenen Ergebnisformen lassen sich nach 3 Hauptgruppen klassifizieren.

1. Kennziffern der Gesamtproduktion, die insbesondere die Grundlage für die Sicherung einzuhaltender Proportionen auf den verschiedenen Ebenen bilden sowie Ausgangspunkt für die Bildung der technischen Koeffizienten sind. Dazu gehören insbesondere die Brutto-, Waren- und realisierte Warenproduktion (die angenähert den Beitrag der Betriebe zur Produktion materieller Gebrauchswerte charakterisieren), der Bruttoumsatz oder die Gesamterzeugung (die die Summe der tatsächlich produzierten Gebrauchswerte einschließlich des innerbetrieblichen Umsatzes ausdrücken).

2. Kennziffern, die den neu geschaffenen Wert oder Teile davon

bezeichnen. Dazu gehören vor allem die Nettoproduktion, in gewisser Annäherung die Eigenleistung und das Reineinkommen beziehungsweise der Gewinn.

3. Kennziffern, die das Endprodukt und seine Struktur charakterisieren und eine unmittelbare Brücke zu den Bedürfniskomplexen bilden. Dazu gehören insbesondere das gesellschaftliche Endprodukt und seine Strukturbestandteile, vor allem das Nettoprodukt.

2.1.2. Kennziffern der Gesamtproduktion

Gegenwärtig beruht die Planung und Stimulierung der Effektivität in den Betrieben, Kombinaten, Zweigen und Bereichen überwiegend auf der *Warenproduktion*. Auch für die anderen RGW-Länder ist die Warenproduktion zur Zeit faktisch die durchgehende Berechnungsbasis für den Vergleich der Arbeitsproduktivität.[2]

Obwohl die Warenproduktion im Sinne der Effektivität nicht das tatsächliche Ergebnis widerspiegelt, konnte sie sich bisher behaupten, weil sie eine Reihe von Vorzügen besitzt. Die Warenproduktion bezieht sich auf das Gesamtergebnis des Betriebes. Sie drückt insbesondere dann relativ genau die realen Arbeitsaufwendungen aus, wenn Strukturveränderungen der Produktion, des Sortiments, des Materials, der bezogenen Teile fehlen. Sie reagiert weniger empfindlich als andere Kennziffern auf Unterschiede in den Rentabilitätsraten, ist operativ zu ermitteln und gestattet eine direkte Verbindung zwischen der volkswirtschaftlichen, betrieblichen und innerbetrieblichen Planung und Abrechnung der Ergebnisse. Trotz dieser Vorteile wurde schon wiederholt darauf hingewiesen, daß die Warenproduktion zwar für die Planung der Produktion und die Bilanzierung der Ressourcen von grundlegender Bedeutung ist, daß jedoch die Effektivitätsbeurteilung auf ihrer Basis geradezu falsch orientieren kann.[3] Die Warenproduktion ist vor allem deshalb als Ergebnisgröße für die Effektivität ungeeignet, weil sie den Ersatzfonds an verbrauchten Produktionsmitteln mit enthält und durch Veränderungen in der gesellschaftlichen Arbeitsteilung (zum Beispiel

[2] Vgl. P. Chromov, Vergleichende Charakteristik der Kennziffer Arbeitsproduktivität, in Planovoe chozjajstvo, 3/1973, S. 50ff.

[3] Vgl. Gerhard Richter, Arbeitsproduktivität — Gewinn — Nationaleinkommen, Berlin 1969, S. 43. Richter hat nachgewiesen, welche grundlegende Bedeutung die Unterscheidung zwischen Netto- und Bruttoproduktivität für die Effektivitätsmessung besitzt.

Kooperation und Kombination) Doppelzählungen unterliegt. Diese können im Extremfall zur Manipulierung einer hohen Wachstumsrate der Warenproduktion führen, hinter der aber nur eine Erhöhung der „Produktion für die Produktion" steht. Sie kann ebenfalls fiktiv durch eine Erhöhung des Materialverbrauchs oder der Material- beziehungsweise Rohstoffpreise in die Höhe getrieben werden. Diese Mängel können sich besonders dann sehr negativ auswirken, wenn die Warenproduktion zur Beurteilung der betrieblichen Leistung durch die übergeordneten Organe und als Bezugsbasis der materiellen Stimulierung herangezogen wird. Konsequentes Umsetzen der Anforderungen der allseitigen Intensivierung bedeutet deshalb auch, die betriebliche Leistung nicht mehr unbesehen nur nach der Warenproduktion zu bewerten. Kann sie nicht durch das Nettoprodukt oder die Eigenleistung ergänzt werden, dann muß sie auf jeden Fall von der Wirkung solcher Einflußfaktoren bereinigt werden, die die Leistungen der Betriebskollektive in negativer oder auch positiver Richtung verfälschen können.[4]

Obwohl die Kennziffern der Gesamtproduktion nicht unmittelbar der spezifisch sozialistischen Ergebnisgröße für die Effektivität entsprechen[5], müssen sie ein integrierender Bestandteil jedes Systems der Effektivitätsrechnung sein. Die Effektivitätsrechnung muß sich auf den Gesamtprozeß der Produktion stützen können, der in dieser Hinsicht als ihr *Einflußfaktor* erscheint, die technischen Koeffizienten des Ressourceneinsatzes begründet und unmittelbar mit dem Intensivierungs*prozeß* verbunden ist, dessen Ergebnis sich dann in der Effektivitätssteigerung ausdrückt.[6]

Um verzerrende Aussagen zu vermeiden, müßte jedoch in einem System der Effektivitätsrechnung die Brutto- oder Warenproduktion nach der Betriebsmethode durch den Bruttoumsatz beziehungsweise die Gesamterzeugung ergänzt werden. Der Bruttoumsatz schließt den

[4] Vgl. dazu Siegfried von Känel, Analyse der Entwicklung der Warenproduktion und der Arbeitsproduktivität nach Faktoren, in: Statistische Praxis, 3/1974, S. 126.

[5] Deshalb betont auch Bajbakov, daß mit der verstärkten Aufmerksamkeit gegenüber der Effektivität auch der Analyse der Gesamtproduktion mehr Bedeutung zugemessen werden muß, um den Gesamtprozeß der Reproduktion, insbesondere die Wachstumsverhältnisse von Abteilung I und II, richtig zu untersuchen. Vgl. N. Bajbakov, Die weitere Vervollkommnung der Planung — eine der wichtigsten volkswirtschaftlichen Aufgaben, in: Planovoe chozjajstvo, 3/1974, S. 5.

[6] Deshalb kann den Auffassungen nicht zugestimmt werden, die Gesamtproduktion als Ergebnisgröße anzuwenden. Vgl. G. Ovčinnikov, P. Pavlov, D. Trifonov, Kriterien und Kennziffern der ökonomischen Effektivität der sozialistischen Produktion, in: Voprosy ėkonomiki, 11/1974, S. 113.

innerbetrieblichen Umsatz ein und eliminiert damit die Veränderungen in der Organisationsstruktur der Betriebe und Zweige sowie in der Nomenklatur der Erzeugnisse. Die Unterschiede zwischen Bruttoproduktion und Bruttoumsatz sind oftmals bedeutend. In der UdSSR betrug beispielsweise 1973 das Verhältnis zwischen Bruttoproduktion und Bruttoumsatz in der Industrie insgesamt 1,4, in einzelnen Zweigen zwischen 1—2,5.[7] Eine stärkere Anwendung des Bruttoumsatzes würde zugleich die Aussagekraft der technischen Koeffizienten verbessern.

2.1.3. Kennziffern des neu geschaffenen Wertes

Ausgehend von der Spezifik der produktiven Arbeit im Sozialismus, ist das *Nettoprodukt (beziehungsweise als Aggregat das produzierte Nationaleinkommen)* als Ergebnisgröße der Effektivität unter volkswirtschaftlichen Gesichtspunkten zu betrachten. Im Nettoprodukt kommt wertmäßig der von der lebendigen Arbeit neu geschaffene Wert zum Ausdruck. Gebrauchswertmäßig verkörpern sich darin die für die Verwendung als Akkumulation oder Konsumtion bereitgestellten materiellen Gebrauchswerte. Das Nettoprodukt ist unmittelbarer Ausgangspunkt für die Entwicklung des Nationalreichtums. Es enthält keine Doppelzählungen. Gegenüber der Warenproduktion umfaßt es auch teilweise die Ökonomie an laufender vergegenständlichter Arbeit. Für die Beurteilung der Effektivitätsentwicklung des produktiven Bereichs, der Bereiche, Zweige und Betriebe unter volkswirtschaftlichen Gesichtspunkten ist die Nettoproduktion die eigentliche Ergebnisgröße. Davon geht auch die Mehrzahl der sowjetischen Ökonomen wie beispielsweise Notkin, Baibakow, Tolkačov, Kvaša aus.[8]

Trotz der Eindeutigkeit dieser reproduktionstheoretischen Ausgangspunkte wird die Nettoproduktion bisher vorwiegend als Analysenkennziffer für Effektivitätsrechnungen abgelaufener Zeiträume genutzt.[9] In die Planungspraxis hat sie bisher im wesentlichen als Gesamtgröße

7 Vgl. E. Figurnov/M. Fidler, Bruttoumsatz als Kennziffer des Umfangs der gesellschaftlichen Produktion, in: Planovoe chozjajstvo, 8/1973, S. 128.

8 Deshalb wird von den Organen, die für gesamtvolkswirtschaftliche Entscheidungen verantwortlich sind, immer stärker gefordert, die Nettoproduktion oder bedingte Nettoproduktion breiter auf den verschiedenen Planungsebenen auszunutzen. Vgl. zum Beispiel A. Bačurin, Festigung der Verbindung der Wissenschaft mit der Praxis, in: Ėkonomičeskaja gazeta, 7/1974, S. 11.

9 Vgl. W. Barthel, W. Karbstein, E. Schmidt, Statistik des Nationaleinkommens, Berlin 1971, S. 38.

des produzierten Nationaleinkommens Eingang gefunden. Für die Beurteilung der Effektivitätsentwicklung der Struktureinheiten im Volkswirtschaftsplan konnte sie bisher nicht genutzt werden.[10] Auf allen übrigen Planungsebenen, wie der Bereiche, Zweige, Kombinate und Betriebe, spielte bisher das Nettoprodukt keine Rolle für die Effektivitätsbeurteilung. Dieser Widerspruch zwischen der Abrechnung und Planung des Nettoprodukts nach Wirtschaftseinheiten resultiert aus einer Reihe von Schwierigkeiten bei der Planung und Beurteilung dieser Kennziffer. Dazu gehören vor allem:

1. Es bestehen ungelöste methodologische Fragen. Hauptprobleme sind hierbei die Begründung der Planung des Produktionsverbrauchs durch die Haupteinflußfaktoren, die Verbindung zwischen der Planung der Nettoproduktion im Wertausdruck und den sich dahinter verbergenden materiellen Proportionen seiner Verwendung, um illusionäre Vorstellungen über künftige Entwicklungsmöglichkeiten der Nettoproduktion nicht zuzulassen.

2. Die Nettoproduktion reagiert empfindlicher auf Preis- und Sortimentsveränderungen als die Brutto- oder Warenproduktion. Als Haupteinflußfaktoren für Verzerrungen wirken vor allem:

- Preisveränderungen (im Jahresplan und soweit sie nicht ausreichend vergleichbar gemacht werden können);
- durch die Relationen im gesellschaftlich notwendigen Arbeitsaufwand nicht begründete Unterschiede im Rentabilitätsniveau der Erzeugnisse (verzerren solche Kennziffern wie Gewinn und Nettoproduktion naturgemäß stärker als die Warenproduktion);
- Struktureffekte infolge von Veränderungen im Anteil der Sortimente, ihrer Fonds-, Material- und Arbeitsintensität;
- übrige Faktoren, die nicht auf eigene Leistungen der Betriebe und Kombinate zurückzuführen sind, wie Nichtübereinstimmung der generell bestätigten Preise mit den betrieblichen Bedingungen, spezifische Probleme der Auftragsproduktion, insbesondere des Anlagenbaus und andere.

Einwände gegen die Aussagefähigkeit von Ergebnisgrößen lassen sich berechtigt für *alle* Ergebniskennziffern vorbringen, wie praktische Unter-

[10] Es ist jedoch vorgesehen, im Planungszeitraum 1976 bis 1980 das Nettoprodukt auch nach Verantwortungsbereichen in der volkswirtschaftlichen Gesamtrechnung zu planen. Vgl. Anordnung über die Ordnung der Planung der Volkswirtschaft der DDR 1976 bis 1980, Abschnitt X: Volkswirtschaftliche Gesamtrechnung, in: Gesetzblatt-Sonderdruck, Nr. 775a/1974, S. 201.

suchungen bestätigten.[11] Daraus ergibt sich die Schlußfolgerung, von vornherein verzerrende Einflüsse bei jeder Effektivitätsrechnung zu eliminieren. Erst eine von wesentlichen Verzerrungen bereinigte Ergebnisgröße kann Grundlage dafür sein, den tatsächlichen Beitrag der Betriebe und Kombinate zur volkswirtschaftlichen Effektivitätssteigerung aufzuzeigen. Wenn dadurch mehr Sicherheit über die Aussagekraft der Ergebnisgrößen gewonnen wird, so ist das bereits als ein erstes Resultat der Effektivitätsrechnung einzuschätzen. Ohne eine solche Bereinigung bleibt der Effekt eine nicht eindeutig faßbare Größe, was seine praktische Anwendung hemmt.

3. Gegen die Nettoproduktion wird oft eingewendet, daß dadurch ein Anreiz entstehe, betriebliche Lohnerhöhungen ohne entsprechende Leistungen durchzuführen. Die Gefahr, das Nettoprodukt über volkswirtschaftlich nicht vertretbare Lohnerhöhungen unbegründet auszuweiten, besteht dann nicht, wenn die Planung des Nettoprodukts eng mit den gebrauchswertmäßigen Verwendungsproportionen verbunden wird und die Effektivitätsrechnung dazu benutzt wird, um Restriktionen für die Lohnentwicklung entsprechend den Leistungen der Werktätigen sowie ökonomisch begründete Preisrelationen mit zu begründen.[12] Die verstärkte Anwendung der Nettoproduktion als Ergebnisform schließt folglich zugleich die Notwendigkeit ein, die Planung der Einflußfaktoren der Arbeitsproduktivität sowie der lohnfondsbestimmenden Faktoren zu verstärken.[13]

[11] Vgl. Rudolf Höfert, Probleme der Messung der Ergebnisse der gesellschaftlichen Arbeit, in: Autorenkollektiv, Effektivität in der sozialistischen Volkswirtschaft, Berlin 1975, S. 226.

[12] In dieser Hinsicht müssen auch die polnischen Erfahrungen der zunächst 12 Vereinigungen bzw. Kombinate ausgewertet werden, die ab 1. 1. 1973 nach neuen Prinzipien der Planung und Leitung arbeiten. Ziel ist unter anderem, die Betriebe nach den tatsächlich erreichten Fortschritten in der Effektivität zu beurteilen; die Entlohnung soll direkt von den Ergebnissen der Wirtschaftstätigkeit abhängig sein. Die Leistung des Betriebes für die Volkswirtschaft wird nach der sogenannten Zusatzproduktion gemessen, die dem produzierten Nationaleinkommen für die Volkswirtschaft insgesamt entspricht. Vgl. J. Pajestka, Richtungen der Veränderungen, in: Konturen des Systems der Funktionsweise der nach den neuen Prinzipien der Planung und Leitung arbeitenden Einheiten, Arbeiten des Instituts für Planung, Warschau 1973.

[13] Vgl. Anordnung über die Ordnung der Planung der Volkswirtschaft der DDR 1976 bis 1980, Abschnitt VI: Planung der Arbeitsproduktivität, des gesellschaftlichen Arbeitsvermögens und des Arbeitseinkommens, S. 127, 138; vgl. Siegfried Grosche, Die Bestimmung des Lohnfonds nach Hauptfaktoren der Arbeitsproduktivität, in: Sozialistische Arbeitswissenschaft, 7/1973, S. 537.

4. Die Nettoproduktion läßt sich nicht unmittelbar gebrauchswertmäßig fassen. Auf betrieblicher Ebene kann sie deshalb nicht Grundlage der operativen Produktionsplanung sein. Dadurch wird sie zur Messung des betrieblichen Effekts jedoch nicht ungeeignet. Es geht darum, daß jede Ergebniskennziffer im oben genannten Schema die ihr gemäßen Funktionen erfüllt. Das Nettoprodukt als Kriterium für den Beitrag zur volkswirtschaftlichen Effektivitätssteigerung kann nicht zugleich auch den Gesamtproduktionsprozeß kontrollieren. Dazu sind andere Kennziffern, wie Warenproduktion, Gesamterzeugung oder Kapazität notwendig. Eine Universalergebnisgröße gibt es nicht.

Mit der Einbeziehung der Nettoproduktion in die Planung wird eine Mindestbedingung gestellt, ohne die volkswirtschaftliche Effektivitätsrechnungen im Grunde genommen nicht aussagefähig sind. Durch den objektiven Zwang zur zunehmenden Intensivierung des Reproduktionsprozesses gewinnt die Ergänzung der Planung der Warenproduktion durch die Nettoproduktion noch an Bedeutung. Ohne sie können Stand und Fortschritte bei der Intensivierung nicht eingeschätzt werden. Mit der Planung der Nettoproduktion auch nach Verantwortungsbereichen werden zugleich Forderungen an die weitere Vervollkommnung der Planung volkswirtschaftlicher Grundproportionen gestellt. Es geht hierbei darum, die wertmäßige Planung der Nettoproduktion durch die Bilanzierung ihres physischen Volumens nach dem Verwendungszweck zu ergänzen. Diese Einheit von gebrauchswert- und wertmäßiger Planung der Nettoproduktion ist eine grundlegende Voraussetzung für die annähernde Realität der geplanten Nettoproduktion und damit auch der volkswirtschaftlichen Effektivitätsrechnung.

Insgesamt zeigte sich, daß die Einwände gegen die Nettoproduktion als Maßstab für den Beitrag der Betriebe, Zweige und Bereiche zum volkswirtschaftlichen Ergebnis nicht grundlegender theoretischer Natur sind, sondern sich im wesentlichen aus gegenwärtigen Unvollkommenheiten der Effektivitätsrechnung ergeben. Sie sind deshalb schrittweise lösbar. Das bestätigen auch die in der UdSSR und anderen RGW-Ländern durchgeführten Experimente zur durchgängigen Anwendung der Nettoproduktion.

In der UdSSR wurde bei der Ausarbeitung des Fünfjahrplanes 1971 bis 1975 bestätigt, daß auf volkswirtschaftlicher und zweiglicher Ebene die Nettoproduktion ohne größere Probleme berechnet werden kann. Methodologische Schwierigkeiten zeigten sich insbesondere bei der Berechnung und Planung des Nettoprodukts in Betrieben und Vereinigungen. Die 1969—1971 in 106 Industriebetrieben verschiedener Zweige durchgeführten Experimente bestätigten zwar prinzipiell die Möglichkeit, das Nettoprodukt für die Bewertung der Tätigkeit eines Betriebes zu verwenden. Sie zeigten jedoch zugleich noch viele Unzulänglichkeiten — insbesondere fehlten stimulierende Konsequenzen —, die begründete Schlußfolgerungen über die Möglichkeit einer breiten Anwendung in Betrieben nicht zuließen.

Das 1973—1980 laufende Experiment auf der Grundlage der *normativen* Nettoproduktion[14] hat den Vorteil, daß es einfach ist, Bedingungen für eine hohe Genauigkeit und Operativität schafft und keine wesentlichen Veränderungen des Systems der Planung und Abrechnung erfordert. Die Experimente zeigten, daß die Messung der Arbeitsproduktivität auf Basis der normativen Nettoproduktion genauer als auf Basis der Warenproduktion und eine ausreichend objektive Basis für die Bewertung der Planerfüllung ist.[15]

Zu den noch zu lösenden Fragen gehören insbesondere die Berücksichtigung von Veränderungen in der Materialintensität der Erzeugnisse[16], der Einfluß von Struktureffekten infolge unterschiedlicher Anteile der Nettoproduktion an den Großhandelspreisen, die hierbei erneut auftretende Notwendigkeit der Vervollkommnung der Preisbildung sowie die tatsächliche Bewertung und Stimulierung der Experimentierbetriebe an der Nettoproduktion als Hauptkennziffer.[17]

Infolge der genannten Probleme wird die Planungspraxis nur schrittweise zur breiteren Anwendung des Nettoprodukts übergehen können.

14 Vgl. G. Vlasenkov, G. Kiperman, Auf der Basis des Nettoprodukts, in: Ėkonomičeskaja gazeta, 7/1973, S. 13. Hierbei wird das Nettoprodukt nach stabilen Normativen berechnet, indem von den geltenden Großhandelspreisen die Basis-Materialaufwendungen abgesetzt werden.

15 So sind z. B. die Unterschiede im Niveau der Arbeitsproduktivität verschiedener Werke des gleichen Zweiges wesentlich niedriger als bei der Arbeitsproduktivität auf der Basis Warenproduktion (z. B. verringerte sich dieses Verhältnis im Bereich des Ministeriums für Chemieausrüstungen von 1:4 auf 1:2). Auch die Schwankungen in der Dynamik der Arbeitsproduktivität zwischen den Betrieben waren geringer. Vgl. P. Krylov, G. Kiperman, Auf der Basis der Nettoproduktion. Erste Ergebnisse eines Experiments, in: Ėkonomičeskaja gazeta, 2/1974, S. 11; P. Krylov, G. Kiperman, Über die Kennziffer Nettoproduktion, in: Ėkonomičeskaja gazeta, 7/1975, S. 10.

16 Das bedeutet, daß auch auf die tatsächliche Nettoproduktion nicht verzichtet werden kann. Wenn sich die Großhandelspreise nicht veränderten, dann ist der Unterschied zwischen normativer Nettoproduktion und abgerechneter Nettoproduktion die Summe der Materialeinsparungen.

17 Vgl. Auf der Grundlage der Nettoproduktion, in: Ėkonomičeskaja gazeta, 5/1974, S. 21; G. Travotorov, Nettoproduktion im Spiegel des Experiments, in: Ėkonomičeskaja gazeta, 19/1974, S. 13/14.

Das schließt die Notwendigkeit ein, eine gewisse Zeitlang Waren- und Nettoproduktion parallel als Bezugsbasen zur volkswirtschaftlichen Effektivitätsrechnung auszunutzen. Ein wichtiger Schritt ist auch die Ausnutzung der Eigenleistung.[18] Wenn auch die Eigenleistung durch unterschiedliche Anteile und Dynamik von Hilfsmaterial und Abschreibungen verzerrt werden kann, ist ihre Anwendung auf jeden Fall ein Fortschritt. Aus ihren Unzulänglichkeiten folgt zugleich, daß an der Schaffung der Voraussetzungen für die breitere Nutzung der Nettoproduktion in der Planungspraxis der DDR systematisch weitergearbeitet werden muß.

Das Bestreben, durch breitere Anwendung der Nettoproduktion zu einer objektivierten Leistungsbeurteilung der Betriebe zu kommen, *bedeutet nicht, die Ergebnisgrößen des Gewinns oder Nettogewinns durch das Nettoprodukt abzulösen.* Der Gewinn kann zur Zeit nur mit großen Einschränkungen ein Maßstab für die Effektivitätsentwicklung im Betrieb sein. Diese Einschränkungen zeigen sich vor allem in Folgendem:

— Eine Zunahme des Gewinns resultiert nicht nur aus der Selbstkostensenkung, sondern zugleich aus der Zunahme des Produktionsvolumens und aus Sortimentsveränderungen. Als betriebliche Effektivitätssteigerung kann hierbei nur der Gewinn aus Selbstkostensenkung bewertet werden. Das gilt für die Auswirkungen von Sortimentsveränderungen dann, wenn sie sich aus veränderten gesellschaftlichen Bedarfsforde.ungen ergeben.

— Mit der Selbstkostensenkung wird nur ein Teil der Einsparungen an gesellschaftlicher Arbeit erfaßt, wodurch sich Einschränkungen für die Anwendung und Verbreitung des technischen Fortschritts ergeben.[19] Da nur die „bezahlte Kost" berücksichtigt wird, würde sich die alleinige Anwendung dieses Kriteriums, insbesondere bei Maßnahmen zur Verbesserung der Arbeits- und Lebensbedingungen, des Umweltschutzes, hemmend erweisen.

— Die volkswirtschaftlichen Effektivitätsforderungen an den Ressourceneinsatz in den Betrieben können, ausgehend von den Anforderungen einer volkswirtschaftlich effektiven Kombination der verfügbaren Ressourcen, zur Zeit nicht für längerfristige Zeiträume begrün-

[18] Vgl. Anordnung über die Ordnung der Planung der Volkswirtschaft der DDR 1976 bis 1980, Abschnitt II: Planung der Effektivität der gesellschaftlichen Produktion, in: Gesetzblatt-Sonderdruck, Nr. 775a/1974, S. 73. Auch in der UdSSR wird im Bauwesen die Kennziffer „bedingte Nettoproduktion" erprobt. Vgl. A. Kilinkarov, Auf der Basis der Planung der „Nettoproduktion", in: Ėkonomičeskaja gazeta, 20/1973, S. 9.

[19] Vgl. Karl Marx, Das Kapital, Erster Band, in: MEW, Bd. 23, Berlin 1962, S. 414.

det vorgegeben werden. Das hängt damit zusammen, daß die Vorstellungen zum Kennziffernsystem der Effektivität gegenwärtig noch nicht so ausgereift sind, daß sie in Verbindung mit den Bedarfs- und Proportionalitätsforderungen bereits als zusammenfassender Bewertungsmaßstab der Entscheidungsfindung über die volkswirtschaftlich rationelle Ressourcenverteilung dienen können. Isolierte Berechnungen für den Einsatz einzelner Ressourcen führen hier nicht weiter. Es geht um die bessere Beherrschung der Komplexität beim Ressourceneinsatz.

Weitere Vervollkommnungen der volkswirtschaftlichen Effektivitätsrechnung sind eine wichtige Grundlage dafür, begründete gesellschaftliche Mindestforderungen an den Einsatz zusätzlicher Ressourcen in den Betrieben zu stellen. In Verbindung mit solchen langfristig relativ stabilen volkswirtschaftlich bilanzierten Mindesteffektivitätsforderungen könnte auch der Nettogewinn echte Funktionen bei der Beurteilung der betrieblichen Leistung für die Volkswirtschaft erfüllen. Das wird auch durch sowjetische Erfahrungen bestätigt. So weist Ivančenko nach, daß die Vorschläge von Lvov und Vaag, den Nettogewinn als Optimalitätskriterium auf der Grundlage der reduzierten Aufwendungen zu verwenden, beim Variantenvergleich zu volkswirtschaftlich uneffektiven Lösungen führen.[20] Dies resultiert vor allem daraus, daß nicht alle Ressourcen in die Betrachtung einbezogen wurden und der Reduktionskoeffizient aus der isolierten Nutzensbetrachtung nur einer Ressource abgeleitet wurde.

Solange diese grundlegenden Fragen nicht bis zur praktischen Anwendung gelöst sind, kann die Rentabilität als lokales Kriterium der Effektivität nur mit großen Einschränkungen realisiert werden. Die lokale Effektivität muß prinzipiell in der Grundrichtung der volkswirtschaftlichen Effektivität entsprechen.[21] Eine komplexe volkswirtschaftliche Effektivitätsrechnung gehört somit zu den Voraussetzungen für die wirksame Ausnutzung der Rentabilität als Effektivitätskriterium.

2.1.4. Kennziffern des Endprodukts

Das gesellschaftliche Endprodukt entspricht der materiell-technischen Ergebnisform der Produktion unter Ausschaltung der Zwischenpro-

[20] Vgl. V. Ivančenko, Über die Kriterien der Effektivität unter den Bedingungen der wissenschaftlich-technischen Revolution, in: Planovoe chozjajstvo, 4/1972, S. 65. Das wird auch von den Vertretern der Rentabilität als lokales Effektivitätskriterium anerkannt.

[21] Vgl. zum Beispiel S. Atlas, Über Gewinn und Rentabilität als Kriterien der Effektivität der Produktion, in: Planovoe chozjajstvo 4/1973, S. 103.

dukte. Da es stofflich aus Arbeits- und Konsumtionsmitteln sowie zum geringen Teil aus Arbeitsgegenständen und wertmäßig aus dem Nationaleinkommen plus den Amortisationen besteht, erlaubt es wesentlich bessere Aussagen über das volkswirtschaftliche Ergebnis als das Gesamtprodukt (insbesondere im internationalen Vergleich). Das gilt vor allem für die Analyse und Planung volkswirtschaftlicher Grundproportionen.

Das gesellschaftliche Endprodukt bildet die *Brücke* zwischen dem produzierten Nationaleinkommen als materieller Voraussetzung und seinem tatsächlichen Beitrag zur gesellschaftlichen Bedürfnisbefriedigung. In der Verbindung zwischen dem Nationaleinkommen und dem gesellschaftlichen Endprodukt treffen sich unmittelbar die Maßstäbe der Effektivität und der Proportionalität. Das Endprodukt ist deshalb ein wichtiges Mittel, um die aus den Bedarfsforderungen resultierenden Anforderungen an die dazu notwendigen Proportionen in Forderungen an die Effektivitätsentwicklung umzusetzen. Zugleich ist es umgekehrt das Zwischenglied, über das vorausgeschätzte Möglichkeiten der zukünftigen Effektivitätsentwicklung mit den dazu erforderlichen Voraussetzungen bilanziert und mit den Vorstellungen über die zukünftige Bedürfnisentwicklung und ihre Struktur verglichen werden können.[22] Die Möglichkeit einer Verbindung zwischen Endprodukt und Nationaleinkommen mit Hilfe der Verflechtungsbilanz hat Ogrodowicz grundsätzlich nachgewiesen.[23] Dabei muß ausdrücklich betont werden, daß sowohl das Nationaleinkommen als auch das Endprodukt ihre Funktion nur im System der genannten Wechselbeziehungen erfüllen können. Es geht deshalb im Grunde auch nicht um ein entweder — oder einer der beiden Ergebnisgrößen, sondern um ihre wechselseitige Verbindung. Für das praktische Herangehen hat das gesellschaftliche Endprodukt den Vorteil, daß

— die Aufwendungen für die Grundfondserweiterung in ihrer einheitlichen Gestalt als Bruttoinvestitionen (und nicht nur als produktive Akkumulation) mit dem Produktionsergebnis in Beziehung gebracht werden können (Erfassung des Fondskreislaufs),

— der Anschluß an die volkswirtschaftlichen Grundproportionen über die Verflechtungsbilanz direkt möglich ist.

Zugleich hat es jedoch den entscheidenden Nachteil, daß es in der

22 Den Weg dazu hat erstmals Knobloch aufgezeigt. Vgl. Gerd Knobloch, Probleme der Entwicklung von Bedürfnissen und volkswirtschaftlichen Grundproportionen im Sozialismus, in: Wirtschaftswissenschaft, 8/1972, S. 1135.

23 Vgl. G. Ogrodowicz, Matrizengleichungen zur Analyse von Verflechtungsbilanzen, in: Statistische Praxis, 1/1968, S. 47.

Bereichs- und Zweigstruktur nur durch das Finalprodukt untersetzt werden kann, das aber keinerlei Effektivitätsaussage zuläßt.[24] Das bedeutet, daß aus *Zweckmäßigkeitsgründen* für die Volkswirtschaft insgesamt *neben* dem Nationaleinkommen auch das Endprodukt als Ergebnisgröße herangezogen werden kann. Ein solches Herangehen würde sich insbesondere dann der tatsächlichen Effektivitätsentwicklung weitgehend annähern, wenn die intensiv einfache Reproduktion der Grundfonds überwiegt.

Das gesellschaftliche Endprodukt kann aber das Nationaleinkommen nicht ersetzen, weil die Effektivitätsrechnung für die Volkswirtschaft letzten Endes nur in Verbindung mit den Ergebnisgrößen der Bereiche und Zweige vorgenommen und beurteilt werden kann. Eine einsektorale Rechnung kann immer nur ein erster — nicht ausreichender — Schritt bzw. eine Ergänzung unter spezifischen Aspekten sein. Deshalb kann auch der Auffassung von Kaz und Vichljajev nicht zugestimmt werden, daß das gesellschaftliche Endprodukt als eigentliche Ergebnisgröße anzusehen sei, weil sich in ihm das Endziel der sozialistischen Produktion und die Gesamtheit der materiellen Interessen der sozialistischen Gesellschaft zeigen.[25] Vichljajev begründet das mit dem zunehmenden Anteil der Amortisationen an den Bruttoinvestitionen. Ihm ist darin zuzustimmen, daß sich aus der zunehmenden Bedeutung der intensiv einfachen Reproduktion Konsequenzen für die Effektivitätsrechnung ergeben. Hierbei entsteht jedoch die Frage, ob es politökonomisch begründet ist, diese Konsequenzen primär in der Ergebnisform zu suchen. Es handelt sich um Umverteilungsprozesse des Ersatzfonds zugunsten der Erweiterung.[26] Deshalb liegt es nahe, diese Konsequenzen primär

[24] Das Endprodukt nach Zweigen weicht zum Teil sehr erheblich vom Nettoprodukt ab. So ist beispielsweise in der UdSSR das Nettoprodukt in der Eisenmetallurgie 3- bis 4mal höher als das Endprodukt, während andererseits in der Textilindustrie das Endprodukt das Nettoprodukt um das 5fache übertrifft. Vgl. T. S. Chačaturov, Probleme der Effektivität der gesellschaftlichen Produktion, in: Theoretische und methodologische Probleme der Erhöhung der Effektivität der sozialistischen gesellschaftlichen Produktion, Thesen der sowjetischen Teilnehmer an der internationalen Konferenz zu Problemen der Effektivität der Akademie der Wissenschaften der UdSSR, Moskau 1974, S. 2ff.

[25] Vgl. A. V. Vichljaev, Rost ėffektivnosti proizvodstva i izmenenie proporcij, Moskva 1973, S. 24ff.

[26] Im Lehrbuch Politische Ökonomie, Bd. 4, wird die Verwendung des Ersatzfonds für Erweiterung nicht als Umverteilung, sondern als Erhöhung des Mehrprodukts bezeichnet. „Mit der Steigerung der Arbeitsproduktivität werden die stofflichen Elemente des Ersatzfonds mit weniger Arbeit als früher reproduziert. Das erhöht letzten Endes

bei den *Aufwendungen* zu berücksichtigen, das heißt, von den Bruttoinvestitionen auszugehen. Auf diese Weise kann auch ohne weiteres mit beachtet werden, daß nur ein (sich verändernder) Teil der Amortisationen mit Erweiterungseffekten verbunden ist.

Insgesamt geht es darum, dem gesellschaftlichen Endprodukt als Bindeglied zwischen Effektivität, Proportionalität und Bedarfsdeckung in Theorie und Praxis mehr Aufmerksamkeit zu schenken, ohne es dabei zur allumfassenden Ergebnisgröße zu erheben.

Verschiedentlich wird die Auffassung vertreten, nicht das gesamte gesellschaftliche Endprodukt, sondern einige seiner Bestandteile, wie die *Konsumtion* oder das *Nettoendprodukt* — was im Grunde auf das gleiche hinausläuft —[27] als gesellschaftliche Ergebnisgröße beziehungsweise als Optimalitätskriterium anzuwenden. Wie noch zu zeigen sein wird[28], handelt es sich hierbei um Teilkriterien.

Der Vergleich der angenäherten Entwicklungstempi ausgewählter Ergebniskennziffern (vgl. Abbildung 4) zeigt, daß sich je nach Wahl der Ergebnisgröße unterschiedliche Aussagen über das Tempo und teilweise auch die Entwicklungsrichtung der Effekte ergeben würden. Er bestätigt die Notwendigkeit der Auswahl einer objektivierten Ergebnisgröße. Hervorzuheben sind die relativ kontinuierliche Entwicklung des Nationaleinkommens und das insbesondere seit Anfang der 60er Jahre verhältnismäßig stabile Verhältnis zwischen Nationaleinkommen und Nationalreichtum. Demgegenüber zeigt sich vor allem bei der Entwicklung des Reineinkommens und der Konsumtion im weiteren Sinne, daß sie als Teilergebnisse zusätzlichen Einflüssen unterliegen, die einen spezifischen Entwicklungsverlauf bedingen. Der Vergleich bestätigt somit die bereits getroffene theoretische Begründung, daß diese beiden Kennziffern nicht als Gesamtergebnisgröße der sozialistischen materiellen Produktion beurteilt werden können.

das Mehrprodukt der Gesellschaft" (Politische Ökonomie, Bd. 4, Die sozialistische Reproduktion. Das Hinüberwachsen des Sozialismus in den Kommunismus. Die Gesetzmäßigkeiten der Entwicklung des sozialistischen Weltwirtschaftssystems. Berlin 1974, S. 74). Dieser Einschätzung liegt ein Trugschluß zugrunde. Da der Wert der Elemente des Ersatzfonds stets durch den *Reproduktionswert* bestimmt wird, handelt es sich bei Wertsenkungen tatsächlich um eine Umverteilung, da in diesem Fall mehr Wert realisiert als produziert wurde.

27 Das Nettoendprodukt umfaßt das gesellschaftliche Endprodukt minus Investitionen im produktiven Bereich, d. h. Konsumtion im weiteren Sinne plus Bestandsveränderungen und Außenhandelssaldo.

28 Vgl. S. 199 der vorliegenden Arbeit.

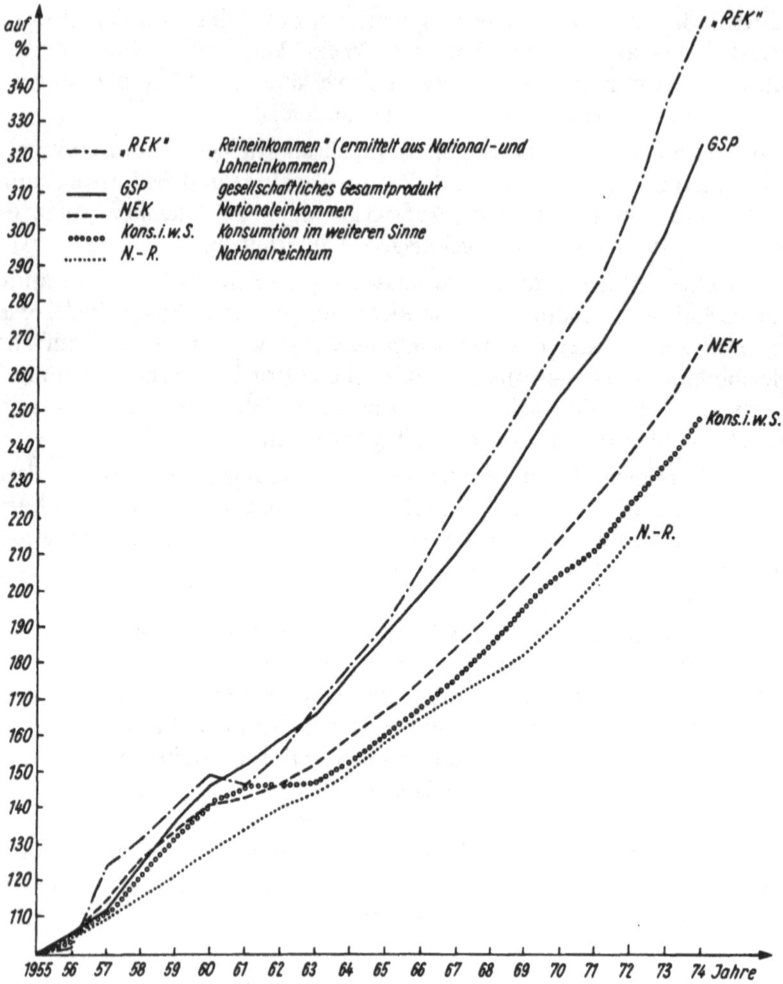

Abb. 4:

Entwicklung ausgewählter Ergebnisgrößen (Gesamtprodukt, Nationaleinkommen, Reineinkommen, Konsumtion im weiteren Sinne, Nationalreichtum) von 1955—1973 in der Volkswirtschaft der DDR

Quelle: Berechnet auf Grund von Angaben im Statistischen Jahrbuch der DDR 1974, Berlin 1974, S. 17, 41, 45; Statistisches Jahrbuch der DDR 1969, 1970, 1971, 1972 — jeweils S. 41; Statistisches Jahrbuch der DDR 1968, S. 42; Statistisches Taschenbuch der DDR 1975, Berlin 1975, S. 23, 25, 27, 34, 123; H.-D. Haustein, Messung der volkswirtschaftlichen Intensivierung — Zur Methodologie —, Berlin 1975 (Forschungsberichte des Zentralinstituts für Wirtschaftswissenschaften der AdW der DDR, Nr. 17).

2.2. *Zur Berücksichtigung gesellschaftlicher Aufwendungen in der Effektivitätsrechnung*

2.2.1. Die Ressourcen in der Aufwandsmessung

Neben der Auswahl der ökonomisch begründeten Ergebnisgröße hängt die Aussagekraft der Effektivitätsrechnung davon ab, daß die Aufwendungen voll und vergleichbar erfaßt werden. Bei der Vielzahl der Formen, in denen die gesellschaftlichen Aufwendungen auftreten, kommt es darauf an, sie auf die grundlegenden Beziehungen zurückzuführen. Auf diese Weise kann gesichert werden, daß keine Mehrfachzählungen einzelner Aufwandsarten auftreten.

Ausgehend von der Stellung im Reproduktionsprozeß, lassen sich für einen gegebenen Zeitraum die Aufwendungen auf 2 Grundformen zurückführen, den Einsatz von Ressourcen und die laufenden Aufwendungen.

Der Einsatz von Ressourcen, das heißt von Produktionsmitteln (einschließlich der Erde — „locus standi" — und anderer natürlicher Bedingungen) und Arbeitskräften könnte isoliert betrachtet, zu den technischen Bedingungen der Produktion gezählt werden und wäre damit kein Gegenstand der Effektivitätsrechnung. Eine solche Auffassung würde jedoch den Einfluß der jeweiligen Produktionsverhältnisse auf die Reproduktion der Ressourcen negieren. Damit könnte das spezifische „*Wie*" der Ressourcenentwicklung und ihrer Ausnutzung unter sozialistischen Produktionsverhältnissen nicht berücksichtigt werden. Die Ressourcenproblematik ist eine sozialökonomische und keine rein technische Frage. Zu dieser Auffassung kommt auch Kotow bei der Untersuchung der Anwendbarkeit der Produktionsfunktionen in der sozialistischen Wirtschaft. „Ausgehend davon, wurde selbst von einer Reihe bürgerlicher Ökonomen hervorgehoben, daß sich die Produktionsfunktion auf die Technologie der Produktion bezieht und ihre Aufstellung ein ingenieur-technisches Herangehen erfordert. Ohne die Notwendigkeit des „ingenieur-technischen Herangehens" in irgendeiner Weise verneinen zu wollen — besonders bei der Aufstellung konkreter Funktionen auf Mikroebene — muß festgestellt werden, daß sowohl das Aufstellen als auch die Analyse der Produktionsfunktion — besonders auf der Ebene der Volkswirtschaft, des Zweiges, des Betriebs — die Angelegenheit des Ökonomen ist."[29]

[29] I. W. Kotow, Mathematische Methoden in der Ökonomie und politische Ökonomie des Sozialismus, Berlin 1974, S. 63.

Die Ressourcen werden anhand ihrer *Reproduktionsaufwendungen* ökonomisch umfassend beurteilt. In die Effektivitätsrechnung gehen sie in Form

— des Fondsvorschusses,
— der Aufwendungen für die erweiterte Reproduktion der Ressourcen aus dem Nationaleinkommen[30] (beziehungsweise Endprodukt)

ein. Damit werden sowohl Beziehungen zu den Faktoren der Intensivierung als auch zur Dynamik des Nationaleinkommens hergestellt. Die in den verschiedenen Stadien des Reproduktionsprozesses eingesetzten Ressourcen können auf Grund ihrer Gemeinsamkeiten auf die beiden grundlegenden Produktionselemente Arbeitskraft und Produktionsmittel zurückgeführt werden. Das bedeutet zugleich, daß es nicht darum geht, für die neuen Prozesse der wissenschaftlich-technischen Revolution neue Aufwandsarten einzuführen, sondern diese neuen Aufwendungen auf die Grundelemente des Reproduktionsprozesses zurückzuführen. Nur dadurch kann sich ein widerspruchsfreies Bild der Aufwendungen in verschiedenen Stadien des Gesamtprozesses ergeben. Zugleich muß jedoch berücksichtigt werden, daß zur Begründung effektiver Proportionen zwischen den verschiedenen Stadien sowie zur Begründung der konkreten Reproduktionsaufwendungen für die Ressourcen weitere Untersuchungen notwendig sind, deren Ergebnisse unmittelbare Voraussetzungen für eine qualitative Verbesserung der Effektivitätsrechnung liefern. Dazu gehören insbesondere die Untersuchungen zum Forschungsfonds[31] und zum Bildungsfonds für die Beschäftigten in der materiellen Produktion.[32] Mit diesen Untersuchungen werden vor allem wertvolle Erkenntnisse über qualitativ neue Züge des *Intensivierungsprozesses* gewonnen. Es würde jedoch die Unterschiede zwischen Intensivierungsprozeß und Effektivitätssteigerung als dessen *Resultat* verwischen, wenn daraus unmittelbare Konsequenzen für die Effektivitätsentwicklung, wie zum Beispiel in Form eines „Systems der Fondsökonomie“, gezogen würden.

2.2.2. Die Messung der laufenden Aufwendungen

Als Kategorie des Wertbildungsprozesses umfassen die laufenden Aufwendungen den Aufwand lebendiger Arbeit und den durch diese über-

[30] Vgl. dazu S. 193 der vorliegenden Arbeit.

[31] Vgl. Wolfgang Marschall, Christa Zurawski, Zur Rolle der Forschungsfonds im Prozeß der sozialistischen Akkumulation, in: Wirtschaftswissenschaft, 8/1971, S. 1177.

[32] Vgl. Udo Ludwig, Harry Maier, Jürgen Wahse, Bildung als ökonomische Potenz, Berlin 1972, S. 228.

tragenen Wert der Produktionsmittel. Dabei ist es für die Effektivitätsbeurteilung wichtig, sowohl die gesamte „gesellschaftliche Kost“ als auch die Selbstkosten zu kennen. In der Aufwandssenkung pro Produkt schlägt sich letzten Endes nieder, ob die Ressourcen rationell genug ausgenutzt wurden und die Steigerung der Arbeitsproduktivität zur Einsparung gesellschaftlicher Arbeit pro Produkt führte. Jede Effektivitätssteigerung muß in der Regel mit einer Senkung der Selbstkosten sowie auch der „gesellschaftlichen Kost“ pro Produkt verbunden sein. Das bedeutet, daß die „reduzierten Aufwendungen“[33] pro Produkt sinken müssen, unabhängig davon, wie sich die Beziehungen zwischen der Entwicklung von laufenden Aufwendungen und Aufwendungen für die Bereitstellung von Ressourcen gestalten. Die „reduzierten Aufwendungen“ sind im Grunde genommen Erscheinungsform der „gesellschaftlichen Kost“. Hierfür müssen die „reduzierten Aufwendungen“ jedoch weiter gefaßt werden, als das in der Nutzeffektsberechnung für Investitionen üblich ist. Die Anwendung der Reduktionsformel für Investitionen birgt eine Reihe von Fehlermöglichkeiten bei der Beurteilung und Auswahl von Investitionsvarianten nach volkswirtschaftlichen Kriterien in sich. Dazu gehören:

1. Die Reduktionsformel berücksichtigt nur das Verhältnis von Investitionen und Selbstkosten. Infolgedessen ergeben sich Teilaussagen, die insgesamt falsch orientieren können. Chačaturov schreibt[34], daß bei zukünftig wachsender absoluter Effektivität die Akkumulation schneller wachsen kann, weshalb der normative Nutzkoeffizient der Investitionen auf 0,1 oder sogar 0,08 sinken könne. Hieran wird deutlich, daß allein bei Berücksichtigung der Investitionen Nachteile für die Gesellschaft entstehen würden. Es genügt ja in der Wirklichkeit nicht, daß die reduzierten Aufwendungen die Investitionsforderungen decken. Sie müssen auch die wachsenden Anforderungen von seiten der Konsumtion im weiteren Sinne mit berücksichtigen.

2. Die Vergleichbarkeit von laufenden und einmaligen Aufwendungen hängt wesentlich mit davon ab, inwieweit der Reduktionskoeffizient aus den Effektivitätsforderungen an die Gesamtheit der Ressourcen abgeleitet ist. Unter Bedingungen, bei denen der Koeffizient allein aus der Entwicklung von Selbstkosten und Investitionen begründet wird, sind laufende und einmalige Aufwendungen nicht vergleichbar. Ivan-

[33] Der Begriff der „reduzierten Aufwendungen“ wurde aus der Nutzeffektsberechnung für Investitionen übernommen, weil er sich bereits fest eingebürgert hat.

[34] Vgl. T. Chačaturov, Vervollkommnung der Methoden der Bestimmung der Effektivität der Investitionen, in: Voprosy ėkonomiki, 3/1973, S. 32ff.

čenko wendet sich deshalb mit Recht dagegen, daß unter den gegenwärtigen Bedingungen um einen sehr geringen Teil niedrigere reduzierte Aufwendungen mit doppelt hohen Investitionen erkauft werden können.[35] Eine solche Lösung würde den volkswirtschaftlichen Interessen widersprechen.

3. Bei der gegenwärtigen Bestimmung des Reduktionskoeffizienten für Investitionen bestehen Widersprüche zwischen der Entwicklung der reduzierten Aufwendungen und des Nettogewinns. Durch Unterschiede in den Anteilen laufender und einmaliger Aufwendungen können die tatsächlichen Effektivitätsrelationen verzerrt werden.
Insgesamt können die „reduzierten" Aufwendungen nach der Nutzeffektsrechnung für Investitionen kein entsprechender Ausdruck für die „gesellschaftliche Kost" sein, zumal der Reduktionskoeffizient aus dem Teilkriterium des Investitionskoeffizienten abgeleitet ist und die Proportionalitätsbedingungen zur Vorbereitung der Arbeitskraft nicht berücksichtigt.

Diese und weitere ungelöste und zum Teil den volkswirtschaftlichen Interessen widersprechende Fragen der Vergleichbarkeit einmaliger und laufender Aufwendungen bestätigen die bereits weiter oben begründete Notwendigkeit, die Basis der Reduktion zu *erweitern.* Zusammenfassend geht es dabei vor allem um folgende Fragen:

1. Entsprechend den vorausgeschätzten und volkswirtschaftlich in etwa eingeordneten Reproduktionserfordernissen der qualitativen und quantitativen Entwicklung des gesellschaftlichen Arbeitsvermögens und der Produktionsfonds müßten bei der Bestimmung der Reduktionskoeffizienten beide Grundelemente des Reproduktionsprozesses einbezogen werden. Erst dadurch kann gesichert werden, daß sich die „reduzierten" Aufwendungen der tatsächlichen „gesellschaftlichen Kost" annähern.[36]

2. Voraussetzung für die Erweiterung der zu reduzierenden Ressourcen ist die Lösung des Problems der komplexen Effektivitätsrechnung für die Ressourcen. Nur auf diese Weise können ökonomisch begründete Reduktionskoeffizienten abgeleitet werden. Dabei spielt —

[35] Vgl. I. Ivančenko, Über die Kriterien der Effektivität unter den Bedingungen der wissenschaftlich-technischen Revolution, in: Planovoe chozjajstvo, 4/1972, S. 67ff.

[36] Diese Forderung wird auch von sowjetischen Ökonomen erhoben. So fordert zum Beispiel Borosdin die weitere Vervollkommnung der reduzierten Aufwendungen durch Einbeziehung der lebendigen Arbeit und der Rente über den Fondsvorschuß hinaus. Vgl. Ju. Borosdin, Volkswirtschaftliche Effektivität und Preisbildung, in: Planovoe chozjajstvo, 1/1973, S. 65.

wie bereits gezeigt – die Verbindung zwischen Reproduktionsaufwendungen und Effektivität eine große Rolle.

3. Mit Hilfe der um die Reproduktionsaufwendungen des gesellschaftlichen Arbeitsvermögens erweiterten reduzierten Aufwendungen wird es vom Ansatz her grundsätzlich möglich, die Effektivitätsentwicklung des Arbeits- und Wertbildungsprozesses als Einheit zu betrachten. In diesen „erweiterten reduzierten Aufwendungen" pro Produktionseinheit wird dabei letzten Endes die „gesellschaftliche Kost" ausgedrückt.

4. Die vollen gesellschaftlichen Aufwendungen bilden eine objektiv begründete Basis für die sozialistische Wertmodifikation. Der auf dieser Grundlage gebildete Preis würde als Stimulus für die Einsparung gesellschaftlicher Gesamtarbeit wirken.

Zusammenfassend muß betont werden, daß die Vervollkommnung der Aufwandsmessung mit zu den Hauptproblemen der Weiterentwicklung der volkswirtschaftlichen Effektivitätsrechnung im Sozialismus gehört. Wesentliche Voraussetzungen für die Erfassung der „vollen" gesellschaftlichen Aufwendungen müssen durch die komplexe Effektivitätsbeurteilung des Ressourceneinsatzes geschaffen werden. Darauf soll im folgenden Punkt näher eingegangen werden.

2.3. *Zu verschiedenen theoretischen Konzeptionen der volkswirtschaftlichen Effektivitätsmessung*

Die Aufgaben zur vertieften Intensivierung des volkswirtschaftlichen Reproduktionsprozesses stellen an die Messung und Planung der Effektivität höhere Anforderungen. Mit der Messung der Effektivität muß beurteilt werden, in welchem Maße die Anstrengungen zur Intensivierung bereits Ergebnisse zeitigten, in welcher Etappe der Intensivierung sich die Volkswirtschaft oder der Zweig befinden und welche Ansätze für die Erschließung von Effektivitätsreserven bestehen. Zugleich muß die Verstärkung der Effektivitäts*planung* dazu beitragen, von vornherein bei der materiellen Bilanzierung die notwendige kontinuierliche Effektivitätssteigerung und die dazu erforderlichen Voraussetzungen zu berücksichtigen.

Bei der Arbeit an den methodischen Grundlagen für die Effektivitätsplanung für den Zeitraum 1976–1980 ergaben sich aus dem gegenwärtig erreichten Stand der theoretischen Konzeptionen zur Effektivitätsmessung wesentliche Aufgaben für weitere Untersuchungen.[37]

[37] Vgl. unter anderem A. V. Bačurin, Der wissenschaftlich-technische Fortschritt und der wirtschaftliche Mechanismus, in: Voprosy filosofii, 4/1974, S. 17.

Als Hauptprobleme für den engeren Bereich der Effektivitätsmessung stellten sich insbesondere heraus:

1. Kann das einheitliche volkswirtschaftliche Effektivitätskriterium mit Hilfe einer einzigen zusammenfassenden Effektivitätskennziffer erfaßt werden oder bedarf es dazu objektiv eines Kennziffernsystems?
2. Welche Anforderungen sind an ein Kennziffernsystem der Effektivität zu stellen und welche Voraussetzungen sind für seine Anwendung zu schaffen?
3. Welche objektive Aussage können verallgemeinernde Kennziffern liefern, und welche Stellung nehmen sie im Kennziffernsystem der Effektivität ein?
4. Wie sind die verschiedenen theoretischen Konzeptionen der Messung der Effektivität der Ressourcennutzung einzuordnen, und welche sind als Ausgangspunkt für die weitere Vervollkommnung bis zur Anwendung in der Planungspraxis zu empfehlen?
5. Welche grundlegenden Unterschiede in den theoretischen Konzeptionen gibt es bei der zusammenfassenden Beurteilung der Effektivität von Ressourcen und Aufwendungen, und welches sind die theoretischen Ausgangspunkte für weitere Untersuchungen zur Erfassung der wirklichen „gesellschaftlichen Kost"?

2.3.1. Zusammenfassende Kennziffer oder Kennziffernsystem der Effektivität

In der bereits seit längerer Zeit geführten Diskussion um das Kriterium der ökonomischen Effektivität der sozialistischen Produktion hat sich als vorherrschende Meinung durchgesetzt, daß die volkswirtschaftliche Effektivität nach einem einheitlichen Kriterium beurteilt werden muß. Es kann durch ein *kontinuierliches* maximales Wachstum der materiellen Voraussetzungen für die Verbesserung der sozialistischen Zielrealisierung (die sich sowohl im Nationaleinkommenswachstum infolge von Effektivitätssteigerung als auch in der darüber hinausgehenden Einsparung von Jahresarbeitszeit und zusätzlicher Zeit für den nichtmateriellen Bereich äußern) bei minimalen Aufwendungen charakterisiert werden. Hiermit wird eine relativ komprimierte Definition des einheitlichen volkswirtschaftlichen Effektivitätskriteriums versucht. Tolkačov und Čistjakov bezeichnen als Kriterium der ökonomischen Effektivität der gesellschaftlichen Produktion die Maximierung des produzierten Nationaleinkommens bei gegebenen Arbeitskräfteressourcen und Produktionsfonds sowie (nach oben und unten) begrenzter Akkumulationsrate[38]. Damit wird zwar der gegenwärtige Hauptanteil der materiellen Voraussetzungen für die sozialistische Zielrealisierung erfaßt, die absolute Freisetzung von Jahresarbeitszeit in den verschiedensten Formen aber nicht berücksichtigt. Da die absolute Einsparung am gesellschaftlichen Arbeitszeitfonds in der materiellen Produktion zukünftig von wachsender Bedeutung sein wird, muß das ökonomische Effektivitätskriterium auch diese Einsparungen einschließen.[39]

Die grundsätzliche Anerkennung eines einheitlichen Effektivitätskriteriums kann jedoch nicht mit der Anwendung einer einzigen, allumfassenden volkswirtschaftlichen Effektivitäts*kennziffer* gleichgesetzt werden. Wegen der Vielfalt und teilweisen Gegenläufigkeit der Beziehungen zwischen den Effektivitätskennziffern, deren gegenseitige Überführung und Vergleichbarmachung gegenwärtig noch nicht voll erforscht sind, setzt sich immer mehr die Auffassung durch, daß gegenwärtig, und das gilt zugleich für die Anwendung in der langfristigen Planung bis 1990, dieses einheitliche Effektivitätskriterium über ein System von Effektivitätskennziffern verwirklicht werden muß.[40] Es gibt zur Zeit keine für die Praxis hinreichend annehmbare Lösung des Problems einer zusammenfassenden Kennziffer. Jede Hervorhebung einer der angewendeten oder vorgeschlagenen Einzel- oder kombinierten Kennziffern der Effektivität als allumfassendes Auswahlkriterium würde einseitige und subjektivistische Züge in die Vorbereitung von Planentscheidungen bringen. Eine zusammenfassende Aussage setzt stets voraus, daß die inneren Beziehungen zwischen den Effektivitätskennziffern und ihren Einflußfaktoren bekannt sind, modelliert und in den Planungsaufgaben mit ausgenutzt werden können. Deshalb können die Anstrengungen zur Schaffung eines Kennziffernsystems der Effektivität durchaus Voraussetzungen schaffen, um auf einem höheren Erkenntnis-

38 Vgl. A. Tolkatschow, Theoretische Grundlagen und Methoden der Produktionseffektivitätsbestimmung im Plan, in: Autorenkollektiv, Effektivität in der sozialistischen Volkswirtschaft, Berlin 1975, S. 27. M. Tschistjakow, Das System der Kennziffern der Effektivität der gesellschaftlichen Produktion bei der Ausarbeitung des Volkswirtschaftsplanes, in: ebenda, S. 128.

39 In dieser Hinsicht ist der Auffassung von Kvaša zuzustimmen, über das Nationaleinkommen hinaus die Veränderung der durchschnittlichen normativen Dauer des Arbeitsjahres der Werktätigen zu berücksichtigen. Vgl. Ja. Kvaša, Messung der Effektivität der gesellschaftlichen Produktion, in: Voprosy ėkonomiki, 5/1974, S. 123.

40 Bajbakov beispielsweise stellte erneut die Forderung nach einem Kennziffernsystem für die Effektivität. Vgl. N. K. Bajbakov, Den Wirkungsmechanismus vervollkommnen, in: Trud vom 23. 5. 1974.

stand die Frage nach einer allumfassenden kombinierten Grundkennziffer der Effektivität erneut zu stellen.

Davon ausgehend, muß nachdrücklich der Auffassung von Černjavski[41] widersprochen werden, der faktisch Kriterium und Kennziffer gleichsetzt. Für die Volkswirtschaft schlägt er die Produktivität der lebendigen Arbeit als einheitliches, zusammenfassendes Kriterium der Effektivität vor. Auf der Ebene der Zweige und Betriebe sollen das Gewinn und Rentabilität sein. Černjavski setzt außerdem Optimalitätskriterium und Zielfunktion eines konkreten Optimierungsmodells gleich. Da eine Optimierungsaufgabe in der Regel einen Ausschnitt aus dem gesamten Reproduktionsprozeß modelliert, orientiert sich die Zielfunktion ebenfalls auf Teilziele. Dabei wird die richtige Einordnung der Teilaufgabe in den Gesamtprozeß durch entsprechende Restriktionen gesichert. Die Notwendigkeit der stärkeren Anwendung von Optimierungsrechnungen in der Effektivitätsplanung schließt also tatsächlich nicht aus, sondern erfordert die Schaffung eines Systems von Effektivitätskennziffern, um Zielfunktion und Restriktionen objektivieren zu können.

2.3.2. Anforderungen an ein Kennziffernsystem der Effektivität

Die Notwendigkeit, ein Kennziffernsystem für die Messung und Planung der volkswirtschaftlichen Effektivität auszuarbeiten, resultiert vor allem daraus, daß verschiedenartige Ressourcen in immer größerem Ausmaß in die wirtschaftliche Nutzung einbezogen werden, wobei sich auch die Substitutionsbeziehungen zwischen ihnen verstärken. Die Bedingungen der Effektivität bei ihrer Produktion und Nutzung verändern sich nach Ort und Zeit. Außerdem wirken Gegenläufigkeiten in der Entwicklung wichtiger Effektivitätskennziffern. Da die Effektivität ihre Funktion bei der Beurteilung von Planungsaufgaben nur in enger Verbindung mit Bedarfs- und Proportionalitätseinschätzungen erfüllen kann, muß sie mit einem ganzen System von Plankennziffern verknüpfbar sein. Daraus ergeben sich zugleich eine Reihe von Grundanforderungen an ein Kennziffernsystem der Effektivität, zu denen insbesondere gehören:

— Die Effektivitätskennziffern müssen im System alle wichtigen Seiten des gesellschaftlichen Reproduktionsprozesses widerspiegeln. Das

[41] Vgl. V. O. Černjavskij, Ėffektivnost' proizvodstva i optimalnoe planirovanie, Moskau 1973, S. 7ff.

bezieht sich insbesondere auf das Volumen und die Struktur der Produktion, die verschiedenartigen Ressourcen und die laufenden Aufwendungen.

— Im System müssen die einzelnen Kennziffern entsprechend den Ursache-Folge-Beziehungen und funktionalen Wechselbeziehungen miteinander verbunden sein.

— Mit Hilfe des Kennziffernsystems muß eine objektivierte zusammenfassende Beurteilung des Beitrags der einzelnen Kennziffern zur volkswirtschaftlichen Effektivität der jeweiligen Planungsaufgabe möglich sein.

— Das Kennziffernsystem muß grundsätzlich eine längerfristige Beurteilung der Entwicklungstendenzen der Effektivität für abgelaufene Zeiträume (Basisplanperiode), den Plan- und Prognosezeitraum erlauben. Das bedeutet, daß die Abrechnungs- und Plankennziffern der Effektivität einheitlich sein beziehungsweise miteinander vergleichbar gemacht werden müssen.

— Das Kennziffernsystem muß sowohl für die Volkswirtschaft insgesamt als auch ihre Struktureinheiten anwendbar sein. Das bedeutet, daß es über die Ebenen vergleichbar sein und zugleich auf die Verantwortungsbereiche adressierbar sein muß. Da der demokratische Zentralismus und das Prinzip der wirtschaftlichen Rechnungsführung einschließen, daß nicht alle Effektivitätskennziffern über alle Ebenen durchgängig einheitlich sein können, muß das Kennziffernsystem entsprechende „Brücken" zwischen den Ebenen und Bezugseinheiten enthalten.

Die Lösung dieser Aufgabe erfordert offensichtlich die verstärkte Anwendung der Systemanalyse und die Weiterentwicklung ökonomisch-mathematischer Methoden.

Die Ausarbeitung eines Kennziffernsystems ist an verschiedene Voraussetzungen gebunden. Zu den wichtigsten zählen:

— Die Ausarbeitung und Quantifizierung der Beziehungen zwischen miteinander verbundenen Kennziffern, einschließlich der Berücksichtigung gesetzmäßiger Entwicklungstendenzen zwischen ihnen (Kennziffernkombination). Dazu gehört auch die *Vervollkommnung, zum Teil für verschiedene Effektivitätskennziffern noch die Erarbeitung von Methoden der Faktorenanalyse.* Dieser Aufgabe wird große Bedeutung beigemessen, weil sie eine wesentliche Voraussetzung ist, um beispielsweise in stärkerem Maße mit Normativen zur Planbegründung arbeiten zu können (die größten Rückstände hierbei gibt es zur Zeit in der Arbeits- sowie Grundfonds- und Investitionsökonomie).

— Die Berücksichtigung der planmethodischen Bestimmungen, der

Behandlung von Planungsaufgaben sowie der Bilanzierung und statistischen Abrechnung, insbesondere der einheitlichen Erfassung von Planungs- und Abrechnungsgrößen.

— Die Ausbilanzierung der Pläne. Effektivitätsrechnungen sind nur auf Basis ausbilanzierter Ressourcen real, wobei sie selbst einen aktiven Beitrag zur Ausbilanzierung leisten können.

— Die einheitliche verbindliche Erfassung eines Minimums von Aufwands- und Ergebnisgrößen über alle Ebenen beziehungsweise die Sicherung entsprechender Transformationen und ihre Verbindung mit spezifischen Kennziffern für die jeweiligen Ebenen.

— Die Verbindung der Effektivitätskennziffern mit wichtigen Grundproportionen des Reproduktionsprozesses entsprechend den jeweils zu beurteilenden Planungsaufgaben.

— *Volle Einbeziehung des wissenschaftlich-technischen Fortschritts in die Effektivitätsbewertung.* Die Berücksichtigung ausgewählter TÖK kann dazu nur ein erster Schritt sein. Notwendig ist die Erarbeitung neuer Kriterien zur Bewertung der ökonomischen Effektivität des wissenschaftlich-technischen Fortschritts, die neben dem Einfluß auf das Wachstum des Nationaleinkommens auch die Einflüsse auf die Umwelt, die Arbeits- und Lebensbedingungen der Menschen beachten.

Die bisherigen Erfahrungen bei der Ausarbeitung eines Kennziffernsystems der ökonomischen Effektivität bestätigten, daß eines der Hauptprobleme für die Objektivierung der Entscheidungsfindung in der ökonomisch begründeten Wichtung der verschiedenen Einzelkennziffern besteht. Dabei wird diese „Wichtung“ oft in einem sehr weiten Sinn gefaßt. Entsprechend dem grundsätzlichen Herangehen an die „Gewichtung“ der Einzelkennziffern im System und den Möglichkeiten der gegenwärtigen praktischen Nutzung lassen sich drei verschiedene Arten von Kennziffernsystemen unterscheiden.

1. Kennziffernsystem durch Bildung von Kennzifferngruppen, deren Reihenfolge ihrer Wichtigkeit entspricht und die durch Faktorenzerlegungen und ergänzende Teilkennziffern weiter nach Einflußfaktoren aufgegliedert werden.[42]

Schmidt kommt insgesamt zu folgender Rangfolge von Kennzifferngruppen der Effektivität:

— Kennziffern der Arbeitsproduktivität, Fondsquote und Fondsausstattung;

[42] Vgl. Siegfried Schmidt, System von Effektivitätskennziffern für die volkswirtschaftliche Gesamtrechnung, in: Autorenkollektiv, Effektivität in der sozialistischen Volkswirtschaft, Berlin 1975, S. 136.

— Kennziffern der Effektivität der Akkumulation, insbesondere der Investitionen;
— auf die laufenden Aufwendungen beziehungsweise das gesellschaftliche Reineinkommen bezogene Kennziffern (Kostensatz und Rentabilität des Gesamtprodukts sowie kostenbezogene Rentabilitätsrate, spezifischer Materialverbrauch, Export- und Importrentabilität);
— Kennziffern materieller Güter und Leistungen für die Befriedigung der Bedürfnisse.

Außerdem soll die Aussagekraft der Kennziffern durch Faktorenzerlegungen[43], wie zum Beispiel nach extensiven und intensiven Faktoren (Arbeitskräfte und Arbeitsproduktivität, Grundfonds und Grundfondsquote, Akkumulationseffektivität und Akkumulationsrate und andere) erhöht werden. Dabei geht es primär um eine weitere Zerlegung nach Einzelfaktoren und nicht um das Zusammenführen extensiver und intensiver Faktoren auf Teilgebieten zu einer Gesamtaussage.

Dieser Vorschlag kann als Beitrag zur Klassifikation der Effektivitätskennziffern gewertet werden und bildet insofern eine Vorstufe zum Kennziffernsystem. Er stellt einen nützlichen Rahmen für die praktische Abarbeitung der Hauptkennziffern der Effektivität in der Analyse und Planung dar. Ungelöst bleibt jedoch das Problem der Gewichtung der Einzelkennziffern und insbesondere der Beziehungen zwischen den Kennziffern der verschiedenen Gruppen. Die Aufgliederung der Effektivitätskennziffern in ihre Elemente und Einflußfaktoren ist *eine* notwendige Bedingung für ein Kennziffernsystem. Sie muß jedoch durch die zusammenfassende Wertung des Beitrages der Einzelkennziffern zur Entwicklung der volkswirtschaftlichen Effektivität ergänzt werden, was auch einschließt, die „Brücken“ zwischen den Hauptkennziffern herauszuarbeiten.

2. Systemherangehen, indem an die Beziehungen zwischen wichtigen Effektivitätskennziffern im Interesse der volkswirtschaftlichen Effektivitätssteigerung einzuhaltende Forderungen gestellt werden (sogenanntes ökonomisches Normal).[44] Praktische Erfahrungen mit der Anwendung des „ökonomischen Normals“ wurden bereits seit längerem in

[43] Zur Methodik vgl. auch Wilfried Barthel, Quantifizierung der Effektivität grundlegender Wachstumsfaktoren, in: Statistische Praxis, 11/1972, S. 503.

[44] Alfons Thomann, Normative für das Wachstum des Reineinkommens im Reproduktionsprozeß des Industriezweiges, in: Wirtschaftswissenschaft, 8/1970, S. 1154; ders., Zusammenhänge zwischen der Entwicklung von Arbeitsproduktivität und Reineinkommen, in: Wirtschaftswissenschaft, 5/1971, S. 687; Rita Schöneck, Effektivität — Kriterien — Proportionen, Berlin 1974, S. 69 (Akademie der Wissenschaften der DDR

einer Reihe von Bereichen (Bauwirtschaft, Bezirksplankommissionen) und Kombinaten, insbesondere bei der Planverteidigung, gesammelt. Mit Hilfe des ökonomischen Normals ist es möglich, Anforderungen an die Effektivitätsentwicklung zu stellen beziehungsweise zu überprüfen, ob die geplanten Entwicklungsrelationen zwischen den Effektivitätskennziffern insgesamt Fortschritte in der Intensivierung ausdrücken.

Die Aussagekraft normativer Entwicklungsrelationen zwischen den Effektivitätskennziffern hängt vor allem von zwei Grundvoraussetzungen ab:

— der Herausarbeitung von Gesetzmäßigkeiten in den Beziehungen zwischen den Effektivitätskennziffern;
— der Anwendung dieser Gesetzmäßigkeiten auf die jeweils konkreten Bedingungen der technischen und ökonomischen Entwicklung bis zur Quantifizierung der Wachstumsdifferenzen.

In dieser Richtung müssen auch die vorliegenden Vorschläge normativer Entwicklungsrelationen zwischen Effektivitätskennziffern weiterentwickelt werden. Hauptprobleme der genannten „Normale" sind vor allem die verbesserte ökonomische Begründung der jeweiligen Entwicklungsrelationen und die Quantifizierung der Wachstumsdifferenz. Ein weiteres Problem besteht darin, die jeweiligen Zeitperioden zu bestimmen, für die bestimmte normative Wachstumsrelationen gelten sollen. Das wird besonders am Beispiel der Entwicklung der Fondsquote deutlich. Es setzt sich zunehmend die Auffassung durch, daß über eine längere Periode und insbesondere mit dem Übergang zur komplexen Automatisierung die Fondsquote eine steigende Tendenz habe.[45] Jedoch

— Schriften des Zentralinstituts für Wirtschaftswissenschaften, Nr. 7); vgl. Bauökonomische Forschung, Projekt AF 103, Information für den Anwender, Teil I und II vom Institut für Ökonomie der DBA. Beispielsweise wird folgendes Normal zur Überprüfung der Effektivitätsentwicklung und der Widerspruchsfreiheit der komplexen ökonomischen Planinformationen der VVB und Ministerien angewendet: Zuwachs Nettogewinn größer als der Zuwachs Eigenleistung größer als der Zuwachs Warenproduktion größer als der Zuwachs Materialverbrauch größer als der Zuwachs produktive Fonds.

45 Vgl. zum Beispiel Autorenkollektiv, Ėffektivnost' intensifikacii proizvodstva na osnove vnedrenija itogov nauk, Moskva 1973, S. 37ff.; vgl. A. V. Vichljaev, Rost ėffektivnosti proizvodstva i izmenenie proporcij, Moskva 1973, S. 81ff. Auch Vegšjo weist anhand zahlreicher statistischer Untersuchungen für verschiedene Länder nach, daß in der Industrie der untersuchten Länder die Fondsintensität im letzten halben Jahrhundert insgesamt durch eine sinkende Tendenz gekennzeichnet war. Vgl. B. Vegšjo, Faktoren, die auf die Fondsintensität der Produktion in der Industrie einwirken, Institut für Ökonomie der Industrie der ungarischen Akademie der Wissenschaften 1974, Beitrag zur Moskauer internationalen Konferenz zu Problemen der Effektivität, November 1974, S. 9ff.

werden im Rahmen dieser allgemeinen Tendenz für die Volkswirtschaft und ihre Bereiche Perioden anerkannt, in denen zeitweilig die Fondsquote sinkt. Das hängt insbesondere vom jeweiligen Ausmaß der ersetzten Handarbeit, vom Anteil evolutionärer und revolutionärer Prozesse in der Produktionstechnik[46], vom Charakter und der Richtung der Vervollkommnungen bereits mechanisierter Arbeit, vom Grad der organisatorischen Beherrschung neuer technischer Prozesse, vom technisch-ökonomischen Fortschritt in den Investitionsgüterindustrien sowie von Struktureffekten ab. So schätzt zum Beispiel Vichljajev ein[47], daß in neuen Betrieben mit hoher technischer Ausstattung die Fondsquote gegenwärtig um etwa 25—35 Prozent niedriger als im Durchschnitt des Zweiges ist (das Verhältnis betrage in der chemischen Industrie 1:7,6; im Maschinenbau 1:1,4; in der Leichtindustrie 1:5,1 und in der Nahrungsmittelindustrie 1:10,9). Als Ursache dafür werden vor allem der hohe Grad der Mechanisierung und Automatisierung der neuen Betriebe genannt, die relativ langsam beherrscht werden sowie die Verschlechterung des Preis-Leistungsverhältnisses.

Solche Prozesse, die Dauer ihres Wirkens und die jeweils notwendige Richtung der wirtschaftspolitischen Orientierung müssen folglich bei der Ableitung normativer Entwicklungsrelationen zwischen den Kennziffern sorgfältig beachtet werden. Das erfordert, daß die Frage nach dem *Kriterium* beantwortet wird, nach dem sich die normativen Entwicklungsrelationen ausrichten. So gesehen bleibt auch hier der Beitrag der Teilkriterien zur volkswirtschaftlichen Effektivitätsentwicklung letzten Endes offen.

3. Kennziffernsystem mit funktionell miteinander verbundenen Einzelkennziffern sowie einer verallgemeinernden Kennziffer als integrierter Ausdruck des Nutzungsgrades der Ressourcen.[48] Die Forderung nach einem Kennziffernsystem der Effektivität, das für die Gesamtbeurteilung der Effektivitätsentwicklung und für die Auswahl von Varianten auch eine verallgemeinernde Kennziffer enthält, wird besonders von den sowjetischen Ökonomen erhoben, die an der Ausarbeitung und Erprobung des Abschnittes zur Planung der Effektivität für den 10. Fünfjahrplan beteiligt waren. Mit diesem Abschnitt wurden Fort-

46 Nach Einschätzungen sowjetischer Wissenschaftler beträgt gegenwärtig der Anteil der revolutionären Prozesse an den gesamten technischen Veränderungen nur etwa 1,5 bis 2%. Es überwiegen evolutionäre Entwicklungstendenzen.

47 Vgl. A. V. Vichljaev, Rost ėffektivnosti proizvodstva i izmenenie proporcij, S. 106/107.

48 Vgl. B. Plyščevskij, Die Planung der Effektivität der gesellschaftlichen Produktion, in: Voprosy ėkonomiki, 9/1974, S. 79.

schritte im Systemherangehen an die Effektivitätsbeurteilung erreicht. Jedoch überwiegt noch das Nebeneinander voneinander unabhängiger Kennziffern. Als wesentliche Voraussetzung für die Weiterentwicklung zum Kennziffernsystem sieht Tolkačov die Ausarbeitung eines Kennziffernkomplexes an, in dem alle Kennziffern miteinander und mit einer verallgemeinernden Kennziffer verbunden sind. Als *Element* des Systems sei eine verallgemeinernde Kennziffer vor allem notwendig für die Bewertung des Niveaus und der Dynamik des Zuwachses der Produktion, für zweigliche und zwischenzweigliche Vergleiche sowie für die Auswahl einiger Varianten von Planentscheidungen. Aus theoretischen Erwägungen heraus ist dieser Argumentation zweifellos zuzustimmen. Fakt ist jedoch auch, daß sich die zunächst vorgeschlagene ungewichtete verallgemeinernde Kennziffer[49] in der Erprobung und Diskussion nicht bewährte.[50] Eine wichtige Voraussetzung für die Objektivierung eines Kennziffernsystems der Effektivität ist deshalb Klarheit über die Möglichkeit (oder Unmöglichkeit) der Ausarbeitung und Funktion einer verallgemeinernden Kennziffer der Effektivität.[51] Dabei muß jedoch betont werden, daß weitere ebenso wichtige Voraussetzungen darin bestehen, die Nettoproduktion durchgängig zu messen und zu planen und die Einzelkennziffern komplexer zu beurteilen durch die präzisere Bestimmung ihrer Aussagekraft und -grenzen, ihrer gesetzmäßigen Beziehungen untereinander und zu volkswirtschaftlichen Grundproportionen.

2.3.3. Zur Aussage verallgemeinernder Kennziffern und ihrer Stellung im Kennziffernsystem der Effektivität

Zur *objektiven Aussage sogenannter verallgemeinernder Effektivitätskennziffern* gibt es widersprüchliche Auffassungen. Auf der einen Seite

[49] Vgl. dazu M. I. Čistjakov, Kennziffernsystem der Effektivität der gesellschaftlichen Produktion, in: Ėkonomičeskaja gazeta, 34/1972, S. 10; vgl. ähnliche Vorstellungen bei Wolfgang Lebig, Rudolf Nahrstedt, Die Bedeutung der Übereinstimmung materieller und finanzieller Planung für die Sicherung der Stabilität des Geldumlaufs und der Staatsfinanzen, in: Wirtschaftswissenschaft, 11/1972, S. 1658; vgl. auch T. Četčeleva, Volkswirtschaftliche Effektivität, Methoden ihrer Bewertung und Analyse, in: Voprosy ėkonomiki, 5/1975, S. 127.

[50] Vgl. Diskussion zum Abschnitt Planung der Effektivität der gesellschaftlichen Produktion, in: Ėkonomičeskaja gazeta, 43/1972; 2, 4, 6, 10/1973.

[51] Um die beabsichtigte zusammenfassende Beurteilungsfunktion im System der Effektivitätskennziffern auszuüben, reicht eine Kennziffer der Effektivität der Ressourcennutzung allein nicht aus, da sie nicht den laufenden Aufwand berücksichtigt.

wird bereits längere Zeit an solchen Kennziffern in verschiedensten Richtungen gearbeitet. Auf der anderen Seite wird die Berechtigung verallgemeinernder Kennziffern abgelehnt.

Der gegenwärtige Stand in der DDR[52] ist dadurch charakterisiert, daß es eine Vielzahl von verschiedenartigen Vorschlägen zur Bildung von verallgemeinernden Kennziffern gibt, daß diese bisher aber noch keinen festen Platz in der Planungspraxis einnehmen.

Die Hauptursachen dafür bestehen in folgendem:

— Bei einigen Kennziffern sind die Koeffizienten der Gewichtung lebendiger Arbeit und Fonds ungenügend durch ökonomische Gesetzmäßigkeiten vom Standpunkt der marxistisch-leninistischen Reproduktionstheorie begründet.

— Die Ergebnisse enthalten oft reine Rechenergebnisse im Sinne eines rechnerischen Durchschnittsausdrucks der Entwicklung von Teilkennziffern der Effektivität. Dadurch fehlt die direkte Verbindung zwischen der Aussage der sogenannten verallgemeinernden Kennziffern und tatsächlichen Planungsaufgaben.

Wie die Analyse vorliegender Vorschläge zeigt, wird in zwei Hauptrichtungen an die Lösung dieses Problems herangegangen. Eine Reihe von Vorschlägen orientieren von vornherein auf die Konstruktion einer Kennziffer der volkswirtschaftlichen Gesamteffektivität. Dieser Weg setzt voraus, daß es gelingt, die Aufwendungen lebendiger und vergegenständlichter Arbeit sowie die einmaligen und laufenden Aufwendungen ökonomisch begründet vergleichbar zu machen. Wird das nicht gelöst, dann bleibt die ermittelte Gesamteffektivität im Grunde genommen eine Rechengröße. Sie faßt die Entwicklungstendenzen (auch entgegengerichteter) verschiedener Einzelkennziffern zusammen, schließt aber Verzerrungen infolge ungelöster Gewichtungsprobleme nicht aus.

Ein anderer Weg besteht darin, zunächst an die Zusammenhänge zwischen verschiedenen Effektivitätskennziffern anzuknüpfen. Auf Grund ihrer gegenseitigen Abhängigkeiten und ihrer Einflußfaktoren werden gesetzmäßige Entwicklungstendenzen unter Beachtung volkswirtschaftlicher Grundproportionen abgeleitet. Damit entstehen Kri-

52 In der UdSSR ist der erreichte Stand ähnlich. Das gleiche gilt auch für Ungarn. Vgl. J. A. Vagine, J. Schiwak, Ausarbeitung zum Thema: Kriterien des Kennziffernsystems und Messung der Effektivität der gesellschaftlichen Produktion, Budapest, März 1974, Beitrag zum internationalen Seminar zu Fragen der Vervollkommnung der Messung und Planung der Effektivität, April 1974, Marianské Lázně, ČSSR. Vgl. S. Roman, Über die Dynamik der Arbeitsproduktivität in der Volkswirtschaft Ungarns, in: Voprosy ėkonomiki, 1973, S. 85.

terien für eine zusammenfassende Beurteilung der Einzelkennziffern nach dem Beitrag zur volkswirtschaftlichen Effektivitätssteigerung.

Dieser zweite Weg steht nicht im Widerspruch zum ersten, da er Voraussetzungen für die Anwendung eines Kennziffernsystems schafft.

Die Lösung dieser Fragen ist eine wichtige Voraussetzung dafür, daß verallgemeinernde Kennziffern eine echte Funktion im Kennziffernsystem der Effektivität erfüllen können. Das Ergebnis der verallgemeinernden Kennziffer müßte unmittelbar mit den Bewegungsformen des Nationaleinkommens bis zu Konsequenzen für die Akkumulation und Konsumtion verbunden werden können.

Von den bisherigen nicht voll befriedigenden Ergebnissen ausgehend, wird zuweilen die Frage gestellt, ob die Bildung einer verallgemeinernden Kennziffer überhaupt lösbar ist. Wenn unter einer verallgemeinernden Kennziffer die Kombination der Aussagen zweier oder mehrerer Teilkennziffern hinsichtlich der Auswirkungen ihrer Entwicklung auf die Verbesserung der materiellen Bedingungen der sozialistischen Zielrealisierung verstanden wird, dann ist dieses Problem lösbar, wenn Fortschritte in folgenden Richtungen erreicht werden:

— Eine der Voraussetzungen ist die weitere Konkretisierung der gegenseitigen Abhängigkeiten und der Entwicklungsgesetzmäßigkeiten der ökonomischen Prozesse, die miteinander verbundenen Kennziffern zugrunde liegen. Damit können Ausgangsbedingungen für die ökonomisch begründete Vergleichbarmachung der *Auswirkungen* von Kennziffern auf die volkswirtschaftliche Effektivitätsentwicklung geschaffen werden, die zur Zeit noch vorwiegend nebeneinander stehen. Dabei geht es wohlgemerkt um die Bewertung der Auswirkungen auf die volkswirtschaftliche Effektivitätsentwicklung, was nicht bedeutet, daß die verallgemeinernde Kennziffer eine neue „Bestandskennziffer der Gesamteffektivität" sein muß.

— In Abhängigkeit davon wäre ein schrittweises Herangehen denkbar. Zunächst könnten für Teilkomplexe, deren gesetzmäßige Beziehungen relativ einfacher zu überschauen sind, verallgemeinernde Aussagen getroffen werden. Zu solchen Teilkomplexen könnten solche Problemkreise gehören, wie die Effektivität der Substitution lebendiger Arbeit durch Fonds, die gemeinsame Bewertung von inländischen und Außenwirtschaftsergebnissen der gesellschaftlichen Arbeit, die Verbindung zwischen der Effektivität der Ressourcennutzung und der Entwicklung der laufenden Aufwendungen.

Insgesamt zeigen die bisherigen Erfahrungen deutlich, daß über die Ausbreitung und Anwendung von verallgemeinernden Effektivitätskennziffern nur in Verbindung mit weiteren Fortschritten am Kennziffernsystem der volkswirtschaftlichen Effektivität entschieden werden kann.

2.3.4. Zu theoretischen Konzeptionen der Messung der Effektivität der Ressourcennutzung

Die verschiedenen theoretischen Konzeptionen zur Messung der Effektivität der Ressourcennutzung beruhen primär auf der Ausnutzung von Gesetzmäßigkeiten des *Arbeitsprozesses*. Sie erlauben infolgedessen wichtige *Teilaussagen* über die Effektivitätsentwicklung. Zugleich ist es aber für die Gesamtbeurteilung der volkswirtschaftlichen Effektivitätsentwicklung notwendig, sie mit den Kennziffern des Wertbildungsprozesses zu verbinden. Das bedeutet, sie als verallgemeinernde Kennziffern eines Teilkomplexes des Kennziffernsystems einzuordnen.[53]

Die Konzeptionen zur Messung der Effektivität der Ressourcennutzung gehen im Grunde genommen von den Substitutionsbeziehungen zwischen lebendiger Arbeit und Fonds aus. Sie unterscheiden sich durch die jeweilige Art und Weise des Vergleichbarmachens von lebendiger Arbeit und Fonds.

Die Vielfalt der Vorschläge läßt sich auf einige grundsätzliche Methoden des Vergleichbarmachens zurückführen. Dazu gehören insbesondere:

— die „gesellschaftliche Arbeitsproduktivität" als Kriterium für die Ausnutzung der Produktionsressourcen[54];

— die unmittelbare Kombination von Kennziffern der Arbeitsproduktivität, Fondsausstattung und Fondsquote, teilweise einschließlich ihrer Zuwachskoeffizienten[55];

[53] Es muß deshalb gegen die Auffassung von Konstantinova polemisiert werden, die die ökonomische Effektivität als Ausnutzungsgrad der Produktionsressourcen definiert. Vgl. L. Konstantinova, Methodik des Aufbaus einer verallgemeinernden Kennziffer der ökonomischen Effektivität, in: Vestnik statistiki, 4/1974, S. 37ff.

[54] Vgl. M. S. Bor, Ėffektivnost' obščestvennogo proizvodstva i problemy optimalnogo planirovanija, Moskva 1972, S. 21.

[55] Vgl. zum Beispiel A. I. Notkin, Kriterium der ökonomischen Effektivität der sozialistischen Produktion, in: Voprosy ėkonomiki, 5/1974, S. 109; P. Počkin, Messung der Effektivität der gesellschaftlichen Produktion, in: Voprosy ėkonomiki, 6/1974, S. 84; E. Vorobev, Über eine Methodologie der Berechnung der Effektivität der Produktion, in: Vestnik statistiki, 1/1972, S. 36; A. I. Kac, Dinamičeskij ėkonomičeskij optimum, Moskva 1970, S. 155—159.

— die unmittelbare Kombination von Kennziffern der Arbeitsproduktivität und Akkumulation[56];

— die Anwendung von Produktionsfunktionen verschiedenen Typs.[57]

Übersicht zu Kennziffern der Effektivität der Ressourcennutzung

Autor und Formel	Formel auf vereinfachte Grundaussage zurückgeführt
Die gesellschaftliche Arbeitsproduktivität	
Bor: $E = \frac{N}{V}$	gesellschaftliche AP

[56] Gudrun Langendorf, Eberhard Drechsel, Der Zusammenhang zwischen Steigerung der Arbeitsproduktivität und Wachstum der Fondsquote, in: Wirtschaftswissenschaft, 7/1971, S. 993. Vgl. K. B. Leikina, Die Substituierbarkeit zwischen Aufwendungen und Akkumulation, in: Wirtschaftswissenschaft, 8/1971, S. 1186.

[57] Vgl. u. a. B. N. Michalewski, Perspektivische Berechnungen auf der Grundlage einfacher dynamischer Modelle, Berlin 1970, S. 341 ff.; A. Ančiškin, Methodologische Probleme der Faktorenanalyse der Dynamik der Produktion und der extensiven und intensiven Wege des ökonomischen Wachstums, in: Voprosy ėkonomiki, 6/1971, S. 92.

Die Effektivitätsformel von Trapeznikov (vgl. V. A. Trapeznikov, Fragen der Steuerung ökonomischer Systeme, in: Avtomatika i telemechanika, 1/1969) geht im Grundsatz ähnlich vor wie die Cobb-Douglas-Produktionsfunktion. Trapeznikov geht von den quantitativen Relationen zwischen den Kennziffern „Arbeitsproduktivität", „Fondsausstattung" und „Fondsquote" aus. Er bestimmt die Arbeitsproduktivität als Quadratwurzel aus dem Produkt von Fondsquote × Arbeitsproduktivität = U (bei ihm U_i = Niveau der Technologie) und Fondsausstattung pro Arbeitskraft. Vgl. auch V. A. Trapeznikov, Wissenschaftlich-technischer Fortschritt und Effektivität der Wissenschaft, in: Voprosy ėkonomiki, 2/1973, S. 84; M. Hajek, F. Kutta, M. Toms, Das extensive und intensive Wachstum der sozialistischen Ökonomie und Methoden seiner Messung, in: Wissenschaft — Ökonomie — Fortschritt, hg. v. Lev Gatovskij, František Kutta, Harry Maier, Berlin 1974 (Akademie der Wissenschaften der DDR — Schriften des Zentralinstituts für Wirtschaftswissenschaften, Nr. 6); M. Nasilowski, Symptome des intensiven Wachstums, in: Zycie gospodarcze (Warszawa), 17/1973.

Auch der Vorschlag von Neumann entspricht einer linearen Form der Produktionsfunktion unter Verwendung der Differenzenrechnung. Vgl. Herbert Neumann, Inhalt und Aufbau einer synthetischen Kennziffer der Grundfondseffektivität, in: Wirtschaftswissenschaft, 1/1967, S. 22; ders., Theoretische und methodologische Grundlagen der Bestimmung der Fondseffektivität mittels nationaleinkommensbezogener Kennziffern, Habilitationsschrift, Technische Universität Dresden, 1968.

(Fortsetzung Übersicht)

Autor und Formel	Formel auf vereinfachte Grundaussage zurückgeführt
Die unmittelbare Kombination von Kennziffern der Arbeitsproduktivität, Fondsausstattung und Fondsquote	
Notkin/Leikina:	
$E = \frac{N}{B} \pm \alpha \frac{N^{(I)}}{F}$	$AP \pm$ Investitionseinsparungen oder -mehraufwendungen infolge Veränderungen der FQ
wobei: $\alpha = \frac{N}{F} K$	$E = AP$ bei gleichbleibender FQ
Konstantinova:	
$AP = a_0 + a_1 Fa$	$AP = FQ \cdot Fa$
$\frac{N}{B + \frac{F}{a_1}}$	$E = AP$ bei gleichbleibender FQ
Worobjev:	
$E = \frac{N}{B_N + F}$	N pro Einheit fiktives $N + F$ Index E bleibt gleich, wenn ΔN infolge $\Delta AP = - \Delta FQ \cdot F$
Kaz:	
$(E)\ U_{AP} = \frac{N^*}{B} \cdot \frac{N^*}{F}$	$AP \cdot FQ$
Die unmittelbare Kombination von Kennziffern der Arbeitsproduktivität und Akkumulation	
Langendorf:	
$E' = \frac{AP'}{AG'}$	$E' = AP'$ bei gleichbleibender Akkumulationsrate

(Fortsetzung Übersicht)

Autor und Formel	Formel auf vereinfachte Grundaussage zurückgeführt
Die Anwendung von Produktionsfunktionen verschiedenen Typs	
exponentielle Form	
$N = A \cdot B^l \cdot F^r$	Aussage abhängig von der Wahl der Parameter und ihrer ökonomischen Interpretation
lineare Form der Differenzengleichung	

$$E = \frac{N_1}{B_1 \cdot k_0 + F_1 \cdot e_0} \cdot \frac{N_0}{B_1 \cdot k_0 + F_0 \cdot e_0}$$

wobei:

E = Effektivität,
E' = Effektivitätssteigerung,
V = Bevölkerung,
N = Nationaleinkommen,
B = Beschäftigte im materiellen Bereich,
F = Produktionsfonds,
K = Investitionen,
AP = Arbeitsproduktivität,
Fa = Fondsausstattung,
FQ = Fondsquote,
a_0, a_1 = Korrelationskoeffizienten,
B_N = auf Grund der Basisbedingungen in Nationaleinkommen umgerechnete Zahl der Beschäftigten,
U_{AP} = spezifische Form der Arbeitsproduktivität (als Effektivität interpretierbar),
A = Konstante,
l, r = Exponentialkoeffizienten,
k = Konsumtion pro Beschäftigten,
e = Akkumulation pro Fondseinheit,
0, 1 = Basis-, Berichtsperiode,
(I) = Index,
AG' = Veränderung des Gesamtaufwandes (der Akkumulationsrate).

* Endprodukt oder bedingtes Nettoprodukt.

2.3.4.1. *Zur „gesellschaftlichen Arbeitsproduktivität"*

Als zusammenfassendes Kriterium für die Effektivität der Ressourcennutzung sieht Bor die gesellschaftliche Arbeitsproduktivität an. Er mißt sie als Nationaleinkommen in vergleichbaren Preisen pro Kopf der Bevölkerung. Bor geht davon aus, daß sich in dieser Kennziffer zeigt, wie sich die gesellschaftliche Bedürfnisbefriedigung verbessert hat. In der Entwicklung des Nationaleinkommens schlage sich auch die Ökonomie in der Ausnutzung der Produktionsmittel nieder. Als ergänzende Teilkennziffer bezieht sich Bor auf die Ausnutzung des ökonomischen Potentials (akkumulierte Produktionsmittel) der Gesellschaft.

Zweifellos erlaubt das Nationaleinkommen pro Kopf der Bevölkerung beim Vergleich mit der Produktivität der lebendigen Arbeit wichtige Aussagen über den Intensivierungsprozeß.[58] Jedoch wird nicht deutlich, mit welchen zusätzlichen Fondsaufwendungen die Produktivitätssteigerung erkauft wurde. Erst daran kann aber eingeschätzt werden, in welchem Maße sich mit der Zunahme des Nationaleinkommens pro Kopf tatsächlich die Bedingungen für die gesellschaftliche Bedürfnisbefriedigung verbesserten.

Noch weniger begründet sind jedoch die Effektivitätsaussagen, wenn die Produktivität der gesellschaftlichen Arbeit mit einem Teilkriterium, wie der Produktivität der lebendigen Arbeit, identifiziert wird. So geht *Vichljajev*[59] *davon aus, daß die Arbeitsproduktivität historisch zunächst das Hauptkriterium der Effektivität ist, aber in späteren Perioden durch die Fondsquote abgelöst wird.* Unter den gegenwärtigen Bedingungen werde die Fondsquote zum Hauptkriterium der Effektivität, was eine entsprechende Verringerung der Rolle der übrigen Effektivitätskennziffern zur Folge habe. Diese Auffassung begründet Vichljajev mit der Verwandlung der Arbeitsmittel in einen entscheidenden Faktor der Produktion, mit dem schrittweisen Übergang zur Planung nach den Endbedürfnissen und den dafür benötigten Produktionsmitteln. Vichljajev verletzt in dieser Frage die Einheit von historischem und logischem Herangehen an die Effektivitätsbeurteilung. Die Entwicklung einzelner Effektivitätskennziffern und die Effektivitätsanforderungen können immer nur aus der Gesamtbeurteilung der Effektivitätsentwicklung abgeleitet wer-

58 Vgl. Rita Schöneck, Effektivität — Kriterien — Proportionen, Berlin 1974, S. 72, 76 (Akademie der Wissenschaften der DDR — Schriften des Zentralinstituts für Wirtschaftswissenschaften, Nr. 7).

59 Vgl. V. A. Vichljaev, Rost èffektivnosti proizvodstva i izmenenie proporcij, Moskva 1973, S. 81 ff.

den und nicht umgekehrt. Aus der Gesamtsicht würde aber auch deutlich werden, daß die zunehmende Rolle der Fondsökonomie für die Effektivitätsentwicklung zugleich höhere Ökonomie lebendiger Arbeit und des Materialverbrauchs als Voraussetzungen einschließt. Das alles spricht gegen eine Teilkennziffer als Hauptkennziffer der Effektivität und für die Anwendung eines Kennziffernsystems.

2.3.4.2. *Zur unmittelbaren Kombination von Kennziffern der Arbeitsproduktivität und Fondsquote*

Bei diesen Vorschlägen wird der Versuch unternommen, Arbeitsproduktivität und Fondsquote entweder vergleichbar zu machen oder unmittelbar zueinander ins Verhältnis zu setzen. Notkin beispielsweise entwickelte als Ergänzung zu seinen Aufwandsformeln des Nationaleinkommens eine Kennziffer der Effektivität der Ressourcennutzung[60]:

$$E = \frac{N}{B} \pm \alpha \frac{N}{F}.$$

Dem liegt zugrunde, *daß die Steigerung der Produktivität der Arbeit und der Effektivität bei gleichbleibender Fondsquote gleich sind.* Es werden Entwicklungsraten von Arbeitsproduktivität und Fondsquote rechnerisch vergleichbar gemacht. Der Substitutionsprozeß zwischen Arbeitskräften und Fonds, der eigentlich die materielle Grundlage zur Präzisierung der Produktivitätssteigerung ist, kann jedoch auf diese Weise nicht berücksichtigt werden. Deshalb ist das Ergebnis eine Rechengröße, die unmittelbar keine realen ökonomischen Ergebnisse ausdrückt. Den Schritt zur realen Vergleichbarmachung geht auch Kaz nicht, der Arbeitsproduktivität und Fondsquote multipliziert. Das offene Problem besteht nicht in formalen mathematischen Gleichsetzungen, sondern in der Suche nach dem ökonomisch begründeten Vergleichsmaß-

60 Wobei: N = Nationaleinkommen, B = Arbeitskräfte, F = Produktionsfonds, α = Reproduktionskoeffizient, der aussagt, wieviel Prozent des Zuwachses der Arbeitsproduktivität 1% Erhöhung der Fondsquote entsprechen. Vgl. K. B. Lejkina, Intensivierung der gesellschaftlichen Produktion als Faktor der Erhöhung ihrer Effektivität, in: Theoretische und methodologische Probleme der Erhöhung der Effektivität der sozialistischen gesellschaftlichen Produktion. Thesen der Vorträge und Beiträge der sowjetischen Teilnehmer an der internationalen Konferenz zu diesen Fragen, veranstaltet von der Akademie der Wissenschaften der UdSSR, Institut für Wirtschaftswissenschaften, Moskau 1974, S. 83ff.

stab. Dazu ist es notwendig, über die unmittelbaren Beziehungen zwischen Arbeitsproduktivität und Fondsquote hinauszugehen.

Einen Ansatz in dieser Richtung unternimmt Počkin, der vom *Zuwachs des Nationaleinkommens infolge Zunahme der Zahl der Beschäftigten und infolge Steigerung der Arbeitsproduktivität ausgeht.* Entsprechend der marxistisch-leninistischen Auffassung von der Substitution lebendiger Arbeit durch Fonds konzentriert er sich folgerichtig auf den Zuwachs des Nationaleinkommens infolge Steigerung der Arbeitsproduktivität. Lebendige Arbeit und Fonds macht Počkin vergleichbar, indem er den Nationaleinkommenszuwachs aus Steigerung der Arbeitsproduktivität mit dem Fondszuwachs zu einer Art von modifizierten Zuwachskoeffizienten der Fondsquote verbindet. Damit wird der Fondszuwachs gewichtet. Die zur Begründung der Gewichtung aussagefähigste Formel lautet[61]:

$$E = \frac{\Delta N_1}{\alpha_0 \Delta B_1 + \beta_1 \Delta F_1}.$$

Hierbei wird der gesamte Zuwachs des Nationaleinkommens mit dem Nationaleinkommen aus extensiver Erweiterung von Arbeitskräften und Fonds verglichen. Je niedriger letzteres, desto höher ist die Effektivität. Hinsichtlich der Behandlung der lebendigen Arbeit ist die Lösung eindeutig. Die Gewichtung der Fonds läßt jedoch eine Reihe von Fragen offen. Der Effektivitätszuwachs setzt sich zusammen aus:

— zusätzlichem Nationaleinkommenszuwachs infolge Steigerung der Arbeitsproduktivität;

— der Differenz zwischen dem tatsächlichen modifizierten Zuwachskoeffizienten der Fondsquote und dem der Basisperiode.

Faktisch wirkt sich danach jede Zunahme des Nationaleinkommens infolge von Produktivitätssteigerung doppelt günstig aus, weil dadurch der modifizierte Zuwachskoeffizient der Fondsquote automatisch positiver wird. Der Vorschlag von Počkin löst folglich die Fondsgewichtung nicht. Insbesondere bedürfen hierbei folgende Fragen einer weiteren Untersuchung:

61 Vgl. P. Počkin, Messung der Effektivität der gesellschaftlichen Produktion, in: Voprosy ėkonomiki, 6/1974, S. 84; wobei: ΔN = Nationaleinkommenszuwachs, α = Arbeitsproduktivität (netto), B = Beschäftigte, F = Fonds, 0 = Basisperiode, 1 = Berichtsperiode, $\beta_1 = \frac{\Delta'' N}{\Delta F_1}$, wobei $\Delta'' N = \Delta N_1 - \alpha_0 \Delta B_1$.

— die Klärung des ökonomischen Gehalts des modifizierten Zuwachskoeffizienten der Fondsquote;

— der Einfluß von Veränderungen in der Beschäftigtenzunahme auf die Aussage des modifizierten Zuwachskoeffizienten der Fondsquote;

— die Anwendung eines modifizierten Zuwachskoeffizienten anstelle des Bestandskoeffizienten der Fondsquote, während die eingesparte lebendige Arbeit vom Bestandskoeffizienten der Arbeitsproduktivität ausgeht.

Vom Ansatz her gibt der Vorschlag von Počkin jedoch grundsätzliche Anregungen, in welcher Richtung die Untersuchungen zur Vergleichbarmachung von Arbeitsproduktivität und Fondsquote weitergeführt werden sollten.

Von den Substitutionsbeziehungen zwischen lebendiger Arbeit und Fonds geht auch der Vorschlag einer verallgemeinernden Kennziffer der Effektivität von Konstantinova aus.[62] Als Vergleichsmaßstab dienen die *Freisetzungsaufwendungen*. Mit ihrer Hilfe werden die Produktionsgrundfonds in der Zahl der „bedingten" Arbeitskräfte ausgedrückt. Die Freisetzungsaufwendungen liegen inhaltlich dem Äquivalenzkoeffizienten zugrunde, der über die lineare korrelative Abhängigkeit zwischen Fondsausstattung und Arbeitsproduktivität ermittelt wird. Zunächst kann unterstrichen werden, daß der Freisetzungsaufwand grundsätzlich einen Ausgangspunkt für das Vergleichbarmachen von lebendiger Arbeit und Fonds bilden kann. Im Vorschlag von Konstantinova bleiben einige Fragen offen, wie zum Beispiel:

— Der Freisetzungsaufwand, der das Ergebnis von Zuwachsgrößen charakterisiert, wird ohne eine Brücke direkt auf die Bestandsgrößen der Fonds bezogen. Zuwachs- und Bestandsgrößen sind jedoch nicht ohne weiteres direkt vergleichbar.

— Es wird nicht berücksichtigt, daß der Freisetzungsaufwand nur bei Annahme gleichbleibender Fondsquote Hinweise auf Fondseinsparungen gibt. Bei Konstantinova kann das Wachsen der ökonomischen Effektivität mit dem der Arbeitsproduktivität identisch sein. Das widerspricht dem Substitutionsprozeß, der in jedem Fall mit Aufwendungen verbunden ist.

— Es wird von der Quantität der Arbeitskräfte ausgegangen. Die Anforderungen des Substitutionsprozesses an die Qualität beziehungsweise die Reproduktionskosten der Arbeitskraft werden nicht berücksichtigt.

62 Vgl. L. Konstantinova, Methodik des Aufbaus einer verallgemeinernden Kennziffer der ökonomischen Effektivität, in: Vestnik statistiki, 4/1974, S. 37ff.

An diesen offenen Problemen zeigt sich, daß zur Messung der Effektivität der Substitution über den Freisetzungsaufwand hinausgehende Überlegungen notwendig sind.

2.3.4.3. *Zur Kombination von Kennziffern der Arbeitsproduktivität und Akkumulation*

Die Entwicklung der Akkumulationsrate als „Vorleistung" für die Produktivitätssteigerung wird der *Kennziffer der „Effektivität der gesellschaftlichen Arbeit"* (Langendorf und andere) zugrunde gelegt. Die Effektivitätssteigerung ergibt sich hierbei aus dem Verhältnis der Arbeitsproduktivitätssteigerung zur Veränderung der Akkumulationsrate unter Berücksichtigung eines vergleichbaren Basisgewichts der Akkumulationsrate (bezeichnet als Gesamtaufwand zu effektiven Preisen).

Die Aufgabe bestehe darin, diejenigen Beziehungen zwischen Arbeitsproduktivitätssteigerung und Akkumulation zu bestimmen, die bei höchstmöglicher Steigerung der Arbeitsproduktivität mindestens einen gleichbleibenden Effektivitätszuwachs sichern. Auf dieser Grundlage wird eine notwendige steigende Entwicklung der Fondsquote ermittelt, die zeigt, in welchem Maße eine bestimmte Steigerung der Arbeitsproduktivität mit einer bestimmten Entwicklung der Akkumulation (Fondsausstattung) verbunden sein darf, damit ein mindestens gleichbleibender Effektivitätszuwachs gewährleistet wird.

Hieraus ergeben sich folgende Probleme:

— Die Entwicklung der produktiven Akkumulation wird mit der Veränderung der Fondsausstattung pro Arbeitskraft gleichgesetzt. In welchem Maße die Fondsausstattung bei gegebener Entwicklung der Akkumulation steigt, hängt von dem Verhältnis der extensiven und intensiven Akkumulationsteile sowie vom Anteil der Akkumulation aus dem Ersatzfonds (Reproduktions- und Umverteilungseffekt von Amortisationen) ab.

— Die Akkumulationsrate umfaßt nur einen Teil der Fondserweiterung. Auf diese Weise wird die „notwendige" Entwicklung der Fondsquote stark von den Entwicklungstendenzen der Akkumulationsrate beeinflußt.

— Die Forderung nach einer steigenden Fondsquote, um einen gleichbleibenden Effektivitätszuwachs zu erzielen, ist ungenügend begründet. Dabei wird ein Gleichbleiben der Fondsquote als nicht ausreichend für die Sicherung eines gleichbleibenden Effektivitätszuwachses angesehen, da sich die Wertstruktur zwischen Akkumulation und laufendem Aufwand ständig zugunsten des Akkumulationsaufwandes verändert. Letzteres trifft vollständig für die Entwicklung der Fondsausstattung zu. Es gilt jedoch nicht für die definierte „Wertstruktur“ als Verhältnis vom Akkumulationsaufwand zu laufendem Aufwand, denn das würde einen ständig steigenden Anteil der Akkumulationsaufwendungen am Wertvolumen des Nationaleinkommens bedeuten.

2.3.4.4. *Zur Anwendung von Produktionsfunktionen für die Effektivitätsbeurteilung*

Die Produktionsfunktion bezieht sowohl die Aufwendungen (an Grund- beziehungsweise Produktionsfonds und lebendiger Arbeit) als auch das Ergebnis (Nationaleinkommen) im physischen Volumen ein.[63]

Ihre Aussage entspricht vor allem den Zielen von langfristigen Vorausschätzungen, da

— die Prognose des volkswirtschaftlichen Reproduktionsprozesses mit der Einschätzung der Wachstumsmöglichkeiten des physischen Nationaleinkommensvolumens beginnt;

— mit der Entwicklung des physischen Nationaleinkommensvolumens und der eingesetzten lebendigen Arbeit und Fonds wesentliche Einflußfaktoren der Wertentwicklung pro Produkt gegeben sind. Gerade hier zeigen sich aber besonders deutlich die Aussagegrenzen der Produktionsfunktionen.[64] Die Aussagekraft einer Produktionsfunktion hängt davon ab, daß die Beziehungen zwischen den Beschäftigten und Fonds ökonomisch eindeutig fixiert werden („Faktorenladungen“ zu bestimmen).[65]

Beschäftigte und Fonds treten nur in einem Spezialfall, nämlich dann, wenn es bei einem der Produktionselemente nicht ausgenutzte Kapazitäten gibt, als nebeneinanderstehende unabhängige Variable auf. In einem solchen Fall können sich zum Beispiel bei Existenz unausgenutzter Grundfonds die Arbeitskräfte und damit das Nationaleinkom-

[63] Die Grundform der Produktionsfunktion $N = f(B, F)$ drückt zunächst nur den allgemeinen Tatbestand aus, daß das Nationaleinkommen von der Entwicklung der lebendigen Arbeit und der Produktionsfonds abhängig ist.

[64] So bleiben bei der Produktionsfunktion von Nasilowski einige Fragen der ökonomischen Interpretation der Kennziffern offen, die die Gewichtung zwischen lebendiger Arbeit und Fonds betreffen.

[65] Zu „Faktorenladungen“ vgl. Walter Jahn, Hans Vahle, Die Faktorenanalyse, Berlin 1970.

men vermehren, ohne daß eine Zunahme des Fondsbestandes erforderlich ist.

Normalerweise ist es aber notwendig, die Proportionalitätsbedingungen der Wachstumsfaktoren zu berücksichtigen.

Obwohl die mathematische Form der Produktionsfunktion insbesondere in der UdSSR, ČSSR und VR Bulgarien sowohl für die Beurteilung des intensiven Zuwachses abgelaufener Zeiträume als auch für Vorausschätzungen des zukünftigen Nationaleinkommenswachstums genutzt wird, sind ihre Aussagen nicht unproblematisch. Sie gibt in relativ grober Annäherung bei vereinfachten Voraussetzungen die Tempi und Richtungen der Entwicklung des extensiven und intensiven Wachstums des Nationaleinkommens als empirisches Ergebnis wieder. Der technische Fortschritt wird isoliert von der Akkumulation der Fonds und der wachsenden Qualifikation der Arbeitskräfte betrachtet. Trotz verschiedener Methoden zur besseren Approximation der Parameter fehlt noch immer eine Bewertungsmethode, die den ökonomischen Anforderungen gerecht wird. Hajek/Kutta/Toms schätzen deshalb den gegenwärtigen Stand so ein:

„Das Hauptproblem dieser Methode besteht darin, eine zuverlässige Bewertungsmethode für die Parameter zu finden und den technischen Fortschritt von dem Beitrag der extensiven Wachstumsquellen abzugrenzen.“[66]

Das ist im Grunde genommen kein Problem der weiteren mathematischen Verfeinerung der Produktionsfunktion, sondern dahinter verbergen sich ungelöste Probleme der Vergleichbarmachung von Arbeitsproduktivität und Fondsquote.

Auf einige Probleme bei der ökonomisch sinnvollen Berücksichtigung der Beziehungen zwischen lebendiger Arbeit und Fonds mit Hilfe statistischer Produktionsfunktionen soll deshalb hingewiesen werden.

1. *Die Unterteilung des Produktionswertes in eine systematische* (eindeutig durch ein bestimmtes System von für die Produktion notwendigen Faktoren determiniert) *und eine Restkomponente.*

Produktionsfunktionen, deren Elastizitätskoeffizienten durch die Zu-

66 Toms und andere treten für eine globale Effektivitätskennziffer ein, die als Aufwendungen die Produktionsressourcen einbezieht. Hierbei schlagen sie eine Variante vor, die sich letzten Endes auf die Reduktionskostenformel stützt. Als zweite Variante bauen sie die Formel von Trapeznikov aus. Vgl. M. Toms u. a., Zur Problematik der Messung der volkswirtschaftlichen Effektivität in der ČSSR, Beitrag zur internationalen Konferenz „Theoretische und methodologische Probleme der Erhöhung der Effektivität der gesellschaftlichen Produktion, Moskau, November 1974, S. 14ff.

rechnung des Nationaleinkommens bestimmt werden[67], können unter den Voraussetzungen gleichbleibender absoluter Substitutionselastizität und einer Verteilung des Nationaleinkommens auf Lohn und Reineinkommen im Verhältnis von 1:1 ermitteln, wie sich das Nationaleinkommen bei ausschließlich extensiver Erweiterung von Beschäftigten und Fonds entwickelt hätte. Bei der Analyse abgelaufener Zeiträume kann dann der „Rest" durch Differenzbildung zum tatsächlich erreichten Nationaleinkommen festgestellt werden. Der „Rest" wäre, wenn die genannten einschränkenden Bedingungen erfüllt wären, eindeutig ein statistisches Ergebnis. Er bildet keine unabhängige Variable neben den Beschäftigten und Fonds und enthält sowohl Auswirkungen des technischen Fortschritts als auch der besseren Ausnutzung vorhandener Fonds. Dadurch wird die Anwendbarkeit der Produktionsfunktionen für die Prognose wesentlich eingeschränkt.

2. *Zur absoluten und relativen Elastizitätsfunktion der Substitution.*

Die *absolute Substitutionselastizität* gibt an, um wieviel Einheiten die Grundfonds wachsen müßten, wenn die Arbeitskräftezahl um eine Einheit verringert wird und eine konstante Produktion gewährleistet werden soll. Unter der Voraussetzung konstanter Produktion sind die Substitutionsbeziehungen entweder über die absolute Substitutionselastizität g ($g = \delta P/\partial B : \delta P/\partial F$) mit Hilfe der Produktionsfunktion auf Basis der Zurechnung darstellbar oder mit Hilfe des Freisetzungsaufwandes pro Arbeitskraft. Der Freisetzungsaufwand pro Arbeitskraft ist ein Maß für die Substitution, das sich direkt aus den technisch-ökonomischen Beziehungen des Substitutionsprozesses lebendiger Arbeit durch Fonds ableiten läßt. *Die absolute Substitutionselastizität müßte deshalb der Entwicklung des Freisetzungsaufwandes entsprechen, wenn sie den Substitutionsprozeß real erfassen soll.*

Bei gleichbleibendem Nationaleinkommensvolumen und einfacher Substitution lebendiger Arbeit durch Fonds stimmen die absolute Substitutionselastizität g und der Freisetzungsaufwand pro Arbeitskraft dann überein, wenn bei der Ausgangsvariante eine Verteilung des Nationaleinkommens auf Lohn und Reineinkommen im Verhältnis von 1:1 vorliegt. In diesem Falle bleibt das Verhältnis von Durchschnittslohn und Fondsrentabilität gleich. *Dieses Gleichbleiben zeigt unter den genannten einschränkenden Bedingungen, daß bei einer Steigerung der Arbeitsproduktivität, die lediglich der einfachen Substitution*

[67] Die Zurechnung ist aus der Stellung der Produktionselemente nicht zu begründen. Nur unter dieser *falschen* Voraussetzung kann jedoch zur Zeit das Ergebnis ökonomisch interpretiert werden.

lebendiger Arbeit durch Fonds entspricht, eine Steigerung des Durchschnittslohnes nicht möglich ist. Steigt der Freisetzungsaufwand pro Arbeitskraft über das Ausgangsniveau der Fondsausstattung (immer bei Annahme eines gleichbleibenden Nationaleinkommensvolumens), dann sinkt das Reineinkommen pro Fondseinheit ab.[68]

Wenn jedoch die unreale Voraussetzung einer Verteilung des Nationaleinkommens auf Lohn- und Reineinkommen im Verhältnis 1:1 fallengelassen wird, dann würde sich bei gleichbleibendem Nationaleinkommensvolumen und einfacher Substitution lebendiger Arbeit durch Fonds eine veränderte absolute Substitutionselastizität ergeben.[69] Diese

[68] Schematisches Beispiel:

	V.0	1	2	3	4
Fr	.	2	2	2	2
A	10	11	13,75	18,35	27,50
N	1100	1100	1100	1100	1100
L	550	500	400	300	200
R	550	600	700	800	900
∅ *L*	5	5	5	5	5
FR	2,50	2,50	2,50	2,50	2,50
g	2	2	2	2	2

wobei: *Fr* = Freisetzungsaufwand, *A* = Arbeitsproduktivität, *L* = Lohn, *R* = Reineinkommen, *FR* = Fondsrentabilität, *g* = absolute Substitutionselastizität

[69] Schematisches Beispiel mit einer von 1:1 abweichenden Ausgangsverteilung des Nationaleinkommens auf Lohn und Reineinkommen bei einfacher Substitution lebendiger Arbeit durch Fonds und gleichbleibendem Nationaleinkommensvolumen:

	V.0	1	2	3	4
N	1100	1100	1100	1100	1100
L	500	455	364	273	182
R	600	654	763	872	981
∅ *L*	4,54	4,54	4,54	4,54	4,54
FR	2,72	2,72	2,72	2,72	2,72
N'	1100	1109	1127	1145	1163

Das schematische Beispiel bestätigt, daß bei einer von 1:1 abweichenden Ausgangsverteilung des Nationaleinkommens auf Lohn und Reineinkommen bei gleichbleibendem Nationaleinkommensvolumen und einfacher Substitution lebendiger Arbeit durch Fonds ein Gleichbleiben der absoluten Substitutionselastizität, das den Voraussetzungen der einfachen Substitution entsprochen hätte, nicht eingehalten werden kann. Bei gleichbleibender absoluter Substitutionselastizität würde sich ein fiktives Nationalwiderspiegelt die Verwertungsbedingungen des Kapitals, entspricht aber nicht den Veränderungen in der materiell-stofflichen Kombination lebendiger Arbeit und Fonds. Im Gegensatz zum Kapitalismus interessiert aber im Sozialismus die Einsparung gesellschaftlicher Arbeit überhaupt. *Die Aussage der absoluten Substitutionselastizität g auf Basis der Zurechnung (und nur auf dieser Basis ist sie sinnvoll und überhaupt anwendbar) entspricht folglich nicht den ökonomischen Anforderungen einer Erfassung der Substitutionsbeziehungen unter sozialistischen Verhältnissen.*

3. Die „*relative Elastizitätsfunktion der Substitution*“

Diese stellt die Veränderung der Fondsausstattung pro Arbeitskraft zur Veränderung der absoluten Substitutionselastizität ins Verhältnis. Von den verzerrenden Auswirkungen der Zurechnung bereinigt, kann die „relative Substitutionselastizität“ auf das Entwicklungsverhältnis von Fondsausstattung pro Arbeitskraft und relativem Freisetzungsaufwand zurückgeführt werden.

4. *Zur ökonomischen Interpretation der sogenannten Isoproduktkurven*[70]

Die Punkte der Isoproduktkurven stellen die Kombinationsmöglichkeiten von Arbeitskräften und Grundfonds dar, die jeweils alle zum gleichen Produktionsergebnis führen. Ihre Aussage, daß „bei sinkender Arbeitskräftezahl der Grundfondszuwachs bei konstanter freizusetzender Arbeitskräftezahl zunimmt“, beruht ökonomisch begründet auf der Tatsache, daß die Substitution lebendiger Arbeit durch Fonds eine Zunahme der Grundfondsausstattung pro Arbeitskraft erfordert und bei konstanter Fondsquote sich der Freisetzungsaufwand pro Arbeitskraft mit der Grundfondsausstattung verändert. Infolge der vereinfachten Prämissen der sogenannten Isoproduktkurven werden bei Anwendung der Zurechnung jedoch diese Zusammenhänge nicht deutlich. Ebenfalls führen diese unrealen Voraussetzungen dazu, daß das Niveau der Isoproduktkurven nur über den sogenannten Restfaktor erklärt werden kann.

5. *Zur Begründung der Koeffizienten der Produktionsfunktion mit Hilfe der Akkumulations- und Konsumtionsrate*

einkommensvolumen ergeben (N'), das von dem unter den genannten Bedingungen produzierten Nationaleinkommens abweicht. Das bedeutet, daß g verändert werden müßte. Diese Veränderung kann aber beim Ausgehen vom Restfaktor nicht bestimmt werden.

70 Vgl. Hans Waschkau, Konzeption statistischer Produktionsfunktionen, in: Statistische Praxis, 11/1969, S. 639.

Hierbei werden die Arbeitskräfte mit der Ausgangskonsumtion pro Beschäftigten gewichtet. Die Fonds werden mit der Rate der Fondserweiterung der Basisperiode multipliziert. Wird extensive Erweiterung mit gleichbleibender Effektivität identifiziert, dann führt diese Fondsgewichtung nur dann zu richtigen Ergebnissen, wenn die Rate der Fondserweiterung mit den Fondsanforderungen bei gleichbleibender Fondsquote übereinstimmt. Da sich im allgemeinen das Wachstumstempo des Nationaleinkommens verändert, gilt diese Prämisse nicht.

Wird die Kombination der Ressourcen bis zur Optimierung geführt, treten Fragen der ökonomischen Interpretation mit der Ausnutzung von Dualbewertungen für die volkswirtschaftliche Effektivitätsbeurteilung auf.

— Die Dualbewertungen geben den Beitrag der jeweiligen Ressource an, den diese zur Zielfunktion leistet. In Abhängigkeit davon, mit welcher Zielfunktion und welchen Restriktionen das jeweilige Optimierungsmodell arbeitet, können sich folglich unterschiedliche Bewertungen für die gleiche Ressourcenart ergeben. Die volkswirtschaftliche Effektivitätsrechnung dagegen muß normative Anforderungen an die Ressourcenbewertung stellen, die gewisse stabile Rahmenbedingungen für die Ausnutzung von Effektivitätsreserven in den Wirtschaftseinheiten bilden können. Die Verwendbarkeit der Dualbewertungen als Ressourcenbewertungen hängt deshalb entscheidend davon ab, daß die reproduktionstheoretischen Untersuchungen zur Kombination der Wachstumsfaktoren es ermöglichen,
  a) ein volkswirtschaftliches Optimierungsmodell für die effektivste Kombination der Wachstumsfaktoren zu entwickeln, das für den „Mittelbereich" des ökonomischen Grundgesetzes gilt,
  b) entweder eine einheitliche Effektivitätskennziffer herauszuarbeiten, die als Zielfunktion dieses Optimierungsmodells dienen kann, oder ein solches in sich geschlossenes System von Effektivitätskennziffern zu entwickeln, das nach sukzessiver Abarbeitung auf eine insgesamt maximale Effektivitätssteigerung orientiert,
  c) Effektivitätsberechnungen, die einseitig entweder von der Entwicklung des physischen Volumens oder von der Wertentwicklung pro Produkt ausgehen, zu einer Einheit materieller und wertmäßiger Prozesse zusammenzuführen.

— Die Interpretation der Dualbewertungen als Ressourcenbewertungen stellt Anforderungen an die Effektivitätsrechnung. Modelltheoretisch erhält jede beliebige Restriktion des Optimierungsmodells eine Dualbewertung, unabhängig davon, ob diese Restriktion mit einer Ressource identisch ist oder nicht. Wird zwecks Optimierung des Nationaleinkommens eine voroptimierte Akkumulation als Restriktion eingegeben und nach der Konsumtion maximiert, dann erhält neben den Arbeitskräften, Grundfonds und anderen auch die Akkumulation eine Dualbewertung. Ähnlich ist es, wenn eine Mindestentwicklung der Konsumtion als Restriktion vorgegeben und nach der „Mehrkonsumtion" maximiert wird. *Damit die Dualbewertungen als Ressourcenbewertungen dienen können, muß folglich das Restriktionssystem die Ressourcen in Verbindung mit den einmaligen und laufenden Aufwendungen richtig erfassen.*

Das setzt unter anderem die Klärung solcher Fragen voraus, welche Aufwandsarten in die Effektivitätsrechnung einzubeziehen sind; wie deren Beziehungen zu den Fonds beschaffen sein müssen, über die ihre Reproduktion erfolgt (zum Beispiel zu den Bildungs- und Forschungsaufwendungen) und wie schließlich die laufenden Aufwendungen abgeleitet werden können.

— Weiterhin geht es um den ökonomischen Inhalt der Dualbewertungen und ihre Einordnung in die marxistische Arbeitswerttheorie.[71]

Die Dualbewertungen geben den Grenzwert des Beitrages der Ressourcen zur Zielfunktion an, die gerade noch in die optimale Lösung einbezogen werden. „Knappe" Ressourcen erhalten eine Bewertung, während nicht genutzte Ressourcen, das heißt Ressourcen, die nicht voll in die optimale Lösung einbezogen werden, einer Nullbewertung unterliegen. Für die Ausnutzung der Dualbewertungen als Ressourcenbewertung[72] entstehen damit folgende Probleme:

a) Steht die Bewertung der Ressourcen nach dem „Grad ihrer Knappheit" in Widerspruch zur Bestimmung des Wertes durch die gesellschaftlich notwendige Arbeit?

b) Auch nicht völlig ausgenutzte Ressourcen erfordern Reproduktionsaufwendungen, verlangen folglich eine Bewertung.

Die Beantwortung der Frage nach dem Verhältnis zur gesellschaftlich notwendigen Arbeit steht in enger Beziehung zur Zielfunktion. Die gerade noch in die optimale Lösung einbezogenen Ressourcen gehören dann zur gesellschaftlich notwendigen Arbeit, wenn die Zielfunktion darin besteht, für ein in der Grundrichtung bedarfs-

[71] Vgl. dazu unter anderem W. W. Nowoshilow, Messung von Aufwand und Ergebnis, Berlin 1970, S. 326.

[72] Unter Ressourcenbewertung wird eine solche Verteilung des gesellschaftlichen Produkts nach den Reproduktionserfordernissen verstanden, durch die insgesamt der gesellschaftliche Gesamtarbeitsaufwand erfaßt und auf seine Minimierung orientiert wird. Dabei wird von den Anforderungen der Bedarfsentwicklung ausgegangen.

gerecht strukturiertes Endprodukt die minimalen gesellschaftlichen Aufwendungen beziehungsweise die maximale Effektivitätssteigerung zu ermitteln. Daraus folgt, daß die gesellschaftlich notwendige Arbeit über die entsprechende Formulierung der Zielfunktion und der Restriktion direkt mit der Optimierungsaufgabe zugrunde gelegt werden muß. Wenn beispielsweise bei gegebenen Ressourcen nach der maximalen Konsumtion gefragt wird, dann kann mit dieser Optimierungsaufgabe keine Antwort nach der gesellschaftlich notwendigen Arbeit gegeben werden, weil diese Frage der Optimierungsaufgabe direkt nicht gestellt und hier nur ein Teilproblem behandelt wird.

Auch die mögliche Nullbewertung von Ressourcen steht nicht grundsätzlich im Widerspruch zur Ausnutzung für die Effektivitätsrechnung. Nullbewertungen von Ressourcen müssen auf jeden Fall auf ihre ökonomischen Hintergründe hin untersucht werden mit dem Ziel (bei genereller Berücksichtigung von Reserven), sie abzubauen. Entweder werden weitere Faktorenkombinationen untersucht, die eine volkswirtschaftlich effektive Ausnutzung aller Ressourcen gestatten, oder die Nullbewertung gibt Hinweise darauf, welche Ressourcen aus dem gesellschaftlichen Reproduktionsprozeß ausscheiden können (zum Beispiel durch zusätzliche Möglichkeiten der Aussonderung veralteter Grundfonds oder die Erweiterung der Beschäftigten im nichtproduktiven Bereich).

Bereits an diesen ausgewählten Beispielen wurde deutlich, daß eine wesentliche Qualifizierung der volkswirtschaftlichen Effektivitätsrechnung erreicht werden kann, wenn das methodische Instrumentarium der Optimalplanung ausgenutzt wird. Die Optimalplanung selbst bildet jedoch keine eigene theoretische Konzeption der volkswirtschaftlichen Effektivitätsrechnung und kann diese nicht ersetzen.

Zusammenfassend muß von der eindeutigen Feststellung ausgegangen werden, daß die betrachteten Vorschläge zur Messung der Effektivität der Ressourcennutzung auf die produktionstechnische Effektivität ausgerichtet sind, die nicht mit der ökonomischen Effektivität übereinstimmt.[73] *Das bedeutet, daß diese Seite der Effektivitätsrechnung durch die Effektivität der laufenden Aufwendungen ergänzt werden muß.* Erst die

[73] Der Unterschied zwischen dem produktionstechnischen und dem ökonomischen Optimum sowie die Konsequenzen, die sich daraus für die Einordnung der Dualbewertungen ergeben, die auf keinen Fall mit den Preisen gleichgesetzt werden können, wird ausführlich von Kotov behandelt. Vgl. I. W. Kotow, Mathematische Methoden in der Ökonomie und politische Ökonomie des Sozialismus, Berlin 1974, S. 118.

Einheit dieser beiden Seiten entspricht der ökonomischen Effektivität. *Zugleich wurde jedoch deutlich, daß auch die Messung der Effektivität der Ressourcennutzung noch keineswegs als voll gelöst angesehen werden kann.* Da die Steigerung der Effektivität der Ressourcennutzung im Kern auf Substitutionsprozessen (das heißt Veränderungsprozessen) beruht, ist es fraglich, ob die Kombination von Bestandskennziffern der Effektivität diese Prozesse richtig widerspiegeln kann. *Eine Kombination von Bestands- und Zuwachsgrößen der Effektivität wird dem ökonomischen Inhalt dieser Veränderungsprozesse besser gerecht.* Ausgangspunkt dafür könnte die Steigerung der Arbeitsproduktivität sein, die in relativ eingesparten Arbeitskräften ausgedrückt und mit den Substitutionsaufwendungen vergleichbar gemacht wird. Damit werden die Widersprüche vermieden, die beim Bestreben entstehen, Arbeitskräfte und Fonds als Bestandsgrößen gegenseitig ineinander umzurechnen.

2.3.5. Konzeptionen zur zusammenfassenden Beurteilung der Effektivität von Ressourcen und Aufwendungen

Von vornherein muß eingeschätzt werden, daß gegenwärtig die Kennziffern der Effektivität der Ressourcennutzung und die Kennziffern der Aufwendungen an laufender gesellschaftlicher Gesamtarbeit in der Praxis mehr oder weniger isoliert voneinander entwickelt und angewendet werden. Die Reduktionskoeffizienten werden in der Regel nicht aus der Effektivität der Ressourcennutzung (höchstens aus einer Ressourcenart, wie der Effektivität der Investitionen) abgeleitet. Ansätze zu einer gemeinsamen Analyse von Effektivität der Ressourcennutzung und der Aufwendungen gibt es lediglich bei Notkin und Kvaša, die aber beide Maßstäbe nebeneinanderstellen, wobei sie der Effektivität der Aufwendungen das Primat beimessen. Die noch ungelösten Probleme bei der Messung der Effektivität der Aufwendungen sind mit durch dieses isolierte Herangehen begründet. Aus der Effektivität der Ressourcennutzung ergeben sich nämlich unmittelbare Konsequenzen für die Reproduktionsaufwendungen, die durch die gesellschaftlichen Arbeitsaufwendungen abgedeckt werden müssen. Das bedeutet, daß von der Qualität der Effektivitätsmessung für die Ressourcennutzung die Aussagekraft von Effektivitätsrechnungen für laufende Aufwendungen wesentlich mit abhängt.

Die verschiedenen Methoden zur Messung der Effektivität der Aufwendungen lassen sich auf folgende Grundrichtungen zurückführen:

— Vergleichbarmachung von einmaligem und laufendem Aufwand

mit Hilfe der Reduktionskostenformel[74] (zum Beispiel durch Kantorovič/Vajnštejn, Chačaturov, Plyševski, Černjavski, Nick, Köhler/Steeger/Steinitz).

— Ermittlung der laufenden Reproduktionskosten pro Einheit des Gesamtprodukts, Nationaleinkommens oder der Selbstkosten (Notkin, Nachtigal; mit gewissen Modifizierungen Kusminov, Čerkovec).[75]

— Vergleichbarmachung von laufenden und einmaligen Aufwendungen über die basisgewichtete Kostenkennziffer. Diese ist vom Ansatz her auch dafür geeignet, die laufenden Aufwendungen mit einem „System der Fondsökonomie" zu verbinden (Bichtler/Maier, Kratsch).[76]

74 Vgl. B. Plyševskij, Planung der Effektivität der gesellschaftlichen Produktion, in: Planovoe chozjajstvo, 2/1972, S. 73; V. O. Černjavskij, Ėffektivnost' proizvodstva i optimalnoe planirovanie, Moskva 1973; Harry Nick, Technische Revolution und Ökonomie der Produktionsfonds, Berlin 1967, S. 148; L. V. Kantorovič, A. L. Vajnštejn, Über die Berechnung der Effektivitätsrate auf der Grundlage des Einproduktemodells für die Entwicklung der Volkswirtschaft, in: Ėkonomika i matematičeskie metody, 5/1967; Gerhard Köhler, Horst Steeger, Klaus Steinitz, Kriterien zur Bestimmung der ökonomischen Effektivität der Entwicklung der gesamten Volkswirtschaft und der einzelnen Zweige im Perspektivplan, in: Wirtschaftswissenschaft, 3/1966, S. 380; H.-J. Hildebrand, S. Schellenberg, D. Ufer, Die Aufwandskennziffer als Mittel zur ökonomischen Bewertung von Investitionen, in: Wirtschaftswissenschaft, 12/1963, S. 1938; H.-J. Hildebrand, P. Hedrich, D. Ufer, Die Wirtschaftlichkeitsrechnung, Leipzig 1970, S. 38; T. S. Chačaturov, Probleme der Effektivität der gesellschaftlichen Produktion, in: Theoretische und methodologische Probleme der Erhöhung der Effektivität der sozialistischen gesellschaftlichen Produktion, Thesen der sowjetischen Teilnehmer auf der internationalen Konferenz der Akademie der Wissenschaften der UdSSR zu Problemen der Effektivität, Moskau 1974, S. 2.

75 V. Nachtigal, Zur Frage der Kriterien Extensität, Intensität und Effektivität des wirtschaftlichen Wachstums, Politická ekonomie (Prag), 3/1966; A. I. Notkin, Die Typen der erweiterten Reproduktion und die Wechselbeziehungen zwischen den Faktoren der ökonomischen Entwicklung, in: Faktoren und Kriterien der intensiv erweiterten Reproduktion im Sozialismus, hg. v. K. Bichtler u. H. Maier, Berlin 1972 (Deutsche Akademie der Wissenschaften zu Berlin — Schriften des Zentralinstituts für Wirtschaftswissenschaften, Nr. 1); ders., Kriterien der ökonomischen Effektivität der sozialistischen Produktion, in: Voprosy ėkonomiki, 7/1974, S. 109; I. I. Kuzminov, Očerki političeskoj ėkonomiki sozializma, Moskva 1971, S. 269; W. N. Tscherkowez, Das ökonomische Grundgesetz des Sozialismus und die Hauptaufgabe des Fünfjahrplans, in: Sowjetwissenschaft, Gesellschaftswissenschaftliche Beiträge, 3/1972, S. 284.

76 Karl Bichtler, Harry Maier, Die Messung des Arbeitsaufwandes als politökonomisches Problem, Habilitationsschrift, Hochschule für Ökonomie, Berlin 1966; vgl. M. Hajek, F. Kutta, M. Toms, Das extensive und intensive Wachstum der sozialistischen Ökonomie und Methoden seiner Messung, in: Wissenschaft — Ökonomie — Fortschritt, hg. v. Lev Gatovskij, František Kutta, Harry Maier, Berlin 1974 (Akademie der Wissen-

— Ermittlung der vollen gesellschaftlichen Aufwendungen, ausgedrückt in Arbeitsstunden (Tolkačov, Kvaša, Sasanskij, Rudolph).[77]

Wie die Analyse dieser Vorschläge zeigt[78], liegen ihnen auf Grund unterschiedlicher theoretischer Voraussetzungen Unterschiede in den Raten und Relationen bei der Reduzierung der Aufwendungen für die Ressourcen zugrunde, so daß sie zu beträchtlich unterschiedlichen Steigerungsraten der Effektivität führen. Die Analyse gibt zugleich Hinweise auf ungelöste Probleme und damit einige Richtungen der künftigen Vervollkommnung der Effektivitätsmessung.

Übersicht zu verschiedenen Kennziffern der Effektivität der Aufwendungen

Autor und Formel	Formel auf vereinfachte Grundaussage zurückgeführt
Vergleichbarmachung von einmaligem und laufendem Aufwand mit Hilfe der Reduktionskostenformel	
Plyševski	
$E = \frac{N}{M + V + K \cdot E_n}$	$\frac{v + m}{c + v + m'}$

schaften der DDR — Schriften des Zentralinstituts für Wirtschaftswissenschaften, Nr. 6). S. 68/69.

[77] Vgl. Problemy teorii i analiza éffektivnosti ovščestvennogo proizvodstva, hg. v. A. Tolkačov, Moskva 1972, Kapitel III; Ja. Kvaša, Messung der Effektivität der gesellschaftlichen Produktion, in: Voprosy ėkonomiki, 5/1974, S. 123; Ja. Sasanskij, Volkswirtschaftliche Arbeitsintensität der Produktion — Grundlage der Bewertung der gesellschaftlichen Arbeitsproduktivität (am Beispiel der Landwirtschaft), in: Planovoe chozjajstvo, 11/1973, S. 148; Johannes Rudolph, Die Optimierung des volkswirtschaftlichen Produktionsplanes mit Hilfe der Volkswirtschaftsbilanz, Berlin 1962, S. 27; J. Dorošin, Analyse der volkswirtschaftlichen Proportionen durch die Methode der Berechnung der vollen Arbeitsaufwendungen, in: Planovoe chozjajstvo, 5/1974, S. 104.

[78] Vgl. u. a. Autorenkollektiv, Planung der Volkswirtschaft in der DDR, Berlin 1970, S. 230.

(Fortsetzung Übersicht)

Autor und Formel	Formel auf vereinfachte Grundaussage zurückgeführt
Chačaturov	
$E = \dfrac{v + m}{\underbrace{v + m + a}_{P} + EF}$ $E = \dfrac{N}{p + EF}$	$\dfrac{v + m}{c_a + v + m + EF}$
Hildebrand/Hedrich/Ufer	
$E = \dfrac{K \cdot q_A^n \cdot \dfrac{qA - 1}{qA^n - 1} + b}{P}$	$\dfrac{c + v + ma}{c + v + m}$
Köhler/Steeger/Steinitz	
$E = F_i \cdot 0{,}3 \cdot 0{,}2 + A_i$	$\dfrac{c + v + m'}{c + v + m}$
Nick	
$E = F\left(\genfrac{}{}{0pt}{}{n}{q} - 1\right) + \sum_{1}^{n} Sk$	$c + v + m'$
Ermittlung der laufenden Reproduktionskosten pro Einheit des Gesamtprodukts oder Nationaleinkommens	
Notkin	
$E = \dfrac{N}{c + v + ma}$	$\dfrac{v + m}{c + v + ma}$
Nachtigal	
$E = \dfrac{c + v + ma}{P}$	$\dfrac{c + v + ma}{c + v + m}$

(Fortsetzung Übersicht)

Autor und Formel	Formel auf vereinfachte Grundaussage zurückgeführt
Kusminov	
$\frac{N}{Sk}$	$\frac{v + m}{c + v}$
Čerkovec	
$\frac{K_{iwS}}{P - ma}$	$\frac{v + mk}{c + v + mk}$
Vergleichbarmachung von laufenden und einmaligen Aufwendungen über die basisgewichtete Kostenkennziffer	
$E_{1,0} = \frac{P_1}{P_0} : \frac{B_1 h_1 l_0 + B_{i1} n_0 + F_1 a_0 + F_1 z_0}{B_0 h_0 l_0 + B_{i0} n_0 + F_0 a_0 + F_0 z_0}$	$\frac{c + v + b' + z}{c + v + m}$
Ermittlung der vollen gesellschaftlichen Aufwendungen, ausgedrückt in Arbeitsstunden	
Kvaša	
$E = \frac{IN}{I(B_m + B_{nq} + F^+)}$	$\frac{v + m}{\Delta c + v + ma}$

wobei:

N = Nationaleinkommen,
K = Investitionen,
E = Effektivität,
M und C = Ersatzfonds der materiellen Anwendungen,
V und L = Lohnfonds,
E_n = normativer Nutzkoeffizient der Investitionen,
m = Reineinkommen,
m' = (normiertes) Reineinkommen,
a und C_a = Amortisation,
p = Endprodukt,
EF = Summe von Produktionsgrundfonds, Umlauffonds und Lohnfonds,
q_A^n = Akkumulationsfaktor,
b = laufende Betriebskosten,
P = Gesamtproduktion,

ma = produktive Akkumulation,
Fi = Fondsintensität,
A_i = Arbeitsintensität,
Sk = Selbstkosten,
q = Zinsfaktor,
b' = jährliche Amortisation der Bildungsfonds,
z = Produktionsfondsabgabe,
Bi = Bildungsfonds,
Bi_n = Rate des jährlichen Aufwandes an Bildungsfonds,
h = durchschnittliche Zahl der Arbeitsstunden pro Beschäftigten,
B_m = Beschäftigte in der materiellen Produktion,
B_{nq} = Beschäftigte der nichtproduktiven Sphäre für die Ausbildung von Arbeitskräften der produktiven Sphäre,
F^+ = in Arbeitskräfte umgerechneter Fondszuwachs,
K_{iwS} = Konsumtion im weiteren Sinne,
mk = für die Konsumtion verwendeter Teil des Mehrprodukts,
n = Nutzungsdauer,
I = Index.

2.3.5.1. *Zur Vergleichbarmachung von laufendem und einmaligem Aufwand über einen Reduktionskoeffizienten der Fonds*

Hierbei werden die Fonds als einmalige Aufwendungen, die ihren Wert sukzessiv auf das Produkt übertragen, mit den laufenden Aufwendungen entweder mit Hilfe des Reduktionskoeffizienten der Investitionen (normativer Nutzkoeffizient als Verhältnis von Investitionen zu Reineinkommenszuwachs[79], zum Beispiel Plyševski, Köhler/Steeger/Steinitz) oder mit Hilfe gewisser Modifizierungen dieses Reduktionskoeffizienten vergleichbar gemacht. Solche Modifizierungen sind zum Beispiel die Fondsrentabilität (wie bei Černjavski als Verhältnis des Mehrprodukts zu den Fonds), die Verzinsung (über die Wachstumsrate des Nationaleinkommens oder die Rate der Produktionsfondsabgabe) oder auch normative Anforderungen an die Reproduktionsaufwendungen der Produktionsfonds.

Die Reduktionskostenformel hat für den Vergleich von Investitionsvorhaben, die sich durch die Relationen von Investitionen und laufenden Aufwendungen unterscheiden, ihre Berechtigung. Dabei sind in der Regel die volkswirtschaftlichen Effektivitätsanforderungen an das Ein-

[79] Vgl. Methodik zur Bestimmung des ökonomischen Nutzeffekts der Einführung der neuen Technik, der Mechanisierung und Automatisierung der Produktionsprozesse in der Industrie, 1. Überarbeitung, Moskau 1970.

zelvorhaben vorgegeben. Da hierbei der Rahmen für die Bewertung der Effektivitätsentwicklung bereits abgesteckt ist, kann dieses Herangehen jedoch nicht einfach auf die volkswirtschaftliche Ebene übertragen werden. Mit der Vergleichbarmachung von laufenden und einmaligen Aufwendungen durch die Fondsbewertung auf volkswirtschaftlicher Ebene sind deshalb eine Reihe von offenen Problemen verbunden.

— In den Fällen, in denen die Fonds mit Hilfe des normativen Nutzkoeffizienten der Investitionen reduziert werden, besteht im Grunde genommen Nichtvergleichbarkeit. Indem faktisch die Investitionseffektivität auf die Fondseffektivität übertragen wird, unterstellt man damit zugleich, daß Fondsquote, Aktivierungsgrad der Investitionen sowie Verhältnis zwischen Amortisationen und Aussonderungen gleichbleiben. Damit sind Verzerrungen in der Effektivitätsaussage verbunden.

— In der volkswirtschaftlichen Effektivitätsrechnung geht es nicht allein um die effektivste Kombination von laufenden und einmaligen Aufwendungen für Produktionsmittel, sondern auch um den volkswirtschaftlich effektivsten Einsatz von lebendiger Arbeit. Diese geht bei den genannten Vorschlägen jedoch lediglich über die Lohnkosten in die Aufwendungen ein. Dadurch werden die Reproduktionserfordernisse der lebendigen Arbeit nicht umfassend einbezogen. In Abhängigkeit von den relativen Veränderungen in den Reproduktionserfordernissen von Produktionsfonds und lebendiger Arbeit, die mit zunehmender Intensivierung zwangsläufig eintreten, wird dadurch die tatsächliche Effektivitätsentwicklung falsch ausgewiesen.

— Die Fondsbewertung beruht teilweise auf den normativen und teilweise auf den tatsächlichen Reproduktionserfordernissen der Fonds. Dadurch sind die Ergebnisse nicht vergleichbar.

— Bei allen genannten Varianten der Reduktion verläuft die Effektivitätsentwicklung in starker Anlehnung an die Entwicklung der Grundfondsquote beziehungsweise des Investitionskoeffizienten.[80]

— Das Maß der normativen Bewertung der Produktionsfonds wird mit dem Nutzeffektskoeffizienten vorausgesetzt. Um es zu ermitteln, ist im Grunde genommen eine optimale Kombination aller Wachstumsfaktoren mit dem Ziel der höchsten Effektivitätssteigerung erforderlich, aus der dann die Anforderungen an die Effektivitätsentwicklung der einzelnen Produktionselemente abgeleitet werden können. Das

80 Ergebnis von vergleichenden Rechnungen einer Reihe von Effektivitätskennziffern. Vgl. Autorenkollektiv, Zu Grundfragen der sozialistischen Wachstumstheorie, Berlin 1968, S. 76.

bedeutet, daß ihrer Bestimmung die volkswirtschaftliche Effektivitätsrechnung vorausgehen muß. Der normative Nutzkoeffizient der Investitionen wurde jedoch tatsächlich isoliert aus den Beziehungen zwischen Investitionen und ihrem Ergebnis ermittelt.

Außerdem muß berücksichtigt werden, daß die Anwendung der reduzierten Aufwendungen der Investitionen selbst durch eine Reihe von Umständen eingeschränkt wird. Kurganskaja[81] verweist darauf, daß die absolute Summe der reduzierten Aufwendungen nach Jahren nicht vergleichbar ist, daß die Entwicklung solcher Teilkriterien wie Arbeitsproduktivität, Fondsquote und Gewinn nicht immer den Veränderungen der reduzierten Aufwendungen entspricht, was insbesondere durch die Nichtvergleichbarkeit des Umfangs der Produktion bedingt ist. Um diese Mängel zu beseitigen, schlägt Kurganskaja vor, die Effektivität an den Selbstkosten pro Rubel Warenproduktion, korrigiert durch die Veränderung der Fondsintensität, zu messen.[82]

Dieser Vorschlag überzeugt nicht. Dadurch würden sich solche absurden Konsequenzen ergeben, daß zum Beispiel bei gleichbleibender Fondsquote die gesellschaftliche Kost den Selbstkosten entspricht. Bei sinkender Fondsquote wäre die gesellschaftliche Kost höher als die Selbstkosten, und bei steigender Fondsquote würde die gesellschaftliche Kost unter die Selbstkosten sinken. Daß dies ökonomisch nicht sinnvoll ist, ergibt sich daraus, daß sich in der Veränderung der Fondsintensität nicht die normierten Reproduktionsaufwendungen der Fonds ausdrücken. Hierin zeigt sich zugleich, daß die gesellschaftliche Kost nicht durch eine direkte Verbindung zwischen Selbstkosten und Effektivitätskoeffizienten der Ressourcen ermittelt werden kann.

Zusammenfassend muß betont werden, daß Nutzeffektsnormative nicht unter dem Aspekt der Inanspruchnahme einer einzelnen Ressource (Teilkriterium der Effektivität) bestimmt werden können, sondern nur unter Einbeziehung der Gesamtheit der zusätzlichen Ressourcen und ihrer Konsequenzen für die Effektivitätsentwicklung. Der Normativkoeffizient für den Nutzeffekt von Investitionen ist deshalb aus der Gesamtheit der Anforderungen an die effektivste Kombination der Pro-

81 Vgl. N. Kurganskaja, Methoden der Bestimmung der Kennziffer der Effektivität der Produktion, in: Planovoe chozjajstvo, 10/1973, S. 110.

82 $E = S \cdot I_f;\ I_f = \frac{F2}{F1}$, wobei: E = ökonomische Effektivität der Produktion, S = Selbstkosten pro Rubel Warenproduktion, I_f = Index der Entwicklung der Fondsintensität, F = Fondsintensität der Produktion.

duktionselemente abzuleiten. Dadurch kann er die Widersprüche vermeiden, die bei seiner isolierten Bestimmung unvermeidlich sind.

2.3.5.2. *Zur Aussage der laufenden Reproduktionskosten pro Einheit der Produktion (Reproduktionskoeffizient)*

Die Ermittlung der Reproduktionskosten ist im Grunde genommen ebenfalls eine Abart der oben genannten Vergleichbarmachung von laufenden und einmaligen Aufwendungen. Ein Unterschied besteht darin, daß für die Reproduktionsaufwendungen der Fonds unmittelbar die produktive Akkumulation eingesetzt wird. Die Effektivitätsentwicklung drückt sich hierbei als Abnahme der Reproduktionskosten (Produktionsverbrauch, Lohnkosten, produktive Akkumulation) pro Einheit des Gesamtprodukts oder Nationaleinkommens aus.

Auch die Variante Notkins, die sich speziell auf die Zuwachsgrößen bezieht, läßt sich auf diese Grundform zurückführen. Durch den Ausweis der Aufwendungen in laufenden Preisen kann Notkin die tatsächlichen Aufwendungen an gesellschaftlicher Arbeit realer fassen als bei vergleichbaren Preisen.[83] Zugleich hat jedoch der Vorschlag Notkins mit den anderen Vorschlägen der Reproduktionsaufwendungen eine Reihe von offenen Problemen gemein, die seine Aussagekraft für die volkswirtschaftliche Effektivitätsmessung beeinträchtigen. Dazu gehören vor allem:

— Es werden nicht die gesamten gesellschaftlichen Arbeitsaufwendungen berücksichtigt. Die über die Lohnkosten hinausgehenden Reproduktionsaufwendungen für die lebendige Arbeit werden nicht einbezogen, wodurch sich Grenzen für die Ökonomie der Zeit ergeben. Gerade dieser nicht erfaßte Teil der Reproduktionsaufwendungen wächst mit zunehmender Intensivierung wesentlich.

— Die produktive Akkumulation kann nicht in allen ihren Teilen in gleicher Weise bewertet werden. Soweit sie der Beschleunigung des Nationaleinkommenswachstums dient, ist sie bereits mit Bestandteil der Effektivitätssteigerung.

— Der ökonomische Sinn der produktiven Akkumulation als Aufwandsfaktor erschließt sich nur in Verbindung mit dem aktivierten Teil der Investitionen, die den Nationaleinkommenszuwachs des gegebenen

[83] Der Vergleich in gleichbleibenden und laufenden Preisen nach der Notkinschen Formel bringt nur dann reale Aussagen, wenn zugrunde gelegt wird, daß die Preisveränderungen aus Veränderungen des gesellschaftlich notwendigen Aufwands resultieren.

Jahres beeinflussen. Das bedeutet, den Zeitfaktor in geeigneter Weise zu berücksichtigen.

Diese Probleme zeigen, daß die Effektivitätsentwicklung nicht erfaßt werden kann, wenn den laufenden Aufwendungen an vergegenständlichter und lebendiger Arbeit nur ein Teil der Reproduktionsaufwendungen der Ressourcen hinzugefügt wird. Mit der Einbeziehung der tatsächlichen produktiven Akkumulation bleibt die Aufgabe bestehen,

a) die Reproduktionserfordernisse der Produktionsfonds *normativ* zu bestimmen;

b) die Aufwendungen für die übrigen Ressourcen, insbesondere die Reproduktionsaufwendungen für die Arbeitskraft *voll* mit in die Bewertung einzubeziehen;

c) zu überprüfen, inwieweit sich neue Erkenntnisse für die Beziehungen zwischen Effektivität und Wachstum gewinnen lassen, wenn nicht die Zuwachsgrößen insgesamt, sondern die Aufwendungen für die erweiterte Reproduktion, untersucht werden.[84]

Kusminov schlägt vor, *als Reproduktionskosten lediglich $c + v$, das heißt die Selbstkosten, dem Nationaleinkommen gegenüberzustellen.* Diese Kennziffer gibt indirekt vor allem eine Aussage über die relative Reineinkommensentwicklung. Als Teilkriterium für die Ökonomie der laufenden Aufwendungen ist diese Kennziffer aussagekräftig, wenn aus der Sicht der gesamtvolkswirtschaftlichen Effektivitätsentwicklung ein normiertes Verhältnis zwischen der Entwicklung von Lohnfonds und Mehrprodukt abgeleitet wurde. Offen bleibt jedoch die Verbindung zur Effektivität der Ressourcennutzung.

Eine modifizierte Form des Reproduktionskoeffizienten, sowohl was die Ergebnis- als auch was die Aufwandsgrößen betrifft, wird von Čerkovec vorgeschlagen. *Čerkovec betrachtet nur einen Teil des Nationaleinkommens als Ergebnisgröße, nämlich die Konsumtion im weiteren Sinne.* Dagegen zählt er zu den Aufwendungen den Ersatzfonds zuzüglich der Konsumtion im weiteren Sinne, das heißt die laufenden Aufwendungen für die vergegenständlichte Arbeit und die Aufwendungen für die einfache und erweiterte Reproduktion der lebendigen Arbeit. Bei diesem Ansatz bestimmt die Entwicklung des Ersatzfonds primär die relative Effektivitätsentwicklung. Damit wird jedoch nicht voll dem Ziel der sozialistischen Produktion entsprochen, weil die produktive

[84] Das würde bedeuten, aus dem Nenner der Formel von Notkin ($\Delta c + \Delta v + ma$) den Zuwachs des Materialverbrauchs beziehungsweise gegebenenfalls des gesamten Ersatzfonds zu eliminieren und den Zuwachs der gesellschaftlichen Konsumtion sowie der Akkumulation in den nichtproduktiven Bereichen hinzuzufügen.

Akkumulation als progressive Funktion der Gesellschaft nicht berücksichtigt wird. Insgesamt kann der Ansatz von Čerkovec durch die Überbetonung der Reproduktionsaufwendungen für die lebendige Arbeit und das Außerachtlassen der Aufwendungen für die erweiterte Reproduktion der Produktionsmittel zu einseitigen Schlußfolgerungen über die Effektivitätsentwicklung führen.

Insgesamt zeigte sich als Hauptproblem der verschiedenen Vorschläge zur Effektivitätsmessung auf Basis der Reproduktionskosten die Normierung der Reproduktionsaufwendungen für die Arbeitskräfte und die Produktionsmittel. Damit wird die Notwendigkeit bestätigt, eine enge Verbindung zu den Konsequenzen aus der Effektivität der Ressourcennutzung herzustellen.

2.3.5.3. *Zur basisgewichteten Kostenkennziffer*

Die basisgewichtete Kostenkennziffer will die gesellschaftlichen Arbeitsaufwendungen über die Transformation der Fonds in Flußgrößen erfassen. Sie geht grundsätzlich von der Prämisse aus, alle Ressourcen mit ihren laufenden und reduzierten einmaligen Reproduktionsaufwendungen in die Effektivitätsermittlung einzubeziehen, um auf diese Weise dem gesellschaftlichen Gesamtarbeitsaufwand nahezukommen. Dabei wird die basisgewichtete Selbstkostenentwicklung erweitert, indem die Produktionsfonds mit der Produktionsfondsabgabe und die Bildungsfonds mit ihrer Amortisation belegt werden. Die Kennziffernkonstruktion läßt ebenfalls die Einbeziehung der Forschungsfonds zu. Theoretische Grundlage der Kostenkennziffer ist die Schaffung eines einheitlichen Systems der Fondsökonomie. Der Lösungsansatz hat vor allem für sich, daß versucht wird, solche Prozesse wie die Bildung und Forschung einzubeziehen, die von wachsendem Einfluß auf die Effektivitätsentwicklung sind. Zugleich wirft der theoretische Ansatz jedoch eine Reihe von Problemen auf. Dazu gehören insbesondere:

— die Frage nach der Berechtigung eines umfassenden Systems der Fondsökonomie, insbesondere der Verbindung von Produktions-, Bildungs- und Forschungsfonds.[85] Der Bildungsfonds und die auf seiner Grundlage ermittelte Bildungsfondsausstattung pro Beschäftigten sowie auch die Beziehung von Bildungsfonds- und Grundfondsausstattung

[85] Eine solche Zusammenfassung der Produktions-, Bildungs- und Forschungsfonds zu sogenannten technologischen Fonds wird auch von Haustein vorgeschlagen. Vgl. Heinz-Dieter Haustein, Messung der volkswirtschaftlichen Intensivierung — Zur Methodologie, Berlin 1975 (Forschungsberichte des Zentralinstituts für Wirtschaftswissenschaften der Akademie der Wissenschaften der DDR, Nr. 17).

bieten gute Grundlagen für den effektiven Einsatz der Bildungsaufwendungen und für die rationelle Proportionierung von Bildungsfonds und Grundfonds. Während die Berechtigung von Bildungs- und Forschungsfonds für Teilaussagen der Bildungs- und Forschungsökonomie anerkannt wird[86], müssen jedoch Bedenken gegen ihre Zusammenführung zu einem einheitlichen System der Fondsökonomie erhoben werden.

a) Vom Standpunkt der Arbeitswerttheorie ergeben sich Einwände, die in die Qualifikation der Arbeitskraft eingehenden Bildungsaufwendungen unter dem Gesichtspunkt der Effektivitätsmessung als Fonds, das heißt als einmaligen Aufwand zu fassen. Im Maße, wie der Bildungsaufwand zur Qualifikation beiträgt, schafft er mit die materiellen Grundlagen für die Neuwertschöpfung durch die Arbeitskraft. Es besteht jedoch keine direkte Kausalbeziehung zwischen Bildungsaufwendungen, Qualifikation und Neuwert pro Arbeitskraft. Der Bildungsaufwand bestimmt in Verbindung mit der Rationalität des Ausbildungsprozesses den potentiellen Kompliziertheitsgrad der gesellschaftlichen Arbeit. Die tatsächliche Neuwertproduktion hängt vor allem von der Einsatzstruktur der Ausgebildeten für den produktiven und unproduktiven Bereich, von der tatsächlichen Ausschöpfung ihres Qualifikationsniveaus, der Intensität und dem Geschick der Arbeit ab.[87] Das bedeutet, daß aus den Ausbildungskosten weder direkt noch indirekt die Neuwertbildung abgeleitet werden kann. Es ist deshalb nicht gerechtfertigt, analog wie bei den Produktionsfonds davon auszugehen, daß der Bildungsfonds sukzessiv von der lebendigen Arbeit auf das Produkt übertragen wird.[88]

86 Das bedeutet nicht, daß alle für den Bildungsfonds vorgeschlagenen Kennziffernkombinationen als ökonomisch sinnvoll angesehen werden können. So ist beispielsweise die Verbindung von Bildungsfondsausstattung und Nettoproduktivität zur Bildungsfondsintensität ökonomisch nicht ausreichend begründet, da die Bildungsfondsausstattung in keiner direkten Beziehung zur Nettoproduktion steht.

87 Auf die in den bisher empfohlenen Methoden zur Reduktion der Arbeit auf Grund des Ausbildungsaufwandes enthaltenen ungelösten Fragen geht zusammenfassend Gomberg ein. Vgl. Ja. Gomberg, Die Reduktion der Arbeit im Sozialismus, in: Voprosy ėkonomiki, 7/1970, S. 83.

88 Diese Auffassung wird auch von Gomberg/Mošenskij vertreten. Sie erklären die Position Kovyženkos für theoretisch und methodologisch falsch. Kovyženko erklärt den Fakt, daß die qualifizierte Arbeit mehr Neuwert schafft, dadurch, daß der Wert der Aufwendungen für die Qualifikation auf das neugeschaffene Produkt übertragen werde. Vgl. Ja. Gomberg, M. Mošenskij, Über einige strittige Fragen der Theorie der Reduktion der Arbeit, in: Mirovaja ėkonomika i meždunarodnye otnošenija, 8/1974, S. 83ff.

Einer Bestimmung des Neuwerts durch die Ausbildungskosten liegt die bereits von Marx kritisierte Smithsche Auffassung zugrunde, daß der Neuwert durch den Arbeitslohn, das heißt den Wert der Ware Arbeitskraft bestimmt werde.

b) Mit der Einbeziehung der Bildungsfonds in ein System der Fondsökonomie werden Aufwendungen der produktiven und unproduktiven Sphäre miteinander vermischt.

Sowohl Effektivitätsrechnungen für die produktive als auch für die unproduktive Sphäre dienen der rationelleren Ausnutzung der gesellschaftlichen Arbeit. Während jedoch im produktiven Bereich die Erweiterung der *materiellen* Voraussetzungen für die Zielrealisierung interessiert, geht es im nichtproduktiven Bereich um deren Nutzung zur bestmöglichen Bedürfnisbefriedigung. Daraus ergibt sich die primäre Stellung der Bildung als Bestandteil der sozialistischen Zielrealisierung.[89] Diese reproduktionstheoretische Abgrenzung schließt zugleich ein, daß die Bildungsaufwendungen und ihr Einfluß auf Qualifikationsniveau und -struktur der Werktätigen in enger Relation zu den produktiven Aufwendungen geplant werden müssen.

c) Da die Bildungsaufwendungen nur einen, wenn auch im Anteil zunehmenden Bestandteil der Reproduktionsaufwendungen des sozialistischen Werktätigen umfassen, muß die Frage gestellt werden, wie die übrigen Reproduktionskosten, die ebenfalls über die laufenden Lohnkosten hinausgehen, mit berücksichtigt werden können.

— die Begründung für die Bewertungskoeffizienten der Produktions- und Bildungsfonds. Auch hier wird, wie bei den schon genannten Vorschlägen, die Auswahl der effektivsten Kombinationen lebendiger Arbeit und Fonds bereits vorausgesetzt, indem die Produktionsfonds mit der Produktionsfondsabgabe bewertet werden. Zugleich wird aber die Bewertung der lebendigen Arbeit über die Amortisation des Bildungsfonds nach völlig anderen Kriterien vorgenommen.

Insgesamt bestätigen die bisherigen Erfahrungen mit der Kostenkennziffer, daß sie von der mathematischen Konstruktion her durchaus in der Lage ist, die Effektivität der Aufwendungen und der Ressourcennutzung miteinander zu verbinden. Das ungelöste Hauptproblem besteht jedoch in der Ableitung allseitig begründeter Reduktionskoeffizienten aus der Effektivität der Ressourcennutzung.

[89] Die Einordnung des Bildungswesens in die sozialistische Zielrealisierung muß deshalb besonders betont werden, weil es zum Beispiel in der bürgerlichen Ökonomie Vorstellungen gibt, die Bildungsaufwendungen unter der Klassifizierung als „Persönliches Kapital" direkt in die Aufwandsrechnung einzubeziehen (Zielrealisierung ist für sie Mehrwertproduktion).

2.3.5.4. *Zur Ausnutzung der vollen gesellschaftlichen Aufwendungen, ausgedrückt in Arbeitsstunden*

Das Bestreben, die Effektivitätsentwicklung mit Hilfe der vollen Arbeitsaufwendungen unmittelbar in Stunden einfacher Arbeit zu messen, resultiert vor allem aus den Einschränkungen, die sich aus den bestehenden Preisen für die Effektivitätsrechnung ergeben. So weist Dorošin darauf hin, daß sich in Abhängigkeit von der jeweiligen Preisbewertung völlig unterschiedliche Entwicklungsrelationen zwischen den Gruppen A und B nachweisen lassen. Beispielsweise steigt nach den Plankennziffern für 1971 bis 1975 die Gruppe A auf Basis der Preise des Endverbrauchs schneller als B. Auf Grundlage der Großhandelspreise wächst jedoch umgekehrt die Gruppe B schneller als die Gruppe A.[90]

Solche Beispiele könnte man fortführen. Es sei nur an unterschiedliche Preisbewertungen gleicher Produkte in Abhängigkeit vom Verwendungszweck als Produktionsmittel oder Konsumtionsmittel im Inlandsbedarf oder für den Export erinnert sowie an die Bewertung neuer, insbesondere importierter Grundmittel im Vergleich zu den bereits vorhandenen Grundfonds.

Um Verzerrungen in der Effektivitätsaussage infolge nicht vergleichbarer Preise zu vermeiden, wird deshalb von verschiedenen Autoren vorgeschlagen, sowohl die Effektivität der Ressourcennutzung als auch die Effektivität der Aufwendungen in Stunden einfacher Arbeit auszudrücken. Solche Vorschläge wurden unter anderem von Kvaša, Dorošin und Haustein bis zu praktischen Aussagen und Schlußfolgerungen geführt. Die Konfrontation der Ergebnisse der wertmäßig und der in Stunden einfacher Arbeit ausgedrückten Effektivitätsrechnung zeigte teilweise erhebliche Unterschiede, ja sogar Gegenläufigkeiten. Es ist deshalb notwendig, aus theoretischer und praktischer Sicht die Berechtigung, den Anwendungsbereich und die Aussagekraft der unmittelbaren Arbeitszeitrechnungen einzuschätzen.

Die Vertreter der unmittelbaren Arbeitszeitrechnung im Sozialismus berufen sich in der Regel auf den Hinweis von Marx, wonach im Sozialismus der Warenfetischismus verschwinde und die wirkliche gesellschaftliche Kost in Arbeitszeit ausgedrückt werde.[91]

[90] Vgl. die Berechnungen von J. Dorošin, Analyse der volkswirtschaftlichen Proportionen durch die Methode der Berechnung der vollen Arbeitsaufwendungen, in: Planovoe chozjajstvo, 5/1974, S. 104.

[91] Vgl. Karl Marx, Grundrisse der Kritik der politischen Ökonomie, Berlin 1953, S. 88/89.

Davon ausgehend, muß die Frage gestellt werden, ob beim erreichten Entwicklungsstand der Produktivkräfte und Produktionsverhältnisse im Sozialismus die unmittelbare Effektivitätsrechnung in Arbeitszeit bereits objektiv möglich und notwendig geworden ist. Das bedeutet, daß das Primat hierbei nicht die mathematische Beherrschbarkeit des Problems besitzt, sondern die Reife oder Unreife des Charakters der kommunistischen Arbeit. Der Übergang zur unmittelbaren Messung in Arbeitszeit wird folglich erst möglich in einer höheren Phase des Kommunismus.[92]

Die fiktive Umrechnung der Gesamtarbeitsaufwendungen in Arbeitszeit widerspricht der Existenz der sozialistischen Warenproduktion und damit der Notwendigkeit, die volkswirtschaftliche Effektivitätsrechnung im Sozialismus auf Basis von Wertkategorien zu realisieren. Da jedoch bereits im Sozialismus sich Keime der kommunistischen Arbeit entwickeln und immer mehr ausweiten, entsteht die berechtigte Frage, für welche Anwendungsgebiete bereits im Sozialismus die unmittelbare Messung in Arbeitszeit berechtigt und systematisch zu entwickeln ist[93] und für welche Anwendungsgebiete dies künstlich und vorwiegend Spekulation wäre.

Als Hauptprobleme für die unmittelbare Messung in Arbeitszeit stellten sich insbesondere das Reduktionsproblem komplizierter auf einfache Arbeit sowie die Umrechnung der in Produktionsmitteln vergegenständlichten Arbeit in Stunden einfacher Arbeit dar.

Ausgehend von den jeweils vorhandenen objektiven Voraussetzungen für die Messung in Stunden einfacher Arbeit, sind hierfür vor allem zwei Seiten von Bedeutung:

— Es geht vor allem um echte Aussagen zur Reduktion komplizierter auf einfache Arbeit, die dem tatsächlichen Entwicklungsstand der Produktion entsprechen. Dazu würden zum Beispiel Aussagen über die Zeitaufwendungen zur Qualifikation, zur Veränderung in der Quali-

92 Vgl. auch S. Atlas, Effektivität der Produktion — Kategorie der politischen Ökonomie und Anforderungen der ökonomischen Politik, in: Planovoe chozjajstvo, 6/1974, S. 74ff. Das wird durch Untersuchungen von Haustein bestätigt, wonach der allgemeine Reduktionskoeffizient der Arbeit nach Erreichen eines Maximums abnehmen wird. Darin zeigt sich die zunehmende Annäherung der komplizierten Durchschnittsarbeit der gesellschaftlichen Produzenten. Vgl. Heinz-Dieter Haustein, Messung der volkswirtschaftlichen Intensivierung — Zur Methodologie, Berlin 1975 (Forschungsberichte des Zentralinstituts für Wirtschaftswissenschaften der Akademie der Wissenschaften der DDR, Nr. 17).

93 Vgl. Gerhard Richter, Die Einheit von Ökonomie der Zeit und Ökonomie der Fonds bei der Intensivierung, in: Wirtschaftswissenschaft, 8/1974, S. 1121.

fikationsstruktur und deren Einfluß auf die Steigerung der Arbeitsproduktivität gehören. Ein solcher rationeller Ansatz ist beispielsweise im Vorschlag zur Reduktion komplizierter auf einfache Arbeit von Sasanskij enthalten.[94] Sasanskij lehnt — wie die bisherigen Erfahrungen zeigen, berechtigt – die Anwendung des Tarifsystems als Grundlage für die Reduktion ab. Er entwickelte eine Qualifikationsgruppierung für die Arbeit in der materiellen Produktion. Nach Qualifikationsstufen wird hierbei die zur Qualifikation für die jeweilige Arbeitsart notwendige Zeit in Jahren angegeben.

In Verbindung mit dem Tarifkoeffizienten, dem Bruttoeinkommen pro Arbeiter und dem Reineinkommen wird dann die reduzierte bezahlte Stundenleistung in Zeit ermittelt.

Dieser Ansatz kann gute Analysemöglichkeiten sowohl für bildungsökonomische Fragen als auch für die Ermittlung von Reserven zur Produktivitätssteigerung aufzeigen. Er wird jedoch überfordert, wenn er als Gegenpol zur wertmäßigen Effektivitätsrechnung die vollen gesellschaftlichen Aufwendungen ausdrücken soll.

— Ausgehend von den noch ungelösten Reduktionsproblemen[95] und den Problemen der Umrechnung der Produktionsmittel in Arbeitszeit, müssen gegenwärtig noch von vornherein alle Vorschläge als überspitzt abgelehnt werden, die die Ressourcen- oder Aufwandseffektivität allein unmittelbar in Arbeitszeiteinheiten ausdrücken wollen. Dafür sind die objektiven Voraussetzungen noch nicht reif. Das wird de facto durch die widerspruchsvollen Ergebnisse der umfangreichen Berechnungen von Kvaša bestätigt. Der zusätzliche Aufwand für die komplizierten Umrechnungen bringt keine überzeugende neue Qualität in der Aussage, so daß Kvaša selbst wieder einige Ressourcenarten (Wissenschaft für die Produktion, natürliche Ressourcen) ausschließt, die das Ergebnis noch unsicherer werden lassen.

In Verbindung damit muß auch gegen Dorošin polemisiert werden.[96] Er vergleicht die wertmäßigen Relationen von Ersatzfonds und Nationaleinkommen mit denen, die sich auf Grund der unmittelbaren Zeitrech-

[94] Vgl. Ja. Sasanskij, Volkswirtschaftliche Arbeitsintensität der Produktion, in: Planovoe chozjajstvo, 11/1973, S. 148. Dabei muß jedoch ausdrücklich betont werden, daß das Gesamtkonzept von Sasanskij zur Ermittlung der volkswirtschaftlichen Arbeitsintensität für den Aufwand lebendiger und vergegenständlichter Arbeit nicht unterstützt werden kann.

[95] Vgl. Ja. Gomberg, Die Reduktion der Arbeit im Sozialismus, in: Voprosy ėkonomiki, 7/1970, S. 83.

[96] J. Dorošin, Analyse der volkswirtschaftlichen Proportionen durch die Methode der Berechnung der vollen Arbeitsaufwendungen, in: Planovoe chozjajstvo, 5/1974, S. 104.

nung ergeben würden. Dabei stellt er fest, daß die Zeitrelationen richtiger die Marxsche These von der Zunahme des Anteils der vergegenständlichten Arbeit widerspiegeln. Dem liegt jedoch der Trugschluß zugrunde, daß das Verhältnis von Ersatzfonds und Nationaleinkommen im Rahmen des Gesamtprodukts die Anteile des Verbrauchs vergegenständlichter und lebendiger Arbeit widerspiegelt. Hier kann nicht vom Gesamtprodukt, sondern muß von der Gesamterzeugung ausgegangen werden.

Insgesamt lassen sich aus der Analyse der Vorschläge zur Messung der Effektivität der Aufwendungen folgende hauptsächlichen Schlußfolgerungen ableiten:

— Es wurde bestätigt, daß eine Effektivitätsmessung weder allein auf der Basis der Ressourcen noch allein auf der Basis der Aufwendungen die volkswirtschaftliche Effektivitätsentwicklung richtig widerspiegelt. Gegenüber dem isolierten Herangehen ist das Nebeneinanderstellen von Kennziffern der Effektivität der Ressourcennutzung und der Aufwendungen (bei Notkin und Kvaša) bereits ein Fortschritt. Eines der Hauptprobleme zur Vervollkommnung der Effektivitätsrechnung ist jedoch die Herstellung einer unmittelbaren Verbindung zwischen der Effektivität der Ressourcennutzung und der Aufwendungen. Dabei deutet sich als Lösung an, diese Verbindung über die normierten Reproduktionsaufwendungen der Ressourcen herzustellen, die damit zugleich die Funktion von Reduktionskoeffizienten erfüllen. In der theoretischen Begründung dieser Reduktionskoeffizienten liegen die größten Schwierigkeiten.[97]

— Wertmäßige Effektivitätsrechnung und unmittelbare Messung des gesellschaftlichen Arbeitsaufwandes in Stunden einfacher Arbeit bilden unter sozialistischen Bedingungen keine Alternative. Die wertmäßige Ermittlung der Effektivitätsentwicklung bleibt auch weiterhin das Hauptprinzip. Sie wird sowohl durch Naturalkennziffern als auch durch Arbeitszeitrechnungen ergänzt. Dabei geht es gegenwärtig vor allem um die stärkere Nutzung der Koeffizienten des vollen Arbeitsaufwandes aus der Verflechtungsbilanz für die Qualifizierung der Effektivitäts-

[97] So wird wegen der noch ungelösten Probleme bei der Bestimmung des normativen Nutzkoeffizienten der Investitionen die bereits lange eingeführte Reduktionskostenformel der Investitionen vorwiegend in wissenschaftlich-technischen Instituten und Konstruktionsbüros verwendet, jedoch in der Wirtschaftspraxis wird nach dem Bilanzgewinn bewertet. Dadurch ergeben sich oft Widersprüche im Ausweis des Nutzeffekts zwischen den vorbereitenden Organen und den Anwendern. Vgl. M. Vilenskij, Über die Kriterien der Bewertung der ökonomischen Effektivität der neuen Technik, in: Voprosy ėkonomiki, 10/1974, S. 114f.

rechnung. Demgegenüber scheint das Problem der Reduktion komplizierter auf einfache Arbeit entsprechend den bisher erfolgten Veränderungen im Charakter der Arbeit noch nicht primär ein herangereiftes Problem der Effektivitätsrechnung zu sein, sondern vor allem der Aufdeckung der Gesetzmäßigkeiten in den Beziehungen zwischen Qualifikationsanforderungen und Bildungsprozeß. Deshalb muß entschieden gegen jede Gegenüberstellung von wertmäßiger Effektivitätsrechnung und Arbeitszeitrechnung aufgetreten werden. Zugleich geht es darum, die Arbeiten zur Bestimmung der Aussagekraft der Effektivitätskennziffern sowie zur Eliminierung von Verzerrungen zu verstärken.

— Effektivitätsrechnungen sind sowohl für den produktiven als auch für den nichtproduktiven Bereich durchzuführen, jedoch nicht miteinander zu vermischen. Das bedeutet, daß alle produktiven Vorleistungen unter Beachtung des Zeitfaktors in den Ressourcen und Aufwendungen für den produktiven Bereich erfaßt sein müssen. Darüber hinaus ist es notwendig, die wichtigsten nichtproduktiven Aufwendungen als Bestandteile der Reproduktionsaufwendungen der Arbeitskraft mit als Proportionalitätsbedingungen zu untersuchen. Das bedeutet jedoch nicht, daß sie zum unmittelbaren Gegenstand der Effektivitätsrechnung für den produktiven Bereich werden.

— Ausgehend von den vielfältigen Verflechtungen der Effektivitätskennziffern mit Einflußfaktoren und Auswirkungen, ist es wichtig, zwischen den unmittelbaren Effektivitätskennziffern, den Intensivierungsfaktoren und volkswirtschaftlichen Grundproportionen zu differenzieren.

3. Erste Vorstellungen zur Messung der Effektivität der Substitution lebendiger Arbeit durch Fonds

3.1. *Ermittlung der Effektivitätssteigerung aus besserer Ressourcennutzung für die Volkswirtschaft*

3.1.1. Durch Produktivitätssteigerung relativ eingesparte Arbeitskräfte als Kernpunkt der Effektivitätsmessung

Die Effektivitätsermittlung geht grundsätzlich von der Steigerung der Produktivität der lebendigen Arbeit aus. Deren übergreifende Funktion zeigt sich darin, daß sie entscheidend mit bestimmt, wie die Produktionsfonds ausgenutzt werden. Der aktiven Stellung der Arbeitskraft im Produktionsprozeß entspricht es auch, daß die Substitutionsaufwendungen lediglich die Produktivitätssteigerung der lebendigen Arbeit präzisieren. Nach ihrem vergleichbar gemachten Abzug ergibt sich die Produktivitätssteigerung, die tatsächliche materielle Voraussetzungen für die Verbesserung der sozialistischen Zielrealisierung schafft.

In welchem Maße sich bei gegebener Produktivitätssteigerung die gesellschaftliche Bedürfnisbefriedigung verbessern kann, hängt wesentlich von der Fondsökonomie ab. Um den Einfluß der Fondsökonomie auf die Effektivitätssteigerung nachzuweisen, müssen zunächst die Veränderungen von Arbeitsproduktivität und Fondsintensität vergleichbar gemacht werden.

Arbeitsproduktivität und Fondsintensität können mit Hilfe der Fondsausstattung pro Arbeitskraft aufeinander zurückgeführt werden. Aus dem Zuwachs der Fondsausstattung kann jedoch nicht unmittelbar der Fondsaufwand abgelesen werden, der von der Arbeitsproduktivitätssteigerung abgesetzt werden kann, um die über die einfache Substitution hinausgehende Produktivitätssteigerung zu erhalten. Einfache Substitution lebendiger Arbeit durch Fonds ist ein theoretischer Grenzfall, der vor allem für die ökonomische Begründung der Effektivitätssteigerung von Bedeutung ist. Die Vergleichbarkeit von Arbeitsproduktivität und Fondsintensität wird möglich, indem die Fondsintensität ebenfalls *arbeitskraftbezogen* dargestellt wird.

Eine wichtige Voraussetzung dafür ist der Ausweis der Steigerung der

Arbeitsproduktivität in *der Zahl der dadurch relativ eingesparten Arbeitskräfte.* Eine Arbeitskraft wird durch Steigerung der Arbeitsproduktivität relativ eingespart, wenn die Produktivitätssteigerung dem Ausgangsniveau der Arbeitsproduktivität entspricht. Bei rein extensiver Entwicklung wären für die Produktionserweiterung in Abhängigkeit vom Arbeitsproduktivitätsniveau zusätzliche Arbeitskräfte erforderlich.

Ermittlung der Zahl der durch Arbeitsproduktivitätssteigerung relativ eingesparten Arbeitskräfte[1]

$$Bfr = \frac{\Delta A \cdot B_1}{A_0}$$

wobei:

Bfr — Zahl der durch Arbeitsproduktivitätssteigerung relativ eingesparten Arbeitskräfte

ΔA — Zuwachs der Nettoproduktivität

B — Beschäftigte im produktiven Bereich

A — Nettoproduktivität

$\Delta A \cdot B_1$ — Zuwachs des Nationaleinkommens infolge von Arbeitsproduktivitätssteigerung. Wenn von gleichbleibenden Beschäftigtenzahlen ausgegangen wird, ist dieser mit dem Nationaleinkommenszuwachs identisch.

Mit dem Ausweis der Produktivitätssteigerung in relativ eingesparten Arbeitskräften (vergleiche Tabelle 4) werden folgende Hauptergebnisse erreicht:

— Über die relativen Einsparungen von Arbeitskräften sowie den Fondsaufwand für die relative Einsparung einer Arbeitskraft werden *Arbeitsproduktivität und Fondsintensität miteinander vergleichbar gemacht.*

— Die Einsparungen an lebendiger und vergegenständlichter Arbeit können dann an den Aufwendungen gemessen werden, die bei rein extensiver Erweiterung für die zusätzliche Beschäftigung einer Arbeitskraft erforderlich gewesen wären.

Der relative Freisetzungsaufwand enthält den Fondsaufwand für die

[1] Grundsätzlich kann hierbei auch die Arbeitszeitentwicklung berücksichtigt werden. Wird die Stundenproduktivität berücksichtigt, ergibt sich:

$$\frac{\Delta A \cdot Ah_1 \cdot B}{A_0} = AH_{fr}\,; \qquad \frac{Ah_{fr}}{Ah \text{ pro } B} = Bfr\,,$$

wobei A hier als Stundenproduktivität gefaßt ist; Ah = Arbeitsstunden pro Arbeitskraft im produktiven Bereich.

Tabelle 4
Beispiel:

V	*B*	*N*	*r*(*N*) %	*A*	*ΔA*	*Bfr*
I	100	1000	.	10	.	.
II	100	1050	5	10,50	0,50	5
III	100	1113	6	11,13	0,63	6
IV	100	1191	7	11,91	0,78	7
V	100	1286	8	12,86	0,95	8

wobei: *N* = Nationaleinkommen, *r*(*N*)% = Wachstumsrate des Nationaleinkommens in %

relative Einsparung einer Arbeitskraft. Dabei wird davon ausgegangen, daß die Zunahme der Fondsausstattung wesentliche Grundlagen für die Produktivitätssteigerung schafft.[2]

Seinem Inhalt nach entspricht der relative Freisetzungsaufwand einem modifizierten intensiven Zuwachskoeffizienten der Fondsintensität[3], bei dem die Arbeitsproduktivitätssteigerung in Form von relativ eingesparten Arbeitskräften ausgedrückt wird.

Der relative Freisetzungsaufwand *geht von den Zuwachsgrößen aus, da Substitution stets ein Veränderungsprozeß ist.* In ihm schlägt sich bei etwa gleichbleibenden Arbeitskräftezahlen die Entwicklungstendenz des Zuwachskoeffizienten der Fondsintensität nieder. Der relative Freisetzungsaufwand widerspiegelt den Substitutionsaufwand für ein bestimmtes Volumen der Arbeitsproduktivitätssteigerung. Er ist vor allem von Bedeutung für die Ableitung reproduktionstheoretischer Aussagen. Mit dem Aufwand für die absolute Freisetzung von Arbeitskräften wäre er nur dann identisch, wenn das Nationaleinkommen gleich bliebe. Da die absolut freigesetzten Arbeitskräfte (freigesetzt für andere Bereiche) stets nur einen Teil der eingesparten lebendigen Arbeit umfassen, das heißt die „Spitze des Eisberges" bilden, kann nur der relative Freisetzungsaufwand (nicht der absolute) Ausgangspunkt für eine allseitige Effektivitätsbeurteilung auch der absoluten Freisetzung von Arbeitskräften sein.

2 Andere Faktoren der Produktivitätssteigerung, die keine zusätzlichen Aufwendungen verlangen, werden über das Ergebnis berücksichtigt.

3 Der intensive Zuwachskoeffizient der Fondsintensität umfaßt das Verhältnis des Fondszuwachses infolge Steigerung der Fondsausstattung und des Produktionszuwachses infolge Steigerung der Arbeitsproduktivität.

Ermittlung des relativen Freisetzungsaufwandes[4] *pro Arbeitskraft*

$$Fr = \frac{\Delta F_i}{Bfr} \quad oder: \quad Fi' \cdot A_0 \quad oder: \quad \frac{\Delta Fa}{\Delta A} \cdot A_0 \quad .$$

wobei:

Fr — relativer Freisetzungsaufwand an Fonds pro Arbeitskraft

ΔF_i — Fondszuwachs infolge Steigerung der Fondsausstattung

Fi' — Zuwachskoeffizient der Fondsintensität pro Arbeitskraft, das heißt, Verhältnis von Nettoproduktivitätssteigerung und Zuwachs der Fondsausstattung pro Arbeitskraft

Fa — Fondsausstattung pro Arbeitskraft

In den relativen Freisetzungsaufwand werden hierbei zunächst nur die Fonds einbezogen. Zusätzlich müssen die unvollendeten Investitionen berücksichtigt werden. Das kann über den Aktivierungsgrad (AG) erfolgen.

$$AG = \frac{\text{Grundfondszugang}}{\text{Bruttoinvestitionen}}$$

Der gesamte einmalige Aufwand für die Substitution würde sich dann ergeben als: Fr/AG.

Zwischen der *Veränderung der Fondsquote und den Entwicklungsrelationen von relativem Freisetzungsaufwand und Fondsausstattung bestehen gesetzmäßige Abhängigkeiten.* Diese bilden einen wichtigen Ausgangspunkt, um die Produktivitätssteigerung mit den Einsparungen bzw. Mehraufwendungen an Fonds zu vergleichen. *Bleibt die Fondsquote konstant, dann stimmen relativer Freisetzungsaufwand pro Arbeitskraft und Ausgangsniveau der Fondsausstattung überein.*

Dieser Übereinstimmung liegt zugrunde, daß der Freisetzungsaufwand vom bereits erreichten technischen Niveau und dem Kompliziertheitsgrad der Arbeit abhängig ist, wobei der Kompliziertheitsgrad der Arbeit seinerseits mit der Entwicklung der technischen Ausstattung der Arbeit in Verbindung steht. Das drückt sich kennziffernmäßig darin aus, daß Maßstab für die relative Einsparung einer Arbeitskraft ist, daß die Steigerung der Arbeitsproduktivität dem Ausgangsniveau der Arbeitsproduktivität entspricht. Der Freisetzungsaufwand resultiert dann aus der Multiplikation des Ausgangsniveaus der Arbeitsproduktivität mit

[4] Für die Erfassung der tatsächlichen Freisetzungsprozesse ist es wichtig, den Freisetzungsaufwand pro Arbeitsplatz zu ermitteln. Das erfolgt mit Hilfe des Schichtkoeffizienten der Arbeit. Für volkswirtschaftliche Effektivitätsberechnungen genügt es, wenn sowohl Arbeitseinsparung als auch Fondsaufwand pro Arbeitskraft bezogen werden.

dem arbeitskraftbezogenen Zuwachskoeffizienten der Fondsintensität. Stimmen Zuwachs- und Bestandskoeffizienten der Fondsintensität überein, das heißt, bleibt diese konstant, dann muß der relative Freisetzungsaufwand dem Ausgangsniveau der Fondsausstattung entsprechen. Das heißt $Fr = Fa_0$, wenn $\Delta F_i = \frac{\Delta A \cdot B_1}{A_0} \cdot Fa_0$, denn dann gilt:

$$\frac{A_0}{Fa_0} = \frac{\Delta A \cdot B_1}{\Delta F_i}.$$

Davon ausgehend, ergeben sich folgende Entwicklungsrelationen zwischen relativem Freisetzungsaufwand und Ausgangsniveau der Fondsausstattung bei unterschiedlicher Entwicklung der Fondsquote:

$Fr < Fa_0$ bei steigender Fondsquote
$Fr > Fa_0$ bei sinkender Fondsquote
$Fr = Fa_0$ bei gleichbleibender Fondsquote.

Der relative Freisetzungsaufwand pro Arbeitskraft kann folglich sowohl größer, als auch kleiner oder gleich dem Ausgangsniveau der Fondsausstattung sein, das heißt $Fr \gtreqless Fa_0$.

Das bedeutet, daß bei gegebener Steigerung der Arbeitsproduktivität die Höhe der Effektivitätssteigerung durch die Entwicklung der Fondsquote bestimmt wird (vergleiche Grafik 5). Dabei zeigt das Verhältnis von relativem Freisetzungsaufwand und Fondsausstattung (der Ausgangsperiode), in welchem Maße die Effektivitätssteigerung durch einen Mehr- oder Minderaufwand an Fonds gegenüber einer gleichbleibenden Fondsquote beeinflußt wird.

Der relative Freisetzungsaufwand pro Arbeitskraft entwickelt sich infolge des steigenden technischen Niveaus und des in der langfristigen Tendenz steigenden Kompliziertheitsgrades der einzusparenden lebendigen Arbeit langfristig in einer steigenden Tendenz. In Perioden mit relativ niedriger Effektivitätssteigerung verstärkt sich diese Tendenz außerordentlich, während sinkende Fondsintensität dem entgegenwirkt.

Die tatsächliche Entwicklung von Grundfondsausstattung und relativem Freisetzungsaufwand im produktiven Bereich von 1956 bis 1974 (vergleiche Tabelle 5) bestätigt diese Entwicklungsrelationen eindeutig. Hierbei muß beachtet werden, daß der Aufwand für die Fondserweiterung nicht allein vom Niveau der Fondsquote, sondern auch vom *Tempo ihrer Veränderung* abhängt. Beispielsweise kann, obwohl die Fondsquote sank, die Fondserweiterung bei gleichbleibendem Wachstumstempo des Nationaleinkommens gleich bleiben oder sogar sinken,

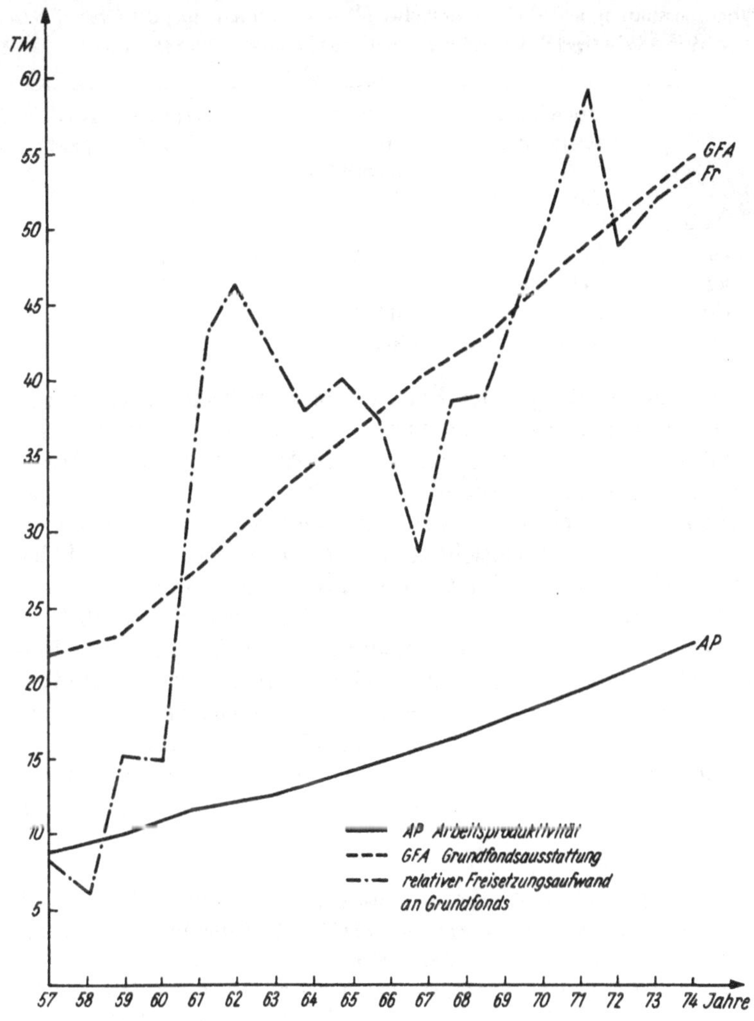

Abb. 5:
Niveau: der Grundfondsausstattung, der Arbeitsproduktivität und des relativen Freisetzungsaufwandes von 1957—1974
Quelle: Statistisches Jahrbuch der DDR 1968, Berlin 1968, S. 18, und 1974, Berlin 1974, S. 17, 48; Statistisches Taschenbuch der DDR 1975, Berlin 1975, S. 23, 29.

Tabelle 5
Grundfondsausstattung und Freisetzungsaufwand[5] sowie Veränderung der Grundfondsquote von 1956–1974 (jeweils jahresdurchschnittlich) im produktiven Bereich[6]

	Grundfonds-ausstattung TM	relativer Freisetzungs-aufwand TM	Veränderung der Grundfondsquote in %
1956–1960	23343	9366	2,4
1961–1965	30430	43146	–2,2
1966–1970	39812	31877	0,3
1971–1974	50266	50527	–0,2

wenn das Abnahmetempo der Fondsquote zurückgeht. Unter diesen genannten Bedingungen würde auch bei sinkender Fondsquote der Zuwachskoeffizient der Fondsquote und die Akkumulationseffektivität steigen können. Es genügt deshalb nicht, zu ermitteln, wie sich der Fondsaufwand bei gleichbleibender Fondsquote entwickelt, sondern es muß darüber hinaus berücksichtigt werden, wie er sich bei gleichbleibender Veränderung der Fondsquote entwickeln würde. Das ergibt sich aus dem Charakter der Substitution als Veränderungsprozeß.[7]

Werden die Substitutionsaufwendungen bei gleichbleibender Entwicklung der Fondsquote mit den tatsächlichen Substitutionsaufwendungen verglichen, dann zeigt sich, welcher Mehr- oder Minderaufwand an Fonds für die Produktivitätssteigerung erforderlich war.

Die Effektivitätssteigerung bei gegebener Arbeitsproduktivitätssteigerung läßt sich zunächst unter der vereinfachten Annahme eines gleichblei-

[5] Auf Basis des Zuwachses an Grundfondsausstattung.

[6] Berechnet nach: Statistisches Taschenbuch der DDR 1971, Berlin 1971, S. 26; Statistisches Taschenbuch der DDR 1975, Berlin 1975, S. 24, 29.

[7] Hieraus folgt, daß die Grundfondsquote über die *Veränderung von Zuwachsgrößen* auf die Akkumulation und damit zugleich auf die Konsumtionsmöglichkeiten einwirkt. Das bedeutet, daß die mögliche Effektivitätswirksamkeit der Grundfondsökonomie sich letzten Endes aus der Veränderung der Grundfondsquote ergibt. Bei gleichbleibender Steigerung der Arbeitsproduktivität und gleichbleibendem Wachstumstempo des Nationaleinkommens kann die Effektivität langsamer zunehmen, wenn das Steigerungstempo der Grundfondsquote abnimmt oder das Abnahmetempo der Grundfondsquote zunimmt. Wenn die absolute Veränderung der Grundfondsquote und der Aktivierungsgrad der Investitionen gleichbleiben, dann steigen Arbeitsproduktivität und Effektivität in gleichem Tempo.

benden Wachstumstempos des Nationaleinkommens und konstanter Entwicklung der Fondsquote aus der Ausgangskonsumtion pro produktiv Beschäftigten ableiten.[8] Da eine Arbeitskraft auf den verschiedenen Entwicklungsstufen der Produktivkräfte und Produktionsverhältnisse unterschiedliche Reproduktionsaufwendungen erfordert, verschiedenartiges Qualifikations- und Intensitätsniveau besitzt sowie eine unterschiedliche Effektivitätsentwicklung auch differenzierte Möglichkeiten der erweiterten Reproduktion der Arbeitskraft schafft, muß die Entwicklung der Reproduktionsaufwendungen der Arbeitskraft mit erfaßt werden.

Die jeweils erreichten Reproduktionsbedingungen der Arbeitskraft können über die Ausgangskonsumtion pro produktiv Beschäftigten einbezogen werden. Dabei muß jedoch berücksichtigt werden, daß im Interesse einer realen Effektivitätsmessung von dem Teil des im Inland produzierten Nationaleinkommens ausgegangen werden muß, der für die Konsumtion verwendet wird.[9] Wachstumsdifferenzen zwischen dem produzierten und verwendeten Nationaleinkommen würden die Effektivitätsaussage verzerren.

Bei der Begründung für die Gewichtung der durch Arbeitsproduktivitätssteigerung relativ eingesparten Arbeitskräfte mit der Ausgangskonsumtion pro produktiv Beschäftigten muß von der Konsumtionsentwicklung ausgegangen werden, wie sie bei extensivem Nationaleinkommenszuwachs, das heißt gleichbleibender Effektivität, erreicht werden würde.

Bei gleichbleibendem Wachstumstempo des Nationaleinkommens und bei gleichbleibender Effektivität entspricht die Konsumtionssteigerung der Zunahme der Zahl der Arbeitskräfte, multipliziert mit der Ausgangskonsumtion pro produktiv Beschäftigten. *Erfolgt der Nationaleinkommenszuwachs* nicht extensiv, sondern *infolge von Produktivitätssteigerung, dann wird der extensive Konsumtionszuwachs für*

[8] Zur Erklärung der grundlegenden Zusammenhänge wird zunächst vorausgesetzt, daß das produzierte gleich dem verwendeten Nationaleinkommen ist. Diese Vereinfachung muß bei der praktischen Anwendung wieder aufgehoben werden.

[9] Es handelt sich also um den Teil des produzierten Nationaleinkommens, der pro produktiv Beschäftigten im Inland für die Konsumtion verwendet werden kann. Hierbei geht es um die Reproduktionsaufwendungen für die Gesamtbevölkerung, die von den Beschäftigten im produktiven Bereich zu erwirtschaften sind. Das ist gemeint, wenn im folgenden von der Konsumtion pro Beschäftigten die Rede ist. Handelt es sich um die tatsächliche Konsumtion, wird es ausdrücklich vermerkt.

die Zahl der relativ freigesetzten Arbeitskräfte eingespart. Bei gleichbleibender Fondsquote kann diese eingesparte „extensive“ Konsumtionssteigerung zur Konsumtionszunahme[10] pro Beschäftigten und zur zusätzlichen Akkumulation für die Beschleunigung des Wachstumstempos des Nationaleinkommens dienen.[11] Sie ist unter diesen Bedingungen mit der Effektivitätssteigerung identisch. *Bei gleichbleibender Entwicklung der Fondsquote entspricht das Zuwachsvolumen des Nationaleinkommens infolge Effektivitätssteigerung der Multiplikation der Zahl der relativ eingesparten Arbeitskräfte mit der Ausgangskonsumtion pro produktiv Beschäftigten.*

Um zur tatsächlichen Effektivitätssteigerung zu kommen, muß bei veränderter Fondsquote die eingesparte „extensive“ Konsumtionssteigerung durch die Mehr- oder Minderaufwendungen an Fonds korrigiert werden.

Die Anforderungen der wachsenden Fondsausstattung zum Beispiel an Qualifikationsniveau und -struktur der Arbeitskräfte sowie der Erhöhung des Lebensniveaus überhaupt werden bei der Planung in die Ausgangskonsumtion der jeweiligen Jahre eingeordnet. Auf diese Weise ergeben sich Mindestforderungen an die Effektivitätssteigerung. Werden diese Mindestforderungen nicht abgedeckt, dann ist die Substitution nicht effektiv genug. Die planmäßige Herstellung rationeller Proportionen zwischen lebendiger Arbeit und Produktionsfonds erfordert, daß mit zunehmender Fondsausstattung auch die Konsumtion pro produktiv Beschäftigten steigt.

Jedoch gestalten sich die Anforderungen an die Fondsökonomie in Abhängigkeit vom Steigerungstempo der Arbeitsproduktivität und der absoluten Freisetzung von Beschäftigten bzw. Arbeitszeit unterschiedlich. Je mehr Arbeitszeit absolut freigesetzt werden soll, desto höher sind die Anforderungen an die Fondsökonomie, wenn eine zumindest gleichbleibende Dynamik der Konsumtion gesichert werden soll.

Die Effektivität der Freisetzung kann gemessen werden, *indem der tatsächliche Aufwand für die relative Einsparung einer Arbeitskraft (relativer Freisetzungsaufwand) mit einem Grenzwert für den Freisetzungsaufwand verglichen wird.* Erreichten die Aufwendungen diesen Grenzwert, dann stieg die Effektivität nicht. Es läge eine einfache Um-

[10] Hierbei sind die Umverteilungsprozesse zu berücksichtigen, die aber gegenüber der Effektivitätsentwicklung abgeleiteten Charakter tragen.

[11] Dabei wird davon ausgegangen, daß den durch Steigerung der Arbeitsproduktivität relativ eingesparten Arbeitskräften der Nationaleinkommenszuwachs infolge der Arbeitsproduktivitätssteigerung entspricht.

gruppierung der Ressourcen vor. Damit die Effektivität steigt, muß folglich der tatsächliche Freisetzungsaufwand niedriger als dieser Grenzwert sein. Der Grenzwert gibt zugleich an, bis zu welchem Punkt die Fondsquote sinken kann, ohne daß die Effektivität der Ressourcennutzung sinkt.

3.1.2. Zur Begründung eines Grenzwertes für die Effektivität der Freisetzung

Ein Grenzwert zur Beurteilung der Aufwendungen für die Freisetzung läßt sich aus den Substitutionsbeziehungen zwischen lebendiger Arbeit und Fonds ableiten. Ausgangspunkt ist zunächst der Grenzwert des Freisetzungsaufwandes bei einfacher Substitution lebendiger Arbeit durch Fonds, das heißt bei gleichbleibender Effektivität. Dieser Grenzwert wird bestimmt durch die Summe von:

— Fondsausstattung der Basisperiode;

— Durchschnittslohn einschließlich Prämien der Basisperiode pro produktiv Beschäftigten;

— für Konsumtionszwecke im weiteren Sinne verfügbares Reineinkommen pro produktiv Beschäftigten der Basisperiode (das heißt Betriebsergebnis ·/· davon verwendeter Teile für die Finanzierung eigener Investitionen).

Von Einfluß ist außerdem das Veränderungstempo der Fondsquote. Dieser Grenzwert ist dadurch begründet, daß er den Aufwendungen für die erweiterte Reproduktion aus dem Nettoprodukt entspricht, die bei einer extensiven Erweiterung durch Zunahme der Zahl der Arbeitskräfte erforderlich gewesen wären. Seine einzelnen Elemente beruhen darauf, daß

— bei gleichbleibender Fondsquote der Freisetzungsaufwand dem Ausgangsniveau der Fondsausstattung entspricht[12];

— bei gleichbleibender Fondsquote und relativer Einsparung einer Arbeitskraft die mögliche Konsumtionssteigerung dem Ausgangsniveau des Teiles des Nettoprodukts entspricht (bezogen auf 1 Beschäftigten), der für die Konsumtion im weiteren Sinne verwendet werden kann.

Aus dem Vergleich des Grenzwertes des Freisetzungsaufwandes mit dem tatsächlichen Aufwand für die relative Freisetzung einer Arbeits-

[12] Deshalb sind ihrem ökonomischen Inhalt nach sowohl die Aufwendungen für die Reproduktion der Arbeitskraft als auch der aus der Grundfondsausstattung abgeleitete Teil des Grenzwerts Stromgrößen und damit vergleichbar.

kraft ergibt sich die Steigerung der Effektivität pro relativ freigesetzte Arbeitskraft. Die Effektivitätssteigerung drückt aus, was von der Einsparung lebendiger Arbeit verbleibt, wenn die — vorher vergleichbar gemachten — Fondsvorschüsse abgezogen werden.

Schema der Abhängigkeiten zwischen den Kennziffern, die die Effektivitätssteigerung (aus der Kombination von Arbeit und Fonds) bestimmen:

Fr = Grenzwert des Fr (gleichbleibende Effektivität)
$Fr <$ Grenzwert des Fr (steigende Effektivität)
$Fr >$ Grenzwert des Fr (sinkende Effektivität)

Einfluß der Fondsquote
Grenzwert des $Fr = Fr + K'$ (wenn Fondsquote konstant)
Grenzwert des $Fr < Fr + K'$ (wenn die Fondsquote sinkt)
Grenzwert des $Fr > Fr + K'$ (wenn die Fondsquote steigt)

wobei:
Fr = relativer Freisetzungsaufwand pro Arbeitskraft,
K' = für die Konsumtion im weiteren Sinne produzierter Teil des Nationaleinkommens pro produktiv Beschäftigten.

Für die Gesamtheit der Produktivitätssteigerung kann der Effektivitätszuwachs auf dieser Grundlage wie folgt ermittelt werden:

$Bfr \cdot Fa_0/AG + \Delta B \cdot Fa_0/AG$[13] $+ Bfr \cdot K_0/B_0$
·/· relative Einsparungen bzw. + Mehraufwendungen infolge Veränderungen der Fq, bezogen auf das Vorjahr[14] } *
·/· Bruttoinvestitionen

wobei:
Bfr = durch Produktivitätssteigerung relativ eingesparte Zahl von Arbeitskräften
Fa = Fondsausstattung
AG = Aktivierungsgrad der Investitionen
B = Arbeitskräfte
K = Nettoprodukt abzüglich der Nettoinvestition des jeweiligen Bereichs bzw. Endprodukt abzüglich der Bruttoinvestitionen
Fq = Fondsquote

* Entspricht der Summe der Grenzwerte für Freisetzungsaufwendungen

13 Der Fondsaufwand für die zusätzlich beschäftigten Arbeitskräfte muß zugesetzt werden, da dieser ja in den Bruttoinvestitionen mit enthalten ist.

14 Auf diese Weise wird auf eine gleichbleibende *Veränderung* der Fondsquote bezogen.

Die Berechnungsformel für die Effektivität der Freisetzung von Arbeitskräften setzt voraus, daß zwischen der *Bestandsrechnung (Grund- und Umlauffonds) und der Verwendungsrechnung (Investitionen) ein unmittelbarer Zusammenhang hergestellt wird.* Indem der Kreislauf zwischen Bestands- und Verwendungsrechnung geschlossen wird, ist es auch möglich, Fondsquote und Investitions- bzw. Akkumulationseffektivität in ihren Zusammenhängen und dadurch objektiver zu beurteilen, was gewisse Einseitigkeiten der Effektivitätsbetrachtung beseitigt.[15]

Zusammenfassend lassen sich eine Reihe von Prinzipien ableiten, die für die Messung der Effektivität der Substitution lebendiger Arbeit durch Fonds bedeutsam sind. Dazu gehören insbesondere:

a) Die Vergleichbarmachung lebendiger Arbeit und Fonds erfolgt über die Fondsaufwendungen für die relative Einsparung von Arbeitszeit bzw. Arbeitskräften (relative Freisetzungsaufwendungen).

b) Die Effektivitätssteigerung wird durch das Verhältnis des Grenzwertes des Freisetzungsaufwandes (der die Aufwendungen für die erweiterte Reproduktion bei *extensiver* Erweiterung, das heißt gleichbleibender Effektivität ausdrückt) zum tatsächlichen Freisetzungsaufwand bestimmt.

c) Die Entwicklungsrelationen zwischen der Fondsausstattung pro Arbeitskraft, des Freisetzungsaufwandes sowie seines Grenzwertes bestimmen, wie und in welcher Struktur sich die Aufwendungen für die erweiterte Reproduktion verändern.

d) Die Entwicklung der Fondsquote bestimmt weitgehend den Einfluß der Aufwendungen für die erweiterte Reproduktion auf die Dynamik des Nationaleinkommens. Ein gleichbleibender oder sinkender Anteil der Aufwendungen für die erweiterte Reproduktion am Nationaleinkommen kann nur dann ein stabiles Wachstum des Nationaleinkommens sichern, wenn die Fondsquote gleichbleibt oder steigt.

Mit den Prinzipien zur Effektivitätsmessung werden verschiedene grundlegende Entwicklungsrelationen berührt, die mit dem Wachstum, mit volkswirtschaftlichen Grundproportionen und der Strukturentwicklung eng verbunden sind. Das schließt auch ein, daß das Ergebnis der

[15] Es muß jedoch darauf verwiesen werden, daß die Verbindung zwischen Fondsbestand und Verwendungsrechnung des Nationaleinkommens bisher vor allem bei den experimentellen Planungsrechnungen mit der dynamischen Verflechtungsbilanz hergestellt wurde. In der statistischen Abrechnung besteht diese Verbindung zur Zeit noch nicht, und es müssen deshalb bei Effektivitätsrechnungen Vereinfachungen in Kauf genommen werden.

Effektivitätsrechnung keine imaginäre, nur in der Zeit vergleichbare Größe ist, sondern daß sich im Effektivitätsergebnis real vorhandene ökonomische Größen widerspiegeln.

Der Effektivitätszuwachs setzt sich nach seiner Verwendung aus dem Zuwachs der Konsumtion im weiteren Sinne und dem Teil der produktiven Akkumulation zusammen, der für die Beschleunigung des Wachstumstempos des Nationaleinkommens eingesetzt wird[16]*, sowie gegebenenfalls aus der absoluten Freisetzung von Arbeitszeit aus dem produktiven Bereich.*

Damit stimmt der Effektivitätszuwachs vollständig mit dem Zuwachs des physischen Volumens an Produkten und absolut freigesetzter Zeit aus der materiellen Produktion überein, der als materielle Voraussetzung für die Verbesserung der sozialistischen Zielrealisierung eingesetzt werden kann. Da die Verbesserung der gesellschaftlichen Bedürfnisbefriedigung primär auf der Entwicklung der materiellen Produktion beruht, bildet das physische Volumen des Effektivitätszuwachses aus der Substitution lebendiger Arbeit durch Fonds einen großen Teil der Voraussetzungen für die Verbesserung der gesellschaftlichen Bedürfnisbefriedigung.

Hierin zeigt sich zugleich, daß dieses physische Volumen der Effektivitätssteigerung ein unmittelbarer Bestandteil der Ziel-Mittel-Relation des ökonomischen Grundgesetzes des Sozialismus ist.

Auf die Entwicklung des physischen Volumens der Effektivitätssteigerung wirken vor allem folgende Einflußfaktoren ein:

— Das Entwicklungsverhältnis von Brutto- und Nettoproduktivität;

— die Steigerung der Nettoproduktivität;

— die Entwicklung der Fondsquote, darunter insbesondere ihr Veränderungstempo;

— der Absorptionsgrad der Fonds mit Material, soweit er die Fondsausnutzung beeinflußt,

— die Veränderung des Aktivierungsgrades der Investitionen.

Diese Zusammenhänge sollen an einem vereinfachten schematischen Beispiel veranschaulicht werden (vergleiche Tabelle 6).

Bei diesem schematischen Beispiel werden die Varianten (1) bis (3) jeweils auf die Ausgangsvariante bezogen. Es illustriert vor allem folgende Zusammenhänge der Effektivitätsentwicklung zum Wachstum des Nationaleinkommens:

[16] Wächst das produzierte Nationaleinkommen schneller als das verwendete, dann ist auch diese Wachstumsdifferenz Bestandteil der Effektivitätssteigerung.

— Bei gleicher Steigerung der Arbeitsproduktivität bei allen 3 Varianten ist in Abhängigkeit von den Unterschieden beim Fondszuwachs das physische Volumen der Effektivitätssteigerung unterschiedlich. Während bei der Variante (2) die Steigerung der Arbeitsproduktivität mit einer Steigerung der Effektivität verbunden war, tritt bei Variante (1) keine Effektivitätssteigerung auf. Der tatsächliche Freisetzungsaufwand pro relativ eingesparter Arbeitskraft entspricht dem Grenzwert. Bei der Variante (3) ergibt sich sogar ein Mehraufwand an lebendiger Arbeit und Fonds im Vergleich zur Ausgangsvariante, weil der tatsächliche Freisetzungsaufwand pro relativ eingesparte Arbeitskraft den Grenzwert des Freisetzungsaufwandes übersteigt.

— Hinter dem physischen Volumen der Effektivitätssteigerung stehen reale Prozesse. Beim schematischen Beispiel besteht eine direkte Übereinstimmung zwischen dem Effektivitätszuwachs und dem Zuwachs des für die Konsumtion produzierten Teils des Nationaleinkommens, weil zunächst aus methodischen Gründen der Veranschaulichung der Grundzusammenhänge ein gleichbleibendes Wachstumstempo des National-

Tabelle 6
Schematisches Beispiel für die unterschiedliche Steigerung der Effektivität (unter Berücksichtigung des Fondsvorschusses) bei gleicher Steigerung der Arbeitsproduktivität und gleichem Wachstum des Nationaleinkommens

Varianten	Nettoprodukt	Fonds	Arbeitskräfte	Fondszuwachs[1]	Arbeitsproduktivität	für die Konsumtion produziertes NEK
	(1)	(2)	(3)	(4)		(5)
(0) Ausgangsvar.	44000	110000	11	10000	4000	34000
(1) einfache Substitution	48400	124400	11	14400	4400	34000
(2) Einsparungen						
a) sinkende Fondsquote	48400	123300	11	13300	4400	35100
b) steigende Fondsquote	48400	120697	11	10697	4400	37703
(3) Mehraufwand	48400	124800	11	14800	4400	33600

[1] Wird zwecks vereinfachter Veranschaulichung der Zusammenhänge mit der produktiven Akkumulation gleichgesetzt. Die tatsächliche produktive Akkumulation würde sich dann aus der Division des Fondszuwachses durch den Aktivierungsgrad der Investitionen ergeben.

Tabelle 6 (Fortsetzung)

	Zuwachs des für die Konsumtion produzierten NEK	für die Konsumtion produziertes NEK pro Arbeitskraft	durch Produktivitätssteigerung relativ eingesparte Arbeitskräfte	Fondsausstattung pro Arbeitskraft
	(6)	(7)	(8)	(9)
(0)	.	3091	.	10000
(1)	0	3091	1,1	11309
(2) a)	1100	3191	1,1	11209
b)	3703	3427	1,1	10972
(3)	– 400	3054	1,1	11345

	Freisetzungsaufwand pro Arbeitskraft[3]	Grenzwert des Freisetzungsaufwandes pro Arbeitskraft	Grenzwert des Freisetzungsaufwandes — Freisetzungsaufwand	Volumen der[4] Effektivitätssteigerung[2] (12) · (8)	Fondsquote
	(10)	(11)	(12)	(13)	(14)
(0)	.	.	.	.	400
(1)	13091	13091[4]	0	0	389
(2) a)	12091	13091	1000	1100	393
b)	9724	13091	3367	3703	401
(3)	13454	13091	– 363	– 400	387

[2] Zur besseren Veranschaulichung der Grundzusammenhänge wird zunächst vereinfacht vorausgesetzt, daß sich in den Vorperioden die Grundfondsquote nicht verändert hat, das heißt kein Zuwachsveränderungseffekt der Grundfondsquote auftritt.

[3] Fondszuwachs (vgl. jedoch Anm. 1), dividiert durch relativ eingesparte Arbeitskräfte.

[4] Er setzt sich aus dem Basisniveau der Fondsausstattung und dem für die Konsumtion produzierten Nationaleinkommen pro Arbeitskraft zusammen, das heißt 10000 + 3091.

einkommens angenommen wurde. Das heißt, der Effektivitätszuwachs von 1100 Einheiten bei der Variante (2) schlägt sich unmittelbar in einem gleich hohen Zuwachs des für die Konsumtion verwendeten inländisch produzierten Nationaleinkommens nieder. In der Variante (1) blieb der für die Konsumtion verfügbare Teil des Nationaleinkommens gleich, obwohl die Arbeitsproduktivität stieg. Würde eine solche Variante sich allgemein durchsetzen, dann könnte hierbei dem Gesetz der Verteilung nach der Leistung durch Bereitstellung innerer Quellen nicht Rechnung getragen werden. Bei der Variante (3) ist der Mehraufwand an Fonds so hoch, daß die Konsumtion abnimmt. Aus diesen Zusammenhängen zwischen Effektivitäts- und Konsumtionsentwicklung ergibt sich, daß die Konsumtion als Wachstumsfaktor nicht ausreichend wirksam werden kann, wenn die Mindestforderungen an die Effektivitätssteigerung nicht erfüllt werden. Da die Konsumtionssteigerung sowohl Voraussetzung als auch Ergebnis der Effektivitätssteigerung ist, können sich herausbildende Disproportionen nur über die *Effektivitätssteigerung gelöst werden.*

In der Praxis besteht keine direkte Übereinstimmung zwischen Zuwachs der Effektivität und Zuwachs der Konsumtion, die hier aus Gründen einer besseren Veranschaulichung gewählt wurde, da sich das Wachstumstempo des Nationaleinkommens verändert. Hier müssen die Zusammenhänge zwischen Veränderungen im Wachstumstempo des Nationaleinkommens und der Akkumulation mit berücksichtigt werden. Tatsächlich hängt die Entwicklung der Akkumulation eng von der Effektivitätssteigerung ab.

— Um die Effektivitätsentwicklung richtig beurteilen zu können, muß betont werden, daß die ihr zugrunde gelegten Hauptkennziffern — insbesondere Freisetzungsaufwand und sein Grenzwert — nicht in bezug auf die *eingesetzten* Arbeitskräfte verglichen werden können, sondern nur in bezug auf die *relativ eingesparten Arbeitskräfte.* Dabei ist vorausgesetzt, daß mit Hilfe der genannten Varianten der Gesamtzeitraum erfaßt ist, über den sich die Substitution erstreckt. Methodisch vereinfacht wurde auf 1 Jahr bezogen.

— Eine Steigerung der Effektivität ist sowohl bei steigender Fondsquote möglich (vgl. Variante 2b), als auch in einem gewissen Maße — solange der Grenzwert des Freisetzungsaufwandes noch nicht erreicht wird — auch bei sinkender Fondsquote (vergleiche Variante 2a). Bei den Varianten (1) und (3) sank jedoch die Fondsquote so stark, daß sie den Grenzwert des Freisetzungsaufwandes erreichte bzw. überschritt, so daß hier keine Effektivitätssteigerung erzielt wurde. Ein theoretischer Grenzfall könnte darin bestehen, daß die steigende Fondsquote zu solch hohen Fondseinsparungen führt, daß kein Freisetzungsaufwand mehr eintritt, das heißt Steigerung der Arbeitsproduktivität identisch mit Steigerung der Effektivität wäre. Ein solcher Grenzfall kann jedoch vor allem deshalb ökonomisch nicht begründet werden, da die Substitution als Veränderungsprozeß sich stets auf die Bewegung von *Zuwachsgrößen* bezieht. Daraus folgt: Verändern sich die relativen Einsparungen oder Mehraufwendungen an Fonds infolge Veränderung der Fondsquote in den Vergleichsperioden jeweils um die gleiche Größe, dann wirkt das *fondsneutral* auf die Effektivitätssteigerung.[17]

[17] Demgegenüber wirkt gleichbleibende Fondsquote fondsneutral auf das Effektivitäts*niveau.*

Das heißt, steigende Fondsquote könnte nur dann zu einer Annäherung an einen solchen theoretischen Grenzfall der Effektivitätssteigerung führen, wenn sich die Steigerung der Fondsquote *fortlaufend beschleunigen* würde. Das ist unter anderem auch deshalb unreal, da für die Wirtschaftseinheiten der Substitutionsprozeß nie abgeschlossen ist, sondern laufend neue Substitutionsprozesse erfolgen. Es zeigt sich aber, daß für die gute Ausnutzung von Effektivitätsreserven ein ausgewogenes Verhältnis zwischen Substitution und weiterer Vervollkommnung sehr wichtig ist. Zugleich wurde auch deutlich, daß die Zuwachsgrößen die Effektivitätssteigerung stärker beeinflussen als in der Regel berücksichtigt wird.

-- Entsprechend der unterschiedlichen Effektivitätsentwicklung sind die Auswirkungen auf die Verwendungsproportionen des Nationaleinkommens differenziert. Die Akkumulationsrate, die bei den Varianten mit Effektivitätssteigerung 27,4 Prozent bzw. 22,1 Prozent betragen würde, steigt bei einfacher Substitution auf 29,7 Prozent und bei der Variante mit Mehraufwand auf 30,6 Prozent. Das heißt, bei gleichem Wachstum des Nationaleinkommens und angenommen gleicher Produktivitätssteigerung gibt die Substitutionseffektivität den Ausschlag für die Entwicklung der produktiven Akkumulationsrate. Hierbei muß noch berücksichtigt werden, daß sich einfache Substitution und Erweiterung des Nationaleinkommens infolge Zunahme von Arbeitskräften zwar gleich auf die Konsumtion pro Beschäftigten, aber ungleich auf die Proportion von Akkumulation und Konsumtion und damit auch auf die Konsumtionsmöglichkeiten pro Kopf der Bevölkerung auswirken. Könnte zum Beispiel das den Varianten zugrunde gelegte Wachstum des Nationaleinkommens durch Zunahme der Zahl der Arbeitskräfte erreicht werden, dann müßten 12,1 Arbeitskräfte mehr eingesetzt werden. Bei methodischer Annahme rein extensiver Erweiterung benötigten sie 12100 Einheiten Fondszuwachs. Es würde sich folglich eine Konsumtion von 36300 Einheiten, mithin ein Konsumtionszuwachs von 2300 Einheiten (weniger als bei Variante 2b, mehr als bei 2a) ergeben, wobei die Konsumtion pro Beschäftigten gleichbleiben, pro Kopf der Bevölkerung steigen würde. Die produktive Akkumulationsrate würde 25 Prozent erreichen. Obwohl also sowohl einfache Substitution als auch extensive Erweiterung auf *gleichbleibender Effektivität beruhen, haben sie jedoch unterschiedliche Auswirkungen auf die Verwendungsproportionen des Nationaleinkommens und die Konsumtionsentwicklung pro Kopf der Bevölkerung.* Die einfache Substitution ist eindeutig mit weitaus mehr negativen Auswirkungen verbunden.

Das bisher betrachtete Volumen der Effektivitätssteigerung bildet die Brücke, um die Konsequenzen der Effektivitätsentwicklung für die Verwendungsproportionen des Nationaleinkommens aufzuzeigen. Dabei muß betont werden, daß diese absolute Effektivitätssteigerung bereits aus der Gegenüberstellung von Effekt und Ressourcen abgeleitet wurde, also eine kombinierte Effektivitätsaussage ist. Für den Vergleich in der Zeit und nach Bereichen muß jedoch daneben die relative Effektivitätssteigerung berücksichtigt werden.

Hierzu wird das absolute Volumen der Effektivitätssteigerung mit den Aufwendungen für die *intensiv* erweiterte Reproduktion der Ressourcen verglichen. Zu diesen Aufwendungen gehören die zur Steigerung der Fondsausstattung dienenden Investitionen sowie der Konsumtionszuwachs im weiteren Sinne, der auf die Zunahme der Prokopf-Konsumtion zurückgeht.

Um die Dynamik des volkswirtschaftlichen Reproduktionsprozesses zu halten, darf der Koeffizient der relativen Effektivitätssteigerung langfristig nicht sinken.[18]

Als ergänzende relative Effektivitätskennziffer — die nach bisherigen Ergebnissen der bereits genannten relativen Effektivitätssteigerung im Grundsätzlichen entspricht — ist der Anteil des Volumens der Effektivitätssteigerung an der Summe der Grenzwerte des Freisetzungsaufwandes aussagekräftig. In der Entwicklung dieses Anteils zeigt sich, ob die im Steigen des Grenzwertes zum Ausdruck kommenden gewachsenen Möglichkeiten der Effektivitätssteigerung in gleichem Maße, stärker oder schwächer, ausgenutzt worden sind. Er trägt damit gewissermaßen den Charakter eines „Ausnutzungsgrades".

Zusammenfassend muß betont werden, daß die Bedeutung der Effektivität der Ressourcennutzung darin besteht, daß sie angibt, welches physische Volumen des Nationaleinkommens bei gegebener Steigerung der Produktivität der lebendigen Arbeit und Fondsökonomie zur Verbesserung der gesellschaftlichen Bedürfnisbefriedigung bereitsteht. Weil die Arbeitskraft zur Produktivitätssteigerung zusätzliche materielle Ressourcen ausnutzen muß, kann die Produktivitätssteigerung der lebendigen Arbeit nicht voll zur besseren gesellschaftlichen Bedürfnisbefriedigung verwendet werden. Die Fonds- und Investitionsökonomie wirkt über die Aufwendungen für die Fondserweiterung auf den Teil der Produktivitätssteigerung der lebendigen Arbeit ein, der zur besseren Bedürfnisbefriedigung bleibt. In diesem Prozeß äußert sich die aktive

18 Da die relative Effektivitätssteigerung auf Zuwachsgrößen aufbaut, ist es für die Ausschaltung von kurzfristigen Schwankungen zweckmäßig, die Entwicklung mehrerer Jahre zugrunde zu legen.

und übergreifende Stellung der Arbeitskraft darin, daß die Effektivitätssteigerung aus der Ressourcennutzung die Brücke bildet, um nach Abzug der Aufwendungen für die einfache Substitution lebendiger Arbeit durch Fonds die „präzisierte“ Produktivitätssteigerung zu bestimmen.

Hierbei muß berücksichtigt werden, daß in der Effektivitätssteigerung aus besserer Ressourcennutzung auch Effekte aus der rationelleren Nutzung bereits vorhandener Fonds enthalten sind. Deshalb ist mit der Steigerung der Arbeitsproduktivität nur der intensive Nationaleinkommenszuwachs vergleichbar. Er bezieht sich auf den Teil der Effektivitätssteigerung, der nicht aus Effekten bei der besseren Nutzung der vorhandenen Fonds erwachsen ist. Das bedeutet, daß von der Effektivitätssteigerung aus der Ressourcennutzung der Zuwachsveränderungseffekt der Fondsquote und der Einfluß von Veränderungen im Wachstum des Nationaleinkommens auf die Fondserweiterung eliminiert werden müssen.

Aus dem intensiven Zuwachs des Nationaleinkommens kann direkt auf den „präzisierten“ Produktionszuwachs geschlossen werden, der nach Abzug der Substitutionsaufwendungen bleibt.

Da es um die bedarfsgerechte Produktion von mehr materiellen Gebrauchswerten geht, wächst die Bedeutung der Effektivität der Ressourcennutzung im Sozialismus. Sie ist aber nach wie vor eine Teilaussage über die Effektivität vom Standpunkt des Arbeitsprozesses. Als wichtige Voraussetzung der relativen Senkung der laufenden Aufwendungen muß sie mit der Effektivität vom Standpunkt des Wertbildungsprozesses verbunden werden. Diese Verbindung wird dadurch vermittelt, daß die Entwicklung der gesamten „gesellschaftlichen Kost“ Reproduktionserfordernisse der Ressourcen sichern muß, die für eine weitere Effektivitätssteigerung notwendig sind. In diesem Sinne steht die Effektivität der Ressourcennutzung im Einklang mit der Arbeitswerttheorie.

3.2. *Zur Messung der Effektivität der Freisetzung von Arbeitskräften nach Bereichen*

Die Erfahrungen bei der Deckung des Arbeitskräftebedarfs großer Investitionsvorhaben durch relative und absolute Freisetzung von Arbeitskräften zeigten, daß die Effektivitätsentwicklung bereits bei der Investitionsvorbereitung stärker beachtet werden muß. Eine der Voraussetzungen dafür besteht in der *volkswirtschaftlichen Beurteilung der Effektivität der Freisetzung.*

Ausgehend von den Beziehungen zwischen tatsächlichem Freisetzungsaufwand und seinem Grenzwert, sollen dazu einige Vorstellungen entwickelt werden.

Bei geplanten Frei- und Umsetzungen von Arbeitskräften darf der Grenzwert des Freisetzungsaufwandes für die Gesamtheit der frei- und einsetzenden Bereiche nicht überschritten werden. Dieser Grenzwert lag im produktiven Bereich in den letzten Jahren zwischen 60 und 70 TM, in der Industrie zwischen 80 und 90 TM, wenn nur der Aufwand für die Grundfondserweiterung berücksichtigt wird.

Dabei sind in dem tatsächlichen Aufwand gegebenenfalls anfallende Ausgaben für die Ansiedlung von Arbeitskräften, zur Entwicklung des Berufsverkehrs, sozialer Leistungen, zur Umschulung und ähnliches mit einzubeziehen.

In der Regel muß jedoch der praktisch einzuhaltende *Höchstwert* des Freisetzungsaufwandes *unter* dem theoretischen Grenzwert liegen, da nicht nur gleichbleibende Effektivität, sondern eine Effektivitäts*steigerung* gesichert werden muß. Wird der Grenzwert des Freisetzungsaufwandes überschritten, dann muß überprüft werden, inwieweit das bei gezielten Freisetzungen für andere Bereiche aus volkswirtschaftlicher Sicht gerechtfertigt sein kann. Das könnte beispielsweise dann der Fall sein, wenn der Mehraufwand für die relative Einsparung von Arbeitskräften durch zusätzliche Einsparungen an anderer Stelle kompensiert wird. Zum Beispiel, wenn

— der Nutzen überwiegend erst in den Folgestufen realisiert wird;

— mit dem Wiedereinsatz eines Teils der freigesetzten Arbeitskräfte ein hoher Struktureffekt verbunden ist.

In allen anderen Fällen müßte nach rationelleren Lösungswegen gesucht werden.

Mit dem Vergleich des theoretischen Grenz- bzw. davon abgeleiteten Höchstwertes des Freisetzungsaufwandes kann die absolute Freisetzung von Arbeitskräften (über die relative Einsparung von Arbeitszeit als Ergebnisgröße) mit als Leistung der jeweiligen Wirtschaftseinheit bewertet werden. Der Grenzwert des Freisetzungsaufwandes ist geeignet, stärker die Effektivitätsentwicklung in der Investitionsvorbereitung als Entscheidungskriterium zu berücksichtigen, indem auf seine Unterschreitung orientiert wird.

Das vereinfachte schematische Beispiel und die Abbildung zur Ermittlung der Effektivität der Freisetzung nach Bereichen (vergleiche Tabelle 7 und Abbildung 6) veranschaulichen, daß diese Berechnung zu ökono-

Tabelle 7
Vereinfachtes schematisches Beispiel zur Ermittlung der Effektivität der Freisetzung

A	*F*	*B*	*ΔF*	„*K*“	„*K*“/*B*	*AP*	*Bfr*	*FA*	*Fr*	*Fq*	relative Einsparungen (–) bzw. Mehraufwendungen (+) durch *Fq*-Veränderung	Gr.-Fr.[1] a)	b)
Gesamtbereich													
1000	2000	100	.	.	.	10	.	20	.	0,5	–	.	.
1100	2200	100	200	900	9,0	11	10	22	20	0,5	–	28,18	.
1210	2420	100	220	990	9,9	12,10	10	24,20	22	0,5	–	31,00	.
1331	2662	100	242	1089	10,89	13,31	10	26,62	24,20	0,5	–	34,10	.
1464	2928	100	266	1198	11,98	14,64	10	29,28	26,62	0,5	–	37,49	.
1610	3220	100	292	1318	13,13	16,10	10	32,20	29,28	0,5	–	41,28	.
Bereich A													
600	1450	47	.	.	.	12,77	.	30,85	.	0,414	.	.	.
660	1571	49	121	539	11,00	13,47	2,69	32,06	.	0,420	–23	.	.
719	1692	52	121	598	11,50	13,83	1,39	32,54	17,86	0,425	–20	43,06	26,[illegible]
776	1823	54	131	645	11,94	14,37	2,11	33,76	31,24	0,426	– 3	44,04	34,56
830	1965	57	142	688	12,07	14,56	0,75	34,47	54,29	0,422	+17	45,70	41,71
880	2113	59	148	732	12,41	14,92	1,46	35,81	54,15	0,416	+28	46,54	58,18
Bereich B													
200	149	20	.	.	.	10,00	.	7,45	.	1,342	.	.	.
208	155	18	6	202	11,22	11,56	2,81	8,61	.	1,342	0	.	.
223	167	15	12	211	14,07	14,87	4,29	11,13	8,82	1,335	+ 1	19,83	19,83
246	184	13	17	229	17,62	18,92	3,54	14,15	11,09	1,337	0	25,20	25,48
278	207	10	23	255	25,50	27,80	4,69	20,70	13,96	1,343	– 1	31,77	31,77
322	239	8	32	290	36,25	40,25	3,58	29,88	20,50	1,347	– 1	46,20	45,92
Bereich C													
200	401	33	.	.	.	6,06	.	12,15	.	0,499	.	.	.
232	474	33	73	159	4,82	7,03	5,28	14,36	13,83	0,489	+ 9	.	.
268	561	33	87	181	5,48	8,12	5,12	17,00	16,99	0,478	+13	19,18	20,94
309	655	33	94	215	6,52	9,36	5,04	19,85	18,65	0,472	+ 9	22,48	25,06
356	756	33	101	255	7,73	10,79	5,04	22,91	20,04	0,471	+ 2	26,37	28,15
408	868	33	112	296	8,97	12,36	4,80	26,30	23,33	0,470	+ 2	30,64	31,06

[1] a) ohne, b) mit Ber. d. Veränderungstempos der Fondsquote

[2] vgl. Formel: vereinfacht: $Bfr \cdot K_0\ B_0 + Bfr \cdot Fq_0'$ · relative Einsparung bzw. + Mehraufwand an Fonds infolge der Veränderung der Fondsquote im Vorjahr [illegible] . Summe des Freisetzungsaufwandes

[3] a) bezogen auf die Gesamtaufw. f. d. erw. Reprod., b) nur bezogen auf die Aufw. f. d. intensive Erweiterung

[4] $\Delta F +$ [illegible] $\cdot\ \Delta B \cdot Fq_0$

Δ Eff.[2]	Aufwendungen für die erweiterte Reproduktion[3] a)	b)	Δ Eff./Aufwendungen für die erweiterte Reproduktion[3] a)	b)	$Bfr \cdot K_0 B_0$	$Bfr \cdot Fa_0$	Σ Gr.-Fr.	Aufwendungen für die Freisetzung[4]	ΔK	ΔK – ext. ΔK bzw. ΔK + absolute Freisetzung mal K_0/B_0
.	.		.		.	.	.	.	.	.
82	.		.		.	.	.	.	.	.
90	310		0,290		90	220	310	220	90	.
99	341		0,290		99	242	341	242	99	.
109	375		0,290		109	266	375	266	109	.
120	412		0,290		120	292	413	292	120	.
.	.	.	.	.	.	.	.	.	.	.
.	.	.	.	.	.	.	.	.	.	.
12,03	180	50,82	0,067	0,236	15,29	44,56	36,85	24,82	59	26,00
7,01	178	89,92	0,039	0,078	24,27	68,66	72,93	65,92	47	24,00
9,44	185	47,90	.	.	8,96	25,32	31,28	40,72	43	7,18
5,89	192	98,92	0,031	0,060	17,62	50,33	84,95	79,06	44	19,86
.	.	.	.	.	.	.	.	.	.	.
.	.	.	.	.	.	.	.	.	.	.
47,24	21	80,49	2,250	0,587	48,13	36,94	85,07	37,83	9	42,66
50,95	35	85,40	1,456	0,597	49,81	39,40	90,21	39,26	18	46,14
83,55	49	144,31	1,705	0,579	82,64	66,36	149,00	65,45	26	78,86
91,00	67	159,40	1,358	0,571	91,29	74,11	164,40	73,40	35	86,00
.	.		.		.	.	.	.	.	
.	.		.		.	.	.	73	.	
20,20	109		0,185		24,68	73,52	107,20	87	22	
32,30	128		0,252		27,62	85,68	126,30	94	34	
40,90	141		0,290		32,86	100,04	141,90	101	40	
37,07	153		0,242		37,10	109,97	149,07	112	41	

wobei:

N	=	Nationaleinkommen
F	=	Produktionsfonds
B	=	Zahl der Beschäftigten
ΔF	=	Fondszuwachs, vereinfachend werden Aussonderungen und Aktivierungsgrad der Investitionen nicht berücksichtigt
„K"	=	im Inland produzierter Teil des Nationaleinkommens, der für die Konsumtion verwendet wird
AP	=	Nettoproduktivität
Bfr	=	durch Produktivitätssteigerung relativ eingesparte Zahl von Arbeitskräften
Fa	=	Fondsausstattung pro Beschäftigten
Fr	=	relativer Freisetzungsaufwand pro Arbeitskraft
Fq	=	Fondsquote
$Gr.\text{-}Fr.$	=	Grenzwert des Freisetzungsaufwandes
$\Delta\ Eff.$	=	absoluter Effektivitätszuwachs

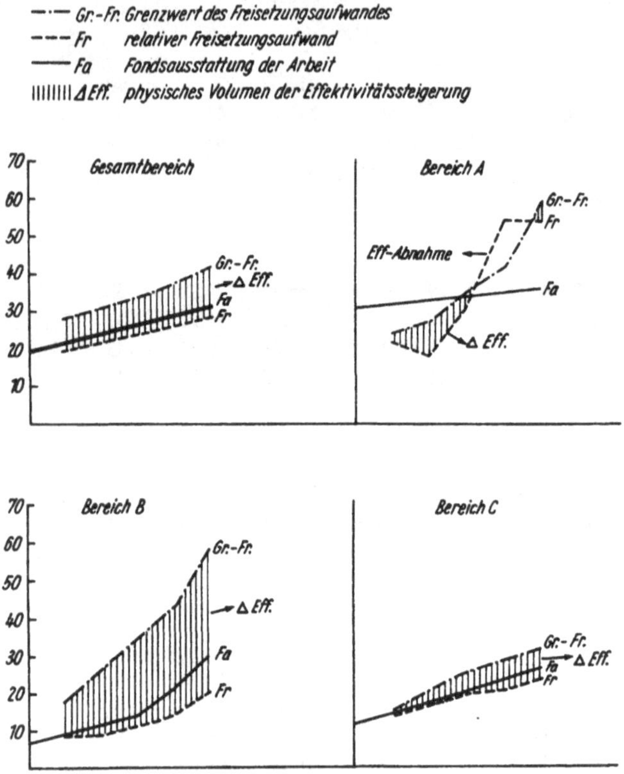

Abb. 6:
Grafische Darstellung zum schematischen Beispiel zur Ermittlung der Effektivität der Freisetzung*

* alle Werte bezogen auf 1 relativ eingesparte Arbeitskraft

misch sinnvollen Ergebnissen führt. Im Vergleich der Bereiche A und B zeigt sich die Wirkung des Struktureffekts der Frei- und Umsetzung von Arbeitskräften. Der Bereich B mit einer relativ niedrigen Fondsausstattung und einem im Vergleich zum Bereich A niedrigeren Freisetzungsaufwand verfügte zunächst mit seinem niedrigen technischen Niveau über beträchtliche Freisetzungsreserven. Zugleich trägt der Bereich B infolge der verhältnismäßig hohen Produktivitätssteigerung und insgesamt fast konstanter Fondsquote wesentlich zur Effektivitätssteigerung des Gesamtbereiches bei. Mit der steigenden organischen Zusammensetzung im Bereich B deutet sich jedoch bereits eine beginnende Erschöpfung der Freisetzungsreserven und der damit für den Gesamtbereich verbundenen positiven Struktureffekte an. Das kommt auch darin zum Ausdruck, daß im Bereich A zunächst der Struktureffekt aus der Zunahme von Arbeitskräften mit zur Effektivitätssteigerung beitrug. Zugleich zeigt sich im weiteren eine negative Effektivitätsentwicklung insbesondere infolge sinkender Grundfondsquote. Diese kann mit auf unzureichende Grundfondsnutzung durch fehlende Arbeitskräfte bedingt sein. Es muß weiterhin auf den methodisch wichtigen Umstand verwiesen werden, daß im Bereich B die *absolute Freisetzung* von Arbeitskräften mit in der *Effektivitätssteigerung* berücksichtigt wird. Das heißt, daß die gesamte Produktivitätssteigerung als Ergebnis intensiver Entwicklung einbezogen wird und nicht nur der Teil, der sich im Zuwachs des Nationaleinkommens niederschlägt.

Methodologisch wichtig ist auch, daß die Ermittlung der relativen Effektivitätssteigerung voll auf die Aufwendungen für die intensive Erweiterung bezogen werden muß (vergleiche b). Werden die extensiven Einflüsse mit berücksichtigt (vergleiche a), dann sind die relativen Effektivitätskennziffern verzerrt und müßten erst bereinigt werden. Der Vergleich der Grenzwerte für den relativen Freisetzungsaufwand zeigt, daß der Grenzwert ohne Berücksichtigung des Veränderungstempos der Fondsquote (vergleiche a) vor allem für langfristige Einschätzungen geeignet ist, bei denen mit einer relativ konstanten Entwicklungstendenz der Fondsquote gerechnet werden kann. In die kurz- und mittelfristige Analyse muß unbedingt das Veränderungstempo der Fondsquote einbezogen werden (vergleiche b).

Die Effektivität der Frei- und Umsetzung kann grundsätzlich nur vom *gesamtvolkswirtschaftlichen Standpunkt* aus beurteilt werden. Vom Niveau und Steigerungstempo der Effektivität in den sich erweiternden Bereichen hängt ab, wie hoch der Freisetzungsaufwand sein kann, um die notwendige Effektivitätssteigerung für die Volkswirtschaft zu sichern.

Hierbei geht es um ein richtiges Verhältnis zwischen der vollen volkswirtschaftlichen Effektivität der Zweige und ihrer direkten Effektivität. Die volkswirtschaftliche Effektivität hat zweifellos das Primat. Zugleich muß aber auch auf eine möglichst hohe direkte Effektivität der Zweige orientiert werden, da sich daraus die volkswirtschaftliche Effektivität ergibt. Verluste an einer Stelle müssen folglich im Interesse einer kontinuierlichen, stabilen Gesamtentwicklung durch zusätzliche Effektivitätssteigerungen an anderer Stelle kompensiert werden.

In der Zukunft wird sich die Bedeutung der direkten Effektivität der Zweige noch erhöhen. Mit den Fortschritten bei der Schaffung der materiell-technischen Basis des Kommunismus ist auf lange Sicht die Tendenz zur Angleichung der organischen Zusammensetzung der Produktion zwischen den Zweigen verbunden. Dadurch vermindern sich die Struktureffekte relativ.

Gegenwärtig bestehen sowohl noch viele Möglichkeiten zur Nutzung relativ hoher Struktureffekte als auch bereits beginnende Tendenzen zur Annäherung.

Bei der Auswahl der effektivsten Einsatzmöglichkeiten umzusetzender bzw. neu einzugliedernder Arbeitskräfte muß unter sorgfältiger Beachtung der ideologischen, sozialen, territorialen Probleme auf einen hohen Struktureffekt orientiert werden. Dieser Struktureffekt ergibt sich insbesondere aus den Unterschieden im Produktivitätsniveau der freizusetzenden und der sich erweiternden Zweige, Betriebe, Betriebsabteilungen sowie den jeweils aufgewendeten Bruttoinvestitionen pro Arbeitskraft. Je höher die Unterschiede im Produktivitätsniveau und je weniger sie durch höhere Bruttoinvestitionen (infolge höherer Grundfondsausstattung im sich erweiternden Bereich) gemindert werden, desto höher ist der volkswirtschaftliche Nutzeffekt der Frei- und Umsetzung von Arbeitskräften. Gegenwärtig bestehen noch wesentliche Effektivitätsreserven in der Nutzung dieser Struktureffekte auch innerhalb der Industrie. Beispielsweise sind sowohl das Produktivitätsniveau als auch die Freisetzungsaufwendungen in der Leicht- und Textilindustrie wesentlich niedriger als zum Beispiel in der chemischen Industrie (zwischen chemischer Industrie und Textilindustrie bestand 1972 ein Verhältnis von 7,5:1). Solche Unterschiede bestehen innerhalb der Zweige und Betriebe vor allem zwischen Haupt-, Hilfs- und Nebenprozessen.[19]

[19] So beträgt beispielsweise in den mechanischen Abteilungen des Maschinenbaus der technische Ausstattungsgrad durchschnittlich 80 bis 100 TM pro Produktionsarbeiter. In den Montagebetrieben liegt er jedoch nur bei 30 bis 40 TM. Vgl. Werner Krolikowski, Intensivierung — Hauptweg zur Mehrung unseres Reichtums, Diskussionsbeitrag auf der 13. Tagung des Zentralkomitees der Sozialistischen Einheitspartei Deutschlands, in: Neues Deutschland vom 14. 12. 1974, S. 6.

Letztere werden immer mehr zu einem Hemmnis für die Entwicklung der Hauptabteilungen selbst. Das zeigt sich in den Widersprüchen zwischen der Einsparung von Arbeitskräften in den Hauptprozessen und der Erhöhung des Anteils der Arbeiter insbesondere für Reparaturen, Transport- und Lagerprozesse mit zum Teil relativ schlechteren Arbeitsbedingungen und niedrigerer Produktivität. An die Mechanisierung dieser Prozesse werden andere technische Anforderungen als an die Mechanisierung und Automatisierung der Hauptprozesse gestellt. Zugleich wird aber von sowjetischen Ökonomen eingeschätzt, daß die für die Mechanisierung von Hilfsprozessen verwendeten Investitionen um das 4- bis 5fache mehr Arbeiter freisetzen als in der Produktion.[20]

Da die Fondsausstattung in einem stochastischen Zusammenhang zur Arbeitsproduktivität steht, ist es volkswirtschaftlich günstig, in Zweigen mit relativ niedrigem Freisetzungsaufwand Investitionsmittel für die Freisetzung zur Verfügung zu stellen. Dadurch erhöht sich die organische Zusammensetzung der gesamten Volkswirtschaft tendenziell.

Wird der Freisetzungsaufwand pro relativ eingesparte Arbeitskraft im produktiven Bereich = 1 gesetzt (er betrug mehr als 40 TM), dann lagen die Freisetzungsaufwendungen in der Industrie (mehr als 70 TM) und im Verkehrs- und Nachrichtenwesen wesentlich darüber. In der Bauwirtschaft, die 1960 noch das niedrigste relative Niveau des Freisetzungsaufwandes aufwies, stieg dieser stark an. Relativ niedriger waren die Freisetzungsaufwendungen vor allem im Handel (vergleiche Tabelle 8). Bisher waren das Reservoir der Freisetzung vor allem Zweige mit relativ niedrigem Niveau der Fondsausstattung (in Abhängigkeit davon, wie sich der Produktivitätszuwachs auf die Zunahme der Produktion und die absolute Freisetzung von Arbeitskräften verteilt). Dazu gehörten insbesondere die Landwirtschaft, die Textil- und Leichtindustrie sowie das produzierende Handwerk. Diese traditionellen Reserven beginnen sich zu vermindern. Das Niveau der Grundfondsausstattung gleicht sich allmählich an (vergleiche Tabelle 9). Wird das durchschnittliche Niveau der Grundfondsausstattung im produzierenden Bereich mit 1 angesetzt, dann betrug das relative Niveau in der Landwirtschaft 1960 0,614, 1973 bereits 0,899.

Das steigende Niveau der Grundfondsausstattung übt einen wachsenden Druck darauf aus, die volkswirtschaftlich effektivsten Wege der Frei- und Umsetzung von Arbeitskräften auszuwählen.

Im Gegensatz zum tatsächlichen Freisetzungsaufwand, der zwar

[20] Vgl. L. Kostin, Arbeitsproduktivität und wissenschaftlich technischer Fortschritt, in: Kommunist, 17/1973, S. 40.

Tabelle 8
Relatives Niveau des Freisetzungsaufwandes nach Volkswirtschaftsbereichen[21]

Bereich	Freisetzungsaufwand 1971—1973 TM	relatives Niveau 1960	1970	1971—1973
produktiver Bereich	48,1	1	1	1
darunter:				
Industrie	73,3	1,186	1,438	1,524
Bauwirtschaft	25,8	0,334	0,789	0,535
Land- und Forstwirtschaft	60,9	1,200[1]	2,000[1]	1,266
Verkehrs- und Nachrichtenwesen	87,4	1,503	0,908	1,816
Handel	15,9	0,752	0,686	0,330

[1] Durchschnitt der Jahre 1961—1965 und 1966—1970.

Tabelle 9
Relatives Niveau der Grundfondsausstattung pro Arbeitskraft und der Arbeitsproduktivität 1960 und 1973[22]

	Grundfondsausstattung 1960	1973	Arbeitsproduktivität 1960	1973
produktiver Bereich	1	1	1	1
darunter:				
Industrie	1,377	1,286	1,362	1,328
Bauwirtschaft	0,244	0,320	0,993	0,946
Land- und Forstwirtschaft	0,614	0,899	0,842	0,745
Verkehrs- und Nachrichtenwesen	2,416	1,813	0,661	0,603
Handel	0,393	0,395	0,977	1,039

21 Berechnet als: $\frac{\Delta GFA}{\Delta AP} \cdot A_0$, nach: Statistisches Jahrbuch der DDR 1974, S. 17, 20, 40, 48 und Statistisches Taschenbuch der DDR 1975, Berlin 1975, S. 23, 24, 29, 30.

22 Berechnet nach: Statistisches Taschenbuch der DDR 1971, Berlin 1971, S. 26, 33, 36 und Statistisches Taschenbuch der DDR 1975, Berlin 1975, S. 23, 24, 29, 30.

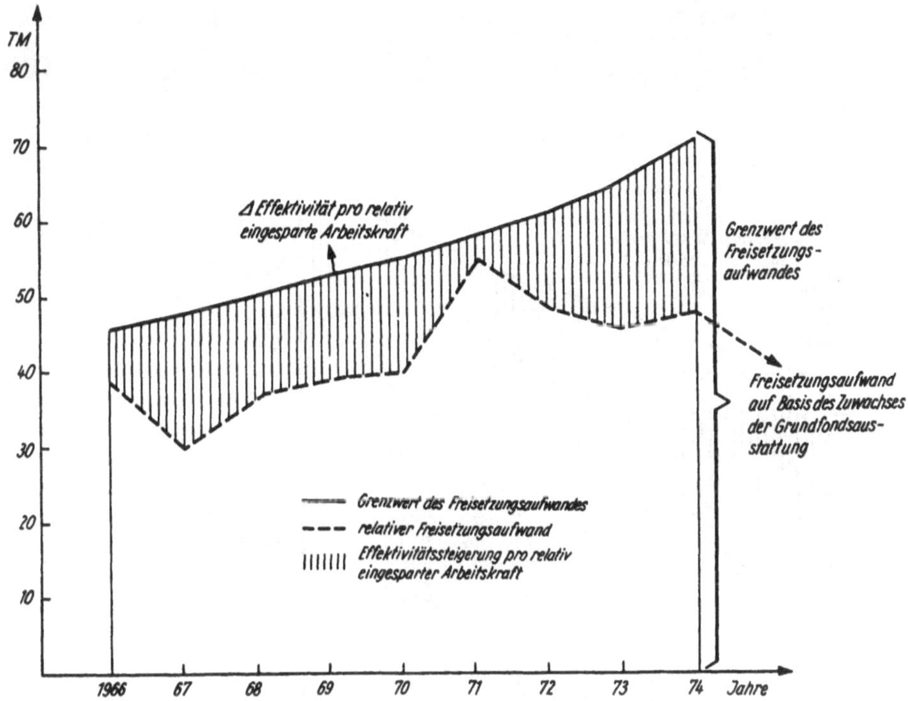

Abb. 7:
Entwicklung des Freisetzungsaufwandes und seines Grenzwerts* im produktiven Bereich der DDR
* ohne Berücksichtigung von Veränderungen im Entwicklungstempo der Grundfondsquote; vereinfacht.
Quelle: Berechnet nach: Statistisches Jahrbuch der DDR 1974, Berlin 1974, S. 17, 41, 45; Statistisches Jahrbuch der DDR 1969, 1970, 1971, 1972 — jeweils S. 41; Statistisches Jahrbuch der DDR 1968, S. 42; Statistisches Taschenbuch der DDR 1975, Berlin 1975, S. 23, 25, 27, 29; zeigt primär die Entwicklungstendenz, da nur auf Basis des Zuwachses der Grundfondsausstattung, d. h. nicht des gesamten Substitutionsaufwandes, ermittelt.

langfristig tendenziell steigt, kurzfristig aber von Jahr zu Jahr stark schwankt, steigt der *Grenzwert* des Freisetzungsaufwandes relativ stetig (vergleiche Grafik 7 und 8). Im Zeitraum von 1966 bis 1974 stieg der Grenzwert des Freisetzungsaufwandes im produktiven Bereich um etwa 5,0 Prozent JD. Ein Steigen des Grenzwertes des Freisetzungsaufwandes kann tendenziell als Ausdruck des sich verändernden tech-

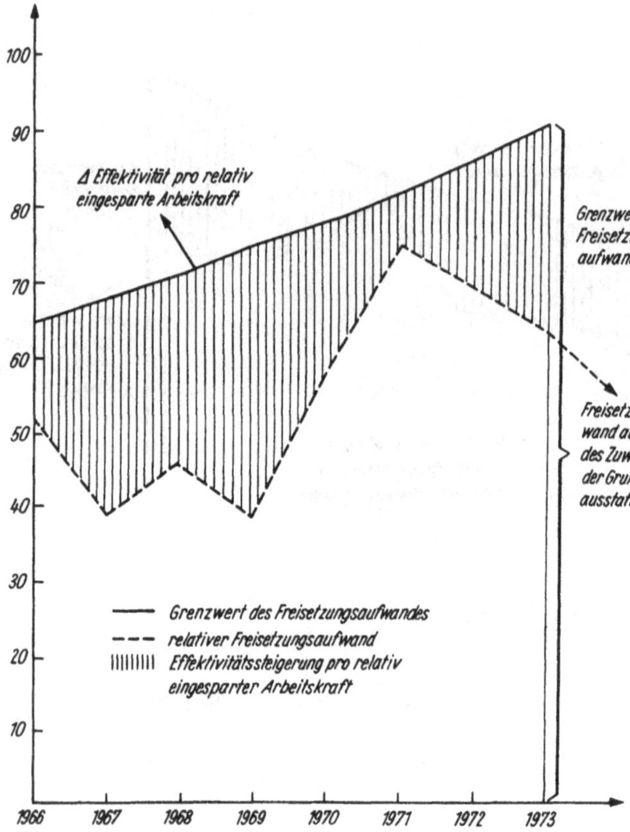

Abb. 8:
Entwicklung des Freisetzungsaufwandes und seines Grenzwerts* in der Industrie der DDR
* ohne Berücksichtigung von Veränderungen im Entwicklungstempo der Grundfondsquote; vereinfacht.

Quelle: Berechnet nach: Statistisches Jahrbuch der DDR 1974, Berlin 1974, S. 17, 20, 41, 45, 48; Statistisches Jahrbuch der DDR 1969, 1970, 1971, 1972 – jeweils S. 41; Statistisches Jahrbuch der DDR 1968, S. 42; zeigt primär die Entwicklungstendenz, da nur auf Basis des Zuwachses der Grundfondsausstattung, d. h. nicht des gesamten Substitutionsaufwandes, ermittelt.

nischen Niveaus interpretiert werden.[23] Ein höherer Grenzwert des Freisetzungsaufwandes eröffnet im allgemeinen zugleich Möglichkeiten für die weitere Effektivitätssteigerung auf einem höheren Niveau. Das ergibt sich vor allem aus dem höheren Qualifikationsniveau der Arbeitskräfte, dem höheren Grad der technischen Ausstattung und Organisation, der im höheren Grenzwert der Freisetzung in der Regel zum Ausdruck kommt. Bei einem höheren Grenzwert des Freisetzungsaufwandes ist unter der Annahme gleichbleibender Fondsquote die Effektivitätssteigerung pro Beschäftigten wesentlich höher als bei einem niedrigeren Grenzwert. Das bedeutet, daß in Bereichen mit einem relativ schnell wachsenden Grenzwert des Freisetzungsaufwandes sich ebenfalls die Möglichkeiten der Effektivitätssteigerung schnell erweitern. Dabei geht es um die volle Nutzung der sich erweiternden Möglichkeiten zur Produktivitätssteigerung und damit zugleich um die effektivere Fondsnutzung. In Bereichen mit einem relativ langsam steigenden Grenzwert des Freisetzungsaufwandes hängt der Effektivitätszuwachs im starken Maße von organisatorischen und arbeitsökonomischen Vervollkommnungen ab. Bei längerfristiger Beibehaltung eines zu langsamen Wachstums des Grenzwertes würden sich jedoch Schranken für die weitere Effektivitätssteigerung ergeben.

Der Grenzwert des Freisetzungsaufwandes läßt sich vorausschätzen, da seine einzelnen Bestandteile relativ eindeutigen Entwicklungstrends unterliegen. Er wird relativ stark durch die Entwicklungstendenzen von Fondsausstattung, Durchschnittslohn und für gesellschaftliche Zwecke verwendbares Reineinkommen bestimmt. Daneben wirken sich Unterschiede in der Richtung und im Tempo von Veränderungen der Fondsquote aus. Diese können aber insgesamt die eindeutige Tendenz zum Steigen nicht aufhalten.

Infolge der Unterschiede in der organischen Zusammensetzung der Produktion, der Qualitätsstruktur, der Technologie, zum Teil der Preisbildung und anderer Einflüsse ist ein einheitlicher Grenzwert des Freisetzungsaufwandes für den gesamten produktiven Bereich nicht aussagekräftig.

Der theoretische Grenzwert und der davon abgeleitete praktische Höchstwert des Freisetzungsaufwandes müßten deshalb nach Zweigen differenziert sein.

Die organische Zusammensetzung und die tatsächliche bzw. geplante

[23] Dabei ist bei der Analyse zu berücksichtigen, daß sich im Einzelfall auch Verzerrungen der Aussage zum Beispiel durch Verteilungs- und Bewertungsprobleme ergeben können, die eliminiert werden müssen.

Entwicklungstenz der Fondsquote bilden objektive Grundlagen für diese Differenzierung.

Aus der Analyse des Grenzwertes nach Zweigen ergibt sich beispielsweise, daß in Zweigen mit hoher organischer Zusammensetzung (wie der Energie- und Brennstoffindustrie, der chemischen Industrie, der Baumaterialienindustrie) zwar die relative Einsparung von Arbeitszeit ein außerordentlich wichtiger Faktor ist, um die Fonds rationell zu nutzen, daß aber eine Orientierung auf die absolute Freisetzung von Arbeitskräften in diesen Zweigen nicht im Interesse einer hohen volkswirtschaftlichen Effektivitätssteigerung läge, da

— relativ hohe Freisetzungsaufwendungen entstehen;

— fehlende Arbeitskräfte in diesen Zweigen höhere volkswirtschaftliche Verluste verursachen als in anderen Zweigen;

— Vorstufeneffekte sich als Kettenreaktionen fortsetzen können;

— die Abnahme der Fondsquote hier einen geringeren Spielraum hat, bevor sie an die Grenzen stößt, bei denen die Effektivität sinkt. Das bedeutet aber nicht, daß nicht auch in diesen Zweigen Reserven zur Freisetzung bestehen, wie zum Beispiel in nicht oder wenig mechanisierten Hilfs- und Nebenprozessen.

Es kann andererseits jedoch auch nicht generell davon ausgegangen werden, daß eine Freisetzung in arbeitsintensiven Zweigen von vornherein volkswirtschaftlich effektiv ist. Um durch Freisetzungen in arbeitsintensiven Bereichen einen möglichst hohen volkswirtschaftlichen Nutzen zu erreichen, muß vor allem berücksichtigt werden:

— Die Entwicklung der Aufwendungen für die Freisetzung. Eine relativ niedrige organische Zusammensetzung ist nicht gleichzeitig auch die Garantie für einen niedrigen Freisetzungsaufwand. Wesentlichen Ausschlag gibt hier die Entwicklung der Fondsquote.

— Der Struktureffekt des Wiedereinsatzes von absolut freigesetzten Arbeitskräften. Werden diese beispielsweise in Zweigen mit höherer organischer Zusammensetzung eingesetzt, wie in der chemischen Industrie, zum Teil in der metallverarbeitenden Industrie, dann entsteht ein positiver Struktureffekt, weil dort normalerweise der Effektivitätszuwachs pro Beschäftigten vergleichsweise höher ist.

— Differenzierte Anforderungen an die Effektivitätsentwicklung. An die Effektivität der Finalzweige sind in der Regel höhere Anforderungen zu stellen als an die Zulieferzweige.

Die Effektivität der Freisetzung kann nicht allein aufgrund der direkten Entwicklung im Zweig oder Kombinat beurteilt werden. Es sind die *Verflechtungen* zu anderen Stufen zu berücksichtigen.

Kriterium ist letzten Endes der Effektivitätszuwachs pro Einheit der

Aufwendungen für die erweiterte Reproduktion für den miteinander verflochtenen gesamten Reproduktionskomplex. Das bedeutet, daß vom direkten Niveau des relativen Freisetzungsaufwandes im Zweig nicht unmittelbar auf den Beitrag zur volkswirtschaftlichen Effektivitätssteigerung geschlossen werden kann. Die Effektivität der Freisetzung kann immer nur vom gesamtvolkswirtschaftlichen Standpunkt unter Berücksichtigung der direkten und indirekten Aufwendungen und Ergebnisse eingeschätzt werden. Davon hängt es auch ab, in welchem Maße die relative Einsparung von Arbeitszeit zur relativen oder auch absoluten Freisetzung von Arbeitskräften führt.[24]

Dem Optimum in der Effektivität der Frei- und Umsetzung nach Zweigen und Bereichen nähert man sich in dem Maße, in dem sich der Effektivitätszuwachs pro Einheit der Aufwendungen für die intensiv erweiterte Reproduktion für die verschiedenen Reproduktionsbereiche und -zyklen einander annähert. Diese *Gleichheit* des Effektivitätszuwachses für die Aufwendungen zur intensiv erweiterten Reproduktion im Gegensatz zu den *Unterschieden* im Freisetzungsaufwand und seinem Grenzwert wirkt lediglich als *Tendenz*. Diese Tendenz wird immer wieder durch erneutes Ansteigen der organischen Zusammensetzung durchbrochen. Indem diese Annäherung angestrebt wird, zeigen sich Möglichkeiten zur Erschließung von Effektivitätsreserven.

Zusammenfassend muß betont werden, daß sowohl das absolute physische Volumen der Effektivitätssteigerung der Substitution lebendiger Arbeit durch Fonds als auch die relative Effektivitätssteigerung (Aufwands-Ergebnis-Relation) ihre jeweils bestimmten Aussagebereiche haben. Während der *absolute Effektivitätszuwachs* die Verbindung zu den Verwendungsproportionen des Nationaleinkommens mit herstellt, spielt der *relative Effektivitätszuwachs* eine wichtige Rolle bei der Auswahl optimaler Kombinationen lebendiger Arbeit und Fonds unter volkswirtschaftlichen Aspekten. Das bedeutet, daß beide Seiten der Effektivitätsentwicklung analysiert und ausgewertet werden müssen.

3.3. *Einige Bemerkungen zur Bewertungsproblematik*

Bei der Effektivitätsermittlung wurden zunächst sowohl Aufwand als auch Ergebnis zu vergleichbaren Preisen berücksichtigt, weil es primär

[24] Für die Effektivitätsentwicklung ist jedoch der Unterschied zwischen relativer und absoluter Freisetzung unerheblich, da die absolute Freisetzung über die relative Einsparung an Arbeitszeit mit im Ergebnis berücksichtigt wird.

um die Wechselbeziehungen zwischen der Effektivität, dem Wachstum und wichtigen materiellen Grundproportionen ging.

Die Effektivität der Substitution lebendiger Arbeit durch Fonds erschöpft sich jedoch damit nicht. Es geht darum, auch den Einfluß der laufenden Aufwendungen pro Produkt zu berücksichtigen. Unter der Voraussetzung, daß die Preisrelationen im Grundlegenden den Wertrelationen folgen, könnten für die Volkswirtschaft gesamt ergänzend Effektivitätsrechnungen der Substitution auf Basis effektiver Preise erfolgen. Ein Vergleich der Ergebnisse präzisiert die Effektivitätsaussagen.

— Ist die Effektivitätssteigerung zu vergleichbaren und laufenden Preisen gleich hoch, dann hat sich in den Preisen offensichtlich per Saldo keine Einsparung laufender Aufwendungen realisiert.

— Ist die Effektivitätssteigerung zu laufenden Preisen höher als zu vergleichbaren Preisen, dann hängt die Beurteilung von der tieferen Strukturuntersuchung ab. Liegt die Ursache in gesunkenen Preisen für Investitionsgüter, dann ist das ein zusätzlicher Effekt, der berücksichtigt werden muß. Würde die Ursache — theoretisch angenommen — in einer höheren Konsumtion zu effektiven gegenüber vergleichbaren Preisen liegen, dann müßte dieser Teil als Verschlechterung der Effektivitätsentwicklung gewertet werden.

— Ist die Effektivitätssteigerung zu effektiven Preisen niedriger als die zu vergleichbaren Preisen, dann muß diese Differenz als Abzug von der Effektivitätssteigerung bewertet werden, wenn sie auf steigende Investitionsgüterpreise zurückgeht. Sie stellt jedoch eine zusätzliche Effektivitätssteigerung dar, wenn sie auf den Konsumgüterpreisen beruht.[25]

Um mit Effektivitätsrechnungen auf wertmäßiger Basis möglichst nahe an die tatsächliche Effektivitätsentwicklung heranzukommen, ist es wichtig, diese Rechnungen sowohl zu vergleichbaren als auch zu effektiven Preisen durchzuführen. Dabei muß die Entwicklung der Konsumgüter- und Investitionsgüterpreise berücksichtigt werden. Nur dadurch können von der Effektivitätsrechnung her auch Aufgaben für die plan-

[25] Es wird von dem Grundsatz ausgegangen, daß sich langfristig eine relative Senkung der laufenden Aufwendungen auch in Preissenkungen für vergleichbare Erzeugnisse durchsetzen muß. Vom volkswirtschaftlichen Gesichtspunkt würde sich die Selbstkostenentwicklung über die Preisentwicklung als Effektivitätssteigerung niederschlagen. Bei gleichbleibenden Konsumgüterpreisen kommt es darauf an, zusätzliche Erschwernisse der natürlichen Reproduktionsbedingungen durch Einsparungen anderer Aufwandsarten auszugleichen und auf die Dauer Voraussetzungen für die Verbesserung des Preis-Leistungs-Verhältnisses der Investitionsgüter zu schaffen.

mäßige Stabilität der Staatsfinanzen und der Währung mit aufgeworfen werden.

Liberman vertritt die Auffassung, daß sich die Fondsintensität bei der Fondsbewertung zu effektiven Preisen allgemein günstiger darstellt.[26] Die Teilaussage hinsichtlich des Fondseinflusses wird zweifellos richtiger. Zugleich werden aber für die Einordnung in ein System der volkswirtschaftlichen Effektivitätsrechnung auch die Fonds zu vergleichbaren Preisen benötigt.

Verschiedentlich wird vorgeschlagen, den volkswirtschaftlichen Effekt nicht am Nettoprodukt, sondern am Reineinkommen zu messen, weil damit die Entwicklung der Selbstkosten erfaßt werde. Das Reineinkommen präzisiert die Aussage des Nettoprodukts, indem es zeigt, inwieweit die gesellschaftlich notwendigen Proportionen zwischen individuell und gesellschaftlich angeeignetem Produkt eingehalten werden. Als Verteilungskategorie besitzt es zugleich Grenzen in der Aussage über die Effektivitätsentwicklung. Ein gleichhohes Reineinkommen kann beispielsweise Ausdruck unterschiedlicher Effekte sein. Das tritt dann auf, wenn in einem Falle eigene Investitionsfinanzierungen und Abführungen für gesellschaftliche Zwecke erfolgen, im anderen Fall aber das Reineinkommen vorwiegend der Finanzierung von Investitionen diente, die nach Ablauf einer normalen Anlaufperiode nicht den gesellschaftlich notwendigen Zuwachs des Nettoprodukts sichern. Zur Erläuterung soll noch einmal auf die weiter oben angeführten schematischen Beispiele mit gleichem Nationaleinkommenswachstum durch Produktivitätssteigerung, aber unterschiedlichen Substitutionsaufwendungen (einfache Substitution, Einsparung, Mehraufwand) hingewiesen werden. Obwohl nur bei einer der 3 Varianten die Effektivität stieg, würden alle ein gleichhohes Reineinkommen realisieren, wenn unterstellt wird, daß die bei allen 3 Varianten gleichhohe Produktivitätssteigerung auch mit einer für alle Varianten gleichhohen Lohnsteigerung verbunden sein muß. Der Unterschied zwischen den 3 Varianten würde dann nur darin bestehen, daß das gleiche Reineinkommen ungleich auf die Finanzierung der Investitionen im eigenen Betrieb und auf Abführungen für die Befriedigung gesellschaftlicher Bedürfnisse verteilt wird (vergleiche Tabelle 10).

Während sich bei den genannten Voraussetzungen die Ergebnisgröße Reineinkommen bei allen Varianten gleich entwickeln würde, zeigen sich die Effektivitätsunterschiede in den gesellschaftlichen Abführungen,

[26] Vgl. E. G. Liberman, Ökonomische Methoden zur Effektivitätssteigerung der gesellschaftlichen Produktion, Berlin 1973, S. 104ff.

Tabelle 10
Schematisches Beispiel

Varianten	Netto-produkt	Lohn	Rein-einkommen	gesell-schaftliche Abführun-gen	Konsum-tion im weiteren Sinne	Akkumu-lation
0	44000	17000	27000	17000	34000	10000
1 (einf. Substitu-tion)	48400	18100	30300	15900	34000	14400
2 (Einsparung)	48400	18100	30300	17000	35100	13300
3 (Mehraufwand)	48400	18100	30300	15500	33600	14800

der Akkumulation und der Konsumtion im weiteren Sinne. Die Entwicklung dieser Größen steht — wie oben bereits gezeigt — in enger Beziehung zum physischen Volumen der Effektivitätssteigerung.

Wenn andererseits angenommen wird, daß der Lohn bei den Varianten sich unterschiedlich entwickelt (das heißt, zugrunde gelegt wird, daß die Werktätigen auch an der rationellen Nutzung der Fonds zu einem großen Teil materiell interessiert werden), dann könnte bei den Varianten 1 und 3 nicht nur die Arbeitsrentabilität, sondern auch die Fondsrentabilität steigen. Dem läge aber in Wirklichkeit keine Effektivitätssteigerung, sondern Umverteilung zwischen individuellen und gesellschaftlichen Formen der Konsumtion zugrunde.

Wie die Erfahrungen der Wirtschaftspraxis und die langjährigen Diskussionen zeigen, kommt der Anwendung des spezifisch sozialistischen Preistyps[27] eine große Bedeutung zu, damit auf Wertbasis durchgeführte

[27] In Verbindung damit muß erneut die Rolle des fondsbezogenen Preistyps für die reale Widerspiegelung der gesellschaftlich notwendigen Reproduktionsaufwendungen durchdacht werden. Der fondsbezogene Preistyp erfordert praktisch eine relativ starke Differenzierung der normativen Gewinnraten in Abhängigkeit von den Unterschieden in der organischen Zusammensetzung, um den Reproduktionserfordernissen Rechnung tragen zu können. Das ergibt sich vor allem daraus, daß nicht mehr wie beim Produktionspreis die maximale Kapitalverwertung zugrunde liegt, sondern die der gesellschaftlichen Bedürfnisbefriedigung entsprechende proportionale Entwicklung der Reproduktionsbedingungen der lebendigen und vergegenständlichten Arbeit. Die Differenzierung der normativen Gewinnraten der Fonds erfordert, daß indirekt die Reproduktionsbedingungen der lebendigen Arbeit mit berücksichtigt werden. Die Probleme der Weiterentwicklung des fondsbezogenen Preistyps zeigen an, in welcher Richtung sich die Herausbildung eines sozialistischen Preistyps vollziehen müßte. Eine gewisse Grundlage dafür können auch die Untersuchungen zur Effektivität der Substitution lebendiger

Effektivitätsrechnungen annähernd auch die tatsächliche Effektivitätsentwicklung widerspiegeln.[28] Das betrifft insbesondere Mindestforderungen, die an die Effektivitätssteigerung zu stellen sind, wenn der Betrieb zusätzliche gesellschaftliche Ressourcen in Anspruch nimmt. Diese zusätzlichen Ressourcen können wertmäßig auch als Aufwendungen für die erweiterte Reproduktion dargestellt werden.

Wird die gesellschaftlich notwendige Effektivitätssteigerung pro Einheit der Aufwendungen für die erweiterte Reproduktion ermittelt bzw. normiert, können damit Mindestforderungen an die Effektivitätssteigerung gestellt werden, die von den Betrieben erreicht werden müssen, wenn sie zusätzliche Ressourcen einsetzen. Damit wird ebenfalls auf eine hohe Effektivität des bereits vorhandenen Fondsbestandes orientiert, da die geforderte Mindeststeigerung der Effektivität nur erreicht werden kann, wenn die Effektivität in der Nutzung der bereits vorhandenen Fonds nicht zurückgeht. Eine verbesserte Ausnutzung der bereits vorhandenen Fonds erhöht die Effektivitätssteigerung. Jede Verschlechterung in der Nutzung der vorhandenen Fonds wirkt sich mindernd auf den Effektivitätszuwachs pro Einheit der Aufwendungen für die erweiterte Reproduktion aus. Diese gesellschaftliche Mindestforderung sollte im Prinzip vom Betrieb für die Sicherung gesamtgesellschaftlicher Bedürfnisse (einschließlich von Investitionen), der sozialen und kulturellen Betreuung abgeführt werden. Sie wird grundsätzlich vom gesamtvolkswirtschaftlichen Standpunkt aus bestimmt.

Die Hauptfunktion der Mindestforderung an die Effektivität des zusätzlichen Ressourceneinsatzes bestünde in der Sicherung der Kontinuität in der Dynamik des volkswirtschaftlichen Reproduktionsprozesses und des Anreizes zur Erschließung betrieblicher und örtlicher Effektivitätsreserven. Diese Funktion setzt voraus, daß die Mindesteffektivitätsforderung keine isolierte Rechengröße ist, sondern in den Gesamtprozeß der Planung und wirtschaftlichen Rechnungsführung eingeordnet wird.

Die Höhe der Mindestforderung an die Effektivität beim Einsatz zusätzlicher Ressourcen muß aus einem zentral bilanzierten Plan abgeleitet werden. Auf diese Weise kann die Mindestforderung an die Effektivität

Arbeit durch Fonds bilden. Aus diesen Untersuchungen folgt eindeutig die Notwendigkeit einer *einheitlichen Basis* für die Sicherung der Reproduktionserfordernisse lebendiger Arbeit und Fonds. Unter dynamischem Aspekt sind das die Aufwendungen für die erweiterte Reproduktion aus dem Nationaleinkommen.

28 Vgl. zum Beispiel Gerhard Richter, Die Einheit von Ökonomie der Zeit und Ökonomie der Fonds bei der Intensivierung, in: Wirtschaftswissenschaft, 8/1974, S. 1121.

ein *direktes Bindeglied zwischen Planung und wirtschaftlicher Rechnungsführung* sein. Damit der Betrieb materiell an der Effektivitätssteigerung stimuliert wird, kann diese Mindestforderung nur einen bestimmten Teil der gesamten Effektivitätssteigerung umfassen. (Dabei müssen die Möglichkeiten mit berücksichtigt werden, die der Betrieb durch Selbstkostensenkung, Nutzung örtlicher Reserven, bessere Nutzung bereits vorhandener Fonds besitzt.)
Das heißt, es müßten berücksichtigt werden:
— die Effektivitätssteigerung pro Einheit der Aufwendung für die erweiterte Reproduktion;
— das angestrebte Verhältnis von Arbeitsproduktivität und Lohn;
— die Einsparungen an laufender vergegenständlichter Arbeit.
Eine solche aus der Gesamtkombination der Produktionselemente abgeleitete Mindestforderung hätte folgende Vorteile:

— Investitionen und Arbeitskräfte bzw. zusätzliche Lohnfonds würden den Betrieben nicht „unentgeltlich" zur Verfügung gestellt. Die Abführung der Mindestforderung würde überhöhte zusätzliche Forderungen einschränken und die Betriebe mehr an der Nutzung eigener Ressourcen interessieren.

— Da die Mindestforderung sich nicht isoliert auf Arbeitskräfte oder Fonds bezieht, sondern mit Hilfe einer begründeten Vergleichbarmachung beide berücksichtigt, kann der Betrieb die entsprechend den jeweiligen örtlichen Bedingungen günstigsten Kombinationsmöglichkeiten von Arbeitskräften und Fonds auswählen. Wenn aber getrennte Bewertungen für die Fonds einerseits (zum Beispiel PFA) und für die Arbeitskräfte andererseits (zum Beispiel vieldiskutierte Arbeitskräfte- oder Lohnfondsabgabe) vorgegeben werden, wird damit bereits auf eine bestimmte Richtung der Kombination von Arbeitskräften und Fonds für den Betrieb orientiert. Das kann zum Hemmnis für die Nutzung örtlicher Reserven werden, da Unterschiede zwischen und innerhalb der Zweige, Ballungsgebiete, großen und kleinen VEB bestehen.

— Es wird die Unterbewertung der lebendigen Arbeit überwunden. Wichtig ist in diesem Zusammenhang der Hinweis auf die Erfahrungen der Stschokino-Methode[29].

— Der Zuwachs des Nettoprodukts wird in richtigen Proportionen vom Individuum und von der Gesellschaft angeeignet und schlägt sich folglich in einem Zuwachs des Reineinkommens nieder, der für die Gesellschaft disponierbar ist.

— Die Mindestforderung wirkt nur dann als ökonomischer Anreiz,

[29] Vgl. Abschnitt 1.2.4. der vorliegenden Arbeit.

wenn sie auf realen, zugleich aber auch anspruchsvollen Plänen beruht. Das bedeutet, daß sie höhere Anforderungen an die Normativbasis des zentralen staatlichen Plans stellt. Im Ergebnis dessen muß die Mindesteffektivitätsforderung in ihrer Höhe und daran gebundenen Stimulierung so begründet sein, daß sie den Betrieb an der Aufstellung anspruchsvoller Pläne stärker interessiert als an weichen Plänen.

— Mit Hilfe der Mindestforderung an die Effektivität beim Einsatz zusätzlicher gesellschaftlicher Ressourcen und entsprechender materieller Interessiertheit für ihre Überbietung wäre es grundsätzlich möglich, die gegenwärtige Vielzahl von Regelungen zur materiellen Interessiertheit (die sich zum Teil gegenseitig aufheben) zu reduzieren.

Die Mindestforderung an die Effektivität kann nicht isoliert als ökonomischer Anreiz auf die Betriebe wirken. *Voraussetzung für ihr Wirksamwerden ist, daß der Grad der Bedarfsdeckung sich verbessert und die Liefer- und Leistungsverträge bzw. der Plan der realisierten Warenproduktion in den Sortimenten erfüllt werden.*

Nicht bedarfsgerechte Produktion wird faktisch als Abzug von der Effektivitätssteigerung behandelt.

Die praktische Ausnutzung einer Mindesteffektivitätsforderung setzt auch voraus, daß der Beitrag zur volkswirtschaftlichen Effektivitätssteigerung durchgängig an den Auswirkungen auf die *Entwicklung des Nettoprodukts* (bzw. gegebenenfalls auch des gesellschaftlichen Endprodukts oder der Eigenleistung) gemessen wird.[30]

Für die bessere materielle Stimulierung zur Erschließung von Leistungsreserven besteht folglich eine grundlegende Voraussetzung in einer solchen Vervollkommnung der Effektivitätsberechnung, die Mindestforderungen für die Inanspruchnahme zusätzlicher gesellschaftlicher Ressourcen abzuleiten erlaubt.

[30] Vgl. Abschnitt 2.1.3. der vorliegenden Arbeit.

4. Einige Gesetzmäßigkeiten der Effektivitätsentwicklung bei zunehmender Intensivierung des volkswirtschaftlichen Reproduktionsprozesses

Mit zunehmender Intensivierung des volkswirtschaftlichen Reproduktionsprozesses erhöht sich tendenziell der Einfluß der Effektivitätssteigerung auf das Wachstum des Nationaleinkommens und auf die volkswirtschaftlichen Grundproportionen. Deswegen sind die Wechselbeziehungen zwischen Effektivitätsentwicklung, Wachstum und Proportionalität von großer Bedeutung für die weitere Vervollkommnung der Volkswirtschaftsplanung. Dabei geht es sowohl darum, durch planmäßige Sicherung der Proportionen eine kontinuierliche Effektivitätssteigerung zu ermöglichen, als auch gewisse neue Entwicklungstendenzen von Proportionen zu beachten, die mit zunehmender Intensivierung verbunden sind.

Aus der theoretischen Untersuchung und der Analyse der Entwicklung wichtiger Effektivitätskennziffern im Zeitraum von 1956 bis 1974 lassen sich eine Reihe von gesetzmäßigen Entwicklungsrelationen zwischen den Effektivitätskennziffern ableiten. Diese Beziehungen könnten mit Grundlage für die Einhaltung solcher Wachstumsrelationen sein, die auf einen hohen Beitrag einzelner Effektivitätskennziffern zur volkswirtschaftlichen Effektivitätssteigerung orientieren. Zugleich ermöglichen sie die Kombination verschiedener Einzelkennziffern. Weiterhin bilden sie Verbindungsstücke zwischen der Effektivitätsentwicklung und volkswirtschaftlichen Proportionen.

Die Untersuchungen zum physischen Volumen der Effektivitätssteigerung aus Substitution lebendiger Arbeit durch Fonds führten zu folgenden Zusammenhängen der Effektivitätsentwicklung:

1. Die tendenzielle Annäherung in den Entwicklungstempi von Nettoproduktivität, Grundfondsausstattung und Konsumtion pro produktiv Beschäftigten bei zunehmender Intensivierung.

2. Der Einfluß der Fondsökonomie auf die Steigerungsrelationen von Nettoproduktivität und Arbeitseinkommen pro produktiv Beschäftigten.

3. Die zunehmende Abhängigkeit der Dynamik der erweiterten Reproduktion von der Effektivitätssteigerung.

4. Die Konsequenz der Effektivitätsentwicklung für die Raten der produktiven Akkumulation und Konsumtion.

5. Beziehungen zwischen Effektivitätsentwicklung und der Produktion bzw. dem Aufkommen von Produktions- und Konsumtionsmitteln.

6. Die Effektivitätssteigerung im produktiven Bereich als primäre Bedingung für die Entwicklung der Beschäftigten und Investitionen im nichtproduktiven Bereich.

4.1. *Entwicklungsrelationen von Nettoproduktivität, Fondsausstattung und Konsumtion pro produktiv Beschäftigten*

Bleibt die Veränderung der Fondsquote gleich, dann kann unter sonst gleichbleibenden Bedingungen die Konsumtion pro produktiv Beschäftigten im gleichen Tempo wie die Arbeitsproduktivität steigen. Fortschritte in der Fondsökonomie drücken sich bei gleichbleibendem Wachstumstempo des Nationaleinkommens infolgedessen in der Annäherung der Wachstumstempi von Nettoproduktivität und Konsumtion pro produktiv Beschäftigten aus.

Diese Annäherung ist dann positiv zu werten, wenn

— sie mit einer kontinuierlich hohen bzw. zunehmenden Arbeitsproduktivitätssteigerung verbunden ist,

— sie mit einer hohen Grundfondsökonomie verbunden ist,

— der Anteil der Effektivitätssteigerung am Konsumtionszuwachs hoch ist bzw. steigt,

— die Nettoproduktivität nicht langsamer steigt als die Konsumtion im weiteren Sinne pro Beschäftigten.[1]

Der Wachstumskoeffizient der Konsumtion pro produktiv Beschäftigten und der Grundfondsausstattung gibt ebenfalls bestimmte Hinweise über den Grad der Intensivierung des volkswirtschaftlichen Reproduktionsprozesses. Ganz allgemein kann eingeschätzt werden, daß

[1] Das heißt, die Konsumtion entwickelt sich langfristig auf Grundlage der nationalen Produktivitätssteigerung.

in den Zeiten, in denen die Grundfondsausstattung als Ausdruck des technischen Fortschritts wesentlich steigt, eine Annäherung in den Wachstumstempi von Konsumtion pro Beschäftigten und Grundfondsausstattung bzw. ein schnelleres Steigen der Konsumtion pro Beschäftigten die verstärkte Intensivierung der Reproduktion ausdrückt.

Das schematische Beispiel (vergleiche Tabelle 11 und Abbildung 9) zeigt:

— Bei gleichbleibendem Wachstumstempo des Nationaleinkommens, beschleunigter Arbeitsproduktivitätssteigerung und gleichbleibender Fondsquote (Variante 1b) wächst zwar das Konsumtionsvolumen im gleichen Tempo wie bei gleichbleibender Produktivitätssteigerung; es werden jedoch Arbeitskräfte für den nichtproduktiven Bereich oder zur Verlängerung der Freizeit absolut freigesetzt.

— Bei sonst gleichen Bedingungen und etwas sinkender Fondsquote (Variante 1c) ist das Zuwachsvolumen der Konsumtion etwas niedriger als bei gleichbleibender Produktivitätssteigerung. Die Effektivitätssteigerung ist jedoch auch hier noch relativ höher. Die absolut freigesetzten Arbeitskräfte können entweder im nichtproduktiven Bereich eingesetzt werden (Variante 1c) oder zur Beschleunigung des Wachstumstempos beitragen. Letzteres fördert die Konsumtionssteigerung, wenn nicht wesentliche Senkungen der Fondsquote dem entgegenwirken.

— Bei beschleunigter Steigerung der Arbeitsproduktivität und gleichbleibenden Arbeitskräften wächst die Konsumtion nach einer gewissen Einleitungsphase des beschleunigten Wachstums (steigende Akkumulationsrate) auch bei etwas sinkender Fondsquote schneller als bei gleichbleibender Produktivitätssteigerung (vergleiche Varianten 3a′ und 3a″). Auch die Effektivitätssteigerung ist bei beschleunigter Produktivitätssteigerung relativ höher (vergleiche Varianten 2a und 3a gegenüber 1a).

Wird berücksichtigt, daß der wissenschaftlich-technische Fortschritt Möglichkeiten zur beschleunigten Arbeitsproduktivitätssteigerung schafft, ergeben sich Einwände gegen die Argumentation von Langendorf und anderen, daß bei gleichbleibender Effektivitätssteigerung die Fondsquote gesetzmäßig steigen muß.[2] Zumindest gilt die Bedingung nicht für das absolute Volumen der Effektivitätssteigerung.

Wie das schematische Beispiel zeigt, wachsen bei gleichbleibender

[2] E. Drechsel, G. Langendorf, Zum Zusammenhang zwischen Steigerung der Arbeitsproduktivität und Wachstum der Fondsquote, in: Wirtschaftswissenschaft, 7/1971, S. 975.

Tabelle 11

Schematisches Beispiel für Entwicklungsrelationen von Nettoproduktivität und (produzierter) Konsumtion pro Beschäftigten

	N	F	B	ΔF[1]	K	K/B	A	Bfr	$Bfr \cdot K_0/B_0$	D_{Fq}	ΔE[2]	ΔK	$Akk + \Delta K$	$\frac{\Delta Eff}{Akk + \Delta K}$	$\frac{Akk + \Delta K}{N}$	ΔEff ./. Abn. $B \cdot K_0/B_0$ ./. Akk. f. Beschl. v. $r(N)$
0	1100	2200	100	200	900	9	11	.	.	.	.	.	.	.	.	.
1a	1210	2420	100	220	990	9,9	12,1	10	90	.	90	90	310	0,29	0,256	90
1b	1210	2420	87	220	990	11,4	13,92	23,1	207	.	207	90	310	0,66	0,256	207—117 = 90
1c	1210	2430	87	230	980	11,3	13,92	23,1	207	—10	197	80	320	0,62	0,264	197—117 = 80
2a[3]	1265	2530	100	330	935	9,35	12,65	15	135	.	135	35	365	0,37	0,288	135—100 = 35
2a'	1455	2910	100	380	1075	10,75	14,55	15	140	.	140	140	520	0,27	0,357	140
2a''	1673	3346	100	436	1237	12,37	16,73	15	162	.	162	162	598	0,27	0,357	162
3a	1265	2530	110	330	935	9,35	12,65	15	135	.	135	35	365	0,37	0,288	135—100 = 35
3a'	1455	2925	100	395	1060	10,60	14,55	15	140	—15	125	125	520	0,24	0,357	125
3a''	1673	3381	100	456	1217	12,17	16,73	15	159	—17	157	157	613	0,26	0,366	157

Wobei:

K = Konsumtion im weiteren Sinne;

A = Arbeitsproduktivität;

Bfr = durch Produktivitätssteigerung relativ freigesetzte Arbeitskräfte;

D_{Fq} = Mehraufwendungen aus der Veränderung der Fondsquote (N_1/F_{q0} - F_1);

ΔE = Effektivitätssteigerung;

Akk = produktive Akkumulation;

$r(N)$ = Wachstumstempo des Nationaleinkommens

[1] vereinfacht = produktive Akkumulation

[2] $Bfr \cdot K_0/B_0$ ./. Differenz aus der Veränderung der Fondsquote des Berichts- und Basisjahres. (Differenz deshalb, da sich gleichbleibende Veränderung der Fondsquote auf die Effektivitätssteigerung fondsneutral auswirkt. Es ergibt sich bei 1c: 207 ./. 10; 3a': 140 ./. 15; 3a'': 159 ./. 17 + 15).

[3] Wobei Varianten 2a bis 2a'' und 3a bis 3a' nur unter sich vergleichbar sind, da sie sich auf den Ablauf in der Zeit beziehen.

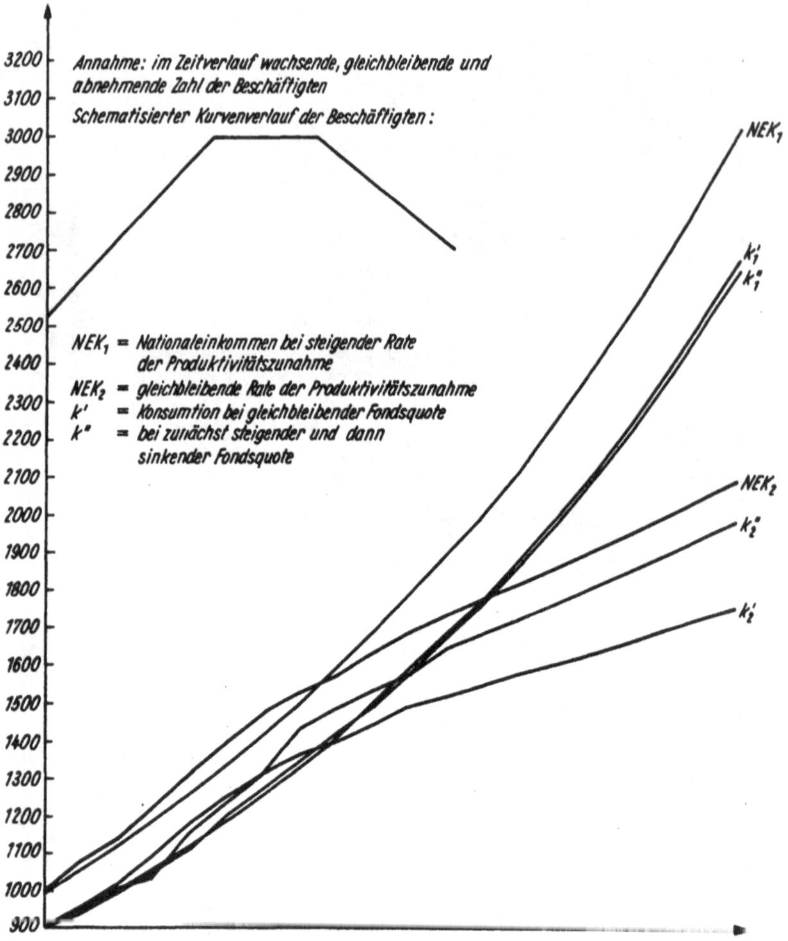

Abb. 9:
Entwicklung von Nationaleinkommen und Konsumtion bei unterschiedlicher Entwicklung von Arbeitsproduktivität und Fondsquote nach Varianten

Arbeitsproduktivitätssteigerung und gleichbleibender Fondsquote Nationaleinkommen, Fonds, Akkumulation und Konsumtion in gleichem Tempo, wenn der produktive Arbeitszeitfonds nicht abnimmt. Damit ist zugleich gleichbleibende Effektivitätssteigerung verbunden. Es muß berücksichtigt werden, daß bei einem höheren Niveau der Arbeitsproduktivität auch bei etwas sinkender Fondsquote das absolute Volumen der Effektivitätssteigerung höher sein kann als bei einem niedrigeren

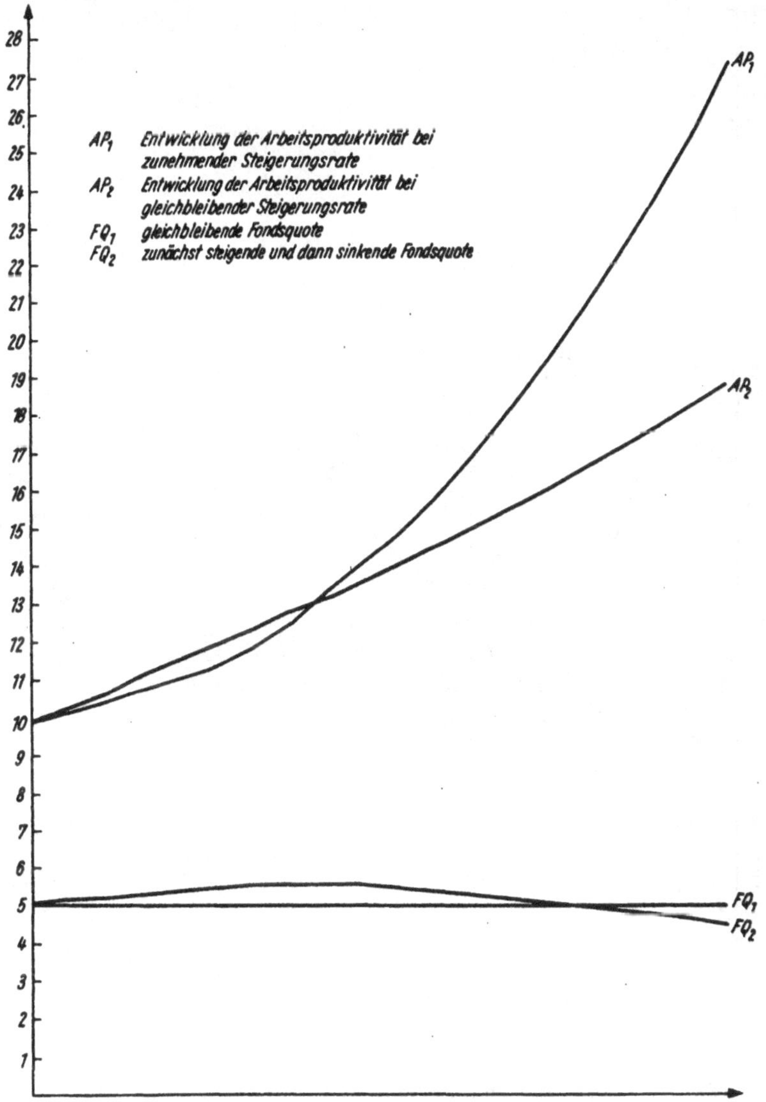

Ergänzung zu
Abb. 9: Entwicklung von Arbeitsproduktivität und Fondsquote nach Varianten

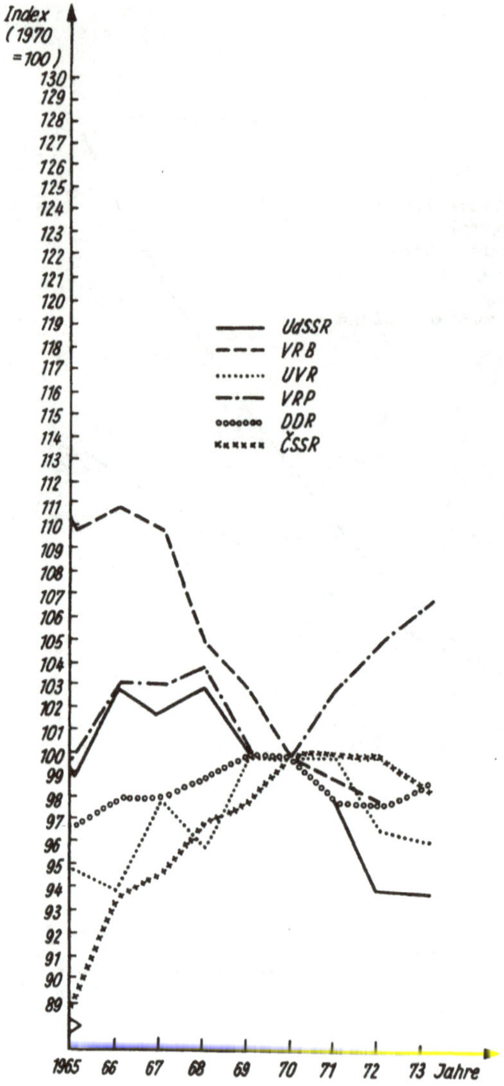

Abb. 10:

Index der Entwicklung der Grundfondsquote im produktiven Bereich nach RGW-Ländern (Basis, Nationaleinkommen) von 1960–1973

Quelle: Berechnet nach: Statističeskij ežegodnik stran-členov soveta ėkonomičeskoj vsaimopomošči 1974, Moskva 1974, S. 47, 51.

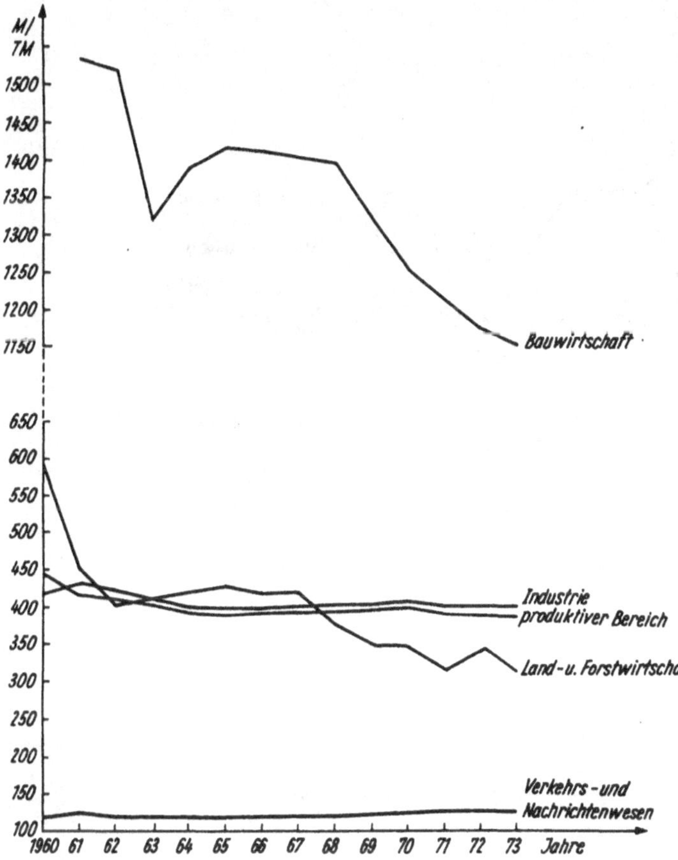

Abb. 11:
Entwicklung der Grundfondsquote auf Basis der Nettoproduktion nach Wirtschaftsbereichen in der DDR von 1960—1973
Quelle: Berechnet nach: Statistisches Jahrbuch der DDR 1974, Berlin 1974, S. 17, 48.

Niveau der Arbeitsproduktivität. Das gilt auch dann, wenn das niedrigere Niveau der Arbeitsproduktivität mit gleichbleibender oder steigender Fondsquote verbunden ist. Diese Argumentation trifft aber nicht das Typische der Wirtschaftspraxis der letzten Jahre. In der Regel stieg gerade die Fondsausstattung sehr schnell, seitdem die Notwendigkeit herangereift war, zur allseitigen Intensivierung überzugehen. Die Fondsökonomie wurde zu einem wichtigen Einflußfaktor der Intensi-

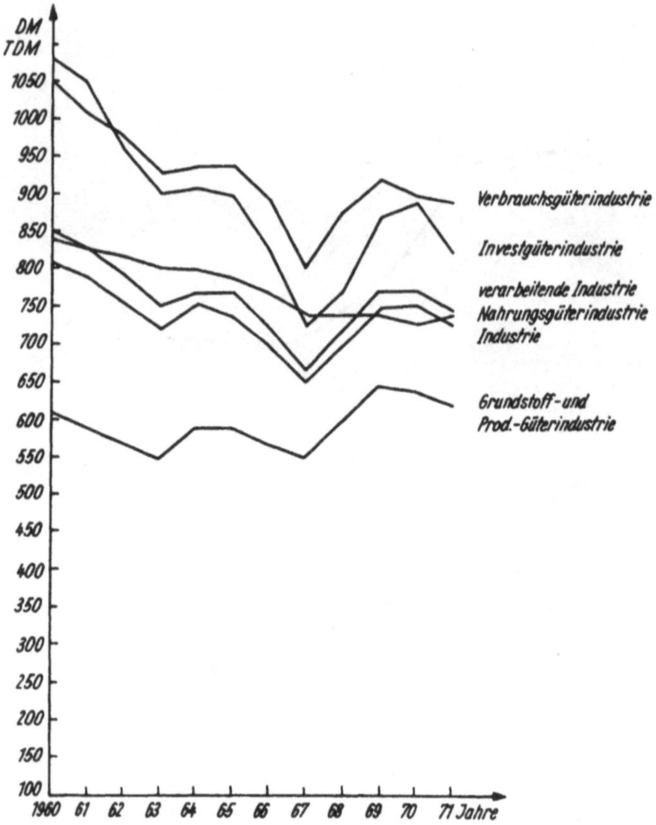

Abb. 12:
Entwicklung der „Kapitalproduktivität" in der Industrie der BRD von 1960—1971
Quelle: Krengel u. a., Produktionsvolumen und -potential, Produktionsfaktoren der Industrie im Gebiet der BRD, DJW, Duncker & Humblot, Berlin-West 1972, S. 91.

vierung (vergleiche Grafik 10 bis 12)[3]. Zum Teil war bei einem niedrigeren Produktivitätsniveau (das historisch mit einem relativ langsamen Wachstum der Fondsausstattung verbunden war) der absolute Effektivitätszuwachs höher als bei einem höheren Produktivitätsniveau, das aber mit schnell steigender Fondsausstattung einher ging. Unter diesen Bedingungen wächst die Rolle der Fondsökonomie für einen hohen

[3] Diese Schlußfolgerung bleibt für die Volkswirtschaft voll bestehen, wenn die Preisentwicklung für die Grundfonds berücksichtigt wird.

Effektivitätszuwachs. Das macht eine Verstärkung der Stellung der Fondsökonomie unter den Kennziffern für die volkswirtschaftliche Effektivitätsrechnung notwendig.

Aus diesen Zusammenhängen folgt, daß *Steigerung der Arbeitsproduktivität und Fondsökonomie* nur in ihrer Einheit bestimmen, inwieweit sich schrittweise reale Möglichkeiten für eine beschleunigte Effektivitätssteigerung herausbilden. In dieser Richtung wirken sowohl eine schnellere Steigerung der Arbeitsproduktivität als auch eine steigende Fondsökonomie.

Gleichbleibende und steigende Effektivität ergäbe sich — theoretisch betrachtet — sowohl bei steigender Fondsquote als auch bei gleichbleibender oder geringfügig abnehmender Fondsquote, jedoch beschleunigter Arbeitsproduktivitätssteigerung. Praktische Beispiele dafür gibt es zum Beispiel in der Arzneimittelherstellung.

In diesem Zusammenhang kann zunächst die Auffassung unterstützt werden, daß absolut steigende Effektivität nicht mit steigender Fondsquote identisch ist. *Unter Berücksichtigung der gegenwärtigen wirtschaftspolitischen Bedingungen in der DDR müßte jedoch diese These präzisiert werden:*

— Bei Existenz von Reserven zur Verbesserung insbesondere der Grundfondsökonomie und von Steigerungsraten der Nettoproduktivität, die seit 1960 maximal etwa 5,2—5,5 Prozent pro Jahr erreichten, wobei zugleich das produzierte Nationaleinkommen schneller wachsen muß als das verwendete, bestimmt die Fondsökonomie wesentlich mit die Möglichkeiten für das Konsumtionswachstum. Es geht hierbei vor allem um entscheidende Fortschritte bei der Intensivierung der Grundfondsreproduktion.

— Die Bedeutung der Fondsökonomie für die volkswirtschaftliche Effektivitätssteigerung wird weiterhin durch die Entwicklung der absolut freizusetzenden Arbeitskräfte bzw. Arbeitszeit bestimmt. Je höhere Anforderungen an die absolute Freisetzung von Arbeitszeit aus der Sphäre der materiellen Produktion gestellt werden, desto mehr muß sich die Fondsökonomie verbessern, wenn ein gleiches Tempo der Konsumtionsentwicklung gehalten werden soll.

— Obwohl langfristig zwischen Fondsökonomie und Entwicklung der Fondsquote eine direkte Beziehung besteht, wird die Fondsökonomie kurzfristig auch durch das veränderte Entwicklungstempo der Fondsquote bestimmt sowie die Mittelbindung für unvollendete Investitionen.

Die Notwendigkeit einer hohen Fondsökonomie bei allseitiger Intensivierung ergibt sich folglich bei begrenzter Entwicklung des Arbeitszeitfonds aus einer gleichbleibenden oder zunehmenden Dynamik der

Konsumtion im weiteren Sinne. Je höher das Niveau der organischen Zusammensetzung, desto weniger Spielraum hat die Abnahme der Fondsökonomie, wenn der absolute Effektivitätszuwachs nicht sinken soll. Bisher war von der absoluten Effektivitätssteigerung die Rede.

Zugleich muß betont werden, daß gleichbleibende *relative* Effektivitätssteigerung (Effektivitätssteigerung im Verhältnis zu den Aufwendungen für die intensiv erweiterte Reproduktion bzw. Grenzaufwendungen für die Freisetzung) voraussetzt, daß die Steigerung der organischen Zusammensetzung durch zusätzliche Fondsökonomie ausgeglichen wird.

4.2. *Der Einfluß der Ökonomie der vergegenständlichten Arbeit auf das volkswirtschaftliche Leistungs-Einkommensverhältnis*

Bei einer Substitution lebendiger Arbeit durch Fonds ermöglicht die Steigerung der Arbeitsproduktivität nicht von vornherein auch eine Realeinkommenssteigerung und damit eine Erhöhung der Konsumtion. Die Produktivitätssteigerung kann nur dann eine Konsumtionssteigerung bringen, wenn sie über die einfache Substitution hinausgeht. Die Realeinkommensentwicklung ist deshalb von der Entwicklung der Arbeitsproduktivität und Fondsquote abhängig. Hierbei muß berücksichtigt werden, daß die Wachstumsrelation von Nettoproduktivität und Arbeitseinkommen pro produktiv Beschäftigten sowohl für die Leistungsstimulierung als auch für ein solches Verhältnis zwischen individueller und gesellschaftlicher Konsumtion, das die sozialistische Lebensweise fördert, von entscheidender Bedeutung ist.

Das Entwicklungsverhältnis von Arbeitsproduktivität und Durchschnittslohn beeinflußt unter der Annahme konstanter Preise die Aufteilung des Nationaleinkommens in das individuell und gesellschaftlich angeeignete Produkt und bestimmt dadurch insbesondere mit

— die Proportion von produktiver Akkumulation und Konsumtion im weiteren Sinne;

— die Grundrichtung der Entwicklung des volkswirtschaftlichen Leistungs- und Einkommensverhältnisses, das ein wesentlicher Vermittler der „Konsumtion als Wachstumsfaktor“ ist.

Arbeitsproduktivität und Realeinkommen pro produktiv Beschäftigten können (von Veränderungen im Wachstumstempo des Nationaleinkommens abgesehen) dann im gleichem Tempo wachsen, wenn der Substitutionsanteil an der Arbeitsproduktivitätssteigerung gleichblieb. Das Realeinkommen pro Kopf muß dann langsamer wachsen als die Arbeitsproduktivität, wenn der Substitutionsanteil am Produktivitätszuwachs steigt.

Das bedeutet, daß sinkende Fondsquote der Verbesserung des Lebensstandards der Werktätigen auch bei gleichbleibender Arbeitsproduktivitätssteigerung entgegenwirkt.

In welchem Maße bei gegebener Nettoproduktivitätssteigerung das Realeinkommen pro Beschäftigten steigen kann, wird vor allem durch folgende Faktoren beeinflußt:

— die Fondsökonomie,
— die für eine effektive Kombination der Wachstumsfaktoren notwendige Entwicklung der produktiven Akkumulationsrate,
— das Verhältnis zwischen der bezahlten Konsumtion der Werktätigen und der Entwicklung von unentgeltlichen Leistungen für die Bevölkerung,
— die Anforderungen der Zahlungsbilanz an das Wachstum von produziertem und verwendetem Nationaleinkommen,
— Wachstum, Struktur und Qualität des Angebots von Konsumgütern und Dienstleistungen,
— die Wert- und Preisentwicklung pro Produkt.

Diese Faktoren sind jedoch von unterschiedlichem Einfluß. Während die Fondsökonomie unmittelbar mit die volkswirtschaftliche Leistungsentwicklung bestimmt, das heißt von ihr wesentlich mit abhängt, *was* überhaupt verteilt werden kann, beeinflussen die anderen Faktoren das *Aufteilungsverhältnis* der Effektivitätssteigerung auf Arbeitseinkommen und die anderen Verwendungszwecke. Dabei muß das Arbeitseinkommen so schnell steigen, daß die persönliche materielle Interessiertheit an den Arbeitsergebnissen gewährleistet wird. Der Vorrangigkeitsgrad der Steigerung der Nettoproduktivität gegenüber dem Arbeitseinkommen pro Beschäftigten hängt vom jeweiligen Einfluß der oben angeführten Faktoren ab.

Um die Leistungsstimulierung über die Entwicklung der Arbeitseinkommen zu verbessern, sind unter anderem notwendig:

— die Ausnutzung aller Reserven zur Steigerung der Arbeitsproduktivität,
— eine höhere Effektivitätswirksamkeit der Arbeitsproduktivität durch wesentliche Fortschritte bei der Intensivierung der Grundfondsreproduktion,
— die Beseitigung gewisser Disproportionen zwischen Leistungs- und

Einkommensentwicklung in einigen Zweigen, insbesondere Industrie, Verkehrs- und Nachrichtenwesen, Landwirtschaft, die die Leistungssteigerung hemmten,
— die Durchsetzung einer leistungsgerechten Entwicklung des Arbeitseinkommens auch nach Beschäftigtengruppen und für alle sozialökonomischen Strukturen,
— die Verbesserung des Gebrauchswertes und der Bedarfsgerechtheit der Erzeugnisse.

In welchem Maße eine bestimmte Steigerung der Arbeitsproduktivität das Realeinkommen vergrößern kann, hängt folglich nicht allein vom gewachsenen Volumen der Produktion pro Arbeitskraft ab. Steigende Arbeitsproduktivität kann dann im gleichem Maße mit einer Zunahme des Realeinkommens verbunden sein, wenn
— das Wachstumstempo des produzierten Nationaleinkommens gleichbleibt,
— die Fondsquote gleichbleibt,
— der Anteil der unvollendeten Investitionen am Gesamtvolumen der Investitionen sich nicht erhöht,
— der Anteil der Aussonderungen an den Abschreibungen gleichbleibt.

Ob diese Möglichkeit auch im gesellschaftlichen Interesse realisiert werden kann, hängt von den Anforderungen der produktiven Akkumulation sowie vom Einfluß der genannten Faktoren auf die zukünftige Produktivitätssteigerung ab.

Wenn infolge abnehmender Fondsökonomie und Verschlechterung der Ökonomie bei der Investitionsdurchführung die Produktivität der gesellschaftlichen Arbeit langsamer steigt als die Produktivität der lebendigen Arbeit, kann die Konsumtion pro Beschäftigten in diesem Falle nur langsamer wachsen als die Arbeitsproduktivität.

Die volkswirtschaftliche Beurteilung der Leistungsentwicklung muß somit auch für langfristige Vorausberechnungen der Verteilungs- und Verwendungsrelationen des Nationaleinkommens zunächst im physischen Volumen sowohl die Entwicklung der Produktivität der lebendigen Arbeit als auch der Ökonomie vergegenständlichter Arbeit berücksichtigen.

So war beispielsweise im Zeitraum 1961 bis 1970 der Zusammenhang zwischen der Entwicklung der „präzisierten“ Arbeitsproduktivitätssteigerung (unter Einschluß der Veränderung der Arbeitsproduktivität, Grundfondsquote und Aktivierungsgrad der Investitionen) und des Durchschnittslohnes pro Beschäftigten relativ stabil, während der Zusammenhang zwischen der Entwicklung der Produktivität der lebendigen Arbeit und dem Durchschnittslohn weniger eng war und stark schwankte.

Unter den gegenwärtigen Bedingungen wird für die sowjetische Industrie als Orientierung angesehen, daß bei einer Steigerung der Arbeitsproduktivität um 1 Prozent der Arbeitslohn pro Beschäftigten um etwa 0,5—0,6 Prozent wachsen soll.[4] Ein solches Verhältnis wäre auch in der DDR für den produktiven Bereich in etwa anzustreben. Steigt die Fondsquote wesentlich, kann sich der Wachstumskoeffizient relativ abschwächen.

Im Gegensatz zum Kapitalismus liegt also die Fondsökonomie im ureigensten Interesse der Werktätigen im Sozialismus. Für das volkswirtschaftliche Leistungs-Einkommensverhältnis bedeutet das:

— Jede Steigerung der Arbeitsproduktivität müßte im Interesse der Stimulierung der Triebkräfte der sozialistischen Entwicklung mit einer Steigerung des Realeinkommens pro Kopf verbunden sein;

— die Konsumtionssteigerung ist auf die Dauer nur in dem Maße möglich, in dem die Steigerung der Arbeitsproduktivität den Grenzwert einfacher Substitution übertrifft;

— das Verhältnis zwischen der Entwicklung der Arbeitsproduktivität und der Konsumtion pro Beschäftigten, das vom Substitutionsanteil beeinflußt wird, bestimmt damit auch die grundlegenden materiellen Möglichkeiten für die Durchsetzung des Gesetzes der Verteilung nach der Leistung mit.[5]

Mit dem zunehmenden Einfluß der Fähigkeiten und Kenntnisse der Werktätigen auf die weitere Produktivitätssteigerung gewinnen — als eine der Voraussetzungen dazu — die Beziehungen zwischen der Leistungs- und Konsumtionsentwicklung an Bedeutung für die Leitung und Planung. Das heißt auch, daß diese Prozesse in einem bestimmten Maße prognostiziert und bei der langfristigen Planung berücksichtigt werden müssen. Zugleich ergibt sich aus dem wachsenden Einfluß der Substitutionsprozesse auf die Dynamik der sozialistischen Reproduktion, daß über das enge Leistungs-Einkommensverhältnis hinaus die Leistungs-Konsumtionsentwicklung volkswirtschaftlich umfassender

[4] N. Maslova, Über die Arbeitsproduktivität in der Industrie, in: Voprosy ėkonomiki, 12/1973, S. 46.

[5] Die Forderung nach Berücksichtigung der Effektivität aus der Ausnutzung der vergegenständlichten Arbeit wird auch von Prostjakov erhoben. Vgl. I. J. Prostjakov, Uskorenie techničeskogo progressa v uslovijach narodnochozjajstvennoj reformi, Moskva 1973, S. 99/100.

und komplex beurteilt werden muß. Dazu ist es notwendig, verschiedene volkswirtschaftliche Rahmenbedingungen mit zu beachten. Das bedeutet, die Zusammenhänge und die Transformationen zwischen der volkswirtschaftlichen komplexen Entwicklung der Arbeitsproduktivität und Konsumtion bis hin zum Verhältnis von Arbeitsproduktivität und Durchschnittslohn zu analysieren. Erst aus dieser Sicht können volkswirtschaftlich begründete Entwicklungsrelationen von Arbeitsproduktivität und Durchschnittslohn für Bereiche und Zweige vorgegeben werden. Dabei müssen insbesondere folgende Analysestufen berücksichtigt werden:

— die Relationen zwischen den Wachstumstempi der Nettoproduktivität, der Fondsquote, des relativen Freisetzungsaufwandes sowie seines Grenzwertes und davon abgeleitete Konsequenzen für die Entwicklung von produktiver Akkumulation sowie Konsumtion im weiteren Sinne. Damit steckt die „präzisierte“ Arbeitsproduktivitätssteigerung den volkswirtschaftlichen Rahmen für das Leistungs-Konsumtionsverhältnis ab;

— die mit der Entwicklung der sozialistischen Lebensweise verbundenen Strukturveränderungen innerhalb der Konsumtion im weiteren Sinne, das heißt insbesondere zwischen der Konsumtion für die Befriedigung materieller, kultureller und sozialer Bedürfnisse der Bevölkerung sowie die Befriedigung gesamtgesellschaftlicher Bedürfnisse zwischen den Formen individueller und kollektiver Bedürfnisbefriedigung sowie zwischen der laufenden Konsumtion und den langlebigen Konsumgütern, insbesondere den Investitionen in den nichtproduktiven Bereichen. Zukünftig geht es sowohl darum, die Beziehungen zwischen Leistungssteigerung und individuellem Einkommen (sozialökonomisch differenziert) zu verstärken, als auch die gesellschaftlichen Formen der Bedürfnisbefriedigung der Werktätigen, insbesondere über den Wohnungsbau, das Gesundheits-, Sozial-, Bildungs- und Erholungswesen, den Nah- und Berufsverkehr sowie Umweltschutz noch schneller zu entwickeln;

— die jeweiligen Entwicklungsrelationen von Arbeitsproduktivität (Nettoproduktivität) und Durchschnittslohn;

— die geplante Entwicklung der Preise und Preisrelationen im Konsumgüterbereich;

— das Verhältnis zwischen der Entwicklung der Beschäftigten im produktiven und nichtproduktiven Bereich.

4.3. *Die zunehmende Abhängigkeit der Dynamik der erweiterten Reproduktion von der Effektivitätssteigerung*

In dem Maße, in dem sich extensive Erweiterungsmöglichkeiten der Produktion verringern, wird die Effektivitätsentwicklung zu einem immer wichtigeren Faktor für die Dynamik der erweiterten Reproduktion. Der Einfluß der effektiven Kombination lebendiger Arbeit und Fonds auf die Dynamik des Nationaleinkommens war seit etwa 1960 in der DDR sehr stark und wird auch zukünftig nicht abnehmen.

Über die Verwendung des Nationaleinkommens *wird die Dynamik der Reproduktion vor allem durch die Aufwendungen für die erweiterte Reproduktion*[6] *beeinflußt.*

Auf die Aufwendungen für die erweiterte Reproduktion wirken sowohl die Fondsaufwendungen für die Substitution als auch ihre Effektivität ein.[7]

Die Analyse dieser Beziehungen ist mit eine Voraussetzung, um einzuschätzen, wie sich organische Zusammensetzung und Effektivitätsentwicklung auf die Entwicklung volkswirtschaftlicher Grundproportionen auswirken.[8]

In der DDR stieg die organische Zusammensetzung insgesamt 1974 gegenüber 1960 an, blieb jedoch in den letzten Jahren annähernd konstant. Mit Abnahme extensiver Wachstumsquellen durch quantitative Zunahme der Zahl der Arbeitskräfte wächst die Abhängigkeit der Entwicklung der Aufwendungen für die erweiterte Reproduktion von der Effektivitätssteigerung. Abnehmendes Tempo der Effektivitätssteigerung bedeutet letzten Endes Abnahme des Anteils der Aufwendungen für die erweiterte Reproduktion am Nationaleinkommen, wie auch die Analyse zeigte. Ein hoher Erweiterungsgrad ist insbesondere dann Ergebnis einer wesentlichen Intensivierung des Reproduktionsprozesses, wenn er zugleich mit einer hohen Effektivitätssteigerung verbunden ist. Liegt ein hoher Erweiterungsgrad, aber gleichzeitig eine niedrige Effektivitätssteigerung vor, dann kann auf einen wesentlichen Anteil der extensiven Faktoren an der erweiterten Reproduktion geschlossen werden. Bei einer

[6] Vgl. Abschnitt 1.2.2. der vorliegenden Arbeit.

[7] Im einzelnen bestimmen die Entwicklungsrelationen zwischen der Fondsausstattung pro Arbeitskraft, dem relativen Freisetzungsaufwand sowie seinem Grenzwert, wie und in welcher Struktur sich die Aufwendungen für die erweiterte Reproduktion entwickeln.

[8] Obwohl der „Erweiterungsgrad" sich auf die *Verwendung* des Nationaleinkommens bezieht, besteht langfristig ein Verhältnis zur Effektivitätsentwicklung, da letzten Endes die inneren Faktoren die Erweiterungsmöglichkeiten bestimmen.

hohen Effektivitätssteigerung und zugleich einem niedrigen Erweiterungsgrad liegt ein noch verhältnismäßig niedriges Effektivitätsniveau vor, das die materiellen Möglichkeiten der Erweiterung einschränkt.

Hieraus ergibt sich die entscheidende Bedeutung der Effektivitätssteigerung für die Aufrechterhaltung der Kontinuität und langfristigen Stabilität des Reproduktionsprozesses.

Die Zusammensetzung der Aufwendungen für die erweiterte Reproduktion nach produktiver Akkumulation und Konsumtionszuwachs gibt ebenfalls bestimmte Hinweise auf Fortschritte in der Intensivierung.

Bei etwa gleichbleibendem Wachstumstempo des Nationaleinkommens ist langfristig ein höherer Anteil des Konsumtionszuwachses an den Aufwendungen für die erweiterte Reproduktion Ausdruck einer beschleunigten Effektivitätssteigerung.

Ein hoher Erweiterungsgrad bei niedrigem oder stark abnehmendem Konsumtionszuwachs kann sowohl Ausdruck einer zu niedrigen Effektivitätssteigerung als auch einer hohen Vorbereitung zukünftig schnelleren Wachstums sein. In beiden Fällen wird langfristig das Wachstumstempo des Nationaleinkommens gehemmt, wodurch sich auch der „Erweiterungsgrad" vermindern würde. Ein extrem hoher Anteil bzw. eine zu starke Zunahme des Anteils der Konsumtionserhöhung am „Erweiterungsgrad" würde andererseits langfristig ebenfalls zu Disproportionen führen und die künftigen Wachstumsmöglichkeiten sowohl die Nationaleinkommens als auch der Konsumtion beeinträchtigen.

Empirische Untersuchungen für die DDR auf der Grundlage langfristiger Zeitreihen zeigten eine abnehmende Stärke der Abhängigkeit des Nationaleinkommenswachstums von der Entwicklung allein der produktiven Akkumulation und eine zunehmende Abhängigkeit von der Entwicklung der Aufwendungen für die erweiterte Reproduktion. Die Kurve der Abhängigkeit zwischen den Aufwendungen für die erweiterte Reproduktion und dem Nationaleinkommen verlief langfristig in einer langsam steigenden Richtung. Das ist direkt mit der Veränderung der Wachstumsbedingungen in Richtung der allseitigen Intensivierung verbunden.

Der Zusammenhang zwischen den Aufwendungen für die erweiterte Reproduktion und der Dynamik des Nationaleinkommens wird von der *Struktur* der Aufwendungen für die erweiterte Reproduktion beeinflußt. Auf diese Struktur wirkt hauptsächlich die Effektivitätsentwicklung[9] ein.

[9] Hier — wie auch bei den übrigen Zusammenhängen — werden Bedingungen vorausgesetzt, bei denen das Nationaleinkommen vorwiegend infolge von Produktivitätssteigerung wächst.

Verschiebt sich der relative Freisetzungsaufwand in Richtung seines Grenzwertes, dann bedeutet das, daß mit der Zunahme der Aufwendungen für die erweiterte Reproduktion keine höhere Dynamik des Nationaleinkommens verbunden ist. Das Wachstum wird fondsintensiver, und zugleich wird die Entwicklung der Konsumtion beeinträchtigt. Die Zunahme der Aufwendungen für die erweiterte Reproduktion führt dann zu einer höheren Dynamik des Nationaleinkommens, wenn die Fondsquote steigt bzw. ihr Sinken aufgehalten wird. In diesem Falle nimmt der Anteil des Konsumtionszuwachses an den Aufwendungen für die erweiterte Reproduktion zu.

Höhere Dynamik des Nationaleinkommens bzw. stabile Aufrechterhaltung seiner Dynamik erfordert folglich nicht eine Zunahme der Aufwendungen für die erweiterte Reproduktion schlechthin, sondern eine solche Zunahme, die mit einer kontinuierlichen Steigerung der Effektivität der Substitution lebendiger Arbeit durch Fonds verbunden ist.

In der DDR blieben von 1966–1974 die Anteile der Investitionen und des Konsumtionszuwachses fast gleich. Um auch weiterhin ein kontinuierliches Wachstum des Nationaleinkommens zu sichern, muß die zukünftige Effektivitätssteigerung es ermöglichen, sowohl die produktive Akkumulation als auch den Konsumtionszuwachs zu erhöhen.

Für die Beurteilung der Entwicklungstendenzen der Effektivität der Substitution lebendiger Arbeit durch Fonds ist von Bedeutung, ob die Substitution mit gleicher, steigender oder sinkender Effektivität erfolgte. Die jeweilige Entwicklungsrichtung der Effektivität der Substitutionszunahme bestimmt den Intensivierungsgrad der Volkswirtschaft mit.

Gleichbleibende relative Effektivitätssteigerung der Substitution lebendiger Arbeit durch Fonds kommt darin zum Ausdruck, daß der Effektivitätszuwachs pro Einheit der Grenzaufwendungen für die Freisetzung gleichbleibt. Sie hat gleichzeitig zur Konsequenz, daß daneben auch

– das Verhältnis von relativem Freisetzungsaufwand und im Inland produziertem Nationaleinkommen zur Verwendung als Konsumtion pro produktiv Beschäftigten gleichbleibt[10] sowie

– der Anteil des Konsumtionszuwachses im weiteren Sinne an den Aufwendungen für die erweiterte Reproduktion (wenn gleichbleibendes Wachstumstempo des Nationaleinkommens vorausgesetzt wird) ebenfalls gleichbleibt.

Wenn unter der Prämisse, daß die Produktivitätssteigerung die einzige oder hauptsächliche Quelle der Produktionssteigerung ist, sich das Wachstumstempo des Nationaleinkommens und die materiellen

[10] Wenn gleichbleibendes Wachstumstempo des Nationaleinkommens vorausgesetzt wird.

Möglichkeiten zur Verbesserung der sozialistischen Zielrealisierung nicht verringern sollen, dann muß als *Mindestforderung eingehalten werden, daß der Effektivitätszuwachs pro Einheit der Aufwendungen für die erweiterte Reproduktion in der langfristigen Tendenz zumindest konstant bleibt.* Davon abgeleitet, kommt das *tatsächliche Substitutionsverhältnis* von lebendiger Arbeit und Fonds *im Verhältnis von relativem Freisetzungsaufwand und im Inland produziertem Nationaleinkommen für die Verwendung als Konsumtion pro produktiv Beschäftigten* zum Ausdruck. An seiner Entwicklung läßt sich ablesen, ob sich das Substitutionsverhältnis zugunsten des Freisetzungsaufwandes verändert hat (tendenziell abnehmende Effektivitätssteigerung der Substitution) oder zugunsten der Konsumtion pro produktiv Beschäftigten (tendenziell zunehmende Effektivitätssteigerung der Substitution) – vergleiche Abbildung 13.

Das heißt, ob eine Arbeitskraft tatsächlich gegenüber den Fonds mit steigenden Aufwendungen substituiert werden muß, zeigt sich nicht im generell steigenden Freisetzungsaufwand überhaupt, sondern im Verhältnis des Freisetzungsaufwands zur im Inland produzierten Konsumtion im weiteren Sinne pro Beschäftigten (das heißt der Reproduktionserfordernisse der lebendigen Arbeit) im produzierenden Bereich. Dieses Verhältnis wird durch die Effektivität der Freisetzung bestimmt. In den vergangenen Jahren nahm der relative Freisetzungsaufwand für die produzierte Konsumtion pro Beschäftigten leicht zu. Das bedeutete, daß die relative Effektivitätssteigerung abnahm. Damit wird die Notwendigkeit einer stärkeren Fondsökonomie bestätigt. Diese Überlegungen zeigen zugleich, daß das Substitutionsverhältnis zwischen lebendiger Arbeit und Fonds allein aus den Beziehungen zwischen Steigerung der Fondsausstattung und Arbeitsproduktivität noch nicht abgeleitet werden kann.

In der *UdSSR* war der „Erweiterungsgrad" des Nationaleinkommens von 1959—1973 durch eine insgesamt steigende Tendenz bei relativ hoher Stabilität insbesondere ab 1965 gekennzeichnet (vergleiche Tabelle 12).

Der relativ hohe „Erweiterungsgrad" des Nationaleinkommens in der UdSSR ist nicht nur auf die relativ hohe Rate der produktiven Akkumulation zurückzuführen (diese betrug im Durchschnitt der Jahre 1959 bis 1973 mehr als 20 Prozent des verfügbaren Nationaleinkommens), sondern auch auf eine schnellere Entwicklung der Konsumtion im weiteren Sinne ab etwa 1965. Das muß besonders betont werden, da sich daran zeigt, daß der relativ hohe „Erweiterungsgrad" sich nicht aus der Entwicklung der „Produktion um der Produktion" willen ergibt,

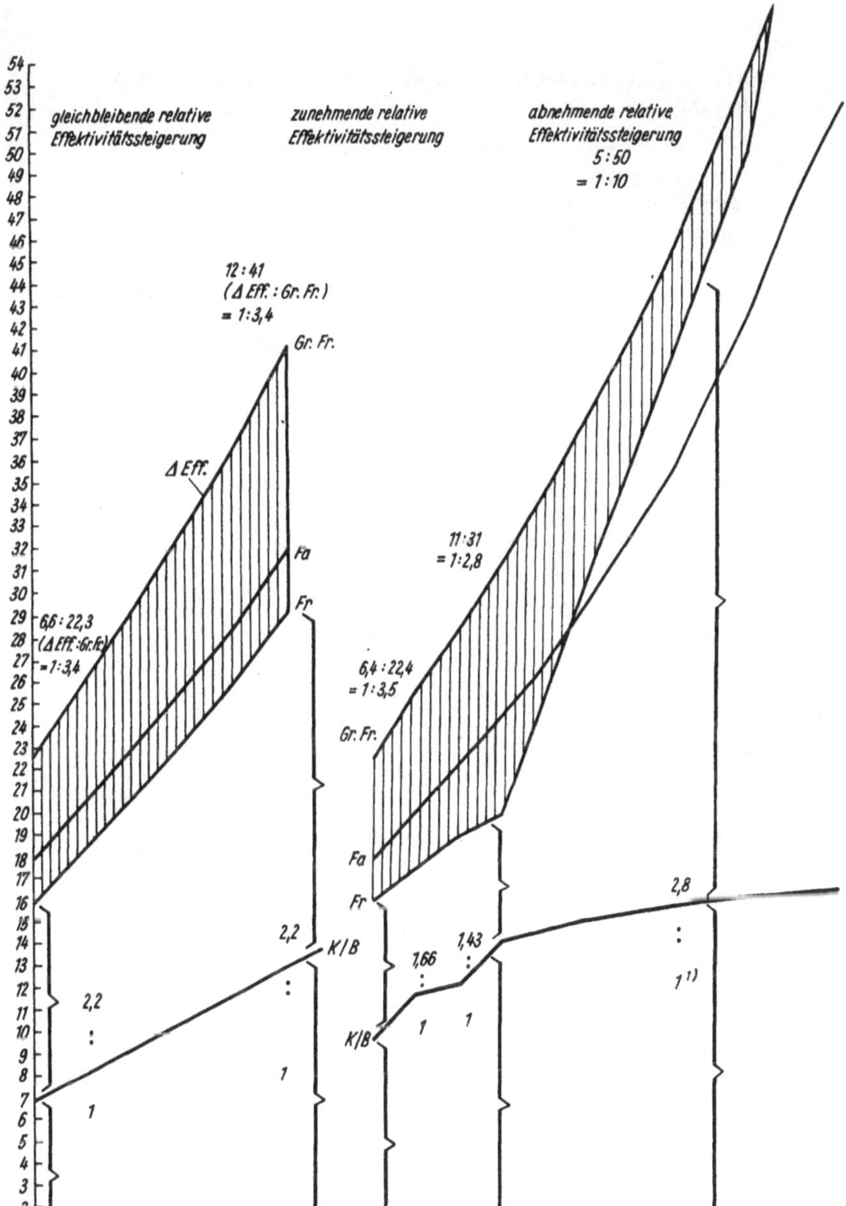

Abb. 13:

Schematisches Beispiel für die relative Effektivitätssteigerung sowie das Verhältnis von Freisetzungsaufwand und Konsumtion pro Beschäftigten*

* Zur besseren Veranschaulichung wurde vereinfacht das Veränderungstempo der Fondsquote nicht berücksichtigt.

Tabelle 12
Entwicklung des „Erweiterungsgrades" des Nationaleinkommens in der UdSSR von 1959–1973[11]

Jahr	Erweiterungsgrad des Nationaleinkommens in %	darunter: Erweiterungsgrad hinsichtlich des Zuwachses der Konsumtion i. w. S. in %	Anteile an den Erweiterungsaufwendungen, in % des Konsumtionszuwachses	der produktiven Akkumulation
1959	24,5	4,5	18,5	81,5
1960	25,5	5,4	21,2	78,8
1961	24,4	2,5	10,0	90,0
1962	27,5	6,1	22,1	77,9
1963	23,3	4,3	18,6	81,4
1964	25,2	3,2	12,5	87,5
1965	26,2	5,3	20,2	79,8
1966	26,2	4,9	18,9	81,1
1967	27,4	6,1	22,6	77,9
1968	26,9	5,5	22,6	79,4
1969	26,9	5,8	21,5	78,5
1970	29,3	7,1	23,7	76,3
1971	26,6	4,7	16,2	83,8
1972	24,8	4,4	16,4	83,6
1973	26,4	4,3	16,3	83,7

sondern zugleich stabile Steigerungen des materiellen und kulturellen Lebensniveaus der Werktätigen sichert. Dabei besteht ein enger Zusammenhang zwischen dem Anteil des Konsumtionszuwachses an den „Erweiterungsaufwendungen" ab etwa 1965 und der Annäherung in den Entwicklungstempi von Abteilung I und II der gesellschaftlichen Produktion.

4.4. *Einige ausgewählte Zusammenhänge zwischen Entwicklung der Effektivität sowie der produktiven Akkumulation und Konsumtion*

In der Planung von Akkumulation und Konsumtion besteht eines der kompliziertesten wirtschaftspolitischen Probleme, das durch eine Viel-

[11] Berechnet nach: Narodnoe chozjajstvo SSSR v 1973 g., Moskva 1974, S. 605.

zahl von Faktoren beeinflußt wird. Aus ökonomischer Sicht können hier lediglich einige langfristige Rahmenbedingungen abgeleitet werden. Primär sind jedoch die jeweiligen gesellschaftspolitischen Ziele und Bedingungen. Im Folgenden soll nur auf einige Aspekte eingegangen werden, die sich für langfristige Rahmenbedingungen von Akkumulation und Konsumtion aus der Effektivität der Substitution lebendiger Arbeit durch Fonds ergeben.

4.4.1. Effektivitätssteigerung als Kriterium für die Vermittlung von Akkumulation und Konsumtion

Wird davon ausgegangen, daß im Sozialismus sowohl Akkumulation als auch Konsumtion Verwendungspositionen des „notwendigen" Produkts sind, spiegeln beide jeweils Teilaspekte des volkswirtschaftlichen Optimalitätskriteriums wider. Vereinfacht ausgedrückt zeigen sich in der Akkumulation zu einem wesentlichen Teil die Voraussetzungen für die Schaffung der zukünftigen Produktions- und Konsumtionsmöglichkeiten, während in der Konsumtion der laufende nichtproduktive Verbrauch zum Ausdruck kommt. Da zu den gesellschaftlichen Bedürfnissen neben den individuellen Bedürfnissen auch die Anforderungen der Gesamtgesellschaft zur Aufrechterhaltung und Erweiterung der Produktionsgrundlagen der Gesellschaft gehören, muß das Optimalitätskriterium die Vermittlung[12] von Akkumulation und Konsumtion beinhalten.

„Die sozialistische Gesellschaft ist an einem gleichzeitigen Anwachsen des Akkumulationsfonds und des Konsumtionsfonds, an einer optimalen Proportionalität zwischen diesen Fonds interessiert."[13] Ausgangspunkt dafür ist die Berücksichtigung der Wechselbeziehungen zwischen Produktion und Konsumtion.[14] Die Konsumtion ist zwar der Endzweck jeder Produktion. Jede quantitative und qualitative Erweiterung der individuellen und gesellschaftlichen Konsumtion ist jedoch (abgesehen von Produktivitätssteigerungen infolge organisa-

12 Vgl. zum Beispiel Erwin Schmidt, Die objektiven Grundlagen der Dialektik von gesellschaftlichen, kollektiven und individuellen Interessen im Sozialismus, in: Deutsche Zeitschrift für Philosophie, 2/1968, S. 152.

13 Politische Ökonomie, Bd. 4, Die sozialistische Reproduktion. Das Hinüberwachsen des Sozialismus in den Kommunismus. Die Gesetzmäßigkeiten der Entwicklung des sozialistischen Weltsystems, Berlin 1974, S. 90.

14 Vgl. Karl Marx, Grundrisse zur Kritik der politischen Ökonomie, Berlin 1953, S. 11ff.

torischer Verbesserungen und ähnlichem) mit der Akkumulation untrennbar verbunden. Die Produktion schafft den Gegenstand der Konsumtion, ruft neue Bedürfnisse an Konsumtionsmitteln hervor, die Konsumtion wirkt auf die Produktion als Triebkraft zurück. Das bedeutet, daß unter dynamischem Aspekt Akkumulation und Konsumtion eine Einheit bilden.[15]

Dadajan beschränkt das volkswirtschaftliche Optimalitätskriterium auf die Maximierung der Konsumtion.[16]

„Das Ziel des Produktionsprozesses in der sozialistischen Gesellschaft ist die Befriedigung der materiellen und kulturellen Bedürfnisse der Menschen. Die unmittelbare Quelle der Befriedigung dieser Bedürfnisse ist der Konsumtionsfonds des Nationaleinkommens. Folglich muß das Kriterium, nach welchem verschiedene Varianten der Wirtschaftsentwicklung verglichen werden können, so oder so die Bewegung des Konsumtionsfonds widerspiegeln."

Dadajan identifiziert offenbar den allgemeinen reproduktionstheoretischen Endzweck jeder Produktion mit dem sozialökonomisch bestimmten Ziel des sozialistischen Wirtschaftens.

Das widerspricht den Wechselbeziehungen zwischen Ziel und Mittel des ökonomischen Grundgesetzes des Sozialismus.

Deshalb lehnen beispielsweise Notkin und Valtuch die Maximierung der Konsumtion als einheitliches volkswirtschaftliches Optimalitätskriterium ab.

Valtuch[17] verweist zum Beispiel darauf, daß eine Maximierung der Konsumtion voraussetze, daß der Anteil der Akkumulation am Nationaleinkommen fixiert sei.

15 Die Anwendung sowohl der Zielfunktion Maximierung der Konsumtion als auch der Zielfunktion Maximierung der Akkumulation in Optimierungsmodellen erfordert deshalb, daß die (voroptimierte) Akkumulation beziehungsweise Konsumtion als Restriktion vorgegeben werden muß.
Simon/Kondor setzen die Berücksichtigung der Anforderungen der Konsumtion als aktiver Wachstumsfaktor im wesentlichen mit der Herstellung optimaler Proportionen zwischen Akkumulation und Konsumtion gleich. Vgl. G. Simon, G. Kondor, Zu einigen Fragen der Zielfunktion des Modells der optimalen Planung der Volkswirtschaft, in: Ökonomische Modelle, Berlin 1967, S. 245ff.

16 Vgl. W. S. Dadajan, Ökonomische Berechnungen nach dem Modell der erweiterten Reproduktion, Berlin 1969, S. 709 und L. Čistov, Das Produktionsresultat: Wie soll man es messen?, in: Ėkonomičeskie nauki, 3/1975, S. 39.

17 Vgl. K. K. Valtuch, Die Ermittlung des optimalen Verhältnisses zwischen Konsumtion und produktiver Akkumulation, in: Autorenkollektiv, Gesellschaftlicher Wohlstand und Volkswirtschaftsplanung, Berlin 1972, S. 112.

Optimale Proportionen zwischen Akkumulation und Konsumtion bedeuten, daß ständig die Übereinstimmung von persönlichen und gesellschaftlichen Interessen als Haupttriebkraft hergestellt wird. Die ökonomischen Rahmenbedingungen dafür müssen auf eine volkswirtschaftlich effektive Entwicklung orientieren. Dabei geht es darum, ausgehend von den Voraussetzungen und Ergebnissen der zukünftigen Effektivitätsentwicklung, solche Verwendungsproportionen von Akkumulation und Konsumtion durchzusetzen, die gleichzeitig eine kontinuierliche Verbesserung der laufenden Bedürfnisbefriedigung und ein hohes Wachstumstempo des Nationaleinkommens sichern. Aus den umfangreichen Vorschlägen[18] zur Ermittlung optimaler Lösungssätze für die Verwendung des Nationaleinkommens als Akkumulation und Konsumtion sollen nur einige Schlußfolgerungen abgeleitet werden, die für die weitere Bearbeitung dieser komplizierten und vielschichtigen Problematik von Bedeutung sind. Überwiegend wird die Lösung darin gesehen, optimale Rahmenbedingungen für die Akkumulation und Konsumtion durch die Optimierung über einen genügend langen Zeitraum abzuleiten. Ziel ist es, die Akkumulation oder Konsumtion über einen solchen Zeitraum zu maximieren, daß sich insgesamt Akkumulation und Konsumtion optimal zueinander verhalten (zum Beispiel Strumilin, Nemčinow, Archangelski, Konoplitzki, Řiha).[19]

Wie Berechnungen zeigen, fällt bei der Wahl eines genügend langen Zeitraumes die Maximierung der Konsumtion mit der Optimierung der Akkumulation und des Nationaleinkommens[20] weitgehend zusammen, während die Maximierung der Konsumtion über einen kurzen Zeitraum zu Lasten der Akkumulation erfolgt.

Das Problem besteht hierbei darin, objektive Kriterien für die Länge des Optimierungszeitraumes zu finden, der von Strumilin und Nemčinow

18 Vgl. auch dazu: L. Logvinov, Über Modelle des ökonomischen Wachstums, in: Voprosy ėkonomiki, 12/1970, S. 80.

19 Vgl. z. B.: J. S. Archangelskij, V. A. Konoplickij, Einige Modelle für Akkumulation und Konsumtion und ihre Analyse, in: Vestnik Moskovskogo Universiteta, 2/1967, S. 49; S. G. Strumilin, Zum Problem optimaler Proportionen, in: Sowjetwissenschaft, Gesellschaftswissenschaftliche Beiträge, 11/1962, S. 1221; L. Řiha, Forschung — Technik — Ökonomie (Zur Effektivitätsbestimmung im Sozialismus), Berlin 1975, S. 321.

20 Von anderen Autoren, zum Beispiel Berri, wird dagegen die Meinung vertreten, daß die Maximierung des Nationaleinkommens über einen langen Zeitraum mit der Maximierung der Akkumulation identisch sei.

mit 40 Jahren, das heißt der Dauer der Arbeitsfähigkeit der jetzigen Generation, von anderen mit zehn Jahren angenommen wird.[21]

Es kann jedoch nicht darum gehen, optimale Proportionen zwischen Akkumulation und Konsumtion erst am Ende des Optimierungszeitraumes zu erhalten. Deshalb wird die Ansicht von Notkin und Valtuch unterstützt, *daß dieses Optimum zu jedem gegebenen Zeitpunkt angestrebt werden muß.*[22]

Zugleich kann die Optimalität nicht aus den jeweiligen Bedingungen eines Zeitpunktes heraus erklärt werden. Die Optimalität ist immer zeitabhängig. Das bedeutet vor allem das Streben nach einer *Tendenz zur Kontinuität* in der Effektivitätsentwicklung. Das Optimum der Effektivitätssteigerung kann nie aus der Kombination der Wachstumsfaktoren zu einem gegebenen Zeitpunkt heraus erklärt werden. *Eine optimale volkswirtschaftliche Effektivitätsentwicklung schließt die Kontinuität in der Zeit ein.*

Eine zeitweilige starke Beschleunigung der Akkumulation könnte zwar später ein schnelleres Konsumtionswachstum sichern, birgt aber von vornherein die Gefahr einer quasizyklischen Entwicklung in sich. Solche Perioden abwechselnd schnellerer bzw. langsamerer Entwicklung von Akkumulation und Konsumtion sind unter konkret-historischen Bedingungen, zum Beispiel bei der Aufholung bestimmten Nachholebedarfs, manchmal nicht zu umgehen. In der Periode des entwickelten Sozialismus aber können die Vorzüge der sozialistischen Produktions-

[21] Die Berechnungsergebnisse werden durch die Wahl des Zeitpunktes bzw. Zeitraumes, für den optimiert werden soll, wesentlich beeinflußt. Bei der Maximierung der Konsumtion z. B. nach dem Momentkriterium ergibt sich im Endjahr eine sprunghafte Entwicklung. Beim kumulativen Kriterium ist der sprunghafte Verlauf relativ abgeschwächt und zeitlich etwas ausgedehnter. Dadurch ist ebenfalls ein gleichmäßiges Wachsen des Konsumtionsfonds nicht gesichert. Es wird deshalb versucht, zusätzliche Gewichtungskoeffizienten in die Zielfunktion einzuführen, die die gegenwärtige Konsumtion stärker, die zukünftige schwächer bewerten (z. B. Pugačov, Granberg, Archangelskij/Konoplickij). Ein offenes Problem besteht in der ökonomischen Interpretation dieser Bewertung.

[22] Notkin betont, daß das volkswirtschaftliche Optimum sowohl durch das Verhältnis von Produktion, Akkumulation und Konsumtion als auch durch das Verhältnis von laufenden und langfristigen Interessen der sozialistischen Gesellschaft erreicht wird. Dabei geht es um die Verbindung der Erhöhung des Nationaleinkommens und des Volkswohlstandes nicht nur in ferner Zukunft, sondern in *jeder* gegebenen Periode der Entwicklung der sozialistischen Gesellschaft. Vgl. A. I. Notkin, Die Akkumulation und ihre Rolle in der sozialistischen Reproduktion, in: Das Gesetz der sozialistischen Akkumulation, Berlin 1974, S. 27 (Akademie der Wissenschaften der DDR – Schriften des Zentralinstituts für Wirtschaftswissenschaften, Nr. 5).

verhältnisse nur dann voll genutzt werden, wenn sowohl wissenschaftlich-technischer Fortschritt als auch die Arbeits- und Lebensbedingungen der Werktätigen *ständig* gleichzeitig verbessert werden. Das spricht gegen große Sprünge in der Entwicklung.

Unter diesem Gesichtspunkt bedeuten optimale Entwicklungsrelationen von produktiver Akkumulation und Konsumtion im weiteren Sinne zu jedem gegebenen Zeitpunkt, daß sie so miteinander kombiniert werden, daß insgesamt eine kontinuierliche Effektivitätssteigerung erreicht wird. Diesem Kriterium müssen sowohl kurzfristig wirksame Aspekte (wie zum Beispiel die Ausnutzung von bestimmten Struktureffekten) als auch über einen längeren Zeitraum wirksam werdende Faktoren untergeordnet werden.

Wenn über einen kurzfristigen Zeitraum optimiert werden würde, ergeben sich natürlich andere als optimal anzustrebende Zustände als bei einer Optimierung über langfristige Zeiträume. Während zum Beispiel über kurzfristige Zeiträume eine schnelle Erweiterung bestimmter „konsumnaher" Zweige, wie zum Beispiel der Leicht- und Lebensmittelindustrie als relativ hocheffektiv erscheinen würde, könnten längerfristig wirksam werdende Vorhaben, wie zum Beispiel die Erweiterung der Energie- und Rohstoffbasis, die Weiterentwicklung des Verkehrs- und Nachrichtenwesens nicht in den Kreis effektiver Maßnahmen einbezogen werden. Andererseits würden bei einer Optimierung über einen langfristigen Zeitraum wieder andere Effektivitätsmaßstäbe gesetzt, so daß hier die Erschließung kurzfristiger Reserven nicht genügend mit einbezogen würde und gegebenenfalls sogar die Stabilitätsgrenzen der kontinuierlichen Entwicklung in Frage gestellt werden (was übrigens auch bei einer einseitigen Optimierung nur über kurzfristige Zeiträume der Fall sein kann). Für die Ermittlung optimaler Proportionen zwischen Akkumulation und Konsumtion geht es deshalb nicht um die Auswahl und Begründung kurz- oder langfristiger Optimierungszeiträume. Die Optimierungszeiträume sind dagegen von Bedeutung, wenn es um die Beurteilung der Effektivität von einzelnen Vorhaben oder komplexen Projekten, zum Beispiel der Rekonstruktion des Verkehrs- und Nachrichtenwesens geht.

Im Rahmen eines Toleranzbereichs (der generell mit den volkswirtschaftlichen Proportionen verbunden ist, da diese nie streng deterministisch, sondern als Tendenz wirken) können sich dabei gewisse Schwerpunkte hinsichtlich der Ausnutzung kurz- oder langfristiger Effekte ergeben. Das heißt, die Tendenz zu einer kontinuierlichen Entwicklung schließt zeitweilige Schwerpunkte und Schwerpunktverlagerungen nicht aus, sondern ein.

Das Streben nach optimalen Verwendungsproportionen zwischen Akkumulation und Konsumtion zu jedem gegebenen Zeitpunkt durch Einordnung in die kontinuierliche Gesamtentwicklung gewinnt mit der allseitigen Intensivierung größere Bedeutung. Das wird insbesondere durch folgende Faktoren verursacht:

— Mit zunehmender Intensivierung wächst die Rolle des subjektiven Faktors und damit auch der Konsumtion für die Entfaltung der Triebkräfte der sozialistischen Entwicklung. Jede längerfristige Vernachlässigung der Konsumtion im weiteren Sinne über gewisse Toleranzen hinaus würde das Wirksamwerden des Wachstumsfaktors Konsumtion wesentlich hemmen und damit die Entfaltung der Vorzüge des Sozialismus.

„Wenn wir einen Vorlauf für die künftige Entwicklung unserer Wirtschaft sichern, die technische Neuausrüstung der Produktion vornehmen und gewaltige Mittel in Wissenschaft und Bildung investieren, müssen wir gleichzeitig immer mehr Kräfte und Mittel auf die Lösung der Aufgaben konzentrieren, die mit der Hebung des Lebensniveaus der Sowjetmenschen zusammenhängen. Wir können schon nicht mehr in bestimmten Bereichen — und seien es auch sehr wichtige — einen Vorsprung gewinnen und gleichzeitig ein längeres Zurückbleiben der anderen dulden."[23]

— Die zunehmende Komplexität und Verflechtung der gegenwärtigen nationalen und internationalen Wirtschaftsprozesse stellt höhere Anforderungen an die Kontinuität des Gesamtprozesses, um die Stabilität der Entwicklung zu garantieren. Zum Beispiel hat die Umstellung nur eines Zweiges der Volkswirtschaft, wie der chemischen Industrie, auf effektivere Primärenergieträger Konsequenzen für eine Vielzahl von anderen Zweigen (beispielsweise hinsichtlich der Entwicklung und Erweiterung der notwendigen Exportproduktionen zur Rohstoffsicherung, der Investitionen zur Arbeitskräftefrei- und -umsetzung im eigenen Zweig und in anderen Zweigen).

Die Kontinuität der Produktion wird damit über eine Gesetzmäßigkeit der modernen Industrie (Marx) hinaus zu einer Gesetzmäßigkeit des Gesamtprozesses der Reproduktion.

— Die Verwendungsproportionen zwischen Akkumulation und Konsumtion wurden in Perioden mit hohen Arbeitskräfteressourcen ent-

[23] L. I. Breshnew, Rechenschaftsbericht des Zentralkomitees der Kommunistischen Partei der Sowjetunion an den XXIV. Parteitag der KPdSU, in: Presse der Sowjetunion, 39/1971, S. 17—18.

scheidend durch die Schaffung von Beschäftigungsmöglichkeiten für zusätzliche Arbeitskräfte bestimmt. Damit waren in einem bestimmten Maße alternative Fragestellungen in der Weise verbunden, in welchen Relationen das Nationaleinkommen für die Schaffung neuer Arbeitsplätze und in welchem Maße für die Erhöhung der Pro-Kopf-Konsumtion der beschäftigten Arbeitskräfte verwendet werden sollte. Mit der Abnahme beziehungsweise dem Verschwinden von Arbeitskräftereserven rückt die abgestimmte qualitative Vervollkommnung sowohl der Grundfonds als auch der Arbeitskräfte in den Vordergrund.

— Mit zunehmender Intensivierung des volkswirtschaftlichen Reproduktionsprozesses entstehen Möglichkeiten, ein kontinuierliches und stabiles Nationaleinkommenswachstum bei einer in der Tendenz konstanten Rate der produktiven Akkumulation zu sichern.[24] Die Realisierung einer solchen Möglichkeit hängt von einer hohen Effektivitätssteigerung ab. Diese kann jedoch durchaus Steigerungen der Akkumulationsrate voraussetzen.

Insgesamt folgt aus der Stellung und Funktion von Akkumulation und Konsumtion in Reproduktionsprozeß relativ eindeutig, daß weder die produktive Akkumulation noch die Konsumtion primäres volkswirtschaftliches Zielkriterium sein können, sondern im Gegenteil abgeleiteten Charakter tragen.

Die optimale Gestaltung der Verwendungsproportionen des Nationaleinkommens für Akkumulation und Konsumtion hängt sowohl vom Volumen und Entwicklungstempo des Nationaleinkommens und dem Bevölkerungswachstum ab, als auch insbesondere von den Anforderungen einer hohen volkswirtschaftlichen Effektivitätssteigerung an die optimale Kombination der Wachstumsfaktoren. Die Proportionen zwischen Akkumulation und Konsumtion bilden direkte Zwischenglieder zur effektivsten Kombination der Wachstumsfaktoren und den volkswirtschaftlichen Hauptstrukturen. In ihnen widerspiegelt sich die jeweilige Herstellung der Übereinstimmung (Vermittlung) von gesellschaftlichen und persönlichen Interessen. Die Prognose von anzustrebenden Grundrichtungen der Entwicklung von Akkumulation und Konsumtion stellt deshalb eine wichtige Grundlage für die Einheit von Politik und Ökonomie dar.

24 Auf diese Möglichkeit haben bereits Bartl/Luck hingewiesen. Vgl. Wilhelm Bartl, Herbert Luck, Optimale Beziehungen zwischen Nationaleinkommen, Akkumulation und Konsumtion, in: Wirtschaftswissenschaft, 2/1963, S. 185; dies., Zum Problem optimaler Proportionen, in: Wirtschaftswissenschaft, 6/1964, S. 939.

4.4.2. Möglichkeiten und Grenzen alternativer Verwendungsmöglichkeiten für Akkumulation und Konsumtion

Echte Alternativen für die Verwendung des Nationaleinkommens für Akkumulation und Konsumtion entstehen primär unter Wachstumsbedingungen, bei denen die Effektivitätssteigerung mit einer bedeutenden Zunahme der Beschäftigten im produktiven Bereich verbunden ist.

Dabei lautet die vereinfachte Fragestellung: Soll das Wachstumstempo des Nationaleinkommens beibehalten werden — was bedeutet, daß die gesamte Effektivitätssteigerung aus besserer Ressourcennutzung konsumiert wird —, oder soll ein Teil der Effektivitätssteigerung dazu verwendet werden, durch Steigerung der Akkumulationsrate beschleunigt zusätzliche Arbeitsplätze zu schaffen. Die Beantwortung dieser Frage hängt mit von der Höhe ab, welche die Aufwendungen für die erweiterte Reproduktion erreichten. Hierbei dient es zweifellos zur Festigung der sozialistischen Gesellschaft, wenn unter Bedingungen, unter denen nicht ausgenutzte Arbeitskräftereserven bestehen — nach Sicherung einer notwendigen Konsumtionssteigerung zur weiteren Stimulierung der Effektivitätssteigerung —, zugunsten der Schaffung zusätzlicher Arbeitsplätze entschieden wird. Das zeigen auch die relativ hohen Akkumulationsraten und Wachstumsraten des Nationaleinkommens, die solche sozialistischen Staaten wie die VR Polen und die SR Rumänien erreichten. Dabei wird es wesentlich mit von der Effektivitätssteigerung bestimmt, ob sich die alternativen Möglichkeiten erhöhen oder geringer werden. Es geht also um ein optimales Verhältnis von intensiver und extensiver Erweiterung. Zugleich muß betont werden, daß alternative Verwendungsmöglichkeiten nicht generell für Akkumulation und Konsumtion bestehen, sondern nur für einen Teil der Aufwendungen für die erweiterte Reproduktion.

Mit zunehmender Reife des Sozialismus verringert sich der Bereich, in dem alternative Möglichkeiten bestehen. Das hängt damit zusammen, daß die Arbeitskräftereserven aus der nichtarbeitenden Bevölkerung zurückgehen. Außerdem verlangt die volle Ausnutzung der sozialistischen Triebkräfte beim erreichten hohen Niveau der Produktivkräfte, daß auch in den Wachstumstempi des Nationaleinkommens eine höhere Kontinuität gesichert wird. Diese Einschränkung der alternativen Verwendungsmöglichkeiten ist unmittelbar mit dem Aufbau der entwickelten sozialistischen Gesellschaft verbunden, der die organische Verknüpfung der wissenschaftlich-technischen Revolution mit den Vorzügen des Sozialismus und die allseitige Intensivierung des sozialistischen Reproduktionsprozesses erfordert. Sie ergibt sich daraus, daß

— die Veränderung des Wachstumstempos des Nationaleinkommens entscheidend von der Effektivitätsentwicklung abhängt,

— enge wechselseitige Beziehungen zwischen Effektivitätssteigerung und allseitiger Entwicklung der Werktätigen im Sozialismus bestehen,

— mit der Intensivierung und der damit zunehmenden Bedeutung des subjektiven Faktors Konsumtion und Entwicklung des nichtproduktiven Bereichs immer mehr nicht nur als *Ergebnis*, sondern zugleich als *Einflußfaktor* der Effektivitätsentwicklung auftreten.

Die Ermittlung der Effektivität der Substitution ist eine wichtige Voraussetzung, um alternative Verwendungsmöglichkeiten des Nationaleinkommens für Akkumulation und Konsumtion zu erkennen und darüber nach dem Kriterium der volkswirtschaftlichen Effektivitätssteigerung zu entscheiden.

Dabei muß berücksichtigt werden, daß die Effektivitätssteigerung die *Hauptquelle* der Konsumtionssteigerung ist, die mit zunehmender Intensivierung an Bedeutung gewinnt.[25]

Wie die Analyse zeigt, lassen sich beispielsweise am Anteil der Effektivitätssteigerung am Konsumtionszuwachs volkswirtschaftliche Entwicklungsprobleme früher erkennen als an der Entwicklung von Arbeitsproduktivität und Fondsquote.

Wenn das Nationaleinkommen vorwiegend durch steigende Arbeitsproduktivität wächst, ist das Kriterium für die Verwendung der Effektivitätssteigerung für Akkumulation und Konsumtion der höchste Beitrag zur gesellschaftlichen Bedürfnisbefriedigung. Akkumulation und Konsumtion treten bei einem vorwiegend durch Produktivitätssteigerung bedingten Nationaleinkommenszuwachs insofern nicht als Alternative auf, da das Wachstum höhere Produktivität verlangt und diese wiederum sowohl eine Steigerung der Fondsausstattung (über die Akkumulation) als auch der Konsumtion pro Beschäftigten in den richtigen Proportionen erfordert.[26]

25 Darüber hinaus kann die Konsumtionssteigerung durch die Veränderung des produktiven Arbeitszeitfonds, den Akkumulationsmehr- oder -minderbedarf infolge von Veränderungen im Wachstumstempo des Nationaleinkommens, Veränderungen im Umverteilungseffekt der Amortisation sowie den Saldo im Wachstum des produzierten und verwendeten Nationaleinkommens beeinflußt werden.

26 Vgl. A. I. Notkin, Die Akkumulation und ihre Rolle in der sozialistischen Reproduktion, in: Das Gesetz der sozialistischen Akkumulation, Berlin 1974 (Akademie der Wissenschaften der DDR — Schriften des Zentralinstituts für Wirtschaftswissenschaften, Nr. 5), S. 27; Karl-Heinz Stiemerling, Ökonomisches Wachstum und Akkumulation, in: Einheit, 8/1974, S. 927.

Würde diesen Anforderungen der Intensivierung nicht Rechnung getragen und die extensive Linie fortgesetzt, das Volumen der Effektivitätssteigerung vorwiegend für die Akkumulation zu verwenden, so daß die Konsumtion im weiteren Sinne pro Beschäftigten zu wenig zunehmen könnte, dann würde die Effektivitätssteigerung gehemmt. Die Akkumulationseffektivität würde sinken, wodurch das Nationaleinkommenswachstum verringert wird.

Es muß also die Frage beantwortet werden: Bis zu welchem Punkt ist eine Erhöhung der Akkumulationsrate noch mit einer beschleunigten Steigerung der gesellschaftlichen Arbeitsproduktivität und des Nationaleinkommens verbunden? Wird dieser Grenzwert überschritten, dann bringt jede Erhöhung der Akkumulationsrate nur noch abnehmenden Effekt. Das hängt damit zusammen, daß unter diesen Bedingungen die Proportionalitätsbedingungen der Intensivierung, zum Beispiel zwischen Entwicklung der Grundfonds, der Qualifikation, der Arbeits- und Lebensbedingungen nicht mehr eingehalten werden können. Die durch die Steigerung der Grundfondsausstattung technisch mögliche Produktivitätssteigerung könnte infolge von Disproportionen nicht realisiert werden. Das bedeutet, daß unter solchen Bedingungen jede weitere Zunahme der Akkumulationsrate bald ohne Einfluß auf den Zuwachs des Nationaleinkommens wäre.

Es geht folglich um die Ausarbeitung von Grenzbedingungen für die Proportionalität zwischen den Wachstumsfaktoren. Im Rahmen dieser Proportionalitätsbedingungen wird grundsätzlich davon ausgegangen, daß das Wachstumstempo des Nationaleinkommens und der Fonds nicht *unabhängig* von der Akkumulationsrate ist.[27]

Grebennikow[28] bestimmt einen Grenzwert der Akkumulationsrate, der im Interesse einer Mindeststeigerung der Konsumtion nicht überschritten werden darf, durch das maximale Wachstumstempo des Endprodukts. Wird dieser Grenzwert überschritten, sinkt trotz weiter steigender Akkumulationsrate das Wachstumstempo. Dabei macht er die Akkumulationsrate im Grenzwert abhängig von der Forderung nach tendenzieller Annäherung des Entwicklungstempos der Fonds und des Nationaleinkommens an die Intensität der Fondserneuerung (Akkumulationsvolumen/Fondsbestand). Diese Übereinstimmung besteht

[27] Diese Annahme steht im Gegensatz zur sogenannten Goldenen Regel der Kapitalakkumulation.

[28] V. G. Grebennikov, Einige Probleme der Wechselbeziehungen zwischen dem Wachstumstempo des Nationaleinkommens, der Fondsquote und der Akkumulationsrate (am Beispiel eines Einsektorenmodells), in: Ėkonomika i matematičeskie metody, 4/1968.

dann, wenn die Fondsquote konstant bleibt.[29] Er geht somit von der Forderung nach einer tendenziell konstanten Fondsquote aus.

Bei sinkender Fondsquote wächst das Zuwachstempo des Nationaleinkommens langsamer als die Intensität der Fondserneuerung, während bei steigender Fondsquote sich dieses Wachstumstempo schneller entwickelt als die Intensität der Fondserneuerung. Die bei Grebennikow mathematisch nachgewiesene Tendenz zur Konstanz der Fondsquote ist jedoch ein *Spezialfall*, der dadurch zustande kommt, daß in seinen Modellvorstellungen lediglich Teilaspekte der Beziehungen zwischen Effektivität und Wachstum berücksichtigt werden.

Eine *allgemeine* Aussage über den Grenzwert, über den hinaus die Akkumulationsrate nicht mehr steigen darf, ergibt sich, wenn von der Effektivitätssteigerung unter Berücksichtigung des Aufwandes an lebendiger Arbeit und Fonds ausgegangen wird. Die Akkumulationsrate darf nur bis zu einem Grade steigen, der mit einer Steigerung der Effektivität verbunden ist. Beginnt die Effektivitätssteigerung abzunehmen, dann vermindert sich das Wachstumstempo des Nationaleinkommens wesentlich und führt bei langfristiger Beibehaltung der Tendenz zur absoluten Abnahme des Nationaleinkommens.

Als Mindestforderung muß deshalb gelten: Der Substitutionsanteil muß langsamer steigen als die Akkumulationsrate. Wenn die Akkumulationsrate steigt und sich der Substitutionsanteil im gleichen Maße erhöht, ist diese Steigerung der Akkumulationsrate volkswirtschaftlich uneffektiv.

Primär werden mit zunehmender Intensivierung immer mehr die Gesetzmäßigkeiten der Effektivitätsentwicklung, denen die Veränderung der Akkumulationsrate untergeordnet ist.

Insgesamt wurde deutlich, daß die These von der Alternative zwischen gegenwärtigem Konsumverzicht und künftiger Beschleunigung des Nationaleinkommenswachstums und damit der Konsumtion nur unter ganz eingeengten Bedingungen gilt.

Gewisse Alternativen bestehen im Grunde genommen nur für einen Teil des Erweiterungsaufwandes, und zwar insbesondere für das Volumen der Effektivitätssteigerung. Das bereits erreichte Volumen der produktiven Akkumulation ist bei Annahme gleichbleibender Effektivität kein Gegenstand alternativer Entscheidungen zwischen Entwicklung von Akkumulation und Konsumtion. Es sichert, daß die Kontinuität

29 Diese Übereinstimmung beruht auf den sogenannten Identitätsgleichungen, mit deren Hilfe die Fondsquote bzw. -intensität in Form verschiedener quantitativer Relationen dargestellt werden kann.

des Nationaleinkommenswachstums zumindest nicht zurückgeht. Es gibt Vorstellungen, eine sinkende Effektivität der Akkumulation durch eine steigende Akkumulationsrate zu kompensieren mit dem Ziel, das Wachstumstempo des Nationaleinkommens beizubehalten. Desgleichen gab es andererseits Forderungen nach einer sinkenden Akkumulationsrate, um die Konsumtion zu steigern. Diese Forderungen gehen von rein rechnerischen Beziehungen aus. Wird die Akkumulationsrate im Interesse einer effektiveren Kombination der Wachstumsfaktoren verändert, dann ist damit stets auch ein *kurzfristiger* Einfluß auf die Konsumtionsentwicklung verbunden. Bei sich beschleunigendem Wachstumstempo des Nationaleinkommens wächst die Konsumtion langsamer, als es durch die Effektivitätssteigerung möglich gewesen wäre, weil ein Teil der Effektivitätssteigerung die zusätzliche Akkumulation sichert. Bei abnehmendem Wachstumstempo des Nationaleinkommens kann *kurzfristig* die Konsumtion schneller steigen, als es allein durch die Effektivitätssteigerung ermöglicht wurde. Langfristig werden jedoch bei anhaltend sinkender Wachstumstendenz des Nationaleinkommens die Möglichkeiten weiterer Effektivitätssteigerung selbst beschnitten. Es gibt keine Gesetzmäßigkeit, daß die produktive Akkumulationsrate ständig steigen oder sinken muß. Eine ständig steigende Akkumulationsrate kann bei unverändertem Wachstum des Nationaleinkommens Ausdruck *abnehmender Effektivitätssteigerung* sein. Entscheidend ist nicht allein die Höhe, sondern insbesondere die Effektivität der Akkumulation.

Eine tendenziell abnehmende Rate der produktiven Akkumulation muß differenziert beurteilt werden.

— Sie ist Ausdruck verstärkter Intensivierung, wenn sie mit zumindest stabiler Steigerung der Produktivität der gesellschaftlichen Arbeit verbunden ist. Zugleich müßte der Anteil der Effektivitätssteigerung am Konsumtionswachstum im weiteren Sinne zunehmen. Das bedeutet, daß auch bei abnehmender Rate der produktiven Akkumulation der Anteil des Nationaleinkommens nicht zurückgehen dürfte, der für die erweiterte Reproduktion verwendet wird.

— Eine niedrige oder sinkende Akkumulationsrate, deren Abnahme einen bedeutenden Teil des Konsumtionszuwachses deckt, wäre Ausdruck einer abnehmenden Wirksamkeit der Intensivierung.

Bei einem bestimmten hohen Niveau der produktiven Akkumulationsrate und zunehmender Intensivierung verlagert sich der Schwerpunkt immer mehr von der Zunahme der Akkumulationsrate auf die innere Struktur der Akkumulation (wie das Verhältnis von vorwiegend extensiven Investitionen und Investitionen für die Freisetzung von Arbeitskräften insbesondere durch Rationalisierung und Rekonstruktion; Investitionen für die „stoffliche" Produktion, die Infrastruktur und zur Vermeidung von Umweltschäden und anderen).

4.4.3. Haupteinflußfaktoren der Akkumulationsrate

Das mit einem gegebenen Akkumulationsvolumen[30] *erreichbare Wachstumstempo des Nationaleinkommens hängt vor allem vom Gewicht folgender Einflüsse ab:*

— vom Akkumulationsanteil für die Beschäftigung zusätzlicher Arbeitskräfte sowie für die Steigerung der Arbeitsproduktivität;
— vom Anteil der einfachen Substitution lebendiger Arbeit durch Fonds und von der darüber hinausgehenden Steigerung der Produktivität der Arbeit;
— von der Zeitverzögerung für das produktive Wirksamwerden der Investitionen;
— von der Entwicklung der Preise und Lebensdauer der Produktionsmittel.

Wachstumstempo des Nationaleinkommens und Substitutionsanteil beeinflussen die Entwicklung der Akkumulationsrate.

Bei gleicher Wachstumsrate des Nationaleinkommens gibt der Substitutionsanteil den Ausschlag für die Entwicklung der Akkumulationsrate, bei gleichem Substitutionsanteil das Wachstumstempo des Nationaleinkommens.

Bei gleichbleibender beziehungsweise abnehmender Beschäftigtenzahl würde folglich ein zunehmender Substitutionsanteil in der langfristigen Tendenz mit einer abnehmenden Wachstumsrate des Nationaleinkommens verbunden sein (da die Akkumulationsrate ebenfalls nur bis zu einem gewissen Grenzwert zunehmen kann, von dem an sich jede weitere Zunahme als absolute Abnahme der Konsumtion auswirken würde).

30 Wenn nicht anders vermerkt, wird im folgenden unter Akkumulation stets produktive Akkumulation verstanden. Diese engere Auffassung der Akkumulation ergibt sich hier vor allem aus der Notwendigkeit, die Proportion zur Konsumtion herauszuarbeiten. Der Akkumulationsbegriff selbst ist weiter zu fassen. Vgl. A. I. Notkin, Die Akkumulation und ihre Rolle in der sozialistischen Reproduktion, in: Das Gesetz der sozialistischen Akkumulation, Berlin 1974 (Akademie der Wissenschaften der DDR — Schriften des Zentralinstituts für Wirtschaftswissenschaften, Nr. 5), S. 18—23.

Bei schnell steigender Fondsintensität könnte jedoch der Fall eintreten, daß der zusätzliche Fondsaufwand nicht mehr durch weitere Einsparungen gesellschaftlicher Arbeit ausgeglichen und überkompensiert werden kann. In diesem Falle würde das absolute Konsumtionsvolumen tendenziell gleichbleiben oder sinken, wenn keine wesentlichen Quellen einer extensiven Steigerung des Nationaleinkommens bestehen.

Theoretische Grenzpunkte sind dadurch charakterisiert, daß sowohl bei genügend langer ständiger Steigerung als auch bei ständiger Abnahme der Akkumulationsrate das Konsumtionsvolumen absolut zurückgehen kann.

Dabei muß berücksichtigt werden, daß eine gleichbleibende Fondsintensität allein noch nicht als Kriterium einer gleichbleibenden Akkumulationsrate ausreicht. Bei gleicher Fondsintensität können sich in Abhängigkeit von den Steigerungsraten der Arbeitsproduktivität Unterschiede in der „präzisierten" Produktivitätssteigerung ergeben. Diese sind mit Unterschieden im Wachstumstempo des Nationaleinkommens und der Akkumulationsrate verbunden. Bei gleichbleibender Fondsintensität können sich dadurch verschieden hohe Akkumulationsraten ergeben.

Hieraus folgt zugleich, daß aus der Entwicklung der Fondsquote nur dann Schlußfolgerungen für die Veränderung des Wachstumstempos gezogen werden können, wenn die Fondsquote über ihren Einfluß auf den Substitutionsanteil mit der Arbeitsproduktivitätssteigerung in Verbindung gebracht wird.

Die Entwicklung der produktiven Akkumulationsrate wird insbesondere von folgenden Faktoren beeinflußt:

— Entwicklungsniveau und -tempi der Fondsquote;
— Entwicklungsrelationen von Fondsquote, Arbeitsproduktivität und unvollendeten Investitionen, die die Entwicklung des Substitutionsanteils an der Arbeitsproduktivitätssteigerung bestimmen;
— Veränderung der Wachstumsrate des Nationaleinkommens;
— Verhältnis zwischen extensivem und intensivem Nationaleinkommenszuwachs, das heißt Zuwachs durch extensive Erweiterung der Wachstumsfaktoren und durch die Erhöhung ihrer qualitativen Wirksamkeit;
— spezifische Merkmale der Grundfondsreproduktion, insbesondere Verhältnis von Ersatz- und Neuinvestitionen, Reproduktionseffekt der Amortisation, Verhältnis zwischen Brutto- und Nettowert der Grundfonds und andere mehr.

Durch die Einbeziehung des Substitutionsanteils wird über die rein rechnerische Ableitung der Akkumulationsrate aus der Entwicklung der Fondsintensität hinaus auf die wirklichen Ursachen der Entwicklung hingewiesen.[31]

Die Kenntnis der auf die Akkumulation wirkenden Einflußfaktoren ist auch von Bedeutung, um einschätzen zu können, welchen Spielraum die Wirtschaftspolitik besitzt, um kurzfristig Akkumulations- und Konsumtionsrate bei Sicherung der Kontinuität zu verändern. Hierbei muß die Obergrenze der Akkumulationsrate berücksichtigt werden.

Die Obergrenze der Akkumulationsrate wird hauptsächlich durch das Zusammenwirken folgender Faktoren bestimmt:

— die theoretische Höhe der Akkumulationsrate bei einfacher Substitution lebendiger Arbeit durch Fonds;
— das Wachstum der arbeitsfähigen Bevölkerung;
— die notwendige Konsumtionssteigerung zur planmäßigen Realisierung des Gesetzes der Verteilung nach der Leistung;
— die Entwicklung derjenigen Ausgaben für die gesellschaftliche Konsumtion und Akkumulation in den nichtproduktiven Bereich, die Voraussetzung für die weitere Produktivitätssteigerung schaffen;
— die Ökonomie des laufenden Aufwandes.

Dabei muß immer berücksichtigt werden, daß Akkumulation und Konsumtion gewissermaßen eine Doppelfunktion erfüllen. Einerseits vermitteln sie vom Nationaleinkommen in angestrebter bedarfsgerechter Struktur zur Zielrealisierung. Andererseits schaffen Akkumulation und Konsumtion die Voraussetzungen für die weitere Effektivitätssteigerung.

4.4.4. Zur Effektivität der Investitionen

Der Vergleich der Entwicklungstempi von Nationaleinkommen und Investitionen in den RGW-Ländern zeigte im Zeitraum von 1966—1970

[31] Die Fondserweiterung wird nicht allein durch das Niveau der Fondsquote bestimmt, sondern darauf wirken sich weiterhin aus:
— die Akkumulationseffektivität der Basisperiode,
— das Niveau der Fondsquote,
— das Veränderungstempo der Fondsquote,
— Veränderungen in der Bindung unvollendeter Investitionen.
Die Akkumulation ergibt sich zusammenfassend aus:
— dem Verhältnis des Nationaleinkommenszuwachses zur Akkumulationseffektivität der Basisperiode;
— dem „Zuwachsveränderungseffekt" der Fondsquote unter Berücksichtigung der Entwicklung der unvollendeten Investitionen.

fast generell eine steigende beziehungsweise gleichbleibende Investitionseffektivität. In den Jahren von 1971—1973 wuchs die Investitionseffektivität insbesondere in der DDR und der VR Bulgarien. Dagegen kam es von 1971—1973 in einigen RGW-Ländern — offensichtlich in Verbindung mit einer zum Teil beträchtlichen Zunahme der Akkumulationsrate — zu einem gewissen Sinken der Investitionseffektivität (vergleiche Tabelle 13 und Abbildungen 14 bis 18).

Tabelle 13
Entwicklung der Akkumulationsrate und der Investitionseffektivität von 1961—1973 in RGW-Ländern (Jahresdurchschnitt)[32]

Jahre	VRB	ČSSR	DDR	VRP	UdSSR	UVR
Akkumulationsrate in %						
1961—1965	28,00	.	19,10	25,80	26,50	20,60
1966—1970	31,70	22,90	21,40	28,00	27,40	24,50
1971—1973	26,10	26,20	22,10	32,00	28,50	27,60
Entwicklung der Investitionseffektivität[33]						
1961—1965	0,74	0,80	0,52	0,70	0,84	0,81
1966—1970	0,71	1,13	0,57	0,69	1,01	0,60
1971—1973	1,32	0,64	1,38	0,47	0,83	

In der Entwicklung der Investitionseffektivität zeigen sich keine durchgehend einheitlichen Tendenzen. Außer tatsächlichen Veränderungen der Effektivität wirkt sich der Investitionsverlauf beträchtlich auf die Entwicklungstendenz der Investitionseffektivität aus.

In den RGW-Ländern wuchsen die Investitionen für den produktiven Bereich relativ schnell. Dabei standen Länder mit höheren Arbeitskräftereserven, wie die VR Polen und zeitweilig die VR Bulgarien an der

[32] Berechnet nach: Statističeskij ežegodnik stran-členov SĖV 1972, Moskva 1972, S. 35 bis 37, 39, 41, 42, 51; dasselbe 1974, Moskva 1974, S. 49, 144.

Nach L. Nočevkina, Intensivierung der Produktion und Besonderheiten des Akkumulationsprozesses in den entwickelten kapitalistischen Ländern, in: Voprosy ėkonomiki, 10/1973, S. 91, betrug im Zeitraum von 1951 bis 1970 die durchschnittliche Rate der produktiven Akkumulation in den USA 7,4 Prozent, Japan 19,7 Prozent, Kanada 15,3 Prozent, BRD 14,5 Prozent, Frankreich 13,4 Prozent, Italien 11,5 Prozent, England 9,4 Prozent. Die entsprechenden durchschnittlichen Wachstumsraten des Endprodukts erreichten demgegenüber: 3,7 Prozent, 9,0 Prozent, 4,8 Prozent, 7,4 Prozent, 5,1 Prozent, 5,5 Prozent, 2,7 Prozent.

[33] Verhältnis des Wachstumstempos des Nationaleinkommens zum Wachstumstempo der Investitionen im materiellen Bereich.

Spitze. Mit der Zunahme der Investitionen blieb die Investitionseffektivität in der Tendenz gleich oder ging in einzelnen Ländern etwas zurück (wie DDR, UVR bis 1970). Relativ gleichmäßig entwickelte sich die Investitionseffektivität vor allem in der UdSSR und der ČSSR. Das Wachstum des Nationaleinkommens beeinflußte die Investitionseffektivität positiv. In allen RGW-Ländern wuchs das Nationaleinkommen kontinuierlich mit seit 1965 verhältnismäßig gleichmäßig hohen Steigerungsraten. Besonders hoch war die Zunahme des Nationaleinkommens in Ländern wie der VR Bulgarien, der UdSSR, der VR Polen. Dieses hohe Wachstum bewirkte mit. daß die Investitionseffektivität annähernd gleich blieb bzw. eine zeitweilige Abnahme durch ein erneutes Ansteigen abgelöst wurde.

Zum Ausdruck kommt aber, daß neben bereits erreichten Ergebnissen aus der Intensivierung noch beträchtliche Reserven zur Effektivitätssteigerung bestehen. Das zeigt auch die Tabelle 14.

Tabelle 14

Investitionen[34] in Prozent für 1 Prozent Zuwachs des Nationaleinkommens im Durchschnitt der Jahre 1951—1973 (gegliedert nach Zeitabschnitten)[35]

Land	Jahresdurchschnitt 1951—1960	Jahresdurchschnitt 1961—1965	Jahresdurchschnitt 1966—1970	Jahresdurchschnitt 1971—1973
VRB	1,37	1,17	1,53	0,74
ČSSR	1,52	1,00	1,04	1,44
DDR	1,61	1,41	1,89	0,61
VRP	1,31	1,11	1,36	1,84
SRR	1,54	1,24	1,52	0,83
UdSSR	1,23	0,95	0,98	1,02
UVR	1,19	1,22	1,67	0,45
BRD	1,22	1,59	1,05	0,78
Frankreich	1,28	1,71	1,22	1,14
Großbritannien	2,20	1,89	1,73	0,69
Japan	0,98	1,54	1,41	1,53
USA	0,62	1,05	0,40[35a]	1,44

[34] Investitionen insgesamt.

[35] Berechnet nach: Narodnoe chozjajstvo SSSR v 1972 g., Moskva 1973, S. 87, 116; Narodnoe chozjajstvo SSSR v 1973 g., Moskva 1974, S. 135, 162.

[35a] Es wird jedoch bereits von USA-Ökonomen darauf hingewiesen, daß das Verhältnis von Kapital und Produktion sich zu verändern beginne. Zukünftig höhere Investitionen werden zum Beispiel für die „Wachstumsindustrien" erforderlich sein. Vgl. L. A. Mayer, Capital goods may get an growing share, in: Fortune, 6/1971.

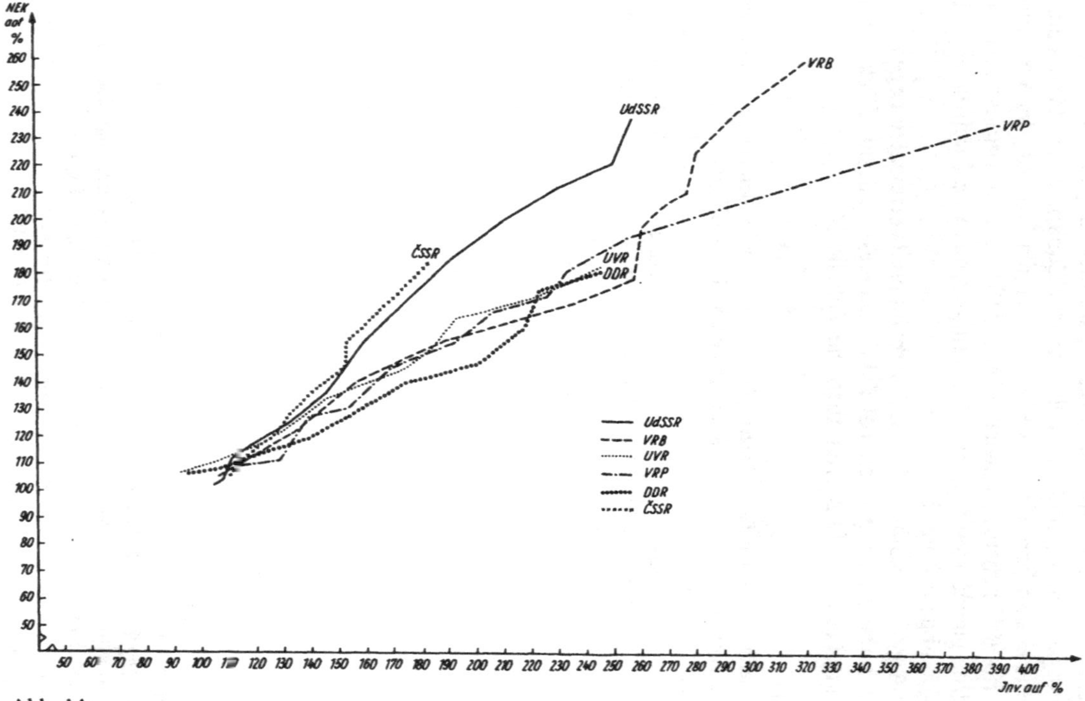

Abb. 14:

Abhängigkeit zwischen der Entwicklung des Nationaleinkommens und der Investitionen nach RGW-Ländern (1960—1973)

Quelle: Berechnet nach: Statističeskij ežegodnik stran-členov soveta ėkonomičeskoj vsaimopomošči 1974, Moskva 1974, S. 35—42, 144.

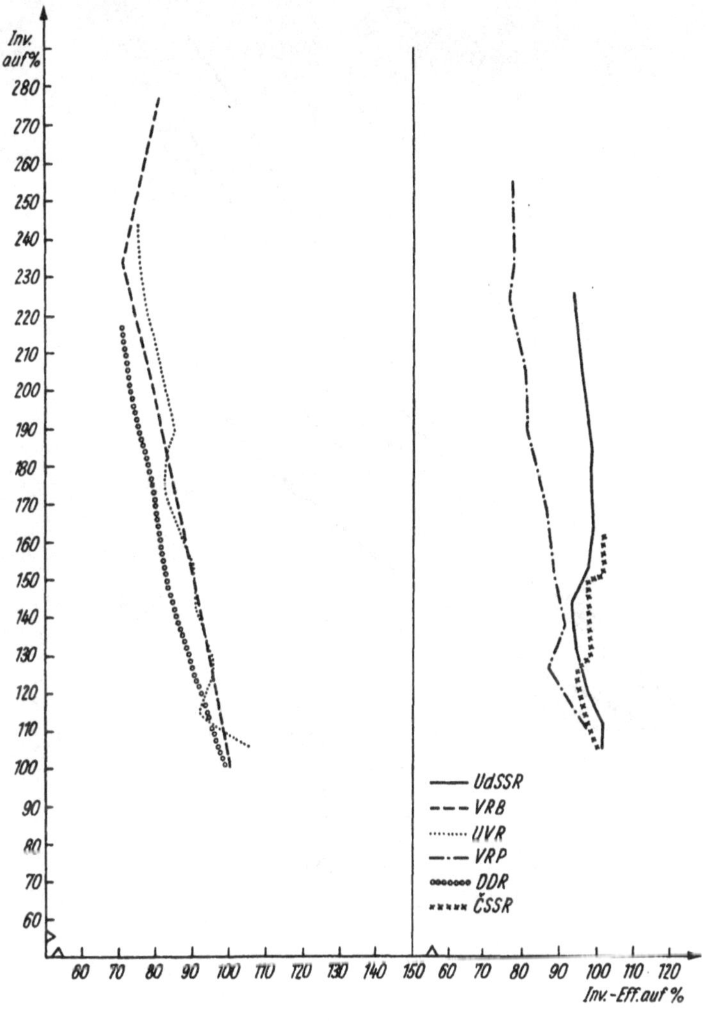

Abb. 15:
Abhängigkeit zwischen der Entwicklung der Investitionen und der Investitionseffektivität nach RGW-Ländern (1960—1973)

Quelle: Berechnet nach: Statističeskij eženodnik stran-členov soveta ėkonomičeskoj vsaimopomošči 1974, Moskva 1974, S. 47, 144.

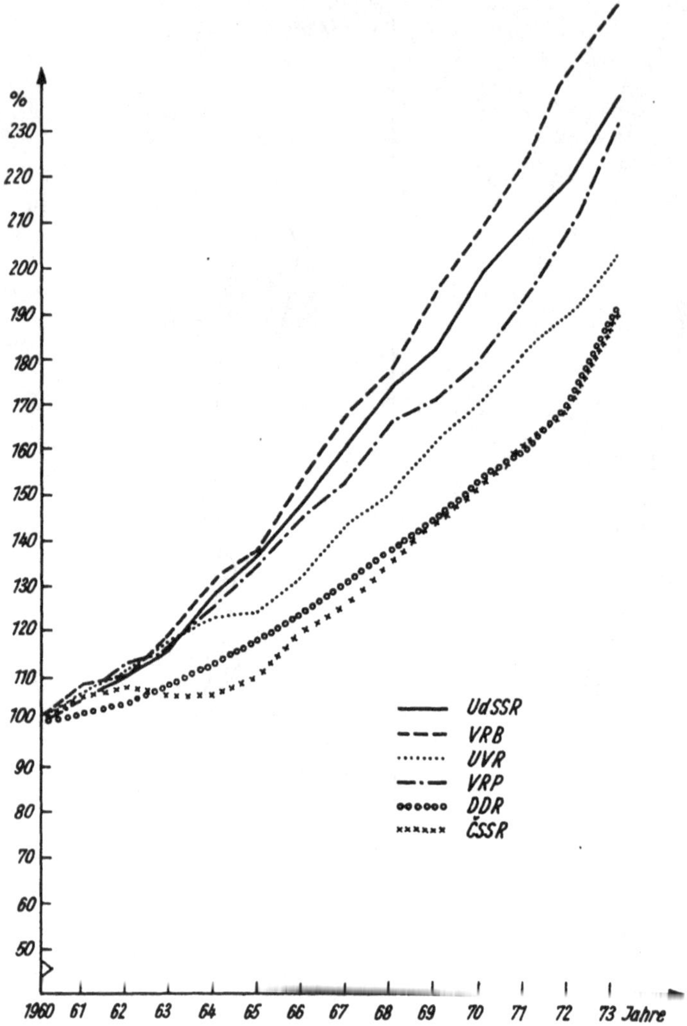

Abb. 16:
Entwicklung des Nationaleinkommens nach RGW-Ländern (1960 = 100)
Quelle: Berechnet nach: Statističeskij ežegodnik, stran-členov soveta ėkonomičeskij vsaimopomošči 1974, Moskva 1974, S. 35—42.

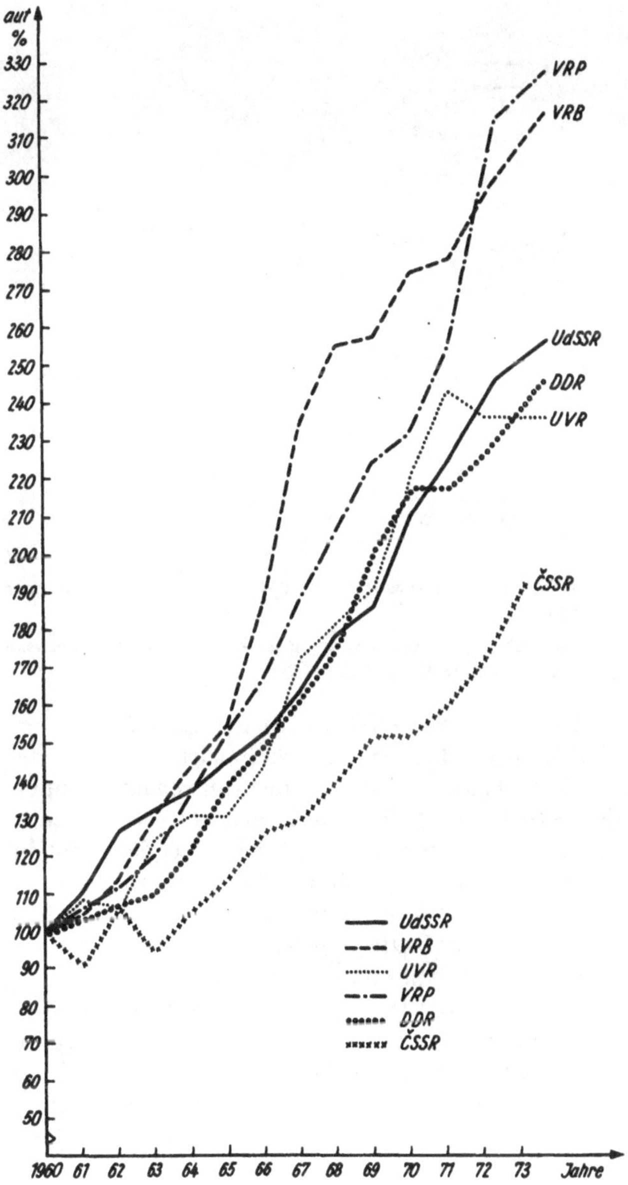

Abb. 17:

Entwicklung der Investitionen nach RGW-Ländern (1960 = 100)

Quelle: Berechnet nach: Statističeskij ežegodnik stran-členov soveta ėkonomičeskoj vsaimopomošči 1974, Moskva 1974, S. 144.

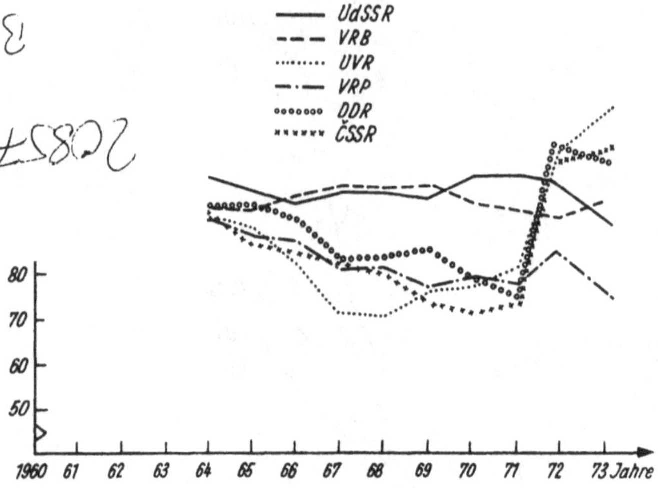

Abb. 18:
Entwicklung der Investitionseffektivität (bezogen auf das Nationaleinkommen) nach RGW-Ländern (1960 = 100)

Quelle: Berechnet nach: Statističeskij ežegodnik stran-členov soveta ėkonomičeskoj vsaimopomošči 1974, Moskva 1974, S. 47, 144.

Während unter den sozialistischen Ländern die UdSSR und von 1961—1970 die ČSSR pro 1 Prozent des Nationaleinkommens den relativ niedrigsten Prozentsatz an Investitionen aufwendeten, mußte die DDR von 1966—1970 das verhältnismäßig höchste Investitionswachstum dafür verausgaben. Sie wurde auch beim Vergleich mit industriell entwickelten kapitalistischen Ländern bis 1970 nur noch von Großbritannien übertroffen. Von 1971—1973 entwickelte sich jedoch die Investitionseffektivität in der DDR günstiger.

Um die Entwicklung der Investitionseffektivität in der DDR richtig zu werten, muß berücksichtigt werden, daß von 1966—1970 viele Maßnahmen begonnen worden sind, die erst später voll produktionswirksam wurden. Mit dem höheren Investitionsvolumen wuchsen die Anforderungen an die planmäßige Beherrschung. Um Effektivitätsreserven zu erschließen, geht es darum, die Investitionstätigkeit voll und ganz auf die Erfordernisse der Intensivierung auszurichten.[36] Wesentliche Intensivierungsreserven bestehen vor allem in folgenden Faktoren:

[36] Vgl. 13. Tagung des Zentralkomitees der Sozialistischen Einheitspartei Deutschlands. Aus dem Bericht des Politbüros an das ZK der SED, Berichterstatter: Genosse Erich Honecker, Berlin 1974, S. 39.

— *Die rechtzeitige planmäßige Abstimmung der Investitionen und ihres technischen Niveaus mit den verfügbaren Arbeitskräften.* Das schließt die gezielte planmäßige Freisetzung von Arbeitskräften für die Inbetriebnahme großer Investitionsvorhaben ein.

Bei akutem Arbeitskräftemangel wird die Ausnutzung der neu geschaffenen Fonds und damit die Investitionseffektivität beeinträchtigt. Objektiv steckt dahinter, daß entweder im Vergleich zu den verfügbaren Arbeitskräften zuviel investiert wurde oder die Investitionen auf einem nicht ausreichend hohen technischen Niveau erfolgten.

Hinter einer teilweisen „Überakkumulation" im Hinblick auf die vorhandenen Arbeitskräfte kann sich zugleich eine „Unterakkumulation" — beispielsweise bei den Rationalisierungsmaßnahmen zur Freisetzung von Arbeitskräften — verbergen. Die planmäßige Proportionierung von neu entstehenden Arbeitsplätzen und verfügbaren Arbeitskräften — unter Beachtung eines Schichtregimes, das die effektive Fondsnutzung bei gleichzeitiger Schaffung der notwendigen sozialen Voraussetzungen sichert — erfordert die stärkere Berücksichtigung der Einheit von Erweiterung und Rationalisierung, die bessere Vorbereitung und Begründung der Effektivität der großen Vorhaben und die stärkere Orientierung auf eine effektive Rationalisierung auf allen Ebenen. Es geht in Verbindung damit auch darum, gegen Tendenzen einer Rationalisierung an sich aufzutreten, die für sich zunächst Arbeitszeiteinsparungen und Selbstkostensenkungen aufweist, deren Nutzen für den Gesamtbetrieb oder die Volkswirtschaft nicht mehr nachweisbar ist oder der vielleicht durch Mehraufwendungen an anderer Stelle kompensiert wurde.

— *Die Kontinuität und Stabilität der Entwicklung der Akkumulation.* Diese ist eine wichtige Bedingung für die proportionale Entwicklung der Volkswirtschaft. Eine diskontinuierliche Entwicklung der Akkumulation dagegen hemmt die Effektivitätsentwicklung. Der Vergleich der Zuwachsraten der Investitionen macht auf eine Reihe solcher Diskontinuitäten aufmerksam. Die Zuwachsraten der Investitionen betrugen: 1966 7,3 Prozent, 1967 9,2 Prozent, 1968 10,3 Prozent, 1969 15,4 Prozent, 1970 7,3 Prozent, 1971 0,6 Prozent, 1972 3,9 Prozent, 1973 8,0 Prozent, 1974 4,2 Prozent.[37]

Um eine hohe Effektivitätssteigerung zu sichern, kommt es darauf an, insbesondere auf folgende Faktoren zu achten:

Die Entwicklung der unvollendeten Investitionen. Sowohl in Jahren mit sprunghaften Erhöhungen als auch in Jahren mit starken Rück-

[37] Statistisches Taschenbuch der DDR 1975, Berlin 1975, S. 27.

gängen der Investitionen ergeben sich negative Auswirkungen auf die Entwicklung der unvollendeten Investitionen.
Optimale Relationen zwischen Investitionen, die kurzfristig wirksam werden und Investitionen, die für die Zukunft Vorlauf schaffen. Das Ziel muß darin bestehen, die Neubeginne über die ganze Periode des Fünfjahrplans zu verteilen.
Wahrung der Proportionen zwischen der wertmäßigen Entwicklung des Investitionsvolumens und ihrer materiell-technischen Sicherung.
Insgesamt geht es nach wie vor darum, bei der Vorbereitung und Realisierung der Investitionen einen noch höheren Grad von Planmäßigkeit und Kontinuität zu erreichen.

— *Die materielle Sicherung der Akkumulation durch die proportionale Entwicklung der Zweige, die die Investitionsgüter herstellen,* insbesondere der Bauwirtschaft und der metallverarbeitenden Industrie. Hierbei ist folgendes Wechselverhältnis zu berücksichtigen: ausbilanzierte Ressourcen (bis zum Territorium, Gewerk, zur konkreten Art der Ausrüstungen) sind eine wichtige Voraussetzung für die weitere Effektivitätssteigerung.

Zugleich kann es primär nicht darum gehen, überhaupt mehr Investitionen für die Lösung von Proportionsproblemen zu bekommen, sondern darum, ob mit den Investitionen die *intensive* Entwicklungslinie für die Volkswirtschaft gesamt verwirklicht wird. Das gilt im besonderen Maße für den Maschinenbau.

— *Die umsetzbaren wissenschaftlich-technischen Ergebnisse.* Hier sind Fortschritte sowohl im Auffinden neuer Lösungen als auch bei ihrer Überleitung in die Produktion erreicht worden. Die Aufwendungen für die Forschung und Entwicklung entsprechen im Anteil am Nationaleinkommen und im Entwicklungstempo annähernd dem Stand in vergleichbaren sozialistischen Ländern und in industriell entwickelten kapitalistischen Ländern. Neben Fortschritten bei der Überleitung von Forschungsergebnissen können jedoch nach wie vor verschiedene Ergebnisse nicht überführt werden, weil die Investitionsmittel nicht ausreichen. Die Effektivität der neu eingeführten wissenschaftlich-technischen Fortschritte wird teilweise dadurch beeinträchtigt, daß oft nicht in optimalen Losgrößen produziert werden kann. Neu- und weiterentwickelte Erzeugnisse werden in zu geringem Umfang produziert, was ihren Einsatz im Inland begrenzt. In Verbindung damit muß auch auf die Qualitätsprobleme verwiesen werden.

Eine Kernfrage der weiteren Intensivierung ist es, Wissenschaft und Technik noch stärker auf die Rationalisierung auszurichten. Deshalb hat die 13. Tagung des ZK der SED als Aufgabe gestellt „Die Stoßkraft des wissenschaftlich-technischen Fortschritts in unserer Republik wird vergrößert und mit hoher Konzentration auf die entscheidenden Eckpunkte der Intensivierung gerichtet."[38] Das ist mit Konsequenzen für die Planung und Leitung verbunden, die dazu beitragen muß, die Möglichkeiten der sozialistischen Gesellschaft zur Intensivierung voll auszuschöpfen.

— *Die Anforderungen der sozialistischen ökonomischen Integration.* Im nationalen Rahmen allein kann die Effektivität der Akkumulation zur Zeit schon nicht mehr gesichert werden, bedingt insbesondere durch die erreichten Ausmaße der Forschungs- und Bildungsausgaben, der Fondsintensität, der Rohstoffproblematik sowie in der DDR noch verschärft durch die Arbeitskräfteknappheit. Das bedeutet aber, die Formen zu erweitern, durch die im Rahmen des Planes ein internationaler Austausch von Ressourcen im RGW erfolgen kann. Der Akkumulationsprozeß ist zunehmend mit der sozialistischen ökonomischen Integration verbunden.

Weitere wichtige Faktoren bestehen im Einfluß der Investitionsstruktur (zum Teil hoher Ersatzbedarf, zum Teil müssen hohe Investitionen in Zweige gehen, in denen ein relativ niedriges Nettoprodukt erzeugt wird). Teilweise ist auch die Einlaufkurve der in Betrieb genommenen Investitionsobjekte noch zu lang. Die Erhöhung der Effektivität der Investitionen gehört mit zu den wichtigsten Aufgaben, um volkswirtschaftliche Reserven in neuen Dimensionen zu erschließen. Diese Reserven sind vor allem aus den bisherigen Leistungen erwachsen.

Besonders hohe Anforderungen ergeben sich bereits an die Qualität der Investitionsvorbereitung.
Dazu gehören vor allem:

1. Die Vervollkommnung der Bedarfsermittlung. Eine Analyse wichtiger Investitionsvorhaben von der Vorbereitung bis zur Inbetriebnahme zeigte, daß sich die Vorstellungen über den zu befriedigenden Bedarf sehr häufig veränderten, womit Effektivitätsverluste verbunden waren. Die bessere Begründung des Bedarfs, das Ausarbeiten von Bedarfsvarianten sind deshalb bereits wichtige Voraussetzungen für eine höhere Effektivität der Investitionen, bevor mit der materiellen Investition überhaupt begonnen wird.

2. Die bessere Bilanzierung der Ressourcen, insbesondere des Bauaufkommens nach Territorien und Gewerken, der Ausrüstungen, der Arbeitskräfte (einschließlich der Anforderungen an vor- und nachgelagerte Stufen).

38 13. Tagung des Zentralkomitees der Sozialistischen Einheitspartei Deutschlands. Aus dem Bericht des Politbüros an das ZK der SED, Berichterstatter: Genosse Erich Honecker, S. 27.

3. Die bessere Begründung der qualitativen Kennziffern des Investitionsvorhabens im Prozeß der Vorbereitung. Es geht darum, die Investitionen konsequent zu nutzen, um wissenschaftlich-technische Fortschritte konzentriert in die Produktion zu überführen, Material und Arbeitszeit einzusparen und die Qualität der Erzeugnisse zu erhöhen. Die Analyse zeigt, daß in einer Reihe von Fällen die ursprünglich geplanten technischen Werte nicht erreicht werden oder das technische Niveau im Gefolge der langen Realisierungszeiten bereits wieder veraltet ist. Bei wichtigen Effektivitätskennziffern, wie zum Beispiel der Arbeitsproduktivität, der Grundfondsquote und dem Kostensatz werden teilweise die ursprünglich geplanten Werte verspätet oder nicht erreicht. Wie Genosse Honecker betonte, besteht das Kernproblem darin, „mit Hilfe von Wissenschaft und Technik hohe Steigerungsraten der Arbeitsproduktivität zu erreichen, die Arbeitsproduktivität schließlich schneller als die Warenproduktion zu erhöhen und das Verhältnis von Aufwand und Leistung in unserer gesamten Volkswirtschaft entschieden zu verbessern.“[39]

Es geht deshalb darum, durch eine Aufwertung der qualitativen Kennziffern auch eine stärkere Begründung der Effektivität zu erreichen und diese mehr in den Mittelpunkt der Leistungsbeurteilung und Stimulierung der Wirtschaftseinheiten zu stellen.

4. Die bessere Abstimmung zwischen den Terminen der materiellen Fertigstellung der Investitionen und der Bereitstellung und Vorbereitung der erforderlichen Arbeitskräfte und der entsprechenden sozialen Bedingungen.

5. Die Vorbereitung neuer Investitionsvorhaben in einem engeren Zusammenhang mit der Rationalisierung bestehender Kapazitäten. Hier bestehen Beziehungen zum Beispiel zur Arbeitskräftesicherung der neuen Vorhaben, zur Sortimentsbereinigung und Spezialisierung und zur Entscheidung der Frage, ob die Bedarfsdeckung durch eine Erweiterung erfolgen muß oder über die Rationalisierung vorhandener Kapazitäten. Gerade der letzten Frage muß mehr Aufmerksamkeit geschenkt werden, weil die Ressourcen nicht ausreichen, um eine neue Volkswirtschaft neben die alte zu stellen. Damit sind neue Maßstäbe verbunden, Die Initiative der Werktätigen zur sozialistischen Rationalisierung kann nicht erst dann einsetzen, wenn es um das Erreichen der geplanten Werte *nach* Inbetriebnahme der neuen Vorhaben geht. Sie muß bereits *vor* und *zur* Entscheidung über ein neues Vorhaben ausgenutzt werden, um von vornherein volkswirtschaftlich effektivste

[39] Ebenda, S. 28.

Lösungen anzustreben und Spitzenleistungen zu organisieren, die in kürzesten Fristen in großer Breite genutzt werden können.

Insgesamt müssen dadurch die mit der Intensivierung wachsenden Anforderungen an die Akkumulationskraft erfüllt werden.

4.5. *Beziehungen zwischen Effektivitätssteigerung und Aufkommen von Produktions- und Konsumtionsmitteln*

4.5.1. Zum Einfluß von organischer Zusammensetzung und Effektivitätssteigerung auf die vorrangige Entwicklung von Produktionsmitteln

Die Gesetzmäßigkeit der vorrangigen Entwicklung der Produktion von Produktionsmitteln gegenüber der Konsumtionsmittelprodukten ist eng mit der Herausbildung einer kontinuierlichen intensiv erweiterten Reproduktion verbunden. Eine stark extensiv erweiterte Reproduktion erfordert vorrangige Entwicklung der Produktion von Produktionsmitteln nur als zufällige, unregelmäßige Erscheinung.

Mit der ständig steigenden organischen Zusammensetzung im Gefolge des technischen Fortschritts im Kapitalismus wurde die vorrangige Entwicklung der Abteilung I zur Gesetzmäßigkeit. Lenin hat die Marxschen Reproduktionsschemata, nach denen beide Abteilungen parallel wachsen, durch die Einbeziehung des technischen Fortschritts weiterentwickelt.[40] Dabei ging Lenin von folgenden Voraussetzungen über die ökonomischen Erscheinungsformen des technischen Fortschritts aus:

— Ausdruck für den technischen Fortschritt ist, daß das Verhältnis des variablen Kapitals zum konstanten allmählich abnimmt (Steigerung der organischen Zusammensetzung).

— Die Steigerung der organischen Zusammensetzung wirkt sich in einer Veränderung der Wertzusammensetzung des Produkts aus, so daß der Ersatzfonds schneller steigt als das Nationaleinkommen.

In seinen Reproduktionsschemata bezog Lenin die Reproduktionsaufwendungen der verschiedenen Kapitalbestandteile auf ein Jahr und ging von einer gleichbleibenden Akkumulationsrate aus.

Werden diese Annahmen aufgehoben, dann wird deutlich, daß sich die

[40] W. I. Lenin, Zur sogenannten Frage der Märkte, in: Werke, Bd. 1, Berlin 1961, S. 76.

steigende organische Zusammensetzung über die Veränderung der Relation von Ersatzfonds zu Nationaleinkommen und über die Entwicklung der produktiven Akkumulationsrate auf die vorrangige Produktion von Produktionsmitteln auswirkt.[41] Das Verhältnis von Ersatzfonds zu Nationaleinkommen und die Entwicklung der produktiven Akkumulationsrate werden jedoch nicht allein durch die Steigerung der organischen Zusammensetzung beeinflußt. Es gibt entgegenwirkende Tendenzen, die vor allem mit der Effektivitätsentwicklung verbunden sind. Diese entgegenwirkenden Tendenzen werden jedoch im allgemeinen durch das erneute Steigen der technischen Zusammensetzung kompensiert und überkompensiert.

Nach Kudrow[42] stieg zum Beispiel in den USA von 1924 bis 1964 der Preis einer Ausrüstungseinheit auf das 2,3fache, demgegenüber der Lohn einer Arbeitseinheit auf das fünffache.

Kudrow ermittelte Daten, nach denen die organische Zusammensetzung in den USA seit 1943—1968 im großen und ganzen gleichgeblieben sei, während sie vor 1943 höher war. Er berechnete die Tendenz der sinkenden organischen Zusammensetzung in den letzten Jahrzehnten auch noch für andere kapitalistische Länder. Eine gewisse Zunahme der organischen Zusammensetzung habe lediglich in Großbritannien stattgefunden, da dort die Fondsintensität stieg und die Effektivität der gesellschaftlichen Produktion nur langsam wuchs.

Kudrow faßt als organische Zusammensetzung die Entwicklung des produktiven Anlagekapitals und der individuellen Konsumtion der Bevölkerung. Damit sind eine Reihe von Einwänden verbunden.

1. Die gewachsenen qualitativen Anforderungen an die Arbeitskraft können als Bestandteil des Kapitalverhältnisses, das heißt über die organische Zusammensetzung des Kapitals, überhaupt nicht mehr erfaßt werden.

2. Der individuelle Konsumtionsfonds berücksichtigt nur einen Teil der Aufwendungen für die Arbeitskraft. Darüber hinaus müssen gesellschaftliche Aufwendungen einbezogen werden.

41 Da steigende organische Zusammensetzung in der Tendenz bedeutet, daß $Ic' + I'_{m}$ $> I'_{v} + m'_{v}$, folgt daraus gleichzeitig, daß innerhalb der Abteilung I die Produktionsmittel für I schneller wachsen als für II. Wobei: ' = Zeichen für Wachstumstempo *ma* = produktive Akkumulation, *mv* = gesellschaftliche Konsumtion und Investitionen für den nichtproduktiven Bereich.

42 Vgl B. Kudrow, Internationale Vergleiche der Produktionsgrundfonds und ihrer Effektivität, in: Sowjetwissenschaft, Gesellschaftswissenschaftliche Beiträge, 10/1970, S. 1028.

3. Die sich verstärkenden inflationistischen Prozesse bewirken eine stärkere wertmäßige Zunahme des Einkommens der Bevölkerung bei relativ geringerem physischen Wachstum. Das wird noch dadurch verstärkt, daß die Einkommen der Bevölkerung voll der Inflation unterliegen, während die Kapitalbestände nur über die Investitionen von der Inflation beeinflußt werden.

In der Tatsache, daß die Kategorie der organischen Zusammensetzung des Kapitals auf die neuen Verhältnisse im Grunde genommen nicht mehr anwendbar ist, zeigen sich die Grenzen des Kapitalverhältnisses.[43]

Ob die organische Zusammensetzung des Kapitals wirklich gesunken ist, müßte eine bereinigte Analyse zeigen.

In den sozialistischen Ländern wurde bisher die Entwicklung der organischen Zusammensetzung der Produktion relativ wenig analysiert.

In Richtung einer steigenden organischen Zusammensetzung der Produktionselemente im Sozialismus wirken auch weiterhin der Ersatz lebendiger körperlicher und insbesondere geistiger Routinearbeit sowie der Einsatz komplizierterer Maschinen. Die Entwicklung des Materialverbrauchs pro Beschäftigten wirkt ebenfalls in Richtung einer steigenden organischen Zusammensetzung, jedoch ist das Steigerungstempo nicht so hoch wie bei der Grundfondsausstattung. Entgegenwirkende Tendenzen müßten sich im Ergebnis der steigenden Effektivität über Preissenkungen für die Produktionsmittel zeigen. Insgesamt wirken auf die organische Zusammensetzung der Produktionselemente hauptsächlich zwei entgegenwirkende Tendenzen ein. Einerseits wächst infolge Zunahme des Qualifikationsniveaus und Verbesserung der Qualifikationsstruktur der Neuwert pro Arbeitskraft. Andererseits ruft die technische Vervollkommnung und Substitution komplizierterer Arbeit zugleich vermehrten Fondseinsatz hervor.

Unter Berücksichtigung dieser Faktoren wird sich mit der allseitigen Intensivierung des gesamten Reproduktionsprozesses die steigende technische Zusammensetzung weiterhin in einer, gegebenenfalls abgeschwächten, Erhöhung der organischen Zusammensetzung ausdrücken. Ein Gleichbleiben oder auch zeitweiliges Sinken wird durch ein tendenzielles Steigen immer wieder durchbrochen, um technische Fortschritte durchzusetzen. Ein tendenzielles Sinken der organischen Zusammen-

[43] Zur organischen Zusammensetzung der Produktionselemente im Sozialismus vgl. Abschnitt 1.2.2. der vorliegenden Arbeit.

setzung ist schon deshalb ausgeschlossen, weil sich auf die Dauer die lebendige Arbeit nicht ohne die vergegenständlichte weiter entwickeln kann.

In dem Maße, wie die Intensivierung des Reproduktionsprozesses wirklich umfassend wird, wirken sich auf die Entwicklung der Produktion von Produktions- und Konsumtionsmitteln einige neue Tendenzen aus. Dazu gehören unter anderem:

1. Wenn die Produktivitätssteigerung zur vorwiegenden bis ausschließlichen Quelle für das Nationaleinkommenswachstum wird, bestimmen die Entwicklungstendenzen der Effektivität in immer stärkerem Maße direkt die Gestaltung dieser Proportion.[44]

2. Mit der zunehmenden Bedeutung der qualitativen Weiterentwicklung der Arbeitskraft für die Produktion wächst der Neuwert pro Arbeitszeiteinheit. Dadurch verstärken sich Tendenzen, die der Steigerung der organischen Zusammensetzung entgegenwirken, ohne sie allerdings aufzuheben.[45]

3. Mit der zunehmenden Bedeutung der qualitativen Entwicklung der Wachstumsfaktoren verstärken sich die Tendenzen zur Fonds- und Materialökonomie, die zum Teil im Sinken der Fonds- und Materialintensität nicht nur des Gesamtprodukts, sondern auch des Nationaleinkommens zum Ausdruck kommen. Grundlage dafür sind insbesondere die Tendenzen zur Abnahme des Steigerungstempos beziehungs-

[44] Budawei betont ausdrücklich, daß sich mit der Intensivierung der Produktion Rolle und Verhältnis der beiden Hauptfaktoren des Wirtschaftswachstums, der Akkumulationsrate und der Effektivität der Produktion, verändern. Vgl. W. Budawei, Die intensive Reproduktion als Hauptweg der Wirtschaftsentwicklung, in: Sowjetwissenschaft, Gesellschaftswissenschaftliche Beiträge, 10/1969, S. 618; vgl. auch W. Kudrow, A. Schapiro, Die beiden Abteilungen der gesellschaftlichen Produktion in der UdSSR, in: Sowjetwissenschaft, Gesellschaftswissenschaftliche Beiträge, 8/1973, S. 870. Sich aus dem Einfluß der Intensivierung auf das Verhältnis von Abteilung I und II ergebende Forschungsaufgaben werden von Eva Altmann abgeleitet. Vgl. Eva Altmann, Zum Verhältnis der Abteilungen I und II der gesellschaftlichen Produktion, in: Einheit, 2/1975, S. 230.

[45] Chačaturov, der die vorrangige Entwicklung der Abteilung I aus der Steigerung der Grundfondsausstattung ableitet, berücksichtigt dabei diese Qualitätsveränderungen der lebendigen Arbeit nicht. Auf diese Weise können jedoch die Auswirkungen der Intensivierung nicht voll erfaßt werden. Vgl. T. Chatschaturow, Einige Probleme der sozialistischen Reproduktionstheorie, in: Sowjetwissenschaft, Gesellschaftswissenschaftliche Beiträge, 10/1969, S. 1047. Ähnlich auch bei N. A. Brusilovskaja, Reproduktion der Produktionsmittel und Erfassung der Fondsintensität in der Preisbildung, in Sammelband: Ceny i vosproizvodstvo, Moskva 1970.

weise zur Konstanz des Anteils des Ersatzfonds am Gesamtprodukt.

Obwohl hierbei die Senkung der Material- und Fondsintensität eine bedeutende Rolle spielt, kann der Gesamtprozeß jedoch nicht darauf reduziert werden.[46]

Wird zum Beispiel der Nationaleinkommenszuwachs allein durch Steigerung der Arbeitsproduktivität gesichert, dann entstehen unter anderem auch neue Entwicklungstendenzen im Verhältnis von extensiven und intensiven Investitionen. Unter diesen Bedingungen trägt der Fondszuwachs im gesamten produktiven Bereich vorwiegend intensiven Charakter.

Extensive Erweiterungen in einzelnen Bereichen und Zweigen setzen deshalb die Freisetzung von Arbeitskräften in anderen Bereichen voraus. Die Notwendigkeit der Freisetzung von Arbeitskräften wirkt einem tendenziellen Sinken beziehungsweise einer Konstanz der Fondsintensität entgegen. Das gleiche gilt für Perioden mit umfassender technischer Neuausrüstung, insbesondere mit hoher Substitution lebendiger Arbeit durch Fonds.

Technische Vervollkommnung und die umfassende gesellschaftliche Beherrschung neuer technischer Prinzipien fördern dagegen die Fondsökonomie. Aus diesen entgegenwirkenden Tendenzen der Fondsökonomie folgt zugleich, daß es nicht gerechtfertigt ist, die allseitige Intensivierung des Reproduktionsprozesses von vornherein mit sinkender Fonds- und Materialintensität zu identifizieren. Ausschlaggebend ist die Gesamtheit der Faktoren der Effektivitätssteigerung.

Weiterhin ist zu berücksichtigen, daß sich steigende organische Zusammensetzung nicht automatisch in einem gleichermaßen steigenden Anteil des Ersatzfonds am Gesamtprodukt niederschlägt. Der Anteil des Ersatzfonds am Gesamtprodukt wird bei etwa gleichbleibenden Veränderungen in der gesellschaftlichen Arbeitsteilung und annähernd gleicher Umschlagsdauer der Fonds durch die Entwicklung der Material- und Fondsintensität des Gesamtprodukts bestimmt. Anders

46 Notkin und Plyševskij beispielsweise unterscheiden zwei Formen der intensiv erweiterten Reproduktion nach fondsintensiven oder fondssparenden Maßnahmen. Vgl. A. I. Notkin, Die Typen der erweiterten Reproduktion und die Wechselbeziehungen zwischen den Faktoren der ökonomischen Entwicklung, in: Faktoren und Kriterien der intensiv erweiterten Reproduktion im Sozialismus, Berlin 1972, hg. v. K. Bichtler u. H. Maier (Deutsche Akademie der Wissenschaften zu Berlin — Schriften des Zentralinstituts für Wirtschaftswissenschaften, Nr. 1), S. 22; B. Plyschewski, Über die Formen der intensiv erweiterten Reproduktion, in: Sowjetwissenschaft, Gesellschaftswissenschaftliche Beiträge, 12/1968, S. 1313.

ausgedrückt sind das die Entwicklungsrelationen von Bruttoproduktivität, Fondsausstattung und Materialverbrauch pro Arbeitskraft.

Steigerung der technischen Zusammensetzung, zum Beispiel ausgedrückt in der wachsenden Grundfondsausstattung und im steigenden Materialverbrauch pro Arbeitskraft, führt dann in jedem Falle zur relativen Zunahme des Ersatzfonds gegenüber dem Nationaleinkommen, wenn der Neuwert pro Arbeitskraft gleich bleibt.

Unter kapitalistischen Bedingungen schlägt sich steigende organische Zusammensetzung dann in einem gleichermaßen wachsenden Anteil des Ersatzfonds am Gesamtprodukt nieder, wenn die Arbeitsproduktivität (brutto) sich in gleichem Maße erhöht wie der Lohn pro Arbeitskraft.

Wenn unter kapitalistischen Bedingungen die Arbeitsproduktivität schneller steigt als der Lohn pro Arbeitskraft, dann wächst der Anteil des Ersatzfonds am Gesamtprodukt langsamer als die organische Zusammensetzung.

Unter sozialistischen Bedingungen steigen organische Zusammensetzung der Produktionselemente und Anteil des Ersatzfonds am Gesamtprodukt im gleichen Ausmaß, wenn der Neuwert pro Arbeitskraft im gleichen Maße wie die Bruttoproduktivität zunahm. Einerseits kann gesagt werden: Je weniger der Neuwert pro Beschäftigten bei gleicher Arbeitsproduktivität zunimmt, um so größer ist die Einsparung an gesellschaftlicher Gesamtarbeit. Andererseits besteht jedoch ein enger Zusammenhang zwischen Arbeitsproduktivität und dem Neuwert pro Arbeitskraft. Hauptquelle der Arbeitsproduktivitätssteigerung ist der technische Fortschritt. Die damit verbundene qualitative Weiterentwicklung der Arbeitskraft ist mit der Zunahme des Kompliziertheitsgrades der lebendigen Arbeit und damit des Neuwertes pro Arbeitskraft identisch.

Eine Zunahme des Neuwertes pro Arbeitskraft bzw. pro Arbeitsstunde ist deshalb eine Voraussetzung und Begleiterscheinung der steigenden Arbeitsproduktivität. Wenn der Neuwert pro Arbeitskraft stärker zunimmt, sind in der Regel auch die Steigerungsmöglichkeiten der Arbeitsproduktivität höher. Je mehr die Arbeitsproduktivität (brutto) gegenüber dem Neuwert wächst, desto höher ist die Einsparung an gesellschaftlicher Arbeit, desto mehr steigt die organische Zusammensetzung gegenüber dem Anteil des Ersatzfonds am Gesamtprodukt.[47]

[47] Aus den dargelegten Beziehungen zwischen Steigerung der organischen Zusammensetzung und Anteil des Ersatzfonds am Gesamtprodukt folgt, daß organische Zusammensetzung und wertmäßige Zusammensetzung des Gesamtprodukts nicht gleichgesetzt werden können. Deshalb kann der These Sakijevs nicht zugestimmt werden,

Aus diesen Unterschieden zwischen der Erhöhung der organischen Zusammensetzung und der Entwicklung des Anteils des Ersatzfonds am Gesamtprodukt heraus kann der Auffassung von Pieplow nicht zugestimmt werden, daß mit der Steigerung der organischen Zusammensetzung automatisch zugleich eine Zunahme des Anteils des Ersatzfonds am Gesamtprodukt verbunden sei.[48]

Diese Auffassung berücksichtigt die Auswirkungen der Effektivitätssteigerung nicht. Es besteht deshalb Übereinstimmung mit Barthel und Karbstein, die betonen, daß die wertmäßige Zusammensetzung des Gesamtprodukts nicht mit der organischen Zusammensetzung identisch ist.[49] Barthel und Karbstein zeigen auf, daß mit allseitiger Intensivierung der Reproduktion keine allgemeine Gesetzmäßigkeit des Steigens des Anteils des Ersatzfonds am Gesamtprodukt (wertmäßig und physisch) und der produktiven Akkumulationsrate besteht. Sie sehen unter diesen Bedingungen die Vorrangigkeit der Produktionsmittelproduktion darin, daß der *absolute* Zuwachs der Produktion von Produktionsmitteln höher als der von Konsumtionsmitteln ist. Dieser Interpretation der Vorrangigkeit kann nicht zugestimmt werden, da ein laufend höheres Wachstumstempo zum Beispiel der Abteilung II schließlich auch zu einem höheren absoluten Zuwachs führen würde. Vorrangige Entwicklung schließt somit ein höheres Wachstums*tempo* ein.

4.5.2. Probleme bei der Annäherung der Wachstumstempi von Abteilung I und II

In Abhängigkeit von den Fortschritten bei der allseitigen Intensivierung des Reproduktionsprozesses entwickelt sich eine Reihe von Tendenzen,

daß die organische Zusammensetzung sinkt, wenn die Material- und Fondsintensität schneller sinkt als die Arbeitsintensität. Vgl. M. S. Sakijew, Organische Zusammensetzung der Fonds und Fondsintensität, in: Sowjetwissenschaft, Gesellschaftswissenschaftliche Beiträge, 6/1970, S. 607/608. Steigende organische Zusammensetzung schließt Konstanz oder sogar Abnahme des Anteils des Ersatzfonds am Gesamtprodukt nicht aus.

48 Vgl. Rolf Pieplow, Die Entwicklung der Abteilungen I und II in der Deutschen Demokratischen Republik, in: Schriftenreihe Volkswirtschaftsplanung, Teil 1, 3/1960, S. 52. Ebenso A. I. Paschkow, Das ökonomische Gesetz des vorrangigen Wachstums der Produktion von Produktionsmitteln, Berlin 1960.

49 Wilfried Barthel, Werner Karbstein, Zur Diskussion über einige neue Aspekte in der Beurteilung der Wachstumsrelationen zwischen gesellschaftlichem Gesamtprodukt und Nationaleinkommen sowie zwischen den Abteilungen I und II, in: Wirtschaftswissenschaft, 2/1967, S. 200.

die zumindest in Richtung einer Annäherung des Entwicklungstempos beider Abteilungen der gesellschaftlichen Produktion wirken können. Dazu gehören vor allem:

— der steigenden organischen Zusammensetzung entgegenwirkende Tendenzen;

— die zeitweilige Abnahme des Steigerungstempos beziehungsweise auf einem hohen Niveau die tendenzielle Konstanz des Anteils des Ersatzfonds am Gesamtprodukt;

— der sich von seiten der beschränkten Ressourcen verstärkende Druck auf die Material- und Fondsökonomie;

— die Tendenz zur Abnahme des Steigerungstempos beziehungsweise zur Konstanz der Rate der produktiven Akkumulation in Verbindung mit der abnehmenden Bedeutung der Zunahme des produktiven Arbeitszeitfonds für das Wachstum des Nationaleinkommens.

Jedoch muß betont werden, daß eine *zunehmende* Annäherung der Entwicklungstempi beider Abteilungen keine Bedingung für die allseitige Intensivierung ist. Das bedeutet:

1. Die Annäherung in den Wachstumstempi beider Abteilungen kann von einer erneuten Zunahme des Vorrangigkeitsgrades der Abteilung I unterbrochen werden.

2. Zunehmende Intensivierung führt nicht gesetzmäßig zu einer Aufhebung des Gesetzes der vorrangigen Produktion von Konsumtionsmitteln. Wenn eine zunehmende Annäherung Bedingung für die allseitige Intensivierung wäre, müßte das zur vorrangigen Produktion von Konsumtionsmitteln führen.[50]

In welchem Maße die Steigerung der organischen Zusammensetzung auf die vorrangige Produktion von Produktionsmitteln wirkt, wird entscheidend durch die Effektivitätssteigerung bestimmt. Wenn die Effektivität nicht steigt, dann würde sich die Abteilung I im gleichen Maße vorrangig entwickeln, wie die organische Zusammensetzung zunimmt.

Wenn die verstärkte Intensivierung zu einer schnelleren Effektivitätssteigerung führt, entstehen reale Möglichkeiten einer Annäherung in den

[50] Die Auffassung, daß die vorrangige Entwicklung der Abteilung I für den entwickelten Sozialismus nicht gesetzmäßig ist, vertreten zum Beispiel L. I. Dovgan, O tempach rosta dvuch podrazdelenij obščestvennogo proizvodstva, Moskva 1965, S. 68; S. Pervušin, I. Prostjakov, Reproduktion unter den Bedingungen der wissenschaftlich-technischen Revolution, in: Mirovaja ėkonomika i meždunarodnye otnošenija, 10/1971, S. 40.

Wachstumstempi beider Abteilungen. Die Effektivitätssteigerung ist jedoch dafür unbedingt Voraussetzung, da sich sonst negative Auswirkungen auf die wirtschaftliche Stabilität ergeben. Zugleich ist verstärkte Intensivierung mit der Schaffung von *Voraussetzungen* für eine *kontinuierliche* hohe Effektivitätssteigerung verbunden, die einer Annäherung entgegenwirken. Von diesen Faktoren gewinnen unter unseren Bedingungen gegenwärtig an Bedeutung:

— die Notwendigkeit weiterer absoluter Freisetzung von Arbeitskräften;

— die Weiterführung der Mechanisierung, insbesondere der Hilfs- und Nebenprozesse (Transport, Reparatur und ähnliche) sowie die weitere Industrialisierung des Bauwesens und der Landwirtschaft;

— die technische Erneuerung, verbunden mit der Aussonderung physisch und moralisch veralteter Grundfonds;

— die Substitution geistiger Routinearbeiten, insbesondere Rationalisierung der Verwaltungs- und Abrechnungsprozesse;

— die sich fortsetzende Spezialisierung und Kooperation;

— die Notwendigkeit eines stärkeren technischen Fortschritts im nichtproduzierenden Bereich.

Von den Fortschritten in der Effektivitätssteigerung hängt deshalb weitgehend der mögliche Grad der Annäherung ab. Wie insbesondere Korjagin, Sorokin, Paškov, Salkind zeigen, wird durch diese neuen Tendenzen die Gesetzmäßigkeit der vorrangigen Entwicklung der Abteilung I nicht aufgehoben.[51]

Die Annäherung überhaupt schafft aber bessere Voraussetzungen für die gesellschaftliche Bedürfnisbefriedigung. Es geht bei der Frage der Annäherung nicht um konkret-historische Bedingungen wie die jeweils vorherrschenden technischen Entwicklungslinien, eventuell angestauten Nachholebedarf, die die zeitweilige Wirkungsrichtung des Gesetzes bestimmen (zum Beispiel sollte im 9. Fünfjahrplan der UdSSR

[51] Vgl. A. Korjagin, Naučno-techničeskaja revoljucija i proporcii socialističeskogo vosproizvodstva, Moskva 1971, S. 79ff., und A. I. Paschkow, Ökonomische Probleme des Sozialismus, Berlin 1974, insbesondere S. 305ff., S. 312ff.; G. Sorokin, Probleme der Reproduktion in der Periode des entwickelten Sozialismus, in: Voprosy ėkonomiki, 8/1974, S. 81; A. Salkind, Methodologische Probleme bei der Planung der Gruppen „A" und „B" in der Industrie der UdSSR und ihr Einfluß auf die Erhöhung der Effektivität der gesellschaftlichen Produktion, in: Autorenkollektiv, Effektivität in der sozialistischen Volkswirtschaft, Berlin 1975, S. 82.

sich die Gruppe B der Industrieproduktion schneller entwickeln bei vorrangigem Wachstum der Abteilung I insgesamt).

Entscheidend ist, wie sich bei allseitiger Intensivierung die organische Zusammensetzung der Produktion entwickelt und wie sie sich auf den Ersatzfonds und die produktive Akkumulation auswirkt. Pervušin/Prostjakov[52] sind der Auffassung, daß sich die Wachstumstempi beider Abteilungen nur annähern können, wenn die Material- und Fondsintensität sinkt. So generell gilt das nicht, sondern es sind nachfolgende Gesichtspunkte zu beachten:

— Bei als gleichbleibend angenommener produktiver Akkumulationsrate würden sich die Wachstumstempi beider Abteilungen bereits dann annähern, wenn die Produktionsverbrauchsintensität des Gesamtprodukts verlangsamt zunimmt beziehungsweise schließlich konstant bleibt.

— Sinkende Fondsintensität wirkt sich nicht immer in einer Abnahme der produktiven Akkumulationsrate aus (gleichbleibendes Wachstumstempo des Nationaleinkommens angenommen), sondern nur dann, wenn sich das Sinken der Fondsintensität beschleunigt. Bleibt das Sinken der Fondsintensität gleich, dann bleibt die produktive Akkumulationsrate unverändert. Nimmt das Sinken der Fondsintensität ab, dann steigt unter sonst gleichen Bedingungen die produktive Akkumulationsrate.

— Von Einfluß sind ebenfalls die Wachstumstempi des Nationaleinkommens. Erfordert die Befriedigung der gesellschaftlichen Bedürfnisse ein beschleunigtes Wachstumstempo, dann kann sich auch bei sinkender Material- und Fondsintensität eine Zunahme im Grad der vorrangigen Entwicklung von Abteilung I ergeben.[53]

Soweit mit Hilfe der zunehmenden Intensivierung objektive Möglichkeiten für die Annäherung in den Entwicklungstempi beider Abteilungen der gesellschaftlichen Produktion geschaffen werden konnten, bildet sie eine wichtige materielle Grundlage für eine schnellere Verbesse-

52 S. Pervušin, I. Prostjakov, Reproduktion unter den Bedingungen der wissenschaftlich-technischen Revolution, in: Mirovaja ėkonomika i meždunarodnye otnošenija, 10/1971, S. 40.

53 Deshalb ist es auch nicht gerechtfertigt, die Formen der intensiv erweiterten Reproduktion danach zu unterscheiden, ob die Fondsintensität steigt oder sinkt. Unterscheidungsmerkmal ist die Funktion der Effektivitätssteigerung insgesamt für die Dynamik des Reproduktionsprozesses. Davon ausgehend gliedert sich die intensiv erweiterte Reproduktion in eine Periode mit mehr oder weniger hohen Anteilen der extensiven Erweiterung und in die Periode der allseitigen Intensivierung, in der die Effektivitätssteigerung ausschlaggebend für den Gesamtprozeß der erweiterten Reproduktion wird.

rung der Arbeits- und Lebensbedingungen der Werktätigen. Gegenwärtig zeigen sich bestimmte Tendenzen der Annäherung vor allem des Wachstumstempos der Gruppe B der Industrieproduktion an das der Gruppe A.

Auf die Abteilungen der Gesamtproduktion bezogen, ist diese Tendenz jedoch noch nicht so stark ausgeprägt. *Das weist zugleich auf die Notwendigkeit hin, die Anstrengungen zur Intensivierung zukünftig noch zu verstärken.*

Tabelle 15
Entwicklung der Gruppen A und B der Industrieproduktion in der UdSSR von 1961 bis 1975[54]

	Wachstumstempo auf %			absoluter Zuwachs in Mrd. Rbl. vgl. Preise		
	1961–1965	1966–1970	1971–1975	1961–1965	1966–1970	1971–1975
Industrieproduktion darunter:	151	150	142–146	84	125	173
Gruppe A	158	151	141–145	66	91	121
Gruppe B	136	149	144–148	18	34	52

Zugleich muß berücksichtigt werden, daß die Tendenz zur Annäherung bisher noch nicht in allen RGW-Ländern im gleichen Maße ausgeprägt ist.

In der *UdSSR* setzte sich bereits im 7. und 8. Fünfjahrplan von 1961 bis 1970 eine stärkere Annäherung in den Entwicklungstempi der Gruppen A und B der Industrieproduktion durch, wobei Gruppe A noch leicht vorrangig wuchs. Für den Zeitraum von 1971 bis 1975 ist ein schnelleres Wachsen der Gruppe B der Industrieproduktion geplant (vergleiche Tabelle 15).

Das zeitweilige schnellere Wachsen der Gruppe B der Industrieproduktion bei Beibehaltung der bestimmenden Rolle der Abteilung I der gesellschaftlichen Produktion insgesamt, ist in der UdSSR eine wesentliche Voraussetzung für die vorgesehene rasche Erhöhung des Volkswohlstandes. Sie ist zugleich mit einem hohen Tempo des wissenschaft-

[54] Nach: L. I. Breshnew, Rechenschaftsbericht des Zentralkomitees der KPdSU an den XXIV. Parteitag der Kommunistischen Partei der Sowjetunion, Moskau-Berlin 1971, S. 45, 56.

lich-technischen Fortschritts, der entschiedenen technischen Rekonstruktion der Volkswirtschaft und der besseren Ausschöpfung der Reserven zur Effektivitätssteigerung verbunden. Die Annäherung in den Wachstumstempi beider Gruppen der Industrieproduktion muß stets entsprechend den konkreten Bedürfnissen und den realen Möglichkeiten der jeweiligen Etappe bewertet werden. Die Gruppe A umfaßte in der UdSSR in den Jahren 1966/70 einen Anteil von etwa 74 Prozent der Industrieproduktion. Ihre Entwicklung war in der Vergangenheit durch einen außerordentlich hohen Grad der Vorrangigkeit gekennzeichnet (vergleiche Tabelle 16 und 17).

Wird berücksichtigt, daß bis etwa 1960 die Gruppe A der Industrieproduktion mehr als doppelt so schnell wuchs wie die Gruppe B, deren Anteil relativ niedrig war, dann soll die für den Zeitraum 1971 bis 1975 geplante zeitweilig schnellere Entwicklung der Gruppe B sichern, daß auch bisher teilweise bewußt zurückgestellte, nicht zu den Grundbedürfnissen gehörende Konsumtionswünsche stärker befriedigt werden können. Aus dieser konkret-historischen Situation in der UdSSR

Tabelle 16
Entwicklung der Gruppen A und B der Industrieproduktion in der UdSSR von 1928 bis 1970 (1928 = 100)

	1928	1940	1960	1965	1970
Industrieproduktion	100	583	3055	4612	6918
Gruppe A	100	865	5765	9109	13754
Gruppe B	100	383	1248	1698	2529

Tabelle 17
Wachstumskoeffizienten[55] der Gruppen A und B der Industrieproduktion von 1929 bis 1975
(Nach Perioden: Gruppe A = 1)

1929–1940	0,443
1941–1960	0,489
1961–1965	0,861
1961–1965	0,861
1966–1970	0,987
1971–1975 (Plan)	1,073–1,067

[55] Berechnet nach: Narodnoe chozjajstvo v SSSR v 1970 g., Moskva 1971, S. 131/132 sowie L. I. Breshnew, Rechenschaftsbericht des Zentralkomitees der KPdSU an den XXIV. Parteitag der Kommunistischen Partei der Sowjetunion, Moskau–Berlin 1971, S. 45, 56.

Tabelle 18
Wachstumskoeffizienten der Gruppe A und B der Industrieproduktion in den RGW-Ländern von 1951 bis 1973
(Wachstum der Gruppe B = 1)[56]

Länder	1951–1955	1956–1960	1961–1965	1966–1970	1971–1973	Anteil der Gruppe A[57] 1973 in %
VRB	1,38	1,20	1,23	1,13	1,10	58,0
ČSSR	1,25	1,15	1,05	1,03	1,01	62,7
DDR	1,0	1,00	1,07	1,12	1,03	71,0
VRP	1,19	1,11	1,16	1,13[58]	0,97	64,4
SRR	1,17	1,22	1,25	1,16	1,01	70,0
UdSSR	1,09	1,13	1,16	1,01	1,02	74,0
UVR	.	.	0,99	0,94	0,96	65,0

kann jedoch nicht geschlossen werden, daß die Verbesserung der materiellen und kulturellen Lebensbedingungen in allen sozialistischen Ländern ein zeitweilig schnelleres Wachsen der Gruppe B erfordert. In der ČSSR beispielsweise war der Anteil der Abteilung II von vornherein wesentlich höher. Die Möglichkeit der Annäherung in den Wachstumstempi sowohl der Gruppen A und B der Industrieproduktion als auch der Abteilungen I und II der gesellschaftlichen Produktion in Abhängigkeit von Fortschritten der Intensivierung jedoch gilt generell.

Bei der Beurteilung der Wachstumskoeffizienten der Gruppe A (vergleiche Tabelle 18) müssen die Unterschiede im wirtschaftlichen Entwicklungsniveau, in der historisch entstandenen Produktionsstruktur, in der Außenhandelsabhängigkeit und andere berücksichtigt werden. Es zeigte sich, daß insbesondere in den RGW-Ländern mit einem relativ hohen Anteil der Gruppe A an der Industrieproduktion wie der UdSSR, der DDR, der VR Ungarn sich in den letzten Jahren zeitweilig eine Ab-

56 Berechnet nach: Statističeskij ežegodnik stran-členov Soveta ėkonomičeskoj vzaimopomošči 1972, Moskva 1972, S. 23ff., 65ff.; dasselbe 1974, Moskva 1974, S. 71–73.

57 In ökonomisch entwickelten kapitalistischen Ländern erreicht der Anteil der Gruppe A an der Industrieproduktion bis zu 70 Prozent.

58 Nach prognostischen Einschätzungen soll von 1970 bis 2000 der Anteil der Gruppe A um 4 Punkte abnehmen, während der Anteil der Gruppe B um 4 Punkte zunehmen würde. Vgl. J. Gajda, Die Entwicklungsproportionen der polnischen Industrie, in: Gospodarska planowa, 1/1973.

nahme im Grad des vorrangigen Wachstums der Gruppe A andeutete. Diese Tendenz setzte sich jedoch noch nicht voll durch.[59]

Für die Sicherung der zukünftigen Konsumtionsziele ist es wichtig, durch eine höhere Effektivität materielle Voraussetzungen für eine Annäherung der Entwicklungstempi beider Abteilungen zu schaffen. Eine solche Annäherung ist somit Folge verstärkter Intensivierung. Das bedeutet, unter den gegenwärtigen Bedingungen, ein Gleichbleiben beziehungsweise Steigen der Fondsquote dauerhaft zu erreichen.

Außerdem muß jedoch berücksichtigt werden, daß die ständige Vervollkommnung und Entwicklung der Intensivierungsfaktoren beträchtliche Anforderungen an die produktive Akkumulation stellt. Daraus folgt, daß die Annäherung laufend wieder durchbrochen wird und immer wieder neu durch eine hohe Effektivitätssteigerung erkämpft werden muß.

Um langfristig planmäßig eine kontinuierliche und stabile intensiv erweiterte Reproduktion zu sichern, ist es notwendig, die Grenzbedingungen für die Entwicklung der beiden Abteilungen zu kennen, bei denen die Fortsetzung des gegebenen Entwicklungstrends zur Verlangsamung der Entwicklungstempi beziehungsweise letztlich zur einfachen Reproduktion führen würde. Theoretische Grenzbedingung für ein zeitweilig schnelleres Wachstum der Abteilung II ist, daß dadurch die Grundbedingung für die erweiterte Reproduktion $I(v + m) > \text{II}\, c$ nicht verletzt werden darf. Jedoch wäre bei Erreichen dieses Grenzwertes (theoretisches Minimum für die Entwicklung der Abteilung I) die erweiterte Reproduktion bereits im Begriff, sich in einfache Reproduktion zu verwandeln. Negative Auswirkungen auf das Tempo der erweiterten Reproduktion würden sich folglich bereits *vor* Erreichen dieses Grenzwertes einstellen. Zugleich gibt es eine theoretische Obergrenze für die Entwicklung der Abteilung I, bei deren Erreichen durch ungenügende Entwicklung der Konsumtion die erweiterte Reproduktion in der Tendenz ebenfalls nicht mehr gesichert werden kann. Diese Obergrenze für den

[59] Obwohl in der UdSSR laut Plan für den Zeitraum von 1971 bis 1975 ein Vorrangigkeitskoeffizient der Gruppe A der Industrieproduktion von 0,95 vorgesehen war, wuchs tatsächlich bis 1973 die Produktion der Gruppe A schneller als die der Gruppe B. So wuchs von 1971 bis 1973 die Industrieproduktion um 23,1 Prozent, davon Gruppe A um 24,1 Prozent, Gruppe B um 20,3 Prozent. Das entspricht einem Vorrangigkeitskoeffizienten von 1,18. 1973 wuchs die Industrieproduktion gegenüber 1972 um 6,8 Prozent, davon Gruppe A um 8,2 Prozent, Gruppe B um 5,9 Prozent. Das bedeutet, daß ein schnelleres Wachsen der Gruppe B sich auf die letzten Jahre des Fünfjahrplanes konzentrieren müßte. Vgl. Ėkonomičeskaja gazeta, 51/1973 und 5/1974.

Anteil der Abteilung I wird durch die Ungleichung II $(c + m) > \mathrm{I}\ v$[60] bestimmt. In diesem Fall können die Reproduktionsbedingungen der Abteilung II nicht mehr erfüllt werden. Hieraus ergibt sich, daß sowohl eine Annäherung des Anteils der Abteilung I an seine Ober- als auch an seine Untergrenze zum Sinken des Tempos der erweiterten Reproduktion führen würde. Das heißt, daß eine einseitige Vorrangigkeit sowohl der Abteilung I als auch der Abteilung II mit einem tendenziellen Sinken der Tempi der erweiterten Reproduktion verbunden sein muß. Es gibt jedoch keinen Automatismus zwischen der Veränderung in den Anteilen der Abteilung I und II und den Entwicklungstempi der erweiterten Reproduktion. Bei einem angenommen gleichen Grad der Vorrangigkeit des Wachstums der Abteilung I kann sich das Tempo der erweiterten Reproduktion in Abhängigkeit von den Unterschieden im Anteil des extensiven und intensiven Wachstums sowie der Tempi der Effektivitätssteigerung unterschiedlich gestalten. Bei gegebenen Anforderungen einer optimalen Effektivitätsentwicklung an die Verwendungsstruktur des Nationaleinkommens gibt der entsprechende Grad der vorrangigen Entwicklung der Abteilung I den Ausschlag dafür, ob das mögliche Tempo der erweiterten Reproduktion erreicht werden kann. Von Bedeutung für das Tempo der erweiterten Reproduktion ist folglich der jeweils mit den sich verändernden Reproduktionsbedingungen abgestimmte *Grad der Vorrangigkeit der Entwicklung* der Abteilung I. Dem gegenüber sind die theoretischen Mindest- und Obergrenzen seines Anteils lediglich von Interesse für die Sicherung der erweiterten Reproduktion überhaupt, jedoch nicht für ihr kontinuierliches *Tempo.* Die Kontinuität im Tempo der erweiterten sozialistischen Reproduktion wird aber mit der Entwicklung zum reifen Sozialismus immer ausschlaggebender für die Entfaltung der Triebkräfte der sozialistischen Entwicklung. Deshalb kann der Auffassung von Bečin[61] nicht zugestimmt werden, daß das Wesen des ökonomischen Gesetzes des vorrangigen Wachstums der Produktion von Produktionsmitteln in der Bedingung der erweiterten Reproduktion I $(v + m) >$ II c bestehe.

60 Vgl. L. Dovgan, Über Grundbedingungen der erweiterten Reproduktion, in: Voprosy ėkonomiki, 11/1973, S. 121.

61 Vgl. A. Bečin, Die Methoden der ökonomischen Analyse vervollkommnen, in: Kommunist 14/1964, S. 83; derselbe, Tempi, Proportionen, in: Ėkonomičeskaja gazeta, 12/1965, S. 7. Reichenberg faßt dieses Verhältnis, indem er vom strukturellen Wachstumsgesetz der erweiterten sozialistischen Reproduktion und dem Gesetz der vorrangigen Entwicklung der Abteilung I spricht. Vgl. Rudolf Reichenberg, Struktur und Wachstum der Abteilungen I und II im Sozialismus, Berlin 1968, S. 36.

4.6. *Die Effektivitätssteigerung im produktiven Bereich als primäre Bedingung für die Entwicklung des nichtproduktiven Bereichs*

4.6.1. Entwicklung von Arbeitskräften und Investitionen im nichtproduktiven Bereich

Bereits in der Vergangenheit nahm der Anteil des nichtproduzierenden Bereichs an den Gesamtbeschäftigten zu.

Die zukünftig noch wachsende Bedeutung des nichtproduzierenden Bereichs für den Gesamtprozeß der sozialistischen Reproduktion resultiert daraus, daß

— die mit der beginnenden wissenschaftlich-technischen Revolution verbundene allseitige Intensivierung höhere Anforderungen an die Aufrechterhaltung der Reproduktionsbedingungen des Menschen, der Natur und der Gesellschaft stellt (zum Beispiel Lärmbekämpfung, Umweltschutz), die vor allem durch den nichtproduzierenden Bereich befriedigt werden müssen,

— das bereits erreichte Arbeitsproduktivitätsniveau die materiellen Möglichkeiten geschaffen hat, daß alle Gesellschaftsmitglieder außer der Sicherung ihres notwendigen Lebensunterhaltes am Mehrprodukt partizipieren können,

— die weitere Steigerung der Arbeitsproduktivität erhöhte Anforderungen an die Entwicklung dieses Bereichs stellt, wie zum Beispiel an die Entwicklung der Wissenschaft, des Bildungswesens,

— das erreichte bzw. objektiv erreichbare Niveau und Tempo der Arbeitsproduktivitätsentwicklung es ermöglichen und die sozialistischen Produktionsverhältnisse es erfordern, daß alle Menschen ihr Recht auf Arbeit und allseitige Entwicklung verwirklichen können. Das betrifft insbesondere die Frauen und einen Teil der Werktätigen, der im Kapitalismus im allgemeinen vorzeitig aus dem Produktionsprozeß ausscheiden muß.

Die Ausweitung und Produktivitätsentwicklung des produktiven Bereichs bestimmt wesentlich die Entwicklungsmöglichkeiten des nichtproduktiven Bereichs mit.

Länder mit einem relativ höheren Niveau der Arbeitsproduktivität weisen deshalb im allgemeinen einen höheren Anteil der nichtproduktiv Beschäftigten an den Gesamtbeschäftigten auf[62] (vergleiche Abbildung 19).

Je höher folglich das bereits erreichte Niveau der Arbeitsproduktivität und je höher ihr Steigerungstempo, desto größer kann mit den Entwicklungsmöglichkeiten des nichtproduktiven Bereichs seine Rückwirkung auf die Produktivitätsentwicklung sein (vergleiche Tabelle 19).

Als gewisses Surrogat für das erreichte Produktivitätsniveau kann die Zahl der Einwohner dienen, die von einem Beschäftigten im produktiven Bereich versorgt wird.[63] Verhältnismäßig eindeutig wird der Zusammenhang zwischen dem Produktivitätsniveau und dem Anteil der Beschäftigten im nichtproduktiven Bereich an den Gesamtbeschäftigten bestätigt. In Abhängigkeit vom Niveau und Steigerungstempo der Arbeitsproduktivität von 1961—1972 wirkte auf das durchschnittliche Wachstum der Beschäftigten im nichtproduktiven Bereich auch die Zunahme der arbeitsfähigen Bevölkerung ein. In Ländern mit einem relativ hohen Produktivitätsniveau und niedrigen Zuwachsraten der arbeitsfähigen Bevölkerung, wie der UdSSR, der DDR und der ČSSR, war der Zusammenhang zwischen Produktivitätssteigerung und Entwicklung der Beschäftigten im nichtproduktiven Bereich verhältnismäßig eng. Das Wachstumstempo der arbeitsfähigen Bevölkerung bestimmte die Entwicklung der Beschäftigten im nichtproduktiven Bereich vor allem in Ländern mit niedrigerem Produktivitätsniveau und teilweise hohen Steigerungsraten der Produktivität relativ stärker, wie in der SR Rumänien, der VR Polen und der VR Bulgarien.

Die Abhängigkeit der Beschäftigtenentwicklung im nichtproduktiven Bereich von der Produktivitätssteigerung wird sich zukünftig in den

62 Während zum Beispiel in den USA Anfang der 70er Jahre der Anteil der im nichtproduktiven Bereich Beschäftigten an den Gesamtbeschäftigten bereits mehr als 30 Prozent betrug, erreichte er in den westeuropäischen kapitalistischen Ländern Großbritannien, BRD und Frankreich etwa 27 Prozent . . . 22 Prozent an den Gesamtbeschäftigten. Nach offiziellen statistischen Angaben berechnet aus den Gesamtbeschäftigten abzüglich Beschäftigte in der Industrie, Land- und Forstwirtschaft und Fischwirtschaft, Bauwesen, Verkehrs- u. Nachrichtenwesen, Handel. Dabei muß berücksichtigt werden, daß der nichtproduktive Bereich durch parasitäre Ausgaben aufgebläht wird.

63 Da durch Unterschiede in der Altersstruktur der Bevölkerung die Vergleichbarkeit eingeschränkt werden kann, wurde ergänzend berücksichtigt, wieviel arbeitsfähige Einwohner ein produktiv Beschäftigter versorgt.

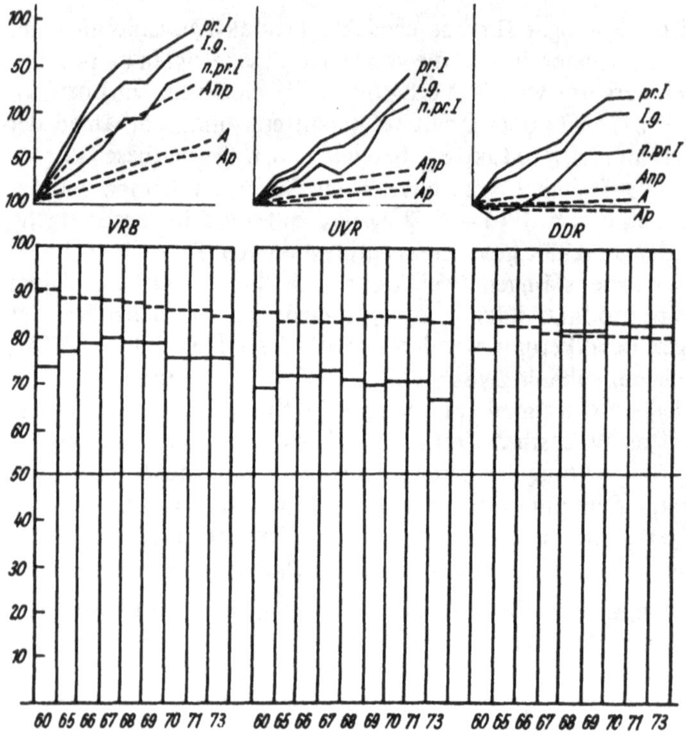

Abb. 19:

Anteile der Investitionen und Arbeitskräfte im produktiven und nichtproduktiven Bereich an der jeweiligen Gesamtheit 1960--1973 in RGW-Ländern

Quelle: Berechnet nach: Statističeskij ežegodnik stran-členov soveta ėkonomičeskoj vsaimopomošči 1974, Moskva 1974.

——— *Investitionen*
- - - - *Arbeitskräfte*
pr. I — *Investitionen für den produktiven Bereich*
I g. — *Investitionen gesamt*
n. pr. I — *Investitionen für den nichtproduktiven Bereich*
A — *Arbeitskräfte gesamt*
A p — *Arbeitskräfte im produktiven Bereich*
A np — *Arbeitskräfte im nichtproduktiven Bereich*

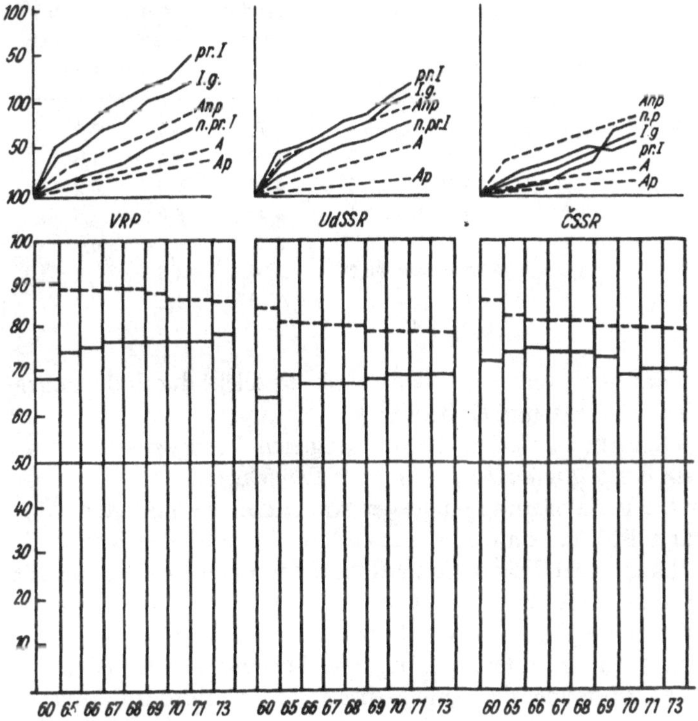

Fortsetzung von Abb. 19

Tabelle 19
Entwicklung von Arbeitsproduktivität und Beschäftigten im nichtproduktiven Bereich nach RGW-Ländern[64]

	auf 1 prod. Beschäftigten entfallen:		Anteil der nichtprod. Besch. an den Ges.-Besch. in %		JD-Steigerung 1961–1972 in %		
	Einw.	arbeitsf. Einw.			Arbeitsproduktivität	nichtprod. Besch.	arbeitsfähige Bevölkerung
	1972	1972	1960	1972			
VRB	2,36	1,16	9,2	13,9	7,75	4,0	0,6
ČSSR	2,38	1,24	14,3	19,2	3,70	4,4	1,6
DDR	2,56	1,24	15,3	19,5	4,90	2,5	0,2
VRP	2,32	1,15	10,2	13,2	4,40	5,0	2,5
SRR	2,32	1,12	7,6	10,6	8,70	3,5	0,4
UdSSR	2,67	.	15,4	20,7	6,00	4,8	.
UVR	2,44	1,19	14,3	15,7	5,25	1,6	0,7

RGW-Ländern noch verstärken. Das wird vor allem durch die zunehmende Arbeitskräfteknappheit bedingt.[65]

Die allseitige Intensivierung bewirkt zugleich *Veränderungen in der Struktur der Beschäftigten des produktiven Bereichs.*

Mit der Industrialisierung nahm der Anteil der Beschäftigten in der unmittelbaren Produktion materieller Gebrauchswerte, das heißt in der Industrie, Land- und Forstwirtschaft und im Bauwesen an den Beschäftigten des produktiven Bereichs trotz absoluter Freisetzung von Beschäftigten in der Landwirtschaft wesentlich zu. Jedoch beginnt sich mit der zunehmenden Intensivierung eine Tendenz zur Konstanz beziehungsweise Abnahme des Anteils dieser Gruppe durchzusetzen, die bis zur absoluten Abnahme der Beschäftigten gehen kann. Ausschlaggebend dafür ist das hohe Niveau und Tempo der Arbeitsproduktivität in dieser Gruppe.

[64] Berechnet nach: Statističeskij eżegodnik stran-členov SĖV 1974, Moskva 1974, S. 10, 11, 401, 403, 404; Problemy vosproizvodstva v stranach SĖV, Moskva 1974, S. 58, 68, 69, 100.

[65] Vor allem aufgrund der sich herausbildenden Arbeitskräfteknappheit hat sich seit Mitte der 60er Jahre beispielsweise in der Ungarischen Volksrepublik, in der SR Rumänien, in der UdSSR und der ČSSR bereits das Wachstumstempo der Beschäftigten im nichtproduktiven Bereich verlangsamt.

Die Beschäftigten in der Phase der Produktionsvorbereitung wachsen überdurchschnittlich schneller. Relativ langsamer als diese, aber gegenwärtig ebenfalls noch mit wachsendem Anteil entwickeln sich die Beschäftigten in den Bereichen, die den Produktionsprozeß fortsetzen, wie Gütertransport sowie der Produktion dienendes Nachrichtenwesen und die Sortimentierung, Komplettierung und Lagerung der Produktion im Handel. Hierauf wirken eine Reihe von zum Teil auch gegensätzlichen Entwicklungstendenzen ein. Durch die Weiterentwicklung der gesellschaftlichen Arbeitsteilung im internationalen Maßstab und das Wachstum des Produktionsvolumens wachsen die Anforderungen an diese Bereiche. Das wird durch das relativ niedrigere Produktivitätsniveau noch verstärkt.

Zugleich gehen von der zunehmenden Übernahme von Funktionen dieser Gruppe durch die Produktion (zum Beispiel der ehemals vorwiegenden Abpackung im Handel), von der tendenziellen Abnahme der

Tabelle 20
Veränderungen in der Struktur der Beschäftigten im produktiven Bereich von 1960 bis 1973[66]

	Industrie und Bau				Land- und Forstwirtschaft			Verkehrs- u. Nachrichtenwesen/Handel	
	Anteil an den prod. Besch. in %		Rangfolge im Produktivitätsniveau	JD-Steiger. der Arbeitsproduktivität in %[67]	Anteil an den prod. Besch. in %		auf 1 in der Lawi Besch. entfallende Einwohner	Anteil an den prod. Besch. in %	
	1960	1973			1960	1973	1973	1960	1973
VRB	29,8	47,4	3	6,6	55,5	36,8	6,2	8,9	15,3
ČSSR	53,2	59,2	1	6,0	25,9	19,7	11,5	16,2	20,7
DDR	57,0	62,4	1	5,1	17,3	14,5	17,2	22,1	22,4
VRP	35,9	45,1	4	6,9	44,2	37,1	6,1	12,6	15,2
SRR	21,6	34,4	5	6,0	65,6	47,0	4,7	7,0	11,6
UdSSR	38,2	47,0	.	6,0	38,7	31,9	.	14,9	19,9
UVR	39,7	51,2	2	6,3	38,9	29,0	8,2	14,9	19,2

[66] Berechnet nach: Statističeskij ežegodnik stran-členov SĖV 1974, Moskva 1974, S. 10, 11, 137, 401, 403, 404 und Problemy vosproizvodstva v stranach SĖV, Moskva 1974, S. 68, 69.

[67] Nur Industrie.

Transportintensität der Bruttoproduktion entgegenwirkende Einflüsse aus.

In der *Struktur der produktiv Beschäftigten* (vergleiche Tabelle 20) herrschten im Gesamtzeitraum progressive Veränderungen vor. Der Anteil der Beschäftigten im Industrie- und Bauwesen stieg in den meisten RGW-Ländern bei Abnahme des Anteils der in der Land- und Forstwirtschaft Beschäftigten. Zugleich wuchs tendenziell der Anteil der im Verkehr, Handel und in übrigen Bereichen Beschäftigten. Das entspricht internationalen Entwicklungstendenzen. Die VR Polen wies nach der Sozialistischen Republik Rumänien im untersuchten Zeitraum den zweitniedrigsten Anteil der Beschäftigten in Industrie und Bauwesen bei entsprechend niedrigerer Gesamtproduktivität aus.

Das resultiert vor allem daraus, daß bei einem hohen Bevölkerungswachstum bisher von der Investitionskraft begrenzte Möglichkeiten bestanden, Arbeitsplätze in den nichtlandwirtschaftlichen Bereichen zu schaffen. Dadurch wird zugleich die absolute Freisetzung von Arbeitskräften in der Landwirtschaft verlangsamt. Von Einfluß war auch die wachsende Nachfrage nach landwirtschaftlichen Produkten, der hohe Anteil arbeitsintensiver Kulturen[68], sowie der noch relativ hohe Anteil kleiner Warenproduzenten an der landwirtschaftlichen Produktion.[69]

Die Zunahme des Anteils der in Industrie und Bau Beschäftigten verlangsamte sich in den RGW-Ländern mit dem höchsten Produktivitätsniveau, wie in der UdSSR, der ČSSR und DDR bereits stark und ging zeitweilig sogar zurück. Außerdem glichen sich die Anteile der Beschäftigten in Industrie und Bauwesen in den RGW-Ländern wesentlich an. Betrug 1960 die durchschnittliche Abweichung der Länder noch 25 Prozent des mittleren Anteils aller RGW-Länder, so sank diese Abweichung 1973 auf 10 Prozent.

Da der Anteil der Beschäftigten in der Landwirtschaft schneller abnahm, als die Beschäftigten in Industrie und Bauwesen wuchsen[70], sank

68 Vgl. E. Jakovleva (Veränderungen der Beschäftigtenstruktur in den Ländern des RGW, in: Voprosy ėkonomiki, 4/1970, S. 113/114) schätzt ein, daß in der VR Bulgarien, der VR Polen und der SR Rumänien, die ein relativ hohes Bevölkerungswachstum erreichten, noch ein großer Teil der Beschäftigten in der Landwirtschaft arbeitet, der eine wichtige Reserve für die weitere Industrialisierung dieser Länder bildet.

69 1973 betrug in der VR Polen der Anteil des sozialistischen Sektors an der Bruttoproduktion der Landwirtschaft 16,9 Prozent, an der landwirtschaftlichen Nutzfläche 19,5 Prozent. (Vgl. Statističeskij ežegodnik stran-členov SĖV 1974. Moskva 1974, S. 44.)

70 In der UdSSR, der Ungarischen Volksrepublik und der SR Rumänien beschleunigte sich von 1971 bis 1975 das Tempo bei der Abnahme von Arbeitskräften aus der Landwirtschaft.

Tabelle 21
Entwicklung des Anteils der in Industrie, Bau, Land- und Forstwirtschaft Beschäftigten an den Gesamtbeschäftigten (in Prozent)[71]

	1960	1973
VRB	82,6	72,0
ČSSR	71,5	63,7
DDR	65,6	61,5
VRP	76,4	71,3
SRR	85,6	78,4
UdSSR	71,0	62,3
UVR	72,9	67,9
BRD	63,1	59,0 (1970)
Großbritannien	54,1 (1951)	49,6 (1971)
USA	40,9 (1962)	33,1 (1971)

der Anteil der an der unmittelbaren Produktion materieller Gebrauchswerte Beschäftigten (in Industrie, Bau, Land- und Forstwirtschaft). Hierin kommen Produktivitätsfortschritte zum Ausdruck.

Jedoch war im Vergleich mit industriell entwickelten kapitalistischen Ländern der Anteil trotzdem noch hoch (vergleiche Tabelle 21).

Produktivitätsunterschiede zeigen sich vor allem darin, daß vergleichsweise

— der Anteil der in Industrie und Bauwesen Beschäftigten im allgemeinen noch tendenziell wächst;

— der Anteil der Beschäftigten in der Landwirtschaft wesentlich höher ist als im allgemeinen in Ländern mit höherem Produktivitätsniveau.[72]

71 Berechnet nach: Statističeskij ežegodnik stran-členov SĖV 1974, Moskva 1974, S. 401, 403, 404; Statistisches Jahrbuch der DDR 1963, Berlin 1963, S. 10*; Statistisches Jahrbuch der DDR 1965, Berlin 1965, S. 22*; Statistisches Jahrbuch der DDR 1969, Berlin 1969, S. 27*; Statistisches Jahrbuch der DDR 1971, Berlin 1971, S. 27*; Statistisches Jahrbuch der DDR 1974, Berlin 1974, S. 36/37*.

72 In der Nachkriegsperiode wuchs in den industriell entwickelten kapitalistischen Ländern die Arbeitsproduktivität in der Landwirtschaft schneller als in der Industrie. Das Verhältnis der Steigerungstempi betrug zum Beispiel in Großbritannien 5,8:2,9 Prozent; USA 5,4:2,9 Prozent; Kanada 4,8:3,8 Prozent; Italien 7,8:5,8 Prozent. Prognosen sehen für 1975 bis 1980 für die USA ein Verhältnis von 5,5:3,5 Prozent; Italien 6,0 zu 5,7 Prozent vor. Nach L. Nočevkina, Intensivierung der Produktion und Besonderheiten des Akkumulationsprozesses in den entwickelten kapitalistischen Ländern, in: Voprosy ėkonomiki, 10/1973, S. 96.

Zwischen dem Produktivitätsniveau, den Raten der Produktivitätssteigerung, den Anteilen der Bereiche an den Gesamtbeschäftigten des produktiven Bereichs und der Entwicklung der Beschäftigtenzahlen im nichtproduktiven Bereich bestehen enge Zusammenhänge. Berechnungen für den Zeitraum von 1955—1973 haben für die DDR eine sehr enge, fast lineare Abhängigkeit zwischen der Steigerung der Arbeitsproduktivität und der Zahl der Beschäftigten im nichtproduktiven Bereich ergeben.[73]

Da die Zahl der Gesamtbeschäftigten relativ langsam wuchs, war die Produktivitätssteigerung fast die ausschließliche Quelle für die Zunahme der Beschäftigten im nichtproduktiven Bereich. In welchem Maße die durch Produktivitätssteigerung entstandenen Möglichkeiten sich in der tatsächlichen Beschäftigtenzunahme im nichtproduktiven Bereich niederschlagen, wird vom progressiven Wachsen der Bedürfnisse nach Leistungen dieses Bereiches und der Substitution lebendiger Arbeit durch Fonds mit beeinflußt. Der Substitution sind hier größere Grenzen gesetzt als im produktiven Bereich. In der DDR beispielsweise blieb die Grundfondsausstattung im nichtproduktiven Bereich von 1961—1965 in etwa konstant und erhöhte sich danach langsam. Das bedeutet, daß die Zunahme nichtproduktiver Leistungen vor allem durch die Entwicklung der Beschäftigten in diesem Bereich und deren Leistungsfähigkeit bestimmt wurde.

Im Rahmen des RGW gehört die DDR neben der UdSSR und der

Tabelle 22
Index der Entwicklung der Grundfondsausstattung im nichtproduktiven Bereich nach RGW-Ländern (1960 = 1)[74]

Jahr	VRB	ČSSR	DDR	VRP	SRR	UdSSR	UVR
1965	0,86	0,83	1,00	0,90	0,79	0,95	0,94
1970	0,72	0,79	1,03	0,75	0,76	1,00	1,04
1973	0,72[1]	0,88	1,02	0,68	0,73	1,08	1,04

[1] 1972

[73] Berechnungen polnischer Ökonomen haben ebenfalls empirisch bestätigt, daß ein starker korrelativer Zusammenhang zwischen der Entwicklung der Beschäftigten in der Dienstleistungssphäre und der Nettoproduktivität besteht. Vgl. H. Kierzskowski, M. Okolski, Eine Analyse der Nachfrage nach Arbeitskräften auf makroökonomischer Ebene, Prsejlad statystyczny (Warschau), 2/1968.

[74] Berechnet nach: Statističeskij ežegodnik stran-členov SĖV 1974, Moskva 1974, S. 51, 401, 403, 404, 405.

Ungarischen Volksrepublik zu den Ländern, in denen ab 1965 die Grundfondsausstattung im nichtproduktiven Bereich zumindest langsam stieg. In der VR Bulgarien, VR Polen, SR Rumänien und der ČSSR herrschte bis 1971/72 das Sinken der Grundfondsausstattung in diesem Bereich vor. Das bedeutete faktisch, daß hier Grundfonds durch Arbeitskräfte ersetzt wurden (vergleiche Tabelle 22).

In der Volksrepublik Bulgarien und in der SR Rumänien wurde diese „umgekehrte" Substitution durch ein überdurchschnittliches Wachsen der Beschäftigten im nichtproduktiven Bereich gefördert. Zugleich muß jedoch beachtet werden, daß der Entwicklungsindex der Grundfondsausstattung noch nicht voll die tatsächlichen Aufwendungen für die Reproduktion der Grundfonds berücksichtigt. Er besagt auch nichts über den qualitativen Zustand der Grundfonds, den Erneuerungsprozeß und anderes mehr.

Ergänzend soll deshalb der Entwicklungsindex der Investitionsintensität der Grundfonds betrachtet werden, der Auskunft über den Umschlag der Grundfonds gibt (vergleiche Tabelle 23).

Der Index der Investitionsintensität der Grundfonds stieg im nichtproduktiven Bereich schneller als im produktiven Bereich. Ausnahmen bildeten insbesondere die SR Rumänien und die VR Polen. In der UdSSR war die Entwicklung in beiden Bereichen annähernd gleich. Insbesondere nach 1965 stieg im nichtproduktiven Bereich in allen RGW-Ländern der Index der Investitionsintensität der Grundfonds differenziert an. Damit verbesserte sich im bestimmten Maße der Einfluß der Grundfondsentwicklung auf die Leistungsfähigkeit des nichtproduktiven Bereichs. Trotzdem besteht nach wie vor ein großer Bedarf an Investitionen, vor allem zur Rekonstruktion und Rationalisierung bestehender Einrichtungen, beispielsweise im Gesundheitswesen, in der Wohnungswirtschaft, den kommunalen Dienstleistungen, im Erholungswesen.

Eine hohe und wachsende Akkumulationsrate erschöpft sich im Einfluß auf das Wachstum des Nationaleinkommens nach einer bestimmten Zeit, wenn der qualitativen Vervollkommnung der Arbeitskräfte und damit der Konsumtionsentwicklung nicht die entsprechende Aufmerksamkeit geschenkt wird. Mit zunehmender Intensivierung wird deshalb die Struktur der Akkumulation für den produktiven und nichtproduktiven Bereich, darunter insbesondere für die Betreuung der Bevölkerung, ein wichtiger Einflußfaktor und mit ein Maßstab der Effektivitätsentwicklung. Im Zeitraum von 1961—1973 waren in den RGW-Ländern die Anteile der Investitionen im produktiven und nichtproduktiven Bereich und ihre Wachstumstempi unterschiedlich. Die UdSSR, Ungarische Volksrepublik und ČSSR wiesen relativ hohe und

Tabelle 23
Index der Entwicklung der Investitionsintensität der Grundfonds im produktiven und nichtproduktiven Bereich nach RGW-Ländern (1960 = 1)[75]

Jahr	VRB	ČSSR	DDR	VRP	SRR	UdSSR	UVR
produktiver Bereich							
1965	0,95	0,90	1,03	1,21	1,27	0,91	0,90
1970	1,00	0,97	1,28	1,35	1,13	0,89	1,30
1973	0,94[1]	1,07	1,22	1,97	1,30	0,85	1,11
nichtproduktiver Bereich							
1965	1,01	0,90	0,83	0,99	0,96	0,85	0,99
1970	1,44	1,28	1,32	1,20	1,21	0,89	1,45
1973	1,46[1]	1,34	1,43	1,57	1,30	0,80	1,47

[1] 1972

stabile Anteile der Investitionen in den nichtproduktiven Bereichen auf, insbesondere in der UdSSR durch eine hohe Kontinuität gekennzeichnet. Dagegen waren die Anteile der Investitionen in den nichtproduktiven Bereichen in der DDR, VR Bulgarien und in der VR Polen verhältnismäßig niedrig. In der DDR und der VR Bulgarien schwankte zudem ihr Wachstum stark. Insgesamt wuchsen seit 1967 in der ČSSR und in der VR Bulgarien die Investitionen für den nichtproduktiven Bereich schneller als für den produktiven. In den anderen Ländern war in einzelnen Jahren ebenfalls ein schnelleres Wachsen der Investitionen für den nichtproduktiven Bereich zu verzeichnen. Es überwog jedoch das Wachstum der Investitionen für den produktiven Bereich. Bei einem zu großen Auseinanderfallen der langfristigen Entwicklung der Investitionen im produktiven und nichtproduktiven Bereich, wie es zeitweilig für die DDR charakteristisch war, entsteht die Gefahr, daß die Möglichkeiten zur Effektivitätssteigerung unzureichend genutzt werden.

Zukünftig wird es für das Vermeiden von Effektivitätsverlusten wichtig sein, daß sich langfristig die Wachstumstempi der Investitionen für den produktiven und nichtproduktiven Bereich stärker *annähern* und sich relativ konstante Anteile herausbilden. Das schließt ein, daß *zeitweilig* zum Erreichen des notwendigen höheren Anteils der nichtproduktiven Investitionen diese schneller wachsen können als die produktiven. Voraussetzung ist jedoch die höhere Effektivitätssteigerung.

[75] Statističeskij ežegodnik stran-členov SĖV 1974, Moskva 1974, S. 51, 144.

4.6.2. Der Dienstleistungsbereich

Zur besseren Planung und Proportionierung der materiellen Voraussetzungen für die unmittelbare Bedürfnisbefriedigung der Werktätigen ist es zweckmäßig, aus dem produzierenden und dem nichtproduzierenden Bereich die dafür zuständigen Zweige auszugliedern und im Komplex zu planen. Dieser *Dienstleistungsbereich* umfaßt die Zweige der nichtproduzierenden Sphäre, die der Bevölkerung dienen, wie Kommunalwirtschaft, soziale Betreuung der Bevölkerung, Post- und Nachrichtenwesen, Bildungswesen, Gesundheitswesen, Kultur und Kunst, Personenverkehr sowie aus der produktiven Sphäre Handel, Gaststättenwesen und produktionswirksame Dienstleistungen.[76] Die spezifischen Probleme des Dienstleistungsbereichs bestehen, wie insbesondere Rutgaiser herausarbeitet[77], darin, daß er sich unmittelbar nach den Menschen, der Mannigfaltigkeit ihres Geschmacks, ihrer sozialen Umstände ausrichten muß. Gemeinsam ist allen genannten produktiven und nichtproduktiven Leistungen, daß ihre „Produktion" unmittelbar mit der Konsumtion zusammenfällt und sie nicht gespeichert werden können. Dabei zeigt es sich, daß sich die Zweige, die materielle Dienstleistungen betreiben, schneller entwickeln müssen als die Zweige, die materielle Güter herstellen. Innerhalb der Dienstleistungen wachsen die sozialen und kulturellen Bedürfnisse der Bevölkerung am schnellsten. Während bei solchen materiellen Bedürfnissen wie Nahrungsmitteln und Kleidung bereits deutlich Sättigungsgrenzen erkennbar sind, entwickeln sich die geistigen Bedürfnisse sehr schnell. Hierbei kommt es zu nichtantagonistischen Widersprüchen beispielsweise zwischen den wachsenden Bedürfnissen der Jugendlichen nach Hochschulbildung und den jeweils begrenzten Ausbildungs- und Einsatzmöglichkeiten der Wirtschaft. Das sind wesentliche Triebkräfte, um die Produktion planmäßig der Bedürfnisentwicklung anzupassen. Eine wichtige Aufgabe für die Planung ist hierbei, das „wirkliche gesellschaftliche Bedürfnis", beziehungsweise die „absolute Konsumtionskraft" mit den sogenannten „notwendigen Bedürfnissen", das heißt dem derzeit möglichen Grad ihrer Befriedigung so weit wie möglich in Einklang zu bringen. Eine große Rolle spielt dabei

[76] Der Dienstleistungsbereich ersetzt nicht die Gliederung nach produktivem und nichtproduktivem Bereich, sondern ist ihr unter dem Aspekt spezifischer Funktionen bei der Bedürfnisbefriedigung untergeordnet.

[77] V. Rutgaiser, Wege der Verbesserung des Dienstleistungsbereichs, in: Presse der Sowjetunion, 29/1974, S. 9ff.; vgl. auch: P. Korčagin, L. S. Sbytova, Sfera uslug i zanjatost' naselenija, Moskva 1970, S. 7, 11.

die Erforschung des künftigen Bedarfs der Bevölkerung. Durch das schnelle Auftreten und Wachsen neuer sozialer und kultureller Bedürfnisse der Werktätigen kann es zeitweilig Gebiete geben, auf denen diese Annäherung infolge des erreichten Entwicklungsstandes der Produktivkräfte nur bedingt erreicht wird.

Die richtige Proportionierung des Dienstleistungsbereichs gehört mit zu den wichtigsten Voraussetzungen, um beim jeweils erreichten Entwicklungsstand der Produktivkräfte eine maximale Bedürfnisbefriedigung für die Bevölkerung zu erreichen. Hieraus ergeben sich eine Reihe von neuen Aufgaben für die Planung des Dienstleistungsbereichs als Komplex. Dazu gehören insbesondere:

— Die Ermittlung des zukünftigen *Bedarfs* an den wichtigsten Dienstleistungsarten und deren Anforderungen an die Zweige der materiellen Produktion. Nach sowjetischen Prognosen bis 1990 wird zum Beispiel der Dienstleistungsbereich um 0,5—0,6 Punkte (JD) schneller wachsen als die materielle Produktion.

— Das relativ schnellere Wachsen der Bedürfnisse nach Ergebnissen des Dienstleistungsbereichs stellt höhere Anforderungen an das Nationaleinkommen, das für diesen Bereich zur Verfügung gestellt wird. Da der Zuwachs dieser Mittel — soweit es die nichtproduktiven Dienstleistungen betrifft — aus dem Zuwachs der Konsumtion im weiteren Sinne gedeckt werden muß, stellt das erhöhte Anforderungen an die *Effektivitätssteigerung* und als Voraussetzung dafür an die Intensivierung des Reproduktionsprozesses. Der Anteil der Ausgaben für den Dienstleistungsbereich am Nationaleinkommen wuchs sowohl in der UdSSR als auch in der DDR relativ kontinuierlich an. Nach annähernden Berechnungen betrug dieser Anteil in der DDR 1960 ca. 4,8 Prozent, 1965 ca. 6,5 Prozent, erreichte 1970 ca. 7,5 Prozent und 1974 ca. 8 Prozent.[78]

Wird unterstellt, daß sich innerhalb der nichtproduzierenden Sphäre

[78] Berechnet nach: Statistisches Jahrbuch der DDR 1974, Berlin 1974, S. 17, 42, 45 und Statistisches Jahrbuch der DDR 1975, Berlin 1975, S. 24, 26/27 und Heinz-Dieter Haustein, Messung der volkswirtschaftlichen Intensivierung — Zur Methodologie, Berlin 1975 (Forschungsberichte des Zentralinstituts für Wirtschaftswissenschaften der Akademie der Wissenschaften der DDR, Nr. 17). Da die veröffentlichen Daten nur eine überschlägige Rechnung zulieBen, wurden als Ausgaben aus dem Nationaleinkommen für den Dienstleistungsbereich erfaßt: Investitionen für den Handel, für sonstige produzierende Zweige, für die kulturelle und soziale Betreuung der Bevölkerung, für den Wohnungsneubau sowie die Ausgaben für die kulturelle und soziale Betreuung der Bevölkerung. Da damit die Entwicklungstendenz im wesentlichen richtig gefaßt wird, genügt diese Annäherung.

Tabelle 24

Jahr	Anteil der Beschäftigten in der Dienstleistungssphäre[79] in %	Veränderung des Anteils in Punkten
1960	28,3	.
1965	29,7	0,4 (1961—1965)
1970	30,8	1,1 (1966—1970)
1974	32,2	1,4 (1971—1974)

Tabelle 25
Entwicklungstempo der gesamten Arbeiter und Angestellten und der im Dienstleistungsbereich Beschäftigten[80] 1961—1973 auf %

	VRB	ČSSR	VRP	SRR	UdSSR
Arbeiter und Angestellte gesamt	177,5	158,3	179,7	183,0	167,4
dto. im Dienstleistungsbereich	185,2	167,8	181,2	190,9	172,3

die Beschäftigten für die unmittelbare Betreuung der Bevölkerung und für gesamtgesellschaftliche Bedürfnisse in etwa gleichem Tempo entwickeln, dann beschleunigte sich der Zuwachs des Anteils der Beschäftigten in der Dienstleistungssphäre in den letzten Jahren (vergleiche Tabelle 24).

In dieser Entwicklung der Beschäftigten sowie der Ausgaben des Nationaleinkommens zeigen sich deutlich beginnende Verbesserungen in der materiell-technischen Basis des Dienstleistungsbereiches. Das gilt von 1961—1973 auch für die Mehrzahl der übrigen RGW-Länder (vergleiche Tabelle 25).

Prognostische Vorstellungen der Ungarischen Volksrepublik gehen davon aus, daß bis 1985 die Beschäftigten vor allem in der Dienstleistungssphäre, im Bildungs- und Gesundheitswesen, im Handel und in der Lebensmittelindustrie wachsen sollen.[81]

[79] Bei unbereinigten Beschäftigten im nichtproduktiven Bereich, berechnet nach: Statistisches Taschenbuch der DDR 1975, Berlin 1975, S. 34.

[80] Berechnet nach: Statističeskij ežegodnik stran-členov SĖV 1974, Moskau 1974, S. 413 bis 416.

[81] W. Urbanski, Ausarbeitung des langfristigen Planes bis 1985, in: Trybuna Ludu vom 7. 6. 1971.

— Der Dienstleistungsbereich bildet hinsichtlich seiner Funktion einen einheitlichen Bereich. Hinsichtlich der Proportionssicherung muß er jedoch nach den Zweigen des produktiven und nichtproduktiven Bereichs aufgegliedert werden. Das heißt, es geht um eine *Ergänzung* (nicht um eine Ersetzung oder Vermischung) der bekannten Gliederung nach Produktions- und Nichtproduktionssphäre, um die Bedürfnisbefriedigung der Werktätigen unmittelbar beurteilen zu können.[82]

— Bei gegebenem Nationaleinkommen, das für diesen Bereich verwendet wird, kann der Dienstleistungsbereich um so mehr zur Verbesserung der Bedürfnisbefriedigung der Werktätigen beitragen, je rationeller in diesem Bereich gearbeitet wird. Um die schnell wachsenden Bedürfnisse immer besser abzudecken, sind nicht nur auch weiterhin wachsende Arbeitskräftezuführungen für diesen Bereich notwendig, sondern in der Perspektive ebenfalls höhere Anteile von Investitionen, um den Arbeitsaufwand pro Dienstleistungseinheit durch Technisierung zu senken.

[82] Deshalb kann man mit Komarow nicht einverstanden sein, der eine Dreiteilung in materielle Produktion, Dienstleistungssphäre und nichtproduktive Sphäre vorschlägt. Vgl. W. Komarow, Lebensstandard und Dienstleistungssphäre, in: Sowjetwissenschaft, Gesellschaftswissenschaftliche Beiträge, 9/1971, S. 922.

5. Einige Konsequenzen für die Effektivitätsplanung

5.1. *Zur Vervollkommnung der Effektivitätsplanung auf volkswirtschaftlicher Ebene*

Die erfolgreiche Bewältigung der allseitigen Intensivierung des volkswirtschaftlichen Reproduktionsprozesses verlangt eine Verstärkung der Funktion der volkswirtschaftlichen Effektivitätsrechnung bei der Entscheidungsvorbereitung. Diese ist untrennbarer Bestandteil einer gewissen Wende in der Wirtschaftspolitik zur stärkeren Bewertung qualitativer Kennziffern. Damit ist im bestimmten Maße ein *Umdenken* im Herangehen an die Leitung und Planung der gesellschaftlichen Entwicklungsprozesse verbunden. Breshnew betonte deshalb sehr stark die Notwendigkeit einer Wende in der Effektivitätssteigerung, die Konsequenzen für die Wirtschaftspolitik hat.[1] Es geht insbesondere darum, die Effektivitätssteigerung mit allen Konsequenzen als Hauptentscheidungskriterium bei der Rangordnung und Auswahl von Varianten zur gesellschaftlichen Bedürfnisbefriedigung durchzusetzen. Das erfordert zugleich eine höhere Qualität der Effektivitätsrechnungen, die Verbesserung ihrer Aussagefähigkeit und ihre Einbeziehung in die Lösung der jeweiligen Planungsaufgaben von Anfang an. Vor allem gilt diese Verstärkung für Entscheidungen, die im Rahmen der Fünfjahres- und langfristigen Planung vorbereitet werden. Hier werden wesentliche Weichen für die zukünftige Ausschöpfung von Effektivitätsreserven gestellt. Demgegenüber sind im Rahmen des Jahresplanes die Möglichkeiten zur Erschließung von Reserven vor allem durch die bessere Nutzung bereits gegebener Bedingungen charakterisiert. Es kann im allgemeinen damit gerechnet werden, daß etwa 70 bis 80 Prozent der Effektivitätssteigerung des Jahresplanes bereits durch längerfristige Entscheidungen vorherbe-

[1] Vgl. L. I. Breshnew, Das Sowjetvolk zeigt der Menschheit neue Horizonte und Ideale, in: Neues Deutschland vom 22. 12. 1972, S. 6.

stimmt sind. Im Gegensatz dazu steht, daß gegenwärtig neben den Untersuchungen für Vorhaben Effektivitätsrechnungen für den Jahresplan am weitesten ausgebaut und vorbereitet sind. Verschiedene wichtige Ergebnis- und Aufwandskennziffern, wie zum Beispiel Nettoprodukt bzw. Eigenleistung, Grund- und Umlauffonds und andere, werden gewöhnlich mit ausreichender Sicherheit nur für relativ kurzfristige Planzeiträume berechnet. Notwendig ist folglich neben der weiteren Präzisierung der Effektivitätsrechnungen für den Jahresplan vor allem die Schaffung von ausreichenden Grundlagen für die Effektivitätsplanung für mittel- und langfristige Zeiträume.

Die Objektivierung der Entscheidungsvorbereitung durch die stärkere Berücksichtigung der Auswirkungen auf die volkswirtschaftliche Effektivitätsentwicklung hängt vor allem von der richtigen Bestimmung der Funktion der Effektivitätsplanung und der Vervollkommnung ihrer Aussagekraft ab. Die Suche nach effektiveren Lösungen muß zu einem ständigen Planungsprinzip werden. Eine aktivere Funktion der Effektivitätsplanung darf jedoch nicht mit der Ausschließlichkeit der Effektivitätssteigerung als Entscheidungskriterium verwechselt werden.

Die Effektivitätssteigerung kann über die Zweckmäßigkeit einer Variante nur dann Auskunft geben, wenn sie unmittelbar mit Menge und Struktur des Bedarfs und den zu seiner Deckung erforderlichen Proportionen der Verteilung der gesellschaftlichen Gesamtarbeit verbunden wird. Das heißt, die Effektivitätsentwicklung begründet den insgesamt möglichen Grad der Verbesserung in der Bedarfsdeckung und dient als Kriterium für die Auswahl der volkswirtschaftlich effektivsten Variante zur Deckung eines gegebenen Bedarfs. Die Planung des Bedarfs und der volkswirtschaftlichen Grundproportionen sind deshalb sowohl Voraussetzung als auch in einem bestimmten Grade mit Ergebnis der Effektivitätsplanung. Eine volkswirtschaftlich optimale Lösung zu finden, erfordert, die *Einheit* von Bedarf, Proportionalität und Effektivität bei jeder Planungsaufgabe herzustellen. Daraus ergibt sich zugleich, daß die Effektivitätsrechnung nicht einseitig verselbständigt werden darf. Die Effektivität kann als Entscheidungskriterium immer nur im Rahmen dieser Einheit ausgenutzt werden. Sie wird deshalb primär durch den Inhalt der jeweiligen Planungsaufgabe bestimmt. Dabei geht es darum, den Zusammenhang zwischen der Effektivitätsentwicklung der einzelnen Planungsaufgabe, zum Beispiel der Verteilung der Arbeitskräfte auf den produktiven und nichtproduktiven Bereich, und der volkswirtschaftlichen Effektivitätsentwicklung insgesamt herzustellen. Ein Kennziffernsystem der Effektivität muß deshalb von den inhaltlichen Zusammenhängen der Planungsaufgaben ausgehen beziehungsweise auf sie anwendbar sein. Das bedeutet, daß es Brücken zur Proportionalität und zum Grad der Bedarfsdeckung mit enthalten muß. Jede Verselbständigung der Effektivitätsrechnung (zum Beispiel durch Ausnutzung positiver Struktureffektive einzelner Zweige, die aber im Gegensatz zu den gesamtvolkswirtschaftlichen Proportionalitätserfordernissen stehen können) birgt die Gefahr volkswirtschaftlicher Verluste in sich. Das gilt übrigens im gleichen Maße auch für die Verselbständigung der gewollten Verbesserung der Bedarfsdeckung oder der Proportionalitätsforderungen gegenüber der Effektivität. Hierbei muß berücksichtigt werden, daß es zwischen den steigenden gesellschaftlichen *Bedürfnissen* und dem jeweils erreichten beziehungsweise erreichbaren Grad der Effektivitätsentwicklung objektive Widersprüche gibt, die zeitweilig gelöst werden, indem bestimmte Bedürfnisse in Verbindung mit der möglichen Effektivitätsentwicklung zum gesellschaftlich anerkannten Bedarf werden, die aber auf höherer Stufe stets wieder neu entstehen. Für die zeitweilige Lösung dieser nichtantagonistischen Widersprüche ist es außerordentlich wichtig, daß die vorhandenen Effektivitätsreserven möglichst weitgehend erschlossen werden.

Damit die Aufmerksamkeit nach der wirtschaftlichen Rechnungsführung arbeitender Einheiten auf eine kontinuierliche Ausnutzung ihrer Effektivitätsreserven unter gesamtvolkswirtschaftlichen Kriterien bei optimaler Verbindung zwischen Gegenwarts- und Zukunftsinteressen gerichtet wird, sind eine Reihe von Rahmenbedingungen notwendig. Dazu gehören insbesondere langfristige Einschätzungen über die Bedarfsentwicklung, die verschiedenen Varianten der Bedarfsdeckung und der damit verbundenen Anforderungen an zusätzlichen Ressourcen, der Grad der Wahrscheinlichkeit ihrer Einordnung in die Proportionalität des volkswirtschaftlichen Gesamtprozesses sowie für mittelfristige Zeiträume ein ausbilanzierter, nach Jahren und Betrieben aufgeschlüsselter Fünfjahrplan.

Vor der Analyse und Planung der Effektivitätsentwicklung stehen deshalb eine Reihe von wichtigen Aufgaben, denen sie sich verstärkt zuwenden muß.[2] Dazu gehören vor allem:

1. *Verstärkung der inhaltlich-analytischen Arbeit zur Herausarbeitung der Hauptfaktoren der Produktivitäts- und Effektivitätsentwicklung*, insbesondere der weiteren Intensivierung durch umfassende sozialistische

[2] Grundlage dafür ist die Orientierung des VIII. Parteitages der Sozialistischen Einheitspartei Deutschlands auf die allseitige Intensivierung des Reproduktionsprozesses. Vgl. Erich Honecker, Bericht des Zentralkomitees an den VIII. Parteitag der Sozialistischen Einheitspartei Deutschlands, Berlin 1971, S. 45.

Rationalisierung. Ziel muß die Objektivierung der Entscheidungsvorbereitung durch Berücksichtigung der volkswirtschaftlichen Effektivitätssteigerung als echtes Entscheidungskriterium sein.

2. *Weitere Vervollkommnung der Effektivitätsrechnung und ihrer Nutzung im Planungsprozeß.* Schwerpunkte hierfür bilden insbesondere:

— Das tiefere Eindringen in die Einflußfaktoren der Effektivität, der Kombinationen und Zusammenhänge zwischen ihnen, um die Planaufgaben und Planauflagen besser begründen zu können. Dazu gehört auch die Verknüpfung der Effektivitätsberechnungen für Verantwortungsbereiche mit denen für wichtige Maßnahmen und Vorhaben (vor allem der Wissenschaft und Technik und der Investitionen). In Verbindung damit ist es notwendig, dem Verhältnis von faktischer und normativer Effektivität in der Analyse mehr Aufmerksamkeit zu schenken.

— Die Sicherung der Einheit von materieller und finanzieller Planung bei der Ausnutzung von Effektivitätsrechnungen.

— Die Ausarbeitung von Mindestanforderungen an die Effektivität beim Einsatz zusätzlicher gesellschaftlicher Ressourcen.[3]

— Die tendenzielle Annäherung der Preise an den gesellschaftlich notwendigen Aufwand und die schrittweise Schaffung von vervollkommneten Voraussetzungen für die Einschätzung der zukünftigen Entwicklungstendenzen der Preise.

— Organische Einbeziehung der Effektivität der Strukturveränderungen unter Berücksichtigung der Auswirkungen der sozialistischen ökonomischen Integration in die Analyse und Planung der volkswirtschaftlichen Effektivitätsentwicklung.

— Die Spezifik der Anforderungen der langfristigen Planung an die volkswirtschaftliche Effektivitätsrechnung.

3. *Weiterentwicklung der Stimulierung der Produktivitäts- und Effektivitätsentwicklung*, insbesondere der Ausarbeitung anspruchsvoller, realer Pläne.

4. *Verstärkung der theoretischen Grundlagen der Effektivitätsplanung*, insbesondere hinsichtlich der Ausarbeitung und schrittweisen Anwendung eines Kennziffernsystems der Effektivität, der Transformation von spezifischen Effektivitätskennziffern verschiedener Planungsebenen, der Anwendung der Nettoproduktion als Ergebnisform bis hin zu den Konsequenzen für die Leistungsbeurteilung der Wirtschaftseinheiten.

Mit dem Abschnitt „Planung der Effektivität der gesellschaftlichen Produktion“ (der übrigens nicht die Einführung eines gesonderten neuen

[3] Vgl. Kapitel 3. der vorliegenden Arbeit.

Planteils bedeutet) wurden erste wichtige Schritte zur stärkeren komplexen Planung der Effektivität eingeleitet.[4] Der Abschnitt ist darauf gerichtet, eine Reihe von planmethodischen Voraussetzungen für eine bessere inhaltliche Auseinandersetzung mit der Effektivitätsproblematik zu schaffen. Dazu sollen mehr als bisher Kennziffernkomplexe und Kennziffernkombinationen der Effektivität genutzt werden. *Mit ihrer Hilfe soll schrittweise die bisher noch vorwiegend isolierte Arbeit mit Einzelkennziffern der Effektivität überwunden werden.*

Im Interesse der konsequenten Ausschöpfung von Intensivierungsreserven gilt es, durch die komplexe Effektivitätsplanung wesentliche Fortschritte bei der Planbegründung mit Hilfe von Effektivitätsrechnungen zu erreichen.

— Die komplexen Effektivitätsnachweise müssen zwingend in den Planungsprozeß einbezogen werden. *Deshalb enthält der Abschnitt Festlegungen zur Arbeit mit Effektivitätskennziffern bei der Ausarbeitung der Planentwürfe und Durchführung der Planverteidigungen in den Betrieben, Kombinaten, VVB und Ministerien.*

Damit wird auf die obligatorische Anwendung von Effektivitätskennziffern bei der Planausarbeitung orientiert.

Als Bestandteil ihrer Planentwürfe haben die jeweiligen Organe und Wirtschaftseinheiten den Nachweis über die Entwicklung der Effektivität der gesellschaftlichen Produktion zu führen, die ihren Planberechnungen zugrunde liegt.

Die Effektivitätsrechnungen haben dabei vor allem folgende Aufgaben zu lösen:

a) Begründung der Effektivitätsziele des Planentwurfs;
b) Beurteilung der Planentwürfe hinsichtlich der rationellsten Nutzung der verfügbaren Ressourcen;
c) Bewertung der Effektivitätsentwicklung in den Betrieben, Kombinaten, VVB, Ministerien und der Volkswirtschaft insgesamt nach einheitlichen Grundsätzen.

Damit muß dem gegenwärtig noch vorherrschenden Zustand entgegengewirkt werden, daß die Probleme der materiellen Planung und Bilanzierung bei der Planausarbeitung einseitig im Vordergrund stehen und Effektivitätsrechnungen oft erst im Nachhinein erfolgen. Effektivitätsrechnungen sollen dabei nicht nur auf die Beseitigung von Engpässen ausgerichtet sein, sondern müssen von vornherein zu einem aktiven

[4] Vgl. Anordnung über die Ordnung der Planung der Volkswirtschaft der DDR 1976 bis 1980, Abschnitt 2: Planung der Effektivität der gesellschaftlichen Produktion, in: Gesetzblatt-Sonderdruck, Nr. 775a/1974, S. 71.

Faktor der Entscheidungsfindung werden. Das entspricht den Forderungen der SED, den qualitativen Kennziffern ein größeres Gewicht in der Planung und Leistungsbeurteilung zu verleihen.

— Mit dem verbindlich anzuwendenden einheitlichen komplexen Effektivitätsnachweis für Verantwortungsbereiche sowie die Volkswirtschaft insgesamt müssen einheitliche Anforderungen und Bewertungsmaßstäbe für die Effektivitätsentwicklung durchgesetzt werden. Der komplexe Effektivitätsnachweis enthält die Kennziffern, die notwendig sind, um die Effektivitätsentwicklung eines Verantwortungsbereichs allseitig beurteilen zu können. Dazu gehören solche wichtigen Kennziffern wie die Arbeitsproduktivität, die Grundfondsquote (beide auf Basis der Warenproduktion und der Eigenleistung), die durch Investitionen freizusetzenden Arbeitskräfte, die Exportrentabilität, die Materialkostenintensität, Fondsrentabilität und Kostensatz.

Eine Reihe weiterer Kennziffern widerspiegelt einige wichtige qualitative Aspekte der Effektivitätsentwicklung wie den Anteil neuer und weiterentwickelter Erzeugnisse an der industriellen Warenproduktion sowie den Anteil der industriellen Warenproduktion mit dem Gütezeichen „Q“ und „1“.

Bei der Nutzung der vorhandenen Kennziffern wird besonderes Gewicht darauf gelegt, daß sie möglichst real die Leistungsentwicklung der Bereiche widerspiegeln. Deshalb ist zum Beispiel neben der Warenproduktion die *Eigenleistung* stärker für die Effektivitätsermittlung zu nutzen.

Dabei wird davon ausgegangen, daß die differenzierten konkreten Bedingungen und Ergebnisse der Effektivitätsentwicklung in den verschiedenen Bereichen gegenwärtig nicht anhand einer einzigen Kennziffer zusammenfassend volkswirtschaftlich beurteilt und eingeschätzt werden können. Das bestätigen auch die sowjetischen Erfahrungen.[5] Der Abschnitt orientiert deshalb *in Richtung* auf ein System von Effektivitätskennziffern, ohne daß jedoch bereits von einem System die Rede sein kann. Elemente des Systemherangehens bestehen insbesondere in der Komplexität, der Einheitlichkeit und Verbindlichkeit, dem Versuch einer Aufwertung der Eigenleistung als Ergebnisform.

[5] Der im ersten Entwurf des sowjetischen Effektivitätsabschnittes enthaltene Vorschlag einer verallgemeinerten Kennziffer der Effektivität der Ressourcennutzung (der die unterschiedlichen Ressourcenarten ungewichtet addierte) wurde nach Erprobung und Diskussion in der Wirtschaftspraxis nicht in den endgültigen Abschnitt aufgenommen. Vgl. Metodičeskie ukazanija k razrabotke gosudarstvennych planov razvitija narodnogo chozjajstva SSSR, Moskva 1974, Kapitel 2. Planung der Erhöhung der ökonomischen Effektivität der Produktion, S. 32.

— *Wenn in den Planentwürfen die staatlichen Aufgaben der Effektivitätsentwicklung unterschritten werden, wesentliche Abweichungen zum bisherigen Entwicklungstrend auftreten* beziehungsweise sich negative Entwicklungstrends fortsetzen, muß der komplexe Effektivitätsnachweis tiefergehend begründet werden.

Mit den gesonderten Begründungen soll nachgewiesen werden, worauf die negativen Abweichungen zurückzuführen sind. Es sollen die Konsequenzen aus den negativen Abweichungen für die Realisierung der Planaufgaben aufgezeigt werden. Zugleich sind Maßnahmen vorzuschlagen, damit im Planzeitraum den Effektivitätsanforderungen besser entsprochen werden kann.

Hierfür enthält der Abschnitt ein Minimum von *Hinweisen zur Untersetzung der Effektivitätskennziffern durch Einflußfaktoren, zur Herstellung von Kombinationen zwischen miteinander verbundenen Effektivitätskennziffern und zur besseren Einschätzung der Aussagefähigkeit der Kennziffern.* Erhebliche Verzerrungen der Effektivitätskennziffern, die von der betreffenden Wirtschaftseinheit nicht verschuldet worden sind (wie zum Beispiel durch Preis- und Sortimentseinflüsse) sollen eliminiert werden.

— *Der komplexe Effektivitätsnachweis bildet den Kern der Festlegungen zur Effektivitätsplanung. Auf seiner Grundlage sind Effektivitätsrechnungen für die Hauptanwendungsgebiete durchzuführen und miteinander zu verzahnen.* Dazu gehören:

a) der komplexe Effektivitätsnachweis für die Volkswirtschaft gesamt,
b) der komplexe Effektivitätsnachweis für Verantwortungsbereiche (Ministerien, VVB, Kombinate, Betriebe),
c) die Verbindung von verantwortungsbereichsbezogenen und maßnahmebezogenen Effektivitätsrechnungen,
d) die Einbeziehung territorialer Erfordernisse in die Effektivitätsplanung,
e) die Anwendung von TÖK.

Insgesamt ist der Abschnitt zur Effektivitätsplanung als ein erster Schritt in Richtung einer stärkeren Objektivierung der Effektivitätsbeurteilung zu werten. Zukünftig sind weitere Vervollkommnungen notwendig. Die methodischen Regelungen können aber immer nur ein Hilfsmittel sein. Ausschlaggebend für Fortschritte in der Effektivitätsplanung ist, daß die bereits vorhandenen — durchaus nicht geringen — Möglichkeiten der Effektivitätsrechnung für die Planbegründung genutzt und nicht mit dem Hinweis auf noch ungelöste Probleme abgelehnt werden. Anregungen für die Weiterentwicklung der Effektivitätsplanung geben die sowjetischen Erfahrungen.

Der Abschnitt zur Effektivitätsplanung der DDR stimmt *in den Grundrichtungen mit dem sowjetischen Abschnitt überein.* Das betrifft insbesondere die Funktion der Effektivitätsplanung, die Hauptkennziffern der Effektivität, das komplexe Herangehen, die Untersetzung des Kennziffernspiegels durch Haupteinflußfaktoren und Methoden der Effektivitätsanalyse. *Damit wird versucht, auch auf diesem Teilgebiet einen Beitrag zur schrittweisen Angleichung der Planungssysteme der RGW-Länder zu leisten.*

Zugleich führten die bisherigen Erprobungen in VVB und Kombinaten, die Erfahrungen der zentralen Staatsorgane bei der Arbeit mit Effektivitätskennziffern, der gegenwärtige Erkenntnisstand und die Notwendigkeit, neue Regelungen gründlich zu erproben und zu verallgemeinern, zur *Auffassung, daß zukünftig systematisch die Einführungsbedingungen für weitere sowjetische Erfahrungen zu verbreitern sind.* Das betrifft insbesondere folgende Schwerpunkte:

— Im sowjetischen Abschnitt ist der *Systemaspekt der Effektivitätsplanung* stärker ausgeprägt, obwohl auch sowjetische Genossen einschätzen, daß von einem eigentlichen System von Effektivitätskennziffern nocht nicht gesprochen werden könne.

Die Fortschritte bei der Berücksichtigung des Systemaspektes im sowjetischen Abschnitt bestehen insbesondere darin, daß ein einheitliches Effektivitätskriterium der Produktion bei der Ausarbeitung der Volkswirtschaftspläne zugrunde gelegt wird. Das ist die Maximierung des Wachstums des Nationaleinkommens (der Nettoproduktion) im Verhältnis zu den Aufwendungen an lebendiger und vergegenständlichter Arbeit oder zu den in der Produktion verwendeten Ressourcen bei einem optimalen Verhältnis von Konsumtions- und Akkumulationsfonds. Davon ausgehend, wird als Kennziffer für die Messung des Produktionseffekts für die Volkswirtschaft gesamt und für die Unionsrepubliken das *produzierte Nationaleinkommen* verwendet. Für die Zweige, Ministerien, Produktionsvereinigungen und Betriebe wird der Effekt auf Basis der *Nettoproduktion* berechnet, wobei die Warenproduktion als weitere Bezugsbasis bestehen bleibt. Bei Unterordnung unter das gesamtvolkswirtschaftliche Kriterium werden außerdem Rentabilitätskennziffern angewendet.

— Der sowjetische Effektivitätsabschnitt enthält *Methoden zur Begründung angespannter Pläne.* Die Ausarbeitung optimaler, das heißt angespannter Pläne soll ein hohes Wachstumstempo der Produktion durch beste Nutzung der materiellen, Arbeitskräfte- und Finanzressourcen gewährleisten.

Als Bewertungskriterien für die Angespanntheit von Plänen werden für alle Ebenen einheitlich eine Reihe von Effektivitätskennziffern angewendet. Dazu gehören beispielsweise das Steigerungstempo der Produktion sowie der Arbeitsproduktivität, das Verhältnis von Arbeitsproduktivität und Fondsausstattung, der Anteil des Produktionszuwachses infolge gesteigerter Arbeitsproduktivität, der Ausnutzungskoeffizient der Produktionskapazität, die Erhöhung der Fondsquote und Senkung der Materialintensität der Produktion, die Rentabilität sowie Kennziffern der Qualitätserhöhung der Produktion.

Zwecks Bewertung der Angespanntheit der Pläne sollen die zur *Begründung* der genannten Effektivitätskennziffern herangezogenen technisch-ökonomischen Kennziffern, Normen und Normative eingehend analysiert und mit den besten zweiglichen, überzweiglichen und internationalen Erfahrungen verglichen werden.

Diese Festlegungen sind in enger Verbindung mit der höheren Wertung des Fünfjahrplans und dem seit 1971 in der Industrie der UdSSR wirkenden Mechanismus zur Stimulierung angespannter Pläne zu sehen. Auf dieser Grundlage erarbeiten die Betriebe für die Jahresvolkswirtschaftspläne Gegenpläne.

Dieser Teil des sowjetischen Effektivitätsabschnitts ist als wesentlicher Fortschritt zu werten, der sich auf die bisherigen positiven Ergebnisse der Wirtschaftsreform in der UdSSR stützt.

Neben der Vervollkommnung der Regelungen zur Effektivitätsplanung, beispielsweise durch die Anwendung der Nettoproduktion, müssen für die Begründung angespannter Pläne Bedingungen *geschaffen werden, die weit über den Rahmen des Effektivitätsabschnitts selbst hinausgehen.* Bestimmte Ansätze dazu sind in der Planungsordnung bereits enthalten (zum Beispiel zur Stellung des Fünfjahrplans). Zugleich bedürfen jedoch einige damit verbundene Fragen, wie die Leistungsbeurteilung der Betriebe, noch weiterer Untersuchungen. Es geht auch hier um die Herstellung der Einheit von Planung und ökonomischer Stimulierung.

An die stärkere Berücksichtigung der Effektivität als Entscheidungskriterium und die damit verbundenen Vervollkommnungen der Leitung und Planung im Verlaufe des Aufbaus der entwickelten sozialistischen Gesellschaft knüpfen eine Reihe von bürgerlichen Ökonomen Spekulationen hinsichtlich einer Aushöhlung des Sozialismus.

So schreibt zum Beispiel Zinn:[6]

„Die Reformen in den Ostblockwirtschaften, die mit dem Übergang vom extensiven zum intensiven Wachstum und dem Abschluß der Aufbauphase notwendig wurden, weisen in eine Richtung, die die kon-

[6] K. G. Zinn, Wohlstand und Wirtschaftsordnung, Darmstadt 1972, S. 69.

kurrenzsozialistische Ordnung als theoretische Konzeption sozialistischer Wirtschaften aufwertet."

Der sogenannte Konkurrenzsozialismus wird als Annäherung an die kapitalistische Wirtschaftsform gewertet und zugleich der sowjetischen Planwirtschaft gegenübergestellt. Hierzu bemerkt Zinn weiter:[7]

„Die frappierende Übereinstimmung zwischen der idealtypischen Marktwirtschaft und einer nach dem konkurrenzsozialistischen Modell entwickelten Planwirtschaft mit pretialen Lenkungsmechanismen spiegelt die Tatsache wider, daß beide Ordnungen unter dem Aspekt der wohlstandsoptimalen Faktorallokation theoretisch gleiche Lösungen aufweisen. Die konkurrenzsozialistische Ordnung erweist sich jedoch durch die Beseitigung privater Kapitaleinkommen und der nach gesamtgesellschaftlicher Wohlstandsvorstellung möglichen Investitionslenkung für die wohlstandsorientierte Zukunftsplanung überlegen." Hier stimmt bereits die Unterstellung nicht, daß die Vervollkommnung der Leitung und Planung zur Förderung der allseitigen Intensivierung im Sozialismus zum Konkurrenzsozialismus führe. Die alte These, daß der Sozialismus nicht effektiv wirtschaften könne, weil das Wertgesetz nicht mehr reguliert und infolgedessen das Planungssystem nicht auf veränderte Situationen reagieren könne, wird gegenwärtig unter dem Druck der Fortschritte des realen Sozialismus in modifizierter Form gebraucht. Insbesondere wird versucht, mit dem Hinweis auf noch ungelöste Entwicklungsprobleme die Dauerhaftigkeit der Erfolge des Sozialismus anzuzweifeln und ihn den Vorstellungen der Klassiker des Maxismus-Leninismus vom Sozialismus entgegenzustellen.

„Die Weissagung vom zwangsläufigen und gesetzmäßigen Untergang des Kapitalismus hat es den sich ‚sozialistisch' nennenden Ländern nicht erspart, ein funktionsfähiges nichtkapitalistisches Wirtschaftssystem entwickeln zu müssen. . . . Die unter dem Eindruck immer neuer ökonomischer und sozialer Probleme notwendigen theoretischen Korrekturen ließen die von Marx entwickelten humanitären Ziele in den Hintergrund treten und machten den auf hohe Versorgung und Wachstum gerichteten Platz, die unter ‚bewußter Ausnutzung der ökonomischen Gesetze des Sozialismus' in einem umfassend geplanten, geleiteten und kontrollierten System angestrebt werden. Die Beibehaltung bestimmter kapitalistischer Elemente, so die Warenproduktion und -zirkulation, die Beachtung der Wirkungen des ‚Wertgesetzes', hat sich dabei als unentbehrlich erwiesen."[8] Eigentlich wäre es müßig, auf diese von Unterstel-

[7] Ebenda, S. 70/71.

[8] P. Mitscherling u. a., System und Entwicklung der DDR-Wirtschaft, Deutsches Institut für Wirtschaftsforschung, Sonderheft, 98/1974, S. 296—297.

lungen strotzenden Ausführungen einzugehen. Es wurde bereits gezeigt, daß ein effektives Wachstum nicht im Gegensatz zur sozialistischen Zielrealisierung steht, sondern dessen unmittelbare Voraussetzung ist. Ebenfalls hält die Auffassung, daß Warenproduktion und Wertgesetz spezifisch kapitalistische Erscheinungsformen seien, keiner ernsthaften Kritik stand. Wichtig ist jedoch, daß die Funktionsfähigkeit des Planungs- und Leitungssystems als ein entscheidendes Beurteilungskriterium des Sozialismus angesehen wird. Dabei hat die bürgerliche Ökonomie hinter der scheinbar realeren Einschätzung der Entwicklungstendenzen des Sozialismus keineswegs die Hoffnung aufgegeben, daß mit der stärkeren Berücksichtigung von Effektivitätskriterien (die sie fälschlicherweise mit der erweiterten Wirkung von Wertkategorien identifizieren) im Sozialismus der Boden für die Restauration kapitalistischer Verhältnisse vorbereitet wird. Das kommt besonders deutlich darin zum Ausdruck, daß die Wirtschaftspolitik in der ČSSR während der konterrevolutionären Ereignisse 1968 als Prototyp des sogenannten Konkurrenzsozialismus bezeichnet wird.

Diese Hoffnungen sind von vornherein auf Sand gebaut, wenn stets beachtet wird, daß der demokratische Zentralismus und damit die planmäßige Ausnutzung auch des Wertgesetzes den Wirkungsmechanismus zur Verwirklichung des ökonomischen Grundgesetzes des Sozialismus bestimmt. Damit ist zugleich der Rahmen abgesteckt, in dem sich die Vervollkommnungen der sozialistischen Leitung und Planung zur Förderung der allseitigen Intensivierung bewegen können.

5.2. *Erste Vorstellungen zu einem Kennziffernsystem der volkswirtschaftlichen Effektivität*

Die Prämissen für die Ausarbeitung eines Kennziffernsystems der volkswirtschaftlichen Effektivität ergeben sich unmittelbar aus den theoretischen Grundlagen der Effektivitätsmessung im Sozialismus, insbesondere aus ihrer direkten Beziehung zum ökonomischen Grundgesetz. Es müssen folglich Ansätze enthalten sein, die Wechselbeziehungen zwischen Ziel und Mittel des ökonomischen Grundgesetzes auch vom Instrumentarium her besser beherrschen zu können. Dazu sollen erste Vorstellungen entwickelt werden. Dabei wurde von folgenden hauptsächlichen Prämissen ausgegangen:

1. Die Effektivität im Sozialismus wird durch den Grad der sozialistischen Zielrealisierung im Verhältnis zu den dafür notwendigen gesellschaftlichen Aufwendungen charakterisiert. Dementsprechend muß das

Kennziffernsystem sowohl die ökonomische Effektivität der Produktion im engeren Sinne umfassen als auch wichtige soziale Effekte mit berücksichtigen. Das gilt beispielsweise für solche Effekte wie die Veränderungen im Charakter der Arbeit, die Verbesserung des Grades der gesellschaftlichen Bedürfnisbefriedigung durch gut proportionierte Leistungen des produktiven und nichtproduktiven Bereichs, den Schutz der Umwelt vor Mißbrauch. Um diese Effekte zu berücksichtigen, muß versucht werden, eine Reihe von vorwiegend qualitativen Prozessen über indirekte Indikatoren zu quantifizieren.[9]

2. Das Kennziffernsystem der Effektivität muß dem Fakt Rechnung tragen, daß bei den praktischen Planungsaufgaben die Effektivität nicht isoliert als einziges Entscheidungskriterium auftritt. Über die Effektivitätsanforderungen, die an eine Wirtschaftseinheit gestellt werden müssen und können, über das vorhandene Effektivitätspotential und die notwendigen Maßnahmen zur Erschließung von Effektivitätsreserven kann stets nur in Verbindung mit der Kenntnis des Bedarfs und des Grades der Bedarfsdeckung sowie der dazu notwendigen Ressourcen und damit direkten und abgeleiteten Proportionalitätsbedingungen entschieden werden. Das bedeutet für das Kennziffernsystem der Effektivität, bestimmte Anschlußstücke zu Grundproportionen mit aufzunehmen.

3. Das Verhältnis zwischen allseitiger Intensivierung des volkswirtschaftlichen Reproduktionsprozesses und Effektivität hat Konsequenzen für den Aufbau des Kennziffernsystems.

Die Effektivitätssteigerung als Ergebnis des Intensivierungsprozesses

9 Mit der sozialistischen Rationalisierung als Hauptweg der Intensivierung werden auch neue Fragen hinsichtlich der Leistungsbeurteilung nach Wert- und Naturalkennziffern aufgeworfen. Die Effektivität wird vorwiegend mit Hilfe von Wertkennziffern gemessen, wie es durch die objektive Existenz von sozialistischen Ware–Geld-Beziehungen bedingt ist. Zugleich ist der technische Fortschritt mit einer zunehmenden Rolle der Naturalkennziffern sowohl bei der Planung des Intensivierungsprozesses als auch ihres Ergebnisses, der Effektivitätssteigerung (z. B. Grad der Bedarfsgerechtheit der Produktion, Qualität, Leistungsparameter) verbunden. Davon ausgehend, gibt es verschiedentlich Tendenzen zur faktischen Abwertung oder Negierung wertmäßiger Effektivitätskennziffern, wobei materiellen Bilanzgrößen und natural meßbaren Einzeleffekten der Rationalisierung (wie z. B. Arbeitszeiteinsparung einer bestimmten Maßnahme) das Primat eingeräumt wird. Wie die Erfahrungen zeigen, ist der technische Fortschritt nicht automatisch mit Fortschritten in der Intensivierung verbunden. Bei Nichtbeachtung der wertmäßigen Effektivitätskennziffern kann er im Extremfall sogar zu volkswirtschaftlichen Verlusten führen. Es geht deshalb nicht um die Abschwächung der Rolle der wertmäßigen Effektivitätskennziffern, sondern um ihre — nach Ebenen differenzierte — *Ergänzung* durch naturale Kennziffern.

muß mit den Hauptfaktoren der Intensivierung verbunden werden können, insbesondere mit der besseren Ausnutzung vorhandener Produktionselemente durch sozialistische Rationalisierung und der Herausbildung eines qualitativ neuen technischen Niveaus. Das System der Effektivitätskennziffern muß deshalb von der qualitativen und quantitativen Entwicklung der Gesamtheit der Produktionselemente (Arbeitskraft und Produktionsmittel) einschließlich der in Produktionselemente verwandelten Naturressourcen ausgehen und auch ihre Reproduktionsbedingungen berücksichtigen.

Auf Grundlage der genannten Prämissen wird als eine erste Annäherung eine Dreiteilung des Kennziffernsystems der Effektivität vorgeschlagen. Diese Dreiteilung soll sichern, daß die Effektivitätsaussage selbst nicht verwischt wird, zugleich aber die Verbindung zwischen Effektivität und Intensivierung sichtbar wird.

Zugleich muß betont werden, daß ohne Analyse und Planung der Haupteinflußfaktoren die Effektivitätsentwicklung nicht beurteilt werden kann.

Aus den genannten Gründen sollten deshalb Hauptbestandteile eines Kennziffernsystems der Effektivität sein:

— Kennziffern der ökonomischen Effektivität der Produktion (entspricht dem Kern des Kennziffernsystems oder dem Kennziffernsystem im engeren Sinne; Kennziffern (1) bis (7));

— wichtige Intensivierungsfaktoren, wertmäßig in der organischen Zusammensetzung der Produktionselemente ausgedrückt, wovon im einzelnen die Voraussetzungen und Haupteinflußfaktoren der Effektivitätssteigerung abgeleitet werden können (Kennziffer (8));

— Kennziffern der Entwicklung wichtiger Seiten der gesellschaftlichen Bedürfnisbefriedigung (Kennziffern (9) und (10)).

Die im Kurzschema enthaltenen Kennziffern erlauben eine komplexe Effektivitätsbeurteilung auf volkswirtschaftlicher Ebene. Sie sind miteinander eng verbunden.[10] Das Kurzschema gibt einen zusammenfassenden Überblick über die Entwicklung der wichtigsten Effektivitätskennziffern und -faktoren. Dabei wird die Entwicklung der ökonomischen Effektivität der Produktion auf zwei konzentrierte Aussagen zurückgeführt, auf die Effektivitätssteigerung aus besserer Ressourcennutzung pro Einheit der Aufwendungen für die erweiterte Reproduktion und auf die Entwicklung der laufenden Aufwendungen pro Einheit der Bruttoproduktion. Aus den vorgeschlagenen Kennziffern lassen sich grundsätzlich eine Vielzahl konkreter Faktoren ableiten. Das betrifft

[10] Zu den wichtigsten Abhängigkeiten vgl. Kapitel 3. der vorliegenden Arbeit.

Kurzschema zum System von Effektivitätskennziffern

Effektivität der Ressourcennutzung

Steigerung der Arbeitsproduktivität (netto), darunter aus direkten Struktureffekten (1)

Entwicklung der Nettofonds- bzw. -grundfondsquote, darunter aus direkten Struktureffekten (2)

Entwicklung der Investitionseffektivität, darunter aus direkten Struktureffekten (3)

Effektivitätssteigerung aus besserer Ressourcennutzung pro Einheit der Aufwendungen für die intensiv erweiterte Reproduktion (4)

Anteil des intensiven Nationaleinkommenszuwachses (5)

Effektivität der laufenden Aufwendungen

Entwicklung der laufenden Aufwendungen pro Einheit der Bruttoproduktion (6)

Abschreibungsintensität der Bruttoproduktion (6a)

Materialintensität der Bruttoproduktion (6b)

Lohnintensität der Bruttoproduktion (6c)

Entwicklung der Außenhandelsrentabilität (7)

Bedingungen zur Effektivitätssteigerung

Entwicklung der organischen Zusammensetzung der Produktionselemente (8)

Produktionsfondsausstattung (8a)

inländisch produziertes Nationaleinkommen, pro produktiv Beschäftigten, das für die Konsumtion im weiteren Sinne verwendet wird. (8b)

Fortsetzung des Schemas

Zusammenfassende materielle Bedingungen zur Verbesserung der gesellschaftlichen Bedürfnisbefriedigung

von (1)

Wachstum des Nationaleinkommens pro Kopf
der Bevölkerung (9)

darunter: Wachstum der lebensstandardwirksamen Konsumtion
im weiteren Sinne (9a)

darunter: Konsumtionswachstum
infolge Effektivitätssteigerung
(9b)

Umschlagsgeschwindigkeit des Nationalreichtums (10)

sowohl weitere Teilkriterien der Effektivität (wie Fondsrentabilität), Einflußfaktoren der Effektivitätsentwicklung (bis hin zu technisch-wirtschaftlichen Kennziffern) als auch volkswirtschaftliche Grundproportionen und Teilaspekte der gesellschaftlichen Bedürfnisbefriedigung.[11]

Die Effektivitätssteigerung aus besserer Ressourcennutzung und davon abgeleitet der intensive Nationaleinkommenszuwachs drücken wichtige Seiten der Steigerung der ökonomischen Effektivität zusammenfassend aus. Mit der absoluten und relativen Effektivitätssteigerung aus besserer Ressourcennutzung wird die Brücke zu den Teilkriterien der Effektivität der Ressourcennutzung (Produktivität der lebendigen Arbeit, Fondsquote, Investitionseffektivität) hergestellt sowie zur Entwicklung der laufenden Aufwendungen pro Einheit des Gesamtprodukts. Auf hochaggregierter Ebene kommen in der Entwicklung der organischen Zusammensetzung der Produktionselemente konzentriert Ein-

[11] Um diese konkreteren Kennziffern kann und muß das Kurzschema erweitert werden.

flußfaktoren der Effektivität der Ressourcennutzung zum Ausdruck, die wesentlich die mit der Effektivitätssteigerung verbundenen volkswirtschaftlichen Grundproportionen mit bestimmen. Die organische Zusammensetzung der Produktionselemente muß jedoch durch weitere abgeleitete Zusammenhänge untersetzt werden, wenn es um konkrete Bedingungen für die Effektivitätssteigerung geht. So bestehen unmittelbare Zusammenhänge zwischen der Entwicklung der organischen Zusammensetzung der Produktionselemente und den Aufwendungen für die erweiterte Reproduktion bis hin zu den Erweiterungsraten der materiellen Bedingungen für die Reproduktion der Produktionselemente (Akkumulations- bzw. Bruttoinvestitionsintensität der Produktionsfonds, Verhältnis des Konsumtionszuwachses zum Reproduktionsfonds der lebendigen Arbeit). Unmittelbar können aus der organischen Zusammensetzung der Produktionselemente die technische Zusammensetzung der Produktionselemente und ihre Proportionalitätsbedingungen hergeleitet werden. Das betrifft solch wichtige Faktoren des Intensivierungsprozesses wie die Produktionsfondsausstattung der Arbeit, darunter die Grundfondsausstattung und die Ausstattung mit Ausrüstungen, die Proportion zwischen Ausrüstungsausstattung, Elektroenergieausstattung, Ausstattung der Arbeit mit Bildungs- und Forschungsfonds. Auf dieser Grundlage können direkte arbeitsplatzbezogene Kennziffern pro Produktionsarbeiter abgeleitet werden bis hin zum Freisetzungsaufwand pro Arbeitsplatz. Das gleiche gilt für technisch-wirtschaftliche Kennziffern, die das qualitative Niveau der Produktionselemente stärker charakterisieren, wie beispielsweise der Mechanisierungs- und Automatisierungsgrad, der Brauchbarkeitsgrad, die Altersstruktur der Grundfonds und andere.

Die zusammenfassenden materiellen Bedingungen zur Verbesserung der gesellschaftlichen Bedürfnisbefriedigung sind unmittelbar aus der Entwicklung der Effektivität der Ressourcennutzung und ihrer Einflußfaktoren ableitbar. Mit zunehmender Intensivierung wird die Dynamik des Nationaleinkommens pro Kopf der Bevölkerung von der Effektivitätsentwicklung stärker beeinflußt. Die Effektivitätsentwicklung aus der Substitution lebendiger Arbeit durch Fonds bestimmt den möglichen Konsumtionszuwachs aus Effektivitätssteigerung und damit auch den Konsumtionszuwachs insgesamt, der bei einem gegebenen Wachstum des Nationaleinkommens aus der Sicht der volkswirtschaftlichen Proportionalität und Stabilität möglich ist. Ebenfalls bestehen enge Zusammenhänge zur Entwicklung des materiellen Nationalreichtums und seiner Umschlagsgeschwindigkeit. Die Entwicklung der Umschlagsgeschwindigkeit des materiellen Nationalreichtums erlaubt unter Berück-

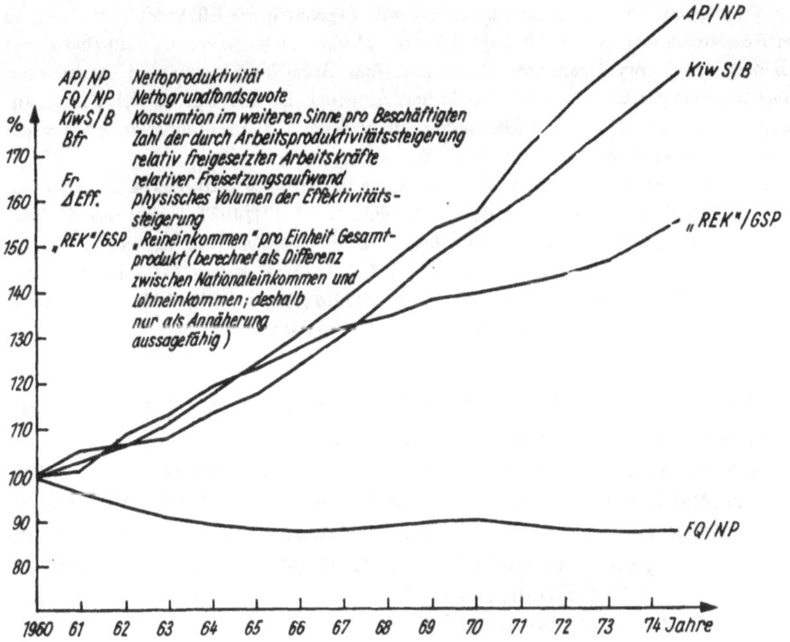

Abb. 20:
Ausgewählte Kennziffern zur Charakterisierung der ökonomischen Effektivität der Produktion

Tabelle
Einige zusammenfassende Ergebnisse*

Jahr	*Bfr*	eingesparte extensive Konsumtionssteigerung	*Fr*	Grenzwert *Fr*	relative Einsp. bzw. Mehraufwendungen (%) an Grundfonds	*Δ* Eff.	relative Effektivität (*Δ* Eff./Σ Grenzaufwendungen)	
	T-Pers.	TM	TM	TM	TM	TM		
1966	325	3879	37	46	·/· 403	4406	0,292	0,269
1967	324	4049	29	49	1054	5506	0,348	
1968	339	4435	34	51	634	4015	0,232	
1969	354	4839	31	53	1363	5568	0,295	
1970	348	4915	40	56	251	3803	0,197	
1971	304	4492	54	58	·/· 1425	2816	0,158	0,258
1972	378	5926	43	62	571	7922	0,338	
1973	354	5914	49	66	·/· 26	5317	0,229	
1974	398	6972	49	69	658	7656	0,279	

* Bei der Ermittlung einiger zusammenfassender Ergebnisse der Effektivitätsentwicklung der Ressourcen wurden nur die Zahl der Arbeitskräfte im Jahresdurchschnitt (berechnet aus den Daten über Grundfondsausstattung und Grundfondsbestand im Statistischen Jahrbuch) und die Grundfondsbestände berücksichtigt. Daraus ergeben sich Einschränkungen in der Aussagekraft. Insbesondere konnten die Umlaufmittelbestände sowie die unvollendeten Investitionen nicht einbezogen werden.

Quelle: Berechnet nach: Statistisches Jahrbuch der DDR 1974, Berlin 1974, S. 17, 41, 45, 48; Statistisches Jahrbuch der DDR 1969, 1970, 1971, 1972 — jeweils S. 41; Statistisches Jahrbuch der DDR 1968, S. 42; Statistisches Taschenbuch der DDR 1975, Berlin 1975, S. 23, 25, 27, 29, 34, 123; H.-D. Haustein, Messung der volkswirtschaftlichen Intensivierung — Zur Methodologie, Berlin 1975 (Forschungsberichte des Zentralinstituts für Wirtschaftswissenschaften der DDR, Nr. 17).

sichtigung seiner Struktur gewisse Schlußfolgerungen über die Verbindung von kurz- und langfristigen Interessen.

Es würde den Rahmen der vorliegenden Arbeit übersteigen, die vorgeschlagene komplexe Beurteilung der Effektivität in der praktischen Anwendung zu überprüfen. Das muß Gegenstand einer besonderen Untersuchung sein. Jedoch sollen einige ausgewählte Faktoren der Intensivierung und Effektivitätsentwicklung die Aussagekraft veranschaulichen (vergleiche Abbildungen 20 und 21).

Insbesondere in der Steigerung der Arbeitsproduktivität widerspiegelten sich Fortschritte in der Intensivierung.[12] Die Nettoproduktivität war seit Mitte der 60er Jahre durch eine relativ stetig steigende Entwicklungstendenz gekennzeichnet. Es bestätigte sich auch, daß es zweckmäßig ist, die Effektivität der lebendigen Arbeit neben den Steigerungsraten der Arbeitsproduktivität in der Zahl der relativ eingesparten Arbeitskräfte auszudrücken. Darin kommen die Veränderungen in der Ökonomie der lebendigen Arbeit noch deutlicher zum Ausdruck als in den globalen Steigerungsraten. Insgesamt verlief die relative Einsparung von Arbeitskräften verhältnismäßig kontinuierlich. Für den Zeitraum 1967—1972 betrug die Standardabweichung vom Durchschnitt lediglich 6 Prozent. Zugleich kann die Zahl der durch Produktivitätssteigerung relativ eingesparten Arbeitskräfte ein wichtiger Ausgangspunkt sein, um in den Rationalisierungskonzeptionen die Einsparung lebendiger Arbeit stärker auf die Schwerpunkte ihrer Verwendung zu orientieren. Das bedeutet, die Anteile festzulegen, die zur Produktions-

12 Vgl. 13. Tagung des Zentralkomitees der Sozialistischen Einheitspartei Deutschlands, Aus dem Bericht des Politbüros an das ZK der SED, Berichterstatter: Genosse Erich Honecker, Berlin 1974, S. 24.

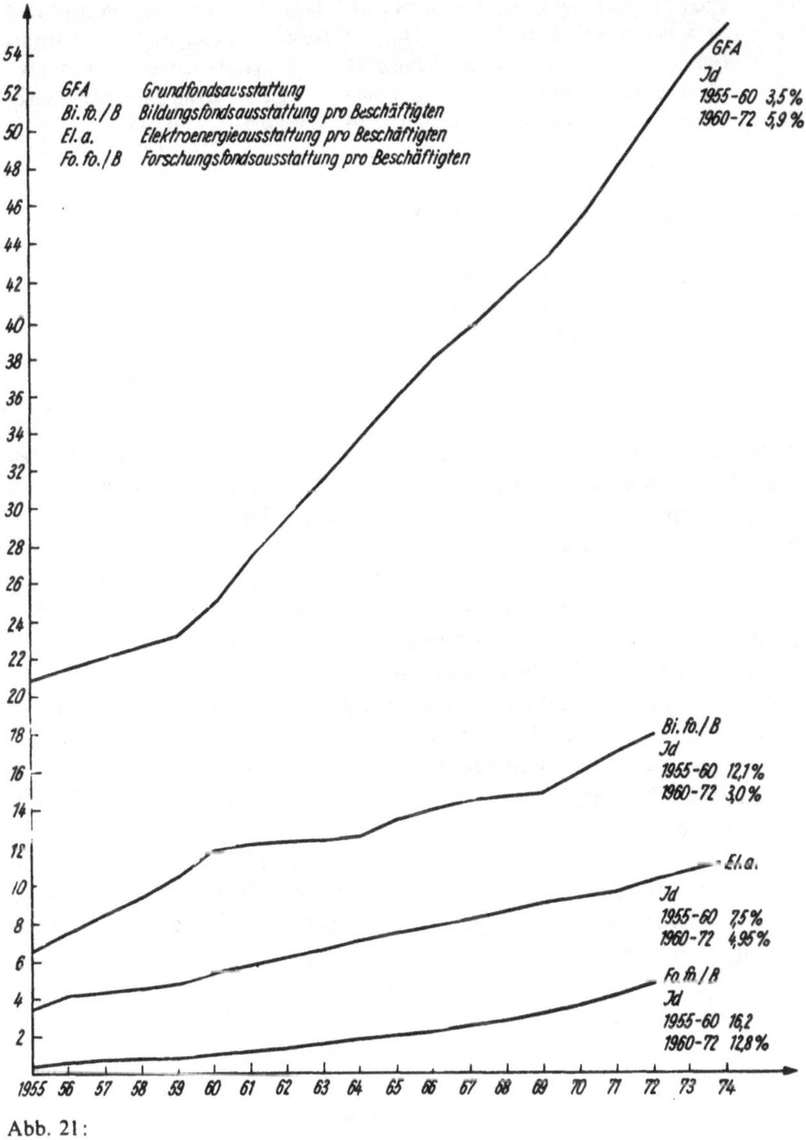

Abb. 21:
Entwicklung ausgewählter Einflußfaktoren der Intensivierung (pro Beschäftigten in der materiellen Produktion)

Quelle: Statistisches Jahrbuch 1974, Berlin 1974, S. 17, 41, 45, 48, 142; Statistisches Jahrbuch der DDR 1969, 1970, 1971, 1972 — jeweils S. 41; Statistisches Jahrbuch der DDR 1968, S. 42; Statistisches Jahrbuch 1967, Berlin 1967, S. 207; Statistisches Jahrbuch 1956, Berlin 1957, S. 301; Statistisches Taschenbuch der DDR 1975, Berlin 1975, S. 29, 60; U. Ludwig, H. Maier, J. Wahse, Bildung als ökonomische Potenz im Sozialismus, Berlin 1972; H.-D. Haustein, Messung der volkswirtschaftlichen Intensivierung — Zur Methodologie —, Berlin 1975 (Forschungsberichte des Zentralinstituts für Wirtschaftswissenschaften der AdW der DDR, Nr. 17).

Jahr	GFA:EL. a.:Bi. fo./B:Fo. fo./B				PGF:Kons. i. w. s.	
1955	1	:0,180	:0,322	:0,022	1	:0,342
1960	1	:0,218	:0,481	.0,040	1	:0,408
1965	1	:0,207	:0,378	0,054	1	:0,342
1970	1	:0,206	:0,356	:0,081	1	:0,350
1972	1	:0,201	:0,352	:0,094	1	:0,360

steigerung im eigenen Bereich dienen sollen (darunter durch relative Freisetzung innerhalb des eigenen Bereichs zur Verbesserung der Schichtausnutzung hochproduktiver Grundfonds) sowie zur absoluten Freisetzung für andere Bereiche.

Die Effektivität der Ressourcennutzung — unter Berücksichtigung der Grundfonds sowie der Reproduktionsaufwendungen für die Arbeitskräfte — stieg von 1971—1974 absolut bereits etwas mehr als im Planzeitraum von 1966—1970 (vergleiche Tabelle 26).

In der relativen Effektivitätssteigerung wurden im Durchschnitt der Jahre 1971—1974 die Ergebnisse von 1966—1970 fast erreicht. Die Steigerung der Arbeitsproduktivität wurde in ihrer Effektivitätswirksamkeit im Vergleich zu 1966—1970 durch die bis 1973 sinkende Grundfondsquote beeinträchtigt. Hierbei muß berücksichtigt werden, daß die Entwicklung der Grundfondsquote 1971—1974 wesentlich weniger durch Struktureffekte gefördert wurde. Während von 1966 bis 1970 rd. 164 Prozent der Steigerung der Grundfondsquote auf Struktureffekte zurückgingen, waren es 1971—1973 rd. 87 Prozent.

Für die Effektivitätsbeurteilung ist weiterhin wichtig, daß nicht nur die Effektivität der Ressourcennutzung stieg, sondern diese mit einer Effektivitätssteigerung der Aufwendungen verbunden war. Als stellvertretend dafür wurde die Entwicklung eines angenäherten „Reineinkommens" pro Einheit Gesamtprodukt in die Abbildung aufgenommen. Dieses wird insgesamt durch eine Steigerung charakterisiert.

Die genannten Ergebnisse waren eindeutig mit einer Verstärkung der materiell-technischen Bedingungen für die Intensivierung verbunden. Seit etwa 1960 ist die Grundfondsausstattung der Arbeit schnell gestiegen. Dadurch entstanden bessere materielle Bedingungen für die

Tabelle 26
Wichtige Kennziffern der Effektivität der Ressourcennutzung von 1971—1974 gegenüber 1966—1970 (jahresdurchschnittlich)[13]

	JD-Wachstum des Endprodukts %	JD-Steigerung der Arbeitsproduktivität[14] %	JD-Veränderung der Grundfondsquote %	relative Effektivitätssteigerung	Anteil der Aufwendungen für die erweiterte Reproduktion am Endprodukt %
1966—1970	5,40	5,4	0,50	0,269	rd. 24
1971—1974	5,75	5,6	·/·0,05	0,258	rd. 26

allseitige Intensivierung. In welchem Maße diese gewachsene technische Ausstattung zu Fortschritten in der Intensivierung führt, hängt von ihrer Ausnutzung (infolgedessen auch der extensiven Zunahme beziehungsweise der ausreichenden Freisetzung von Arbeitskräften) und den Proportionen zwischen der Grundfondsausstattung und Ausrüstung der Arbeit mit anderen Fonds ab. Mit der Grundfondsausstattung wuchs in fast gleichem Tempo der Materialverbrauch pro Beschäftigten. Hierin kann sich ausdrücken, daß der Ausnutzungsgrad der Grundfonds konstant geblieben ist. Zugleich war jedoch der Übergang zu materialsparenden Verfahren noch nicht hoch genug, um als Gegentendenz wirksam zu werden. Wesentlich schneller als die Grundfondsausstattung ist von 1955—1972 durchgehend die Ausstattung mit Forschungsfonds gestiegen. Wird die Grundfondsausstattung mit 1 angesetzt, dann betrug die Ausstattung der Arbeitskraft im materiellen Bereich mit Forschungsfonds 1955 0,022, 1972 bereits 0,094. Daran werden die Anstrengungen deutlich, das wissenschaftlich-technische Niveau der Ausrüstungen, Technologien, Verfahren und Produkte ständig zu erhöhen. Diese Tendenz verstärkt eindeutig die Intensivierung. Nicht ganz so eindeutig

13 Berechnet nach: Statistisches Jahrbuch der DDR 1974, Berlin 1974, S. 17, 41, 45, 48, und Statistisches Taschenbuch der DDR 1975, Berlin 1975, S. 23—25, 27, 29, 30/31 sowie Statistisches Jahrbuch der DDR 1969, 1970, 1971, 1972 — jeweils S. 41 —, Statistisches Jahrbuch der DDR 1968, S. 42.

14 Auf Basis des gesellschaftlichen Endprodukts, um mit der relativen Effektivitätssteigerung vergleichbar zu sein. Zu berücksichtigen ist, daß diese Steigerungsraten höher sind als die der Nettoproduktivität.

kann die Entwicklung der Ausstattung mit Bildungsfonds und mit Elektroenergie eingeschätzt werden. Die Ausstattung pro Beschäftigten in der materiellen Produktion mit Bildungsfonds stieg zwar insgesamt, wurde aber zugleich durch zeitweilige Verlangsamung ihres Wachstums (insbesondere von 1960—1969) gekennzeichnet. Infolgedessen verringerte sich die Relation zwischen Grundfondsausstattung und Ausstattung mit Bildungsfonds seit 1960 (1955 betrug diese Relation 1:0,322; 1960 1:0,481; 1972 1:0,352). Zugleich gibt es gerade bei der Inbetriebnahme neuer großer Investitionsobjekte und auch bei der Rationalisierung und Rekonstruktion von Betrieben und Betriebsteilen viele Beispiele, daß sich die Einlaufkurve verlängert, weil Organisation, Leitung, Qualifikation und ähnliches noch zu langsam den gestiegenen Anforderungen nachkommen beziehungsweise nicht ausreichend darauf vorbereitet sind. Wie Erfahrungen aus einer Reihe von Betrieben zeigen, besteht besonders bei der Rationalisierung die Gefahr, daß die damit verbundenen Qualifikationsanforderungen in der Vorbereitungsphase unterschätzt werden.

Die Elektroenergieausstattung pro Beschäftigten in der materiellen Produktion, die von 1955—1960 schneller als die Grundfondsausstattung stieg, verlangsamte ab etwa 1960 ihr Steigerungstempo. Seit 1960 verringerte sich infolgedessen ihre Relation zur Grundfondsausstattung (Grundfondsausstattung = 1, Elektroenergieausstattung 1955 = = 0,180; 1960 = 0,218; 1972 = 0,201). In Verbindung mit dem Wachsen der Industrieproduktion muß diese Tendenz als disproportionale Entwicklung eingeschätzt werden. Um die Intensivierung zu fördern, wird die Elektroenergieausstattung (wie bereits 1972 begonnen) wieder stärker steigen müssen.

Zusammenfassend zeigte die Analyse ausgewählter materiell-technischer Intensivierungsbedingungen, daß sich insgesamt der Intensivierungsprozeß verstärkte, daß aber einige Faktoren noch nicht ausreichend entwickelt worden sind. Zugleich traten zusätzliche Anforderungen an die Effektivitätsentwicklung auf.

Zur weiteren zielstrebigen Verwirklichung der Hauptaufgabe des VIII. Parteitages geht es deshalb darum, zukünftig den Intensivierungsprozeß entscheidend zu vertiefen und dadurch eine spürbar höhere Effektivität der gesellschaftlichen Arbeit zu sichern.

Kolibri 360 GmbH
Ferdinand-Jühlke-Straße 7
99095 Erfurt, Deutschland
produktsicherheit@kolibri360.de